KB187348

『헤겔 연구』 제11호
헤겔 철학의 역사적 지평

『헤겔 연구』 제11호

헤겔 철학의 역사적 지평

‖ 한국헤겔학회 엮음 ‖

철학과현실사

Hegel-Studien (Hegel-Yeongu) 11

Geschichtliche Horizonte der Hegelschen Philosophie

von Koreanischer Hegel-Gesellschaft

시대를 통찰하는 헤겔의 철학과 정신
―『헤겔 연구』제11호 발간에 부쳐

2002년 5월 31일, 마침 오늘은 60억 인류의 축제라고 하는 '월드컵' 개막일이다. 범세계적인 대규모 행사를 눈앞에 두고, 그 역시 거시적인 우주적 안목에서 하늘거리는 인간 의식의 미세한 율동으로부터 역사적인 거대 현상에 이르기까지 포괄적인 탐구 대상을 놓고 더없이 엄밀하고 심도있는 사유와 반성과 본질적 규정을 내려주었던 대철학자 헤겔을 떠올린다는 것은 정말 흥미롭고도 의미심장한 느낌마저 들게 하는 하나의 사건으로 기록될 만도 하겠다.

1983년 창간호 이래로 지난 20년의 세월이 흐르는 동안, 숱한 어려움 속에서도 우리 학회 기관지로서 제자리를 지켜온 『헤겔 연구』제11호 출간을 눈앞에 두고 있으니 또한 감개무량하다 하지 않을 수가 없다. 무엇보다 논문 집필에 대한 이렇다 할 물질적 대가라곤 아무것도 누리는 것 없이 지금껏 다방면에 걸친 각양각색의 귀중한 연구 논문을 흔쾌히 내놓아주신 거의 100여 명에 달하는 투고자 여러분께 새삼 고개 숙여 깊은 감사의 뜻을 전하고자 한다.

　이런 가운데서도 다시 한 번 이 자리를 빌어 본 학회지 간행과 관련된 앞으로의 몇 가지 직접적인 구상을 밝혀두는 것도 무언가 도움이 될 것으로 여겨져서 몇 말씀을 드리고자 한다. 우선, 근년에 오면서 새로이 등장한 한두 가지 내외적인 여건의 변화도 있었지만 그보다 더 중요한 점은 본래부터 다져왔던 원대한 구상, 즉 이 땅에서 우리가 성취하려는 헤겔 철학, 사상 및 그 정신의 연구 개발 및 토착화를 위한 지속적, 아니 영구적인 토대 구축의 필요성을 절감하면서 매년 전·후기 두 차례에 걸친 연구지 간행을 학회 활동의 거의 일차적인 목표로 설정함으로써 한층 더 무거운 책임과 의무를 걸머지게 되었다는 사실이다. 지난 10호까지의 발간이 손쉬운 일이 아니었듯이 앞으로 부딪칠 수 있는 난관을 충분히 예상하면서까지도 우리 학회의 초지일관된 기본 방향과 목표에 결코 흔들림이 없도록 최대의 노력을 기울일 것을 이 기회를 빌어 다시 한 번 모든 분들에게 천명해두고자 한다.

　'동과 서를 어우른다', '동방으로부터', '동양의 정신 문화가 서양의 물질 문명을 이끌어갈 새로운 시대' 등의 거창한 구호 아닌 구호가 봇물 터지듯 흘러나오는 오늘의 정신적 풍토를 대하면서 참으로 세계의 정신과 문화의 앞날을 위해서 어떠한 위치 정립이 요구되는 것인지, 바로 그 방향 모색을 위한 대도를 비춰주고 있는 헤겔의 불후의 정신과 사상의 올바른 이해를 위하여 우리는 아직껏 한국 지성계와 학계를 지배하다시피 하는 그토록 많은 걸림돌을 제거하는 일로부터 해결해나가야 할 것으로 다짐하는 바다. 너무나 편향되고 천박하고 빈약한 이해 수준에서 온갖 자부와 독단, 몰이해와 왜곡을 일삼다시피 하는 일부 학자, 교수, 지식인 사회에 일대 각성과 신풍(新風)을 불러일으키게 되기를 기대하면서 더욱 정진하는 우리 자신을 가다듬어나갈 것을 다짐하는 바다.

  이러한 기본적 구상의 실현을 위한 첫 단계로서 금년 말에 출간될 제12호부터는 그때마다 명확한 주제를 앞세운 특집 형식의 논문집을 꾸며 나가려고 하는 바, 우선 국내외를 막론한 최근의 연구 성과가 특히 미진하다고 보이는『정신현상학』관련 논문집을 준비하고 있사오니 이에 많은 응모가 있기를 기대하면서, 새삼 동학 여러분의 분발과 동참을 호소하는 바다.

                              2002년 5월 31일
                         한국헤겔학회장 임 석 진

차 례

차 례

Inhaltsverzeichnis

Vorwort: Lim, Sok-Zin

제 1 부

헤겔과 '역사의 종말':
어떻게 제도들은 스스로를 안정화시키는가?

· · · G. 괼러(장명학 옮김)

[요약문]

헤겔에게서 역사의 종결은 시간이 더 이상 가지 않는다는 것을 뜻하지는 않는다. 역사에서의 이성이 일단 실현되어 있다는 것은, 미래의 역사 전개에서 더 이상의 결정적인 변화들을 초래하지 않는다는 것을 의미한다. 이러한 헤겔의 관점은 제도들의 안정성과도 결코 무관하지 않다. 즉, 제도들도 역사의 진행을 통해서 이성적인 것으로서 증명될 수 있는, 바로 그러한 것으로서의 역사의 한 최종 단계에 도달했으면, 더 이상의 실체적인 변화를 되풀이하지 않게 된다. 그러나 지난 1990년대의 변혁 과정을 포함해서 우리의 지금까지의 모든 경험들은 제도들의 안정성에 대한 이와 같은 '정적인' 또는 정체적인 시각이 적절하지 못하다는 것을 여실히 드러내주고 있다.

제도들의 안정성을 이 제도들의 변천이라는 조건 하에서만 논의될 수 있는 '역동적인' 모델로 파악했던 에두아르트 간스는 헤겔 철학의 근본적인 '역사화'와 아울러 상대화를 기도했으나, 정작 이러한 역동적인 제도들의 안정화 메커니즘들을 체계적으로 제시하지는 못했다. 반면에 역사의 종결이라는 전제 조건에도 불구하고 헤겔은 이성적으로 발전된 국가가 지속되는 역사의 진행 및 제도의 변천 속에서 작용하는 제도적인 안정화의 통합적 메커니즘들을 필요로 한다는 것을 체계적으로 제시한다. 헤겔에 의하면 개인과 국가 또는 시민의 자율성과 국가 권력의 분열에서 살아 있는 통일체를 형성해내는 것은, 한편으로는 유기적으로 조직화된 제도들의 매개를 통해서다. 이러한 객관적인 측면과 아울러 다른 한편으로는 주관적인 차원, 특히 정치적인 심정인 애국심과 같이 공동체에 대한 신뢰에 바탕을 둔 통합이 중요하다. 신뢰는 자신의 특수한 관심이 공동체인 국가의 목적과 관심 속으로 지양된 것으로 의식하는 것으로서, 이는 동시에 개인이 국가를 타자로서가 아니라, 자기 자신으로서 의식하는 것이기도 하다. 따라서 제도들의 역동성에도 불구하고 국가는 통합의 주관적인 요소인 시민의 정치적인 심정, 애국심, 신뢰 그리고 신임에 기초해야 한다. 왜냐 하면 강제된 복종 그 자체로서는 결코 통합을 이룰 수 없기 때문이다. 통합의 특수한 메커니즘들에 대한 체계적인 작업을 통해서 헤겔은 근대의 분열된 사회들의 통합을 위한 하나의 새로운 차원을 제시했다. 그러나 이러한 인식들이 역사의 종결이라는 전제 조건에 종속되어 있다는 것을 옹호하는 것은 결코 아니다. 역사는 계속되고 또 헤겔을 넘어서고 있다.

▶ 주요 검색어 : 헤겔, 역사의 종말, 제도, 제도의 안정성, 대의, 통합, 정치적 심정, 애국심, 신뢰.

1. 역사의 종결인가 아니면 역사화인가?

헤겔은 1821년의 『법철학』[1] 서문에서 당대를 사유 속에서 담아내는 철학은 항상 너무 뒤늦게 온다는 점을 확고하게 단정 짓고 있다. "세계의 사상으로서의 철학은 현실성이 그의 형성

---

[1] G. W. F. Hegel, *Grundlinien der Philosophie des Rechts* (TWA 7). 이하 『법철학』으로 지칭되고, *R*로 줄여서 패러그래프(§)와 서문의 경우는 페이지 수와 함께 인용된다.

과정을 완성하여 스스로를 마무리하고난 다음에야 비로소 시간 속에서 현상화된다." 즉, 현실성이 완숙되어서야 비로소 어느 만큼 공동체 형성의 이념들이 실현되었는가가 측정될 수 있으리라는 것이다. 따라서 철학의 조망은 항상 오로지 축제가 끝난 후에야(post festum) 가능하다 : "철학이 자기의 회색 빛을 또다시 회색으로 칠해버릴 때면 이미 생의 모습은 늙어버리고 난 뒷일일 뿐더러 이렇듯 회색을 가지고 다시 회색 칠을 한다 하더라도 이때 생의 모습은 젊어지는 것이 아니라 다만 인식되는 것이다. 미네르바의 부엉이는 황혼이 깃들 무렵에야 비로소 날기 시작한다"(R 28). 따라서 헤겔에게서 현실성을 인식해야 하는 철학의 요구는 근본적으로 이 현실성이 자신을 역사 속에서 이미 완성시켰다는 전제와 결합되어 있다.

이렇게 되면 현실성에는 그의 어두운 측면들도 함께 포함되어 있게 된다. 헤겔의 『법철학』은 분명히 우울한 목소리를 들려주고 있는데, 이 우울한 음성은 그의 서문 전반을 관통하고 있다. 부정적으로 평가된 현상들, 해결되지 않았거나 해결될 수 없는 사회적인 문제들은, 이들이 이 현실성을 함께 규정하고 있는 한, 이 현실성의 필연적인 계기들로서 파악되어야만 하고 또 그 자체로서 받아들여져야만 한다. 역사 속에서 스스로를 전개하는 이성을 현실성을 형태화하는 원리로서 인식하는 것이 전체적으로 타당하다면, 이러한 전개의 전반적인 결과들 역시 이성적이다. 이와 더불어 모든 존립하는 관계들이 무차별적이고 균등하게 이성적인 것으로 천명되는 것은 물론 아니다. 그것들이 이성적이라면, 그것들이 총체적으로 이성에 의해서 정당화하는 하나의 체계적인 연관성, 하나의 총체적인 상을 빚어낸다는 의미에서 그렇다. 비록 그것들이 대자적으로는 부정적으로 평가될지라도 말이다 : "이성을 현재라는 십자가에 드리워진 장미로서 인식하는 가운데 이 현재 속에서 기꺼워한다는 것, 바로 이러한 이성적인 통찰이야말로 현실성과의 화해(die Versöhnung mit der Wirklichkeit)다"(R 26f.). 나중에서야 비로소 가능한 것은 체계적인 학적 인식만이 아니라, 보다 더 예리하게 보자면, 시대 진단 역시 역사가 근본적으로 종결되었을 때에야 철학적으로 개념화될 수 있다. 역사는 현실적인 관계들이 그들의 위치와 의미를 획득하게 하는 이성의 실현이 자신의 단계에 이르렀다는 것이 제시될 수 있을 때 종결되어 있는 것이다. 이러한 관점에서 '시민사회'는, 그것이 비록 대자적으로는 "인륜성의 상실"을 의미하나, "고유하게 정치적인 국가"(R §181, 267)라는 형식을 띤 공동체가 실현되는 과정에서 필연적인 계기며, 그 자체로 이성의 실현을 위해 구성적이다. 역사가 사태적으로 철학적 관찰자에게 그렇게 정리될 수 있고, 또 결국 그렇게 정리되어야만 하는 것은 역사가 이성적인 것으로 증명되었을 때, 곧 종결되었을 때야 비로소 가능하다.

역사의 종결은 시간이 더 이상 가지 않는다는 것을 의미하지는 않는다. 그것은 헤겔에게 아마도 역사의 앞으로의 전개가 더 이상의 결정적인 변화들을 가져오지 않는다는 것을 의미한다. 이성이 일단 실현되어 있다는 것은 미래에는 더 이상의 그러한 변화가 필요하지 않다는 것이고, 이러한 결론에 따르면 그러한 변화는 더 이상 주어질 수조차도 없게 된다. 주지하다시피 헤겔에게 이성과 현실성은 분리될 수 없는 바, "이성적인 것은 현실적인 것이고, 현실적인 것은 이성적인 것이다"(R 24). 나중에서 조망하면 헤겔이 자신의 시대에다 이러한 역사의 종결을 인가한 것은 재삼 재사 의아하고 놀라운 일이기는 하다. 1821년의 서문에 있는 "십자가의 장미"는 프랑스혁명의 "환희에 찬 해돋이"와 함께 시작된 한 시대를 종결짓는다.[2] 이 시대

는 철학적으로는 (헤겔의 체계에서 그 정점에 달하는) 관념론
적 철학의 형성에 의해서, 경제적으로는 영국 산업혁명의 가시
화에 의해서, 정치적으로는 나폴레옹 전쟁에서 패배한 후 신분
사회의 근대화와 프로이센 왕정의 통합적 기능의 쇄신을 통한
프로이센의 재구성에 의해 특징지어져 있다.3) 따라서 1790년과
1820년 사이에는 헤겔에게 모든 부정적인 현상까지도 포함해서
그가 이성적인 현실성으로 간주하는 것과 철학을 위한 최종적인
척도를 양산하는 것이 형성된 결정적인 시공간이 놓여 있다.

그런데 이 역사의 비가(悲歌)가 도대체 제도들의 안정성과
무슨 관계가 있는가? 헤겔의 관점에서 이 연관성은 부득이하
다. 즉, 제도들은 안정적이며, 따라서 역사의 진행을 통해서 이
성적인 것으로서 증명될 수 있는 바로 그러한 것으로서의 역사
의 한 최종 단계에 도달했으면, 더 이상의 실체적인 변화 아래
로 놓이지 않는다. 헤겔 정신철학의 용어를 빌려 말하자면, 정
신이 여러 관계들을 직접적으로 자신의 생산물로서 재인식할

---

2) G. W. F. Hegel, *Vorlesungen über die Philosophie der Weltgeschichte*.
Bd. IV : *Die germanische Welt*. Hg. G. Lasson, Hamburg 1968, 926.
3) 역사의 종결이라는 테제는 이성적으로 보이는 또는 단지 바람직한 것으로
여겨지는 역사적 발전의 종결이 확인되면 항상 또다시 등장한다. 후쿠야마가
실존사회주의 체제의 붕괴를 보고, 민주적 국민국가의 질서가 실현되었다고
믿는 바와 같이 20세기 말에도 마찬가지다. 그래서 리터는 헤겔의 시민사회
에서 출신 성분에서 해방되고, 비역사적인 노동 사회 — 인간에게 우선 자신
들의 참된 자기 존재를 위해 정치적으로 방면시킨 — 를 발견했다. 코제브는
헤겔의 역사의 종결을 그의 "정신현상학"에서 강조하고 있고 이러한 종결을
나폴레옹이라는 인격 속에서 육화된 것으로 본다. 헤겔이 1806년 이후 이성
원리를 착지시키기 위해 점점 더 프로이센에 집착했지만, 그럼에도 불구하고
역사의 종결이라는 기본 전제는 변치 않았다 (Joachim Ritter, *Hegel und die
französische Revolution*, Frankfurt / M. 1965, bes. 43, 62-67) ; (Alexandre
Kojeve, *Hegel. Versuch einer Vergegenwärtigung seines Denkens*, Hg.
Iring Fetscher, Stuttgart 1958, bes. 37, 57, 57 f.).

수 있는 한 이 관계들은 이성적이다. 이것을 제시하는 것이 바로 헤겔이 달성하고자 하는 철학자의 임무다. 그는 프로이센 왕국의 모델 — 구체적인 정치적 형성이 아닌 바로 이 모델 — 에서 근대적인 공동체의 이성에 따른 표현(표출)을 신빙성 있게 확정할 수 있었기 때문에, 실현된 이성과 자유의 단계에 도달했다고 생각했다. 그러나 헤겔도 각론에서는, 즉『법철학』에서 한편으로는 자유주의적인 원리의 보수주의적인 연결에 관련된 혼란과, 다른 한편에서는 보수 반동에 대한 단순한 고려가 누적된, 그 자신의 문제들을 지니고 있었다는 점들은 차치하더라도, 그에게는 그 후의 역사적인 발전에서 직접적으로 어려움을 드러내고 있다. 그는 1831년 자신이 죽기 바로 전에 펴낸『영국의 선거법 개정안에 관하여(Über die englische Reformbill)』를 통해 밝혔듯이, 선거법 확대를 둘러싼 영국에서의 논쟁과 아울러 이 시기에 이미 확산되고 있던 선거법 개혁 운동에 대한 그의 심각한 우려를 드러내고 있다. 이러한 각종 개혁들이 만나는 발전들은, 프로이센 모델에 따라 최종적으로 도달된 국가의 이성적 형식에 대한 그의 상상을 단숨에 유실시킬 정도로 위협했다. 그와 함께 헤겔에게는 이성적인 제도들의 안정성도 심각하게 위협받게 되었다.

헤겔 자신이 당면하게 된 어려움은 이제 명백하다. 제도들의 안정성은 그처럼 정적으로밖에는 파악될 수 없는가? 이성적인 제도들이 역사적인 발전의 결과라고 한다면, 그의 안정성은 이성의 실현 단계가 일단 도달된 후에는 실체적인 변화들이 더이상 요구되지 않을 정도로 역사의 종결을 실제로 전제해야만 하는가? 우리가 오늘날 우리의 시대를 그러한 역사의 완결이라고 감히 말하지 않을 것이므로, 헤겔이 당면했던 그러한 어려움은 적어도 우리의 문제는 아니다. 그렇지만 제도들의 안정성에 관한 조건들에 대한 물음은 여전히 남는다. 다시 말해서 헤겔의 강한 전제들을 배제하더라도 시민사회와 근대 국가라는 일단 성취된 역사적인 발전 단계의 토대 위에서의 제도들의 안정성은 오로지 그들의 정지 상태에서만 근거지워질 수 있는가 라는 물음은 여전히 남아 있다. 많은 보수주의자들에 의해 선취된 그러한 접근 방식은 우선 무시될 수 없는 또 다른 측면이 있다. 결국 제도들은 끊임없이 지속성과 연속성을 대변하고 있고, 바로 이 토대 위에서 그것들의 안정성은 기초하고 있다. 그러나 이를 통해 변화들이나 후속 발전들이 배제되어 있는가? 우리의 지금까지의 모든 경험들은, 비단 그것이 지난 1990년대의 변혁 과정에서 뿐만은 아니라고 하더라도, 제도들의 안정성에 대한 이와 같은 정체적인 시각이 적절하지 못하다는 것을 말해주고 있다. 파슨스(T. Parsons)는, 그의 체계 이론이 부당하게도 종종 바로 그러한 정체성을 지니고 있다고 비난받고 있지만,[4] 이미 이 점을 인식했다. 그러므로 하나의 역동적인 시각만이 제도들의 안정성을 적절히 파악할 수 있다면, 여기서 두 가지 물음이 제기된다 :

— 바로 이러한 관점이 결정적으로 드러나는 문헌들이 있는가? 제도들의 안정성에 관한 현실적인 물음이, 그 어떤 역사의 종결이 아닌, 오로지 역사적인 과정으로서만 제기될 수 있다면, 다시 말해서 제도들의 안정성이 항상 제도들의 변천이라는 조건 하에서만 논의될 수 있다면, 이 물음을 위해 헤겔의 제자들 중에서 한 주요 증인이 거론될 만도 하다. 이러한 예로서, 헤겔

---

4) 이에 반해서는 파슨스를 참조. Talcott Parsons, *Societies : Evolutionary and Comparative Perspectives*, Engelwood Cliffs, N. J., 1966 (혹은 *Das System moderner Gesellschaften*. Hg. Dieter Claessens, Weinheim und München, 1985). 파슨스는 여기서 서구 사회에 초점을 둔 진화론적 발전이라는 자신의 테제를 근대 사회들의 체계를 위한 토대로 전개하고 있다.

의 제자로서 그의 법철학 및 역사철학의 첫 번째 전집 편집자였기도 한 에두아르트 간스(Eduard Gans : 1797~1839)를 들 수 있다. 간스는 헤겔 철학의 근본적인 역사화(Historisierung)를 기도했고 동시에 헤겔의 정치철학에다 정치적인 추구 향방을 전반적으로 변화시키는, 명백히 자유주의적이고 심지어는 공화주의적인 선택들을 첨가하고 있다.

— 그럼 역사의 완결에 관한 자신의 기본 전제들 때문에 헤겔의 다른 모든 통찰들조차도 낡은 것이 되어버렸는가? 역사의 종결에 의해 조건지어진 제도들의 합리성과 이에 따른 지속성이라는 총체적인 테제 하에서, 추측컨대 헤겔은 그의 의도에 반하는 — 지속되는 역사의 진행 속에서 그리고 제도적인 변천 속에서 작용하는 — 제도적인 안정화의 메커니즘을 제시하고 있다. 이러한 아직은 좀더 근거지음이 필요한 추측이 타당하다면, 제도들의 안정성의 조건들에 관한 질문 또한 다르게 제기될 수 있다. 간스는 헤겔의 철학을 역사화시켰고, 이로써 그는 제도의 변천에 대한 길을 터놓았다. 그럼 간스는 여기서 헤겔이 제시했고, 근거지었고 나아가 작업했던, 제도들의 안정화를 위한 특수한 메커니즘들을 인지하였고 또 받아들였는가? 나아가 헤겔에 비해 변화된 간스의 정치적인 강조 속에서 이러한 점들은 어떤 가치를 지니고 있는가?

이 두 가지 점들이 여기서 헤겔과 간스의 관계가 논의되어야 하는 출발점이다. 제도들의 안정성에 관한 문제에 대한 다양한 해결책이 제시되어야 한다면, 여기서 문제가 되는 것은 역사적인 비교라기보다는 현대의 제도 이론에 기여하는 체계적인 소득이다. 물론 사상사적인 논의들이 현대의 제도 이론을 대체할 수는 없지만 여러 가지 통찰을 제공해 현대 제도 이론에 이르게 할 것이다. 바로 이 점이 헤겔과 간스의 경우를 통해 제시될

것이다.5)

2. 헤 겔

헤겔에 대한 논의를 전개하는 데에서 우선은 '역사의 종결'
(a)이, 그리고 이와 결합된, 정치 제도들의 매개를 통한 규범적
인 통합(b)이 문제가 된다. 헤겔 자신이 기본 전제로서의 이성
의 실현에 대해 결국 회의하기 시작하는 어려움(c)은 체계적인
논리적 귀결이다.

(a) '역사의 종결'에 대한 헤겔의 확신은 시민사회와 함께 사
회의 모든 적대성들이 그 절정과 해체에 도달했다고 하는 마르
크스의 표상과 현저하게 상통하고 있다. 마르크스는 "이러한
사회 형성과 더불어 인간 사회의 전(前)역사는 종결되었다"6)
고 쓰고 있다. 마르크스에 주목하는 것은 헤겔 이해를 위해서
큰 도움이 된다. 헤겔의 '역사'와 마르크스의 '전(前)역사' 사이
의 용어상의 차이는 마르크스의 혁명적인 용어 사용에 치중된
것이기는 하나, 그 기본 개념 자체를 뒤흔드는 것은 아니다. 마
르크스는 미래의 진정한 역사를 위한 길을 제시하기 위해 이제
까지의 역사를 '전(前)역사'라는 하위 단계에 위치시키고 있다.
그러나 여기서 그는 '역사에서의 이성'7)이라는 헤겔의 테제에

---

5) 블렌크너(R. Blänkner)는 나의 초고를 논평하면서, 제도의 안정성을 그의
변화 조건 하에서 묻는 질문은 역사적으로 정향된 정치학과 사회학적 및 문
화학적으로 정향된 역사학의 교차점에 서 있는데, 이 두 학문은 이를 통해 서
로 정보를 교환할 수 있다고 확정짓는다. 나도 이 점에 동감한다. 이 자리를
빌어 블렌크너의 비판적인 도움말에 감사를 표한다.
6) Karl Marx, *Zur Kritik der Politischen Ökonomie*. Vorwort, MEW 13, S.
9.
7) G. W. F. Hegel, *Vorlesungen über die Philosophie der Weltgeschichte*.

이미 토대로 제시된 세계 내적인 종말론(die innerweltliche Eschatologie)을 강화하고 있을 뿐이다. 그리고 실제로 마르크스는 헤겔에게는 배제된 혁명적인 열중 속에서 역사의 종결을 이중화시키고 있다. 우선 '전(前)역사'의 종결은 계급 없는 사회 속에서의 자유의 실현을 의미하기는 한다. 그러나 이미 근대 시민사회는 모든 이제까지의 발전들을 종합해왔고, 그 때문에 근대 시민사회는 '역사'와 '역사적으로 형성된 현재'의 이해를 위한 관건이라고 할 수 있다.8) 마르크스가 역사의 '실천론적(praxeologisch)' 종결(前역사의 종결)과 '인식론적(gnoseologisch)' 종결(모든 지금까지의 것들에 대한 이해를 위한 관건으로서의 시민사회)로 양분시키는 것은, 이미 헤겔이 역사적으로 실현된 것으로 파악한 것에 다름아니다. 헤겔에게 역사는 (인륜성의 기준에 비추어본 그의 관점에서는 시민사회를 '극복하는') 이성적 국가 속에서의 자유의 실현을 통해, 실체적일 뿐만 아니라 주관적으로도 종결되어 있다.

실체적으로는 헤겔이 특히 그의 초기의 체계 기획에서 기술했듯이, 이성적인 국가는 상위의 통일체(Einheit)로의 개별적 의지의 지양(Aufhebung)에 의한 결과인데, 바로 이 점에서 루소의 '일반 의지(*volonté générale*)'와 아주 유사하다. 개별적 개인

Bd. 1: *Die Vernunft in der Geschichte*. Hg. Johannes Hoffmeister, Hamburg 1955.

8) "이 시민사회는 가장 발전되고 가장 다양한 역사적인 생산 조직이다. 시민사회의 관계들을 표현하는 범주들, 이 구조를 이해하는 것은 따라서 동시에 소멸된 모든 사회 형식들의 구조와 생산 관계를 통찰하는 것을 보장한다. 시민사회는 그 소멸된 사회 형식들의 잔재와 요소들로 건설되는데, 이것들 중에서 부분적으로 아직 극복되지 않은 나머지는 시민사회 속으로 슬그머니 옮겨지고, 단순한 암시들은 도야된 의미들로 발전되었다. 인간의 골격 안에 원숭이의 골격이 있다" (Karl Marx, *Grundriss der Kritik der politischen Ökonomie*. Frankfurt a. M. und Wien o. J., 25f.).

들의 의지에 의해 생성되는 일반적인 권력은, 시민을 위한 실정법(Gesetze)을 통해 상위의 권력으로서의 효력(Wirkungsmacht)을 지니게 된다. 그럼으로써 국가는 필요한 경우에는 강제력 행사를 통해서라도 시민을 보호하지만, 그들의 사적인 사안들의 행사, 특히 경제적인 활동에 대해서는 그들의 모든 자유를 보장한다. 그렇지만 국가는 단순히 법으로서만이 아니라 살아 있는 전체(법 그 자체로서는 죽은 그 어떤 것일 수도 있다)이기도 하다. 왜냐 하면 국가는 삶의 모든 측면들을 포괄하고 그에 따라 유기적으로 조직되어 있기 때문이다. 바로 이것이 국가의 국헌(Konstitution) 또는 헌법(Verfassung)이다. 그 자체만으로서는 추상적일 수도 있는 여러 권력들의 분립에 대신하여, 유기적인 결합(Verbindung)에 의한 하나의 살아 있는 상호 융합 작용(Ineinanderwirken)이 일어나게 된다. 이것이 바로 새로운 역사적인 발전의 결과다. 프랑스혁명은 일반 의지, 즉 공동체의 자기 형성의 원리를 등장시켰다. 그러나 여기서는 개인과 국가가 아직도 생소하게 대립하고 있다. 헤겔이 특히 프로이센을 염두에 두고 생각한 근대의 왕정은, 매개하는 심급들에 의해 시민과 국가의 유기적 결합을 통한 하나의 조직화된 전체를 이루어냈다.

주관적으로는 역사가 다음과 같은 시민의 통찰 ─ 즉, 그들이 복종하고 있는 곳이 바로 그들 자신의 공동체로서, 따라서 일반 의지 속에서만 그들은 자기 자신을 인식할 수 있게 된다 ─ 과 함께 종결되었다. 바로 이 점에서 '일반 의지'의 효력이라는 루소의 견해를 따르고 있다. 그러나 헤겔은 결코 루소와 인민 주권 사상을 공유하고 있지 않으며, 나아가 합리적으로 조직된 공동체를 근거짓는 루소의 계약 사상을 받아들이는 것도 아니다. 헤겔에 따르면, 이성은 역사의 진행 속에서, 특히 근대에 와서는 그 스스로 형성 과정을 겪게 된다. 형성(또는 교양 Bildung)은 그에게서 항상 소외와 관련되어 있으며, 이 때문에 그것은 부정적인 측면과 긴밀한 관계에 있다.9) 교양은 자연적인 것의 연마를 통한 형성(Formierung)으로서, 바로 그러한 것으로서 필연적이며, 역사 속에서는 그럼에도 불구하고 종종 비극적이다. 헤겔은 그 정치적인 귀결을 자신의 예나 시기의 체계 기획들10)에서 특히 입체적으로(plastisch) 구성하고 있다11) : 바로 "저 아름답고, 행복했던", 그래서 부러움을 샀고, 또 사게 될, "그리스인의 자유" — "개인이면서 동시에 정부이기도 한" — 는 전혀 교양의 과정을 겪지 않았고, 이성도 형성하지 않았으며, 따라서 전혀 존속되지 않았다. 따라서 "좀더 고차원적인 추상이 필요하다. 좀더 큰 대립과 형성, 그리고 심오한 정신"을 말이다. 바로 여기서 한 차원 더 높은 분열이 등장하게 된다. "모든 이들이 완전히 자기 내로 복귀하고, 자신의 자아를 그대로 본질로서 인식하고, 또 이러한 고유한 의미에 도달하는 것, 현존하는 보편자로부터 분리되면서도 절대적으로 존재하는, 그래서

---

9) G. W. F. Hegel, *Phänomenologie des Geistes* (TWA 3), Kap. VI.B : Der sich entfremdete Geist. Die Bildung. 『법철학』에서 도야는 특히 시민사회에서 다루어지고 있다. "정신이 자신의 현실성을 지니게 되는 것은 스스로 자기 내에서 분열하고, 자연적 욕구 및 이를 불러일으키는 외적인 필연성의 연관 속에서 제한과 유한성을 부여함과 동시에, 스스로 이러한 제한과 유한성에 동화함으로써 이를 극복해 자신의 객관적 현존재를 획득하게 된다. …… 따라서 교양이란 그 절대적인 의미에서는 해방이며, 나아가 좀더 차원 높은 해방을 향한 노동이다. …… 이러한 해방은 주체에게는 막연한 주관성을 극복해야 하는 힘겨운 노동이다" (R §187 Anm.).

10) 1805 / 06의 『예나의 실재 철학』 참조. 이 저서는 *JR*로 줄여서 페이지 수와 함께 인용된다. G. W. F. Hegel, *Frühe politische Systeme*. Hg. Gerhard Göhler, Frankfurt / M.-Berlin-Wien 1974 / G. W. F. Hegel, Gesammelte Werke Bd. 8 : *Jenaer Systementwurfe III*. Hg. Rolf-Peter Horstmann, Hamburg 1976.

11) 아주 퇴색된 형식에 대해서는 *R* §185 Anm. 참조.

자신의 지식 속에 자신의 절대성을 직접적으로 간직하는 것"
(JR 267 / 262)이 그것이다. "이것이 바로 근대의 좀더 고차원적
인 원리다. …… 이 원리를 통해서 개인들의 외면적이고 실제적
인 자유는 그 현존을 상실하게 되지만, 그럼에도 불구하고 내
면적인 자유는 존속되고 있다"(JR 268 이하 / 263 이하). 근대의
원리는 차원 높은 이성 원리다. 그것은 시민이 자신을 자율적
인 개인으로 형성하고, 자신의 고유한 이익을 추구하는 것을
의미한다. 그는 공동체의 후견을 받지 않으며, 또한 공동체 속
으로 매몰(소멸)되지도 않는다. 반면에 그는 전통적인 폴리스
민주주의의 실질적인 (정치)참여는 잃게 되었다. 즉, 그의 참여
는 이제 자신을 전체의 부분으로 인식하는 데 있으며, 이로써 실
질적인 참여로부터는 유리되었다. 일반적인 입법 과정에서도 그
는 기껏해야 제한적으로 참여하는데, 의회를 통한 대표 또한 선
한 충고들을 제시하는 정도를 넘어서지 않는다. 그의 자유는 일
차적으로 개별화의 자유다. 그것은 한편으로는, 모든 개인이 신
에게만 직접적으로 책임을 지게 된다는 종교 개혁의 기본 항목
(Grundansatz)에서 기인하는 내면성의 자유다. 이에 따라 시민
은 기본적으로 자신의 책임 하에 자신의 삶을 영위한다. 시민
의 자유는 다른 한편으로는 자신의 고유한 관심을 무제한으로
추구할 수 있는 가능성이다. 산업혁명을 통해서 실현된 고전적
국민경제학은 모든 타자들을 배제하는 개별성(Individualität)
을 지배적인 삶의 원리로 부각시켰다 ; 개별성은 동시에 인륜성
의 손상을 의미한다. 이러한 분열은 그 자체로서는 극복될 수
없고, 오로지 개인이 자신의 개별화(Vereinzelung)와 아울러 동
시에 스스로를 보편적인 것의 부분으로 인식할 때만 극복될 수
있다.

　(b) 헤겔의 이성에 부응하는, 인륜적인 국가 속에서의 역사의

종결은 따라서 시민에게는 목가적인 생활과는 전혀 별개의 것이다. 그것은 바로 이상적인 국가가 아니라, 이성적인 국가의 견지를 결정짓는 분열의 냉혹함에 다름아니다. 따라서 이처럼 발전시킨 국가가 실제로도 안정적인가 하는 것은 결코 자명한 일일 수 없다. 그리고 이 국가는 자유의 진보에도 불구하고, 결코 프랑스혁명에 의해 등장한 국가는 아니다. 왜냐 하면 프랑스혁명에 의한 국가는, 헤겔에 따르면, 개별적인 것과 보편적인 것, 시민과 국가권력이 직접적으로 하나가 되어야 한다는 '절대적 자유'를 요청하긴 했지만, 실제적으로는 이러한 두 가지 측면들이 매개되지 않았기 때문에 단지 파괴적이며 부정적인 것으로서 대립하고 있었다.12) 안정성은 이성적 이유들 때문에 국가가 개인을 보편적인 것과 함께 유기적으로 매개하는 한에서만 객관적으로 보장될 수 있다. 한편으로는 근대 국가 권력의 냉혹함과, 다른 한편으로는 후퇴한 개인의 자율성이 모두 그 자체만으로서는 살아 있는 통일체를 결코 이루어낼 수 없다. 그러나 이 양 측면이 서로 상호간의 소원함을 감소시키는 다양한 관계 속에 있게 된다면, 그들은 비로소 상호 결합될 수 있다. 바로 이것을 실현하는 것이 근대 국가의 과제이다. 헤겔에게는 이러한 매개를 제도적으로 이루어내는 것은 (또는 적어도 이루어낼 수 있는 것은 — 이 점에 관해 헤겔은 항상 불분명했지만), 바로 프로이센 모델에 따른 유기적인 국가다. 그리고 바로 이러한 유기적인 국가에서 정신은 직접적으로 자신을 스스로 조망할 수 있는데, 그것은 바로 이 공동체가 자신의 산물이기 때문이다.

그러나 이것은 또다시 객관적인 측면에 지나지 않는다. 객관

---

12) G. W. F. Hegel, *Phänomenologie des Geistes*, Kap. VI. B. Ⅲ : Die absolute Freiheit und der Schrecken (TWA 3, 1969 이하).

적 측면만으로는 시민들의 '통합(Integration)'을 작동시킬 수 없다. 또 근대의 이성 국가가 제거하지는 못하고, 단지 포함하고 있는 이러한 근대의 분열상들(Zerrissenheiten)에 직면해서는 주관적인 측면이 더더욱 요구되고 있다. 공동체의 근본적인 가치들에 의거하는 규범적인 통합은 역사적으로 축적된 소외의 과정들에 비추어보면 결코 자명한 문제일 수가 없다. ― 이성에 부응하는 근대 국가는 오히려 이러한 통합을 주관적인 차원에서, 즉 시민들의 측면에서, 실질적으로 산출해내는 특징을 지니고 있다. 이성의 주관적인 요소 ― 즉, 근대 국가의 이성적임을 인식하고 받아들이는 것과 그 속에서 자신을 인식하는 것(das Sich-Wissen) ― 는 '애국심'이다 : "정치적인 심정, 즉 애국심이라는 것은 …… 도대체 신뢰(다소간에 교양에 힘입은 통찰로 이행될 수 있는 그러한 신뢰)라고 할 수 있으며, 나아가 그것은 나의 실체적이고 특수한 관심이 타자(여기서는 국가)의 관심과 목적 속에, 다시 말해서 개별자로서 나에 대한 관계 속에서 보존되고 포함되어 있다는 그러한 의식이다. 따라서 국가는 동시에 직접적으로 나에게 결코 타자가 아니라는 것이며, 또 이러한 의식을 통해서만 나는 자유롭다"(R §268). 이처럼 애국심은 자유를 ― 전적으로 루소의 일반 의지와 동일한 의미에서 ― 비로소 자신의 앎 속에서 주관적으로 형성케 한다. 즉, 애국심은 정치 제도들에 의해 지탱되며, 결과적으로는 이들에 의해 그 효력을 지닌다. 공동체에의 적용은, 헤겔이 동일한 패러그래프에서 말하듯이, "합리성이 그 속에 실제적으로 현존하는 국가 속에 존립하는 제도들의 결과다"(같은 곳).13) 따라서

13) 여기서는 원준호의 「헤겔의 정치 심정 개념」(Hegels Begriff der Politischen Gesinnung)베를린 자유대 박사 학위 논문, 2000)을 참조. 원준호는 헤겔에게서의 국가 헌법의 주관적인 측면의 요소들과 이것들의 정치 제도와의 연관성을 최초로 체계적으로 규명하고 있다. 심정은 신뢰, 애국심 그리고 신념으로

개인주의적인 내면성으로의 분열과 복귀를 통해 전체와의 통일된 의식을 유지하는 것이 바로 제도들, 나아가 헤겔이 '시민사회'의 제도들에 부여하는 과제다.

이와 함께 헤겔은 이제까지 관심이 소홀했던 제도 이론 연구의 길을 터놓았다. 제도들의 과제는 공동체에 대한 근대적 개인들의 규범적 통합을 보장하는 것이다. 이미 앞에서 헤겔은 다음과 같이 말하고 있다 : "이러한 제도들은 [즉, 시민사회, 다시 말해서 "비상·오성 국가"의 제도들] 국헌(헌법)으로서, 발전되고 실현된 합리성을 특수한 형태로 구성한 것이다. 따라서 이 제도들은 국가의 토대이자, 나아가 이 국가에 대한 개인들의 신뢰와 심정을 불러일으키는 토대다"(R §265). 이러한 제도들의 통합 기능 속에서 특히 상징들이 결정적인 역할을 하게 된다. 헤겔은 매우 짜맞추는 듯한 방식으로 다음과 같이 명료화하고 있다 : 즉, 비록 내면적으로는 자유로운 시민들이지만, 외면적으로는 경제에 의한 강요들 및 공동체의 강제력에 복종해야만 한다는 필연성만으로는 시민들을 통합하는 데 결코 충분치 못하다는 것이다. 강제된 복종 그 자체로서는 결코 통합을 이룰 수 없다. 통합은 시민들의 의식을 통해서 이루어져야 하는데, 이때 시민들은 그들 자신의 공동체 속으로 지양된 것으로서 인식되어야 한다. 나아가 그들은 이러한 통일체(Einheit)를 감각적으로, 즉 스멘트(Smend)가 말한 "의미 체험(Sinnerlebnis)"[14]

구성되어 있고, 인륜적으로 순화된 정념이다. 공동체를 위해서는 인지적으로 매개된 시민의 인륜적인 정념성이 요구되는 반면, 이에 상응해서 정치 제도는 인륜적 자유의 이념이 시민에게 인지적이며 정념적으로 전달될 수 있도록 그 이념을 재현하여야만 한다.
14) Rudolf Smend, "Verfassung und Verfassungsrecht" (1928), in : *Staatsrechtliche Abhandlungen*, Berlin 1968, 126 및 129. 참조. 또한 Gerhard Göhler, "Der Zusammenhang von Institution, Macht und Repräsentation", In G. Göhler 외 : *Institution - Macht - Repräsentation*, 1997. 11-62 참조.

을 체험해야만 한다. 이러한 보편자 속에서의 자기 인식(Sich-Wissen)의 질(質)은 정치 제도들이 정부 기능을 넘어서는 표현의 차원을 통해 드러난다. 정치 제도들은 개인들에게는 필연성의 측면에서 복종에 대한 요구를 통해 조절 기능을 수행할 뿐만 아니라, 이성적인 국가에서의 제도들은 시민들에게는 동시에 "자유의 형태"(R §266)이기도 하다. 공동체의 제도들은 시민들에게 그들 모두를 결속시키는 실체적인 자유를 직관하게끔 한다. 그리고 이러한 상징적인 방식에 의해 개인은 전체와 하나임을 알게 된다. 비록 그것이 개인의 내면성을 건드리지는 않더라도 말이다. 이를 현대적으로 표현하면, 상징적인 메커니즘의 매개에 의한 헤겔의 규범적 통합의 개념이라고 할 수 있다.15)

이러한 맥락에서 볼 때, 결정적으로 중요한 제도의 하나가 바로 군주제다.16) 통치권을 손안에 두고자 하는 프로이센 왕권의 추구하는 바와는 달리, 헤겔은 이 왕권에서 단지 '공허한 매듭'(leere Knoten ; JR17) 268)만을, 즉 "'동의한다'고 말하며 'I'라는 점을 찍는 인간"(R §280 보유)에 지나지 않는다는 것을 간파했다. 프로이센 왕에게는 이러한 과소평가가 물론 마음에 찰리 없지만, 실제로 이것은 공동체 내에서는 적어도 하나의 제도[즉, 여기서는 왕 : 역자 주] — 직접 통치하지는 않기 때문에 그의 인격적 특성과는 별도로 시민들이 이에 직관적으로 관계

---

15) 이에 대해서는 Gerhard Göhler, "Hegel und das Problem der gesell-schaftlichen Einheit - die Staatslehre neu gelesen", in : Michael Th. Greven / Peter Kühler / Manfred Schmitz (Hg.), *Politikwissenschaft als Kritische Theorie.* Festschrift für Kurt Lenk, Baden-Baden 1994, 109-132 참조.
16) 이에 대해서는 특히 Shlomo Avineri, *Hegel's Theory of the Modern State,* Cambridge 1972, 185-189 참조.
17) 앞의 각주 10) 참조.

할 수 있는—가 주어져야 한다는 점을 여실히 드러내는 것이다. 그리고 현재의 독일연방공화국의 대통령직은 이러한 해석의 전통 속에 있다.

(c) 그러나 이렇게 심혈을 기울여 완성시킨 이성 구조(Vernunft-konstrukt)는 애석하게도 기대했던 바와는 달리 지속되지 못했다. 왜냐 하면 역사의 종결은 아직도 오지 않았기 때문이다. 헤겔 자신도 이러한 어려움을 자신이 죽기 전에 불안스럽게 확인하고 있었다. 1831년 4월(그는 11월에 사망했다)에 『영국 선거법 개정안에 관하여』18)라는 논문에서 그는 영국에서의 선거법 개정에 관한 논의를 지극히 비판적으로 논평했다. 이 논의는 1830년 7월의 프랑스혁명에 비추어볼 때 대륙에서도 폭발적인 사안이었다. 실제로 이 시점에 영국에서는 아직 아무것도 결정되지 않았으나, 선거법 확대가 미구에는 피할 수 없게 되었다. 헤겔은 표면적으로는 영국 국내의 논쟁에서부터 거리를 두고 있었다. 왜냐 하면, 순전히 역사적이고도 단지 "실증적인"(positive ; RB 282) 영국식 제도들의 비이성적인 특성은 그러잖아도 근대에 와서 적지 않은 어려움만 불러일으킨다고 생각했기 때문이다. 1817년 뷔르템베르그의 형세에 관한 그의 판단에서와 마찬가지로, 헤겔은 전통 그 자체로서는 존속할 만한 가치가 있지 않다고 생각했다 ; 즉, 전통은 이성 원리들에 의해 지배되고 있을 때만 비로소 존속될 만한 가치가 있기 때문에, 헤겔은 영국의 경우 이러한 지위를 부인했다. 그러나 이것은 표면적인 이유에 지나지 않았다. 실제로 이러한 인상을 떨쳐버릴 수가 없었는데, 그것은 헤겔이 영국에서의 사건들이 독일에도 영향을

---

18) G. W. F. Hegel, *Über die englische Reformbill*, in : Jürgen Habermas (Hg.), *G. W. F. Hegel : Politische Schriften*, Frankfurt / M. 1996. 출전은 *RB* 라는 약자에 의해 밝힘.

줄까봐 심각히 우려하고 있었으며, 진정 그는 절망적인 상태에서도 대륙적 군주제에서 이성 국가로의 연속적 이행에 대한 생각을 보존하려고 노력했다. 그만큼 그는 영국을 제외한 유럽 대륙이 아주 성공적으로 도달했다고 생각했던 "현실적인 자유 (reelle Freiheit)"의 이념들을 확신하고 있었다. 이러한 "이념들은, 우선 프랑스에서는 수많은 잇따르는 추상들에 의해 혼합되고, 나아가 저 유명한 폭력들에 의해 결합되었지만, 독일에서는 순수하게 이미 내면적인 확신과 여론의 확고한 원리가 되었고 또한 권리 관계들에 대한 실질적이고 평화로우며 점진적인 법적 개혁에 영향을 줌으로써 여기(독일)에서는 이미 진정한 자유의 제도들이 저만치 진보했으며, 아울러 본질적인 것들도 성취되어 이것을 향유하고 있는 중이다"(RB 314). 이와는 달리 영국에서 "과격한 개혁가"들이 '선거법 개정'을 관철시킬 경우, 사회적 분쟁 조정을 위해 작용할 수 있는 군주제의 "중고위급의 권력(mittlere hoehere Macht)"은 더 이상 존재하지 않을 수 있고, 반대로 이러한 호소는 단지 국민 자신에게로 되돌아갈 것이며, 이것은 바로 "개혁 대신에 혁명을 유발시키는"(RB 321) 길로 잘못 유도될 수도 있을 것이다. 바로 이 점이 결정적인 문제였다.19) 헤겔의 평가에 따르면, 영국은 이성적 관점에서 볼 때 진실로 개혁을 필요로 하고 있었지만, 그는 이로써 야기될 역동성(Dynamik) ― 즉, 그가 '이성적 지위'를 부여했던 프로이센의 개혁 수행을 유실시킬 수도 있다는 ― 을 두려워했던 것이다. 역사는 계속되고 또 헤겔을 넘어선다. 그러나 그는 역사의 진행을 아직도 혁명의 위협으로서만 해석할 수밖에 없었다. 그

---

19) Hans-Christian Lucas, "Die "tiefere Arbeit". Hegel zwischen Revolution und Reform", in : Ch. Jamme / E. Weisser-Lohmann (Hg.), *Politik und Geschichte. Zu den Intensionen von G. W. F. Hegels Reformbill-Schrift*, Bonn 1995. 207-234.

의 이성 개념은 모든 것을 종합하는 회고가 더 이상 충분치 않을 경우, 결국 방어적이고 경직되지 않을 수 없다. 점점 명백해지는 역사의 실제적인 진행을 헤겔은 철망감에 휩싸인 채 거부했다.

여기서 우리는 첫 번째의 결론을 내려보기로 하자 : 오늘날의 관점에서 볼 때 전혀 놀랄 일이 아닌 것처럼, 역사가 배제된 안정성을 전제하는 것은, 그것이 아무리 널리 유포된 발전 수준을 자랑할지라도 현실적으로는 낡은 것에 지나지 않으며, 또한 이론적인 요청에서조차 시종일관할 수 없는 것은 분명하다. 이러한 의미에서 헤겔의 철학은 체계적으로 더 이상 적실성이 없으며, 기껏해야 부정적인 의미에서만 교훈적일 수 있다. 그러나 이것은 오로지 한 측면에 지나지 않는다. 헤겔은 동시에 이성적으로 발전된 국가가 특수한 통합적 메커니즘들을 필요로 한다는 것을 체계적으로 제시하고 있다. 이러한 메커니즘들은 공동체가 자신의 시민들을 근대의 역사적인 발전 속에서 점차 자연적이거나, 또는 신으로부터 부여받은 '지배'의 자명함에다가 연결시키려고 하지 않게 되었기 때문에 더욱 중요하다. 헤겔이 제시하듯이 이성 국가는 시민의 측면에서 볼 때 모든 것을 결정하는 한 질문에 대답해야 한다. 즉, 왜 개인이 직접적으로 그리고 명백히 자신의 개인적인 이득에 아무런 도움이 되지 않는 데도 공동체에 발을 들여놓아야 하며, 그럼으로써 자신의 자유에 대한 제한들을 감수해야만 하는가라는 질문이다. 이러한 딜레마에 대해 근대의 합리적인 계약 사상들은 아무런 대답을 주지 않는다. 헤겔은 그 해결책을 이성 국가의 통합 능력(Integrationsleistung)에서 찾고 있다. 국가가 이성적이라는 사실이 통합을 불러일으키는 것이 아니라, 역사적으로 발전된 효과적인 통합은 — 이성적으로 구축된 국가가 실제 이성 국가로 발전하게 하는 — 하나의 필연적인 조건이다. 통합 문제에 대한 축적된 지식은 시민 종교에 대한 근대의 논의 속에서 발견되고 있다. 헤겔은 통합의 특수한 메커니즘들에 대한 체계적인 작업을 통해 근대의 분열된 사회들의 통합을 위한 새로운 차원을 제시했다. 그러나 이러한 인식들이 역사의 종결이라는 전제 조건에 종속되어 있다는 것을 옹호하는 것은 결코 아니다.

3. 간 스

반대되는 시도를 해보자 : 헤겔이 사망하기 3년 전 에두아르트 간스는 1828년에 베를린에서 법학과 교수직을 얻는다 ; 그는 헤겔과 친밀한 관계에 있었고, 또 그의 진정한 철학적 후계자가 되었다(헤겔의 교수직을 처음에는 가블러, 나중에는 셸링이 맡았다). 간스는 헤겔의 철학적 체계를 기본적으로 역사화하고 정치적으로 자유주의화하긴 했지만, 자신의 건설적 구성에 간직하고 있다.

(a) 역사화 : 헤겔과 간스 저작의 주요 표제는 이미 다음의 내용을 명백히 하고 있다 : 헤겔은 1821년의 『법철학』에서 "자연법과 국가학"을 다루었고, 이에 상응하는 간스의 1832 / 33년 겨울 학기의 강의에서는 "자연법과 보편법의 역사"가 다루어졌다.[20] 이 강의는 헤겔의 체계적인 정치철학의 본질적 요소들을 받아들였으나, 제2부에서 "보편법의 역사"를 덧붙여, 법사상 자체가 역사 발전에 종속되어 있음을 이미 천명했다.[21] 대세는

---

20) Eduard Gans, *Naturrecht und Universalrechtsgeschichte*, Hg. Manfred Riedel, Stuttgart 1981 [in der Nachschrift von Immanuel Hegel 1832 / 33]. 앞으로는 *NU*라는 약자로 출전을 밝혀둔다.

분명하다 : 헤겔과 달리 간스에게 중요한 것은 법과 이 법 제도를 역사화하는 것, 즉 그것의 근본적인 상대성과 아울러 그에 따른 자유주의적 헌법 국가라는 의미에서의 실질적인 개혁 가능성을 밝혀내는 것이다. 간스에게도 국가는 비록 헤겔처럼 자신의 정치 사상의 근원점(Fluchtpunkt)이기는 했으나, 무엇보다도 역사적으로 실현되어야 할 범주였다. 헤겔은 국가가 아직도 국가의 개념에 걸맞지 않는 한, 이 국가의 역사적 형식에는 별로 관심을 두지 않았다. 간스가 보다 더 중요하게 생각한 문제는 이성과 이 이성에 따른 제도들의 역사화가, 비록 일시적으로는 이성적인 것으로 여겨지더라도, 어느 정도까지 현재의 상황을 완결된 것으로 받아들여지지 않게끔 하느냐는 것이었다. 헤겔 철학의 계승과 비판적 기획은 따라서 더 이상 처음부터 독단적인 미치광이 짓이라고 치부될 수는 없으며, 최소한의 개혁 또는 근본적인 개혁의 필요성이 심각하게 고려되어야 했다. 이처럼 간스는 그의 헤겔 해석과 체계적인 목적의 계승을 통해 역사의 흐름으로부터 나온 헤겔을 이성의 한 차원 높은 회고에서 암묵적으로 돌려놓았다.

(b) 자유주의적 요소의 강조 : 정치적으로 간스는 몇 가지 민감한 문제에서 헤겔을 명백히 넘어섰다. 그는 헤겔의 정치적

---

21) 이 점을 위해서는 리델의 교훈적인 서론 참조 : Riedel (각주 20) : 13-20. 헤겔과 간스에서의 자연법과 역사의 관계에 대해서는 Michael H. Hoffheimer, *Eduard Gans and the Hegelian Philosophy of Law*, Dordrecht / Boston / London 1995, 11-13 (헤겔과 간스를 대비시키고 있음) ; Norbert Waszek, "Gans' Erbrecht als rechtshistorische Anwendung der Hegelschen Geschichtsphilosophie und im Kontext des rechtswissenschaftlichen Methodenstreits seiner Zeit", in : Elisabeth Weisser-Lohmann / Dietmar Köhler (Hg.), *Hegels Vorlesungen über die Philosophie der Weltgeschichte*, Bonn 1998, 185-203, 여기서는 201 참조 (헤겔에서의 자연법과 역사의 통합에 대한 안내서).

체계에 '반대파의 이론(eine Lehre von der Opposition)'을 첨가했는데,[22] 왜냐 하면 이것은 "모든 교양 있는 사람, 모든 유능하고 가부장적인 관점을 넘어서는 가족과 모든 문명화된 국가에 본질적으로 내재한, 다시 말해서 소극적인 것(das Negative)을 통틀어 넘어서는 데 불가피한 계기였기" 때문이다. "정부는 반대파에게 배우고, 반대파에 의해 풍요해지고, 반대파를 말하자면 자신 안에 받아들임으로써 명백히 반대파에 대해 지배자가 될 것이다."[23] 간스는 한층 더 분명하게 '사회적 문제'에 관심을 가졌다. 시민사회에 대한 헤겔의 평가에 의하면 빈곤과 부의 파괴적인 대립은 내재적으로는 해결될 수 없다 ; 헤겔이 직업 단체를 통해서만 가능하다고 생각했던 시민사회를 인륜화하는 일은 수공업자 계층에 한정되어야 한다(R §§245, 250). 반면에 간스에게 이 문제는 그냥 지나칠 수 있는 일이 아니었다. 1830년 프랑스에 체류하면서 간스는 생시몽주의자들과 사귀었고, 1830년과 1831년 두 차례에 걸친 영국 여행에서 그곳의 산업화 상황을 직접적으로 조사하게 된다. 이때 간스는 연대를 통해 경쟁을 대체할 수 있게 하는 "결사(association)"라는 초기 사회주의적 표상을 받아들이고, 이것을 헤겔의 '직업 단체'라는 개념과 연결시키지만, 물론 사유 재산의 분배와 상속권의 제한이라는 급격한 결론까지 수용하지는 않는다.[24] 그 대신 간스에게는 이 직업 단체라는 관념 속에 우리가 오늘날 "임금 협상에 대한 노동자의 조직적 참여"[25]라고 부를 수 있는 무엇인

---

22) Riedel (각주 20), 23 참조 ; Norbert Waszek, *Eduard Gans (1797-1838) : Hegelianer - Jude - Europäer. Texte und Dokumente*, Frankfurt / M. 1991, 33 이하.
23) Eduard Gans, "Brief an Dr. Dorow in Berlin, 2. 11. 1837", in : Waszek 155 및 156 참조.
24) Waszek (각주 22), 28-30 참조.
25) Waszek (각주 22), 31 참조.

가가 떠올랐다. 국법(Staatsrecht)에 대해서도 간스는 결국 헤겔이 프로이센을 완성된 이성 국가의 전형으로 평가한 데 대해 반대한다. 프로이센은 절대 국가는 아니었으나 그렇다고 조세 인준권과 법률 제정에의 참여가 인정되는 입헌 국가도 아니다. 프로이센은 오히려 "후견인 국가(vormundschaftlicher Staat)"다26) : 피후견인은 본래 자유롭지만, 그의 이해 관계는 다른 사람이 대신해 수행한다. 여기에 국가가 그 토대를 둘 의무가 있다고는 해도 이 상태가 지속될 수는 없다. 프로이센은 이미 근대 국가다.27) 역사적인 추세는 후견제의 폐지로 치달았고, 따라서 미래는 더 이상 프로이센 왕정이 아니라 공화주의적인 북아메리카에 속하는 것처럼 보이는데,28) 그것은 오랜 전통이 아닌, 국가라는 '개념'에서 생겨났기 때문이다 : "이 국가에서 중세의 국가 전체가 무너졌다 ; 군주도 더 이상 존재하지 않는다. 유럽에서처럼 군주의 사상이 정서, 관습 및 전통 속에 뿌리내린 곳에서조차 이제 중세의 모든 전통들은 더 이상 찾아볼 수 없다. 북아메리카의 국가처럼 개념에서 생겨난 국가가 유럽에서 탄생할 수 있고, 또 과거의 전통이 사라지기까지는 아직 몇 백 년이 걸릴 수도 있다"(NU 100).29) 공화주의적 표상을 여는 헤겔

---

26) Eduard Gans, "Über die Untersuchungsmaxime des preußischen Zivil-prozesses (Eine Rezension) [1832]", in : Waszek (Anm. 22), 147-155, 여기서는 149 이하. 그리고 Erwiderung auf Schubarth [1839], in : M. Riedel (Hg.), *Materialien zu Hegels Rechtsphilosophie*, Bd. 1, Frankfurt / M. 1975, 274 f. 또한 Waszek (Anm. 22), 35 f ; Reinhard Blänkner, "Der Absolutismus war ein Glück ……." In : *Historische Zeitschrift* 256 (1993), 56-58 참조.

27) Gans, "Erwiderung ……" (각주 26), 274 참조.

28) 이것은 여기서 아주 조심스럽게 표현되었다. 다음 주를 보라.

29) 간스의 공화주의에 대한 호감의 증거로 읽혀지는 (Riedel. 주 20, 21) 이 부분의 자구 내용은 명확하지 않다. 간스는 미국의 공화주의적 헌법을 "개념에 합당한 국가 형식"(Riedel)으로 표현하지 않고, 공화주의적 헌법은 단지 "개념에서 생겨난다". 이러한 표현은 오히려 헤겔에 의한 프랑스혁명의 특징 묘사

철학의 이러한 자유주의적인 강조와 함께 간스는 '타협적인 우파'와 '혁명적인 좌파' 헤겔주의자 사이의 정확히 중간 지점에서 있고,30) 나아가 일정한 정도로까지 헤겔을 좌파 헤겔주의에 연결시키고 있다.31)

헤겔의 통합 메커니즘에서 이제 무엇이 간스에게 남아 있는가? 이 질문은 헤겔의 체계로부터 가장 잘 설명될 수 있다. 간스는 아직도 완전히 헤겔의 맥락에서 움직이고 있고, 통합 문제를 위한 중요한 요소들도 거의 변하지 않았다. 간스는 1832년과 1833년의 '자연법과 보편법의 역사'라는 강의의 첫 번째 부분인 '자연법'에서 '객관 정신'을 헤겔의 체계와 아주 유사하게 발전시킨다. 개별적인 편차들이 있더라도 전체적인 연관 속에서는 헤겔과의 내용적인 차이가 그리 많지 않다. 간스는 '국내법(헤겔)'을 도발적으로 '헌법(Verfassung)'이라는 제목 하에 둠으로써, 자유주의적인 해석을 다소 강화하고는 있다. 왜냐 하면 프로이센에서도 성문 헌법이 약속되긴 했지만, 1848년의 3월 혁명에서 이것이 지켜지지는 않았기 때문이다. 사실 헤겔도 이미 자신의 『법철학』에서 '국내법'을 계속 '내부 체제 그 자체'

_____

와 가까우며, 이 특징 묘사가 추상적인 개념을 자라난 전통과 유기적으로 연결할 수 없다는 바로 그것 때문에 편협적이다. 그렇기 때문에 미국은 비록 명확히 입헌 국가라 해도 반드시 이성 국가의 투영은 아니다. 다른 한편 간스의 견해에 따르면 프로이센 역시 오스트리아와는 달리 국가로 "태어난" 것이 아니라 "만들어진", "새로운", "미래의" 국가다 (Über die Untersuchungsmaxime …… (각주 26, 146). 여기서 프로이센은 어느 정도까지는 미국에 가깝다. 근대 국가로서 프로이센은 게다가 "중세적인 국가와 절대적인 국가의 통일" (Erwiderung …… (각주 26, 274)이며, 여전히 전통과 연결되어 있다. 이런 암시로부터 정확한 그림을 얻어낸다는 것은 어렵다 ; 공화주의적 방향으로는 매우 한정적으로만 해석된다. 명확한 것은 단지 간스에게 왕정은, 그것이 주도하고 있다면, 대의제에 기반한 입헌군주정이 되어야 한다는 것이다 (Waszek, 각주 22, 36f.).
30) Waszek (각주 22), 37 참조.
31) Riedel (각주 20), 25 ; Waszek (각주 22), 37 ff. 참조.

와 '대외 주권' 속에 포함시키고 있고, 따라서 헌법을 지칭하고 있다. 그러나 헤겔이 여기서 자유주의적 입헌주의의 의미를 지닌 성문 헌법을 뜻한 것은 결코 아니었다. 이에 상응해서 간스도 비록 자신은 왕정의 입헌주의적 성격에 가치를 부여하긴 했으나, '헌법'을 '지배(Herrschaft)'의 조직과 '자의(Willkür)'의 방지를 위한 규정 장치(Regelwerk)로 이해했다. 헌법은 "비조직적인 것의 조직화"(NU 96)며, 따라서 헤겔이 이해했던 것처럼 국가를 살아 있는 유기체로 형성하는 데 있다. 헌법 조문(Verfassungstext)을 지배권 행사의 틀로 끌어올리는 추상적인 헌법 사상은 간스에게는 도무지 낯설었다. 간스는 비록 자신의 국가주의(Etatismus)가 명백히 입헌적 자유주의 국가를 지향하고 있지만, 헌법보다는 국가에 훨씬 더 큰 비중을 둠으로써, 로텍이나 뵐리츠 또는 아레틴의 계몽적 자유주의와 근본적으로 구별되고 있다.32)

간스는 자신의 유기체적 헌법 이해에도 불구하고 기본적으로 권력 분할을 수용하고 있다 ; 하지만 그는 헤겔이 이미 그랬던 것처럼 입법권(gesetzgebende Gewalt), 행정권 그리고 사법권 대신에 '국권(Staatsgewalt)'으로 구별하고 있다. 국권은 "국가를 개인(Individuum)으로서 표현하는" 권력(Gewalt)이다(97). 헤겔과 달리 이것은 왕이기도 하지만, 또 공화국의 대통령일 수도 있다. 근대 국가는 그러나 기본적으로 헤겔에게서와 같이 "인륜적

---

32) Reinhard Blänkner, "Die Idee der Verfassung in der politischen Kultur des 19. Jahrhunderts in Deutschland". In : Herfried Münkler (Hg.), *Bürgerreligion und Bürgertugend*, Baden-Baden 1996, 309-341. 블렌크너는 칸트와의 연속성 속에서 계몽적 자유주의와 간스가 헤겔과의 연속성 속에서 속해 있던 신아리스토텔레스주의의 "국가 형성적 자유주의" 사이의 차이를 설득력 있게 보여준다. 계몽적 자유주의에 대한 중심 개념은 헌법이고 국가 형성적 자유주의에 대한 중심 개념은 국가다. 계몽적 자유주의의 "헌법애국주의"에 상응해서 국가 형성적이고 유기체적 사고를 하는 자유주의가 대립해 있다.

이념(sittliche Idee)의 현실성이며 자신을 드러낼 뿐 아니라 인식하는 의지(Wille)"다. 이것은 다시금 헤겔을 다소 넘어서는, 즉 자유주의의 시조인 로크에 비추어볼 때, 17세기의 국가에서 형성된 '대의제' 국가다(NU 95). 여기서 대의(Repräsentation) 개념은 이미 칸트에게서처럼 이중적으로 수용되고 있다. 대의란 한편으로는 자유주의적이고 입헌적인 이해 방식에 따라 의회에서의 대표자를 통한 국민의 대리를 의미한다. 다른 한편으로는 국가 수반이나 군주 또는 대통령이 국가와 아울러 국민 역시 대표한다.[33] 통합의 측면에서는 무엇보다도 특히 두 번째의 대의제 노선이 중요하다.

헤겔뿐만 아니라 간스에게도 군주는 특히 상징적 통합의 요인이다. 국가 권력의 테두리 내에서 역할 분담은 "군주가 국가를 나타내는"(97) 것과 같은 것이다. 군주는 국가가 아니고, 즉 국가의 소유자가 아닌 국가의 대표자(Repräsentant)다. 그것은 북아메리카의 경우에서처럼 선출된 대통령일 수도 있는데, 물론 이때 그는 전통을 마음대로 할 수는 없다. 우선 간스의 추진 방향은 통합보다는 자유주의자의 의미에서 군주 권력의 제한이었다. 이것이 보장되고 그럼으로써 국가가 이성적으로 설립

---

33) 이에 대비되는 관점은 Kant, *Metaphysik der Sitten*, in : Wilhelm Weischedel (Hg.), Werke in sechs Bänden, Darmstadt 1983, Bd. 3. 참조 : "모든 진정한 공화국은, 국민의 이름으로 그리고 모든 국민에 의해 통일되고 대리인을 매개로 그들의 권리를 돌보기 위해, 국민의 대의제 이외의 다른 것이 아니며 다른 것일 수도 없다(§ 52, S. 464). — "군주는 모든 권력을 가진 전제 군주(Autokrator)이 거나 독재 군주(Selbstherrscher)다 ; 독재 군주가 주권자이고 전제 군주는 독재 군주를 대표할 뿐이다" (§51, S. 461f). 간스는 대의제를 한편으로는 "입법권"을 위한 것으로 의도하는데, 그때 신분 대표가 선거구 대표에 의해 대체된다 (NU 102f, 가능한 확대된 선거권과 제한 없는 보통의 피선거권에 대한 변호), 다른 한편 "영주의 권력은 …… 국가가 일정하고 확정된 나에 의해 대표된다는 데 있다. 이것이 큰 장점이다 ; 군주가 국가를 나타낸다는(darstellen) 것이 국가가 군주에게 속하게 하는 것은 아니다.

된다면, 군주에 의한 대의가 통합 작용도 할 것이다. 결론적으로 말해 간스는, 헤겔이 그토록 중요하게 여겼던 통합의 주관적 요소 — 즉, 국가는 시민의 심정(Gesinnung)에 기초해야 한다는 — 를 제시하고 있다. 이에 대한 언급은 아주 짧기 때문에 여기에 남김없이 인용될 수 있다 : "그리스에서 시민들은 국가와 밀접한 연관을 맺고 있다 : 시민들은 국가에 대한 외경(Pietät)을 지니고 있었고, 국가 밖에서는 살 수가 없다. 이들은 주관적 정서를 지니지는 않았으며, 또 인간을 자율적인 존재로 보지도 않는다 ; 이들은 우리들처럼 스스로의 판단에 의거해 국가로 회귀하지도 않았다. 이러한 것은 고대인이 아닌, 바로 우리가 지니고 있는 애국심(Patriotismus)이다. 17세기 당시의 국가는 의지(Wille)에서 그리고 주체(Subjekt)로부터 도출되었고, 따라서 국가는 순전히 통찰에 의거한, 열정(Leidenschaft)이 배제된 자연법에 따른 것이다. 세계사에서 국가들은 오로지 개체들이 되었고 또한 열정적인 것이 되었다"(NU 95).

간스에게 애국심은 근대의 현상으로서, 공동체의 합리적으로 구성된 질서로의 회귀다. 애국심은 공동체의 존립을 위해 개인주의화(Individualisierung)에 대한 대항추(Gegengewicht)로서 기능적으로 요청되었으며, 이 때문에 애국심은 간스에게는 통합의 요소다. 아마도 간스에게 애국심은 "헌법애국심(Verfassungs-patriotismus)"의 측면에서 이해되었다. 하지만 간스가 계몽된 자유주의자들처럼 하나의 상징으로서의 "헌법"에 결코 비중 있는 가치를 부여하지 않았고, 자신의 헌법 이해를 유기적으로 조직된, 근원점(Fluchtpunkt)으로서의 국가로 정리했다.[34] 따라서 애국심은 여기서 아마도 근대 국가의 추상적·개념적 정당화를 위한 대체물로서 이해될 수 있다. 세계사에 등장한 "열

---

34) 각주 29) 참조.

정”과 유럽적 군주정의 전통에 대한 강조는 이 점을 암시한다.

관련된 인용들이 단지 강의 노트에서 비롯되었고, 또 간스의 원래의 표현을 인용할 수 없기 때문에 더 이상의 해석은 별로 성공적이지 못해보인다. 군주정에 대한 평가는 공화주의적 경향에 대한 긴장 속에서 너무 불분명하다. 뿐만 아니라 규범적 통합에 대한 헤겔적인 의도를 수용하고 이에 걸맞게 계승하는, 상징적인 통합 메커니즘의 구상을 재구성하기에는 간스 자신의 애국심에 대한 기술이 너무도 빈약하다. 다른 한편으로 주목해야 할 점은 간스가 헤겔의 『법철학』을 편집해 내놓았을 정도로 헤겔의 고민을 자세히 파악하고 있었다는 것이다. 여기서 추론될 수 있는 것은, 간스가 통합에 대한 헤겔의 문제 의식을 넘겨받았음에도 불구하고 이에 대해 큰 관심을 기울이지는 않았으며 또 어떤 방식으로든 계승도 하지 않았다는 점이다. 간스는 한 번도 헤겔이 노심초사했던 개념적 예리함을 유지하지 못하고 있다. 이와 같이 감소된 가치는 간스가 자신의 강의에서, 비록 헤겔의 분류와 개념성을 정확히 따르긴 했지만, 정작 헤겔의 분석의 주안점인 시민사회 안의 개인의 개별화와 보편성 사이에서 분열되는 것을 도대체 명시하지 않았다는 데에도 있다 (NU 81ff). 시민사회의 특징에 관한 간스의 서술은 보다 더 낙관적 분위기를 지니고 있는데, 이것은 특히 그가 생시몽주의자들이 의미하는 개혁이 가능하다고 여겼기 때문이다. 따라서 간스에게 '시민사회'는 인륜성의 가치라는 점에서 헤겔에 비해 체계적으로 좀더 높이 재평가되었다. 반면에 근대 국가의 특성은, 국가란 전적으로 국민 주권이라는 자유주의적 의미에 상응하게, “의지에서, 주체에서 생겨난다” 점으로 축소된다(NU 95). 이 두 가지는 통합의 문제를 헤겔의 평가에 비해 훨씬 덜 다급한 과제로 만들었다. 어느 정도로 간스가 자유주의적 선택(Option)을 상징적 통합의 문제와 연결시키는지는 여기서 제쳐둘 수 있다.[35] 우리의 문제 제기에서 중요한 것은 헤겔의 정치철학이 역사화되는 과정에서 여전히 통합 사상(Intergrationsgedanke)이 사라지지 않았다는 점이다(그리고 또 사라져서는 안 된다). 비록 역동적인 관점이 통합 사상을 스스로 먼저 산출하지는 않는다 하더라도. 통합 메커니즘에 대한 문제에서 중요한 것은 간스가 일정 정도로 다시 헤겔로 되돌아간다는 점이다.

두 번째의 체계적인 결론을 내려보자 : 역사화, 그러니까 제도의 역동화에 의해 통합의 손실이 생기는가? 이것은 제도적 안정화가, 헤겔이 추정했듯이 단지 제도들의 정지(Stillstellung)와 연관되어 있다는 것에 동의한다는 얘기는 결코 아니다. 통합의

---

35) 추측하건대, 자유주의가 합리적이고 자연법적으로 이성에 합당한 질서를 논증한다면, 자유주의는 상징과 그 관조를 수단으로 하는 규범적 통합의 문제에 대해 관심이 매우 적다. 규범적 통합의 본질은 무엇보다 더 나은 논증의 힘에 있고, 이 힘은 부가적으로 더 증명될 필요가 없다. 독일의 계몽적 자유주의의 중요한 대표자의 한 사람인 칼 로텍의 "이성법과 국가학 교과서"에서 규범적 통합의 문제에 대한 어떤 암시도 보이지 않는다. 그러니 간스가 그의 헤겔에 대한 자유주의적 재해석에서 그런 문제 자체를 받아들였다는 것은 특이한 일이다. 그 문제는 간스가 온전히 가지고 있는 국가의 유기체적 관점에 속한다. 유사하게 무르하르드(Murhard)는 Staatslexikon에서 애국심에 대해 쓰고 있다 (Friedrich Murhard, Art. "Patriotismus", in : Carl v. Rotteck / Carl Welcker, *Staatslexikon*, Bd. 12, Altona 1843, 386-419). 물론 합리적, 자연법적 접근을 위해 이론과 실천 사이를 구별하는 것이 통한다. 그렇게 아렌틴이 1823년에 계몽적 헌법애국주의의 의미에서, 강조해서 "조국애"를 (정확히 말하자면 좋은 헌법의 기초에 근거한) 다룬 "헌법-문답서(Verfassungs-Katechismus)"를 썼다. 나아가 19세기 초반에는 다양한 상징적 통합 형식들, 특히 헌법기념제(Verfassungsfeste)가 있었다 ; 헌법의 성문화는 의식적으로 도달한 상징적, 통합적 성격을 갖고 있었다. 여기에는 Blänker(각주 31), 315-317 참조 ; 또한 그의 "Verfassung als symbolische Ordnung. Zur politischen Kultur des Konstitutionalismus in Deutschland 1790-1840". In : Etienne François 외(Hg.), *Deutsch-französischer Kulturtransfer 1789-1914*, Leipzig / Paris, 1997, 35) 참조.

메커니즘은 제도적 역동성에도 불구하고 작동한다. 어떠한 조건 하에서 그러한지는 물론 새로운 설명이 요구되고 있다.

4. 제도의 변화와 제도적 안정성

제도들의 안정성이란 무엇인가? 간스와 헤겔에 대한 설명은 두 개의 서로 상반되는 기본 범례에 도달하게 한다.

(1) 안정성이 의미하는 것은 제도들이 더 이상 변하지 않는다는 점이다. 이것은 헤겔이 전제하는 것으로서, 동시에 그에 의해 이해된 통합 메커니즘이 실제적으로도 타당한 것에 대한 조건이다.

(2) 제도들의 안정성과 불변성은 일치하지 않는다. 간스는 제도들이 역사적으로 항상 변화한다는 것에서부터 출발하고, 나아가 제도들이 계속 변한다는 것을 필수적일 뿐만 아니라 바람직하기조차 하다고 본다. 이것은 간스에게는 자유주의적이고 입헌주의적 군주제로 향한 길이며, 나아가 아마도 공화국으로 그리고 더 나은 사회적인 정의를 향한 길이기도 하다. 여기서 제도들의 안정성은 바로 한 체계가 영구적으로 개혁 가능하다는 데 그 토대를 두고 있다. 불안정성이란 낡은 모범에의 집착이거나 아니면 혁명일 따름이다. 안정성과 변화, 적어도 제도들의 변화 가능성은 상호적으로 제한한다.

첫 번째 것은 정적인 것이며, 두 번째 것은 역동적인 모델이다. 헤겔의 정적인 모델이 그의 수용 불가능한 전제 때문에 관심을 끌지 못했다면, 어떻게 안정성이 역동적인 모델 속에서 형성되는지에 대한 질문이 남아 있다. 간스는 이에 대해 충분히 답하지 않고 있다. 따라서 헤겔로 되돌아가보면, 그에게서는 두 가지의 관점으로 분리시키는 것이 필요하다 : 그 하나는 역사의 종결이라는 헤겔의 견해며, 다른 하나는 그에 의해 다듬어진 통합 메커니즘이다. 종결된 역사에 대한 전제는 헤겔의 이성철학(Vernunftphilosophie)의 본질적인 부분이다. 근대 프로이센의 실제 상황들은 그의 견해에 따르면 최종적으로 이성적이다, 왜냐 하면 그 실제 상황들이 자유의 발전을 가능한 유일한 종결로 이끌기 때문이다. 그러나 이 상황들은 자율적 개인의 개별화된 의지와 그 개인의 앞에 놓인 공동체의 일반 의지 사이의 극단적으로 상승된 긴장을 직접적이며 실제적으로 제거하는 것을 상상할 수 없기 때문이 아니라, 오히려 이것이 필연적인 것으로 인식되고, 또 이를 통해 이성의 한 단계 높은 통일로 '지양'되기 때문에, 시민을 객관적이며 주관적으로 볼 때 이성적으로 드러난 국가로 끌어안기 위해 특별한 통합 메커니즘을 필요로 한다. 따라서 통합은 조화를 전제로 할 수 없지만, 그럼에도 불구하고 단합이 요구되기 때문에 절실히 요청되고 있다. 이러한 맥락에서 헤겔은 비록 역사의 종결 자체를 확신하기는 했으나, 이해 갈등의 결과가 공통성이라는 최소한의 척도와 결부되어야 한다면, 최소한도로 이에 상응하는 제도화의 역동적 모델에도 타당한 조건들로부터 출발한다. 왜 발전하고 변하는 사회가 붕괴되지 않으려면 그 사회의 제도 체계를 위해 마찬가지로 통합을 필요로 하는가? 이 점은 나름대로의 낙관주의를 지닌 역동적 모델들에서는 종종 그렇게 보이지 않는다. 즉, 시민사회의 비전을 작성했던 3월 혁명(Vormärz) 이전의 자유주의자들은 자신들의 이론에서 바로 이 통합에의 요청을 실천에서보다는 훨씬 덜 고려했다.36) 그러나 헤겔에게서 역동적인 제도들의 안정성은 오로지 특정한 통합 메커니즘의 희생을 담보

---

36) 각주 35) 참조.

로 달성될 수 있다는 점을 배울 수 있을 것이다. 제도적으로 볼 때 안정성의 문제는 항상 제도적 배치(Konfiguration)에, 즉 정치 제도들과 이의 수용자인 시민들 사이의 관계에 놓여 있다. 안정성은 이런 관계에서 제도들이 시민들의 기본적 가치와 질서의 원칙을 대변한다면 존속한다. 헤겔은 프로이센 국가의 제도들이 그럴 수 있는 상황에 있다고 믿었는데, 그것은 바로 이 프로이센의 제도들이 국가를 자유의 이성적 유기체로서 형성했기 때문이다. 제도들은 이 역사적인 획득물을 시민들에게 보여주며, 시민사회의 모든 문제에도 불구하고 시민들을 공동체로 통합하는 역할을 수행한다. 역동적 모델에서 변화에 대한 희망은, 즉 현존하는 제도들의 지속적인 발전과 개혁이 시민의 기본적 가치 표상에 속하는 것은 틀림없다.

이것은 반드시 출발될 수는 없는 강력한 전제 조건이다. 왜 시민들 또는 시민들의 일부가 존재하는 제도 체계 속에서 원하는 안정성을 볼 수 없다고 하는가? 통합 메커니즘은 안정성의 역동적 모델을 위해 좀더 조심스럽게 규정되어야 할 것이다. 이를 위해 "신임(Vertrauen)"의 범주가 주어진다. 정치적 신임이 의미하는 바는, 정치가와 정치 제도들에게 미래의 행위와 결과에 대한 불확실성에 대비하여 하나의 예비비를 주는 것이다. 이 말은 정치가와 정치 제도들을 그것이 마치 기대되고 바랐던 의미에서 행위하고 영향을 미칠 것이라고 보는 것이다.[37] 신임이 부정적인 경험에 의해 지속적으로 실망시키지 않는다면, 그것은 중요한 통합의 요인이다. 신임은 이미 정적인 안정 모델을 위해 필수적인데, 왜냐 하면 미래의 행태는 전혀 예측할

---

37) 더 자세한 것은 G. Göhler, Stufen des politischen Vertrauens, in : R. Schmalz-Bruns (Hg.), 2001 출판 예정 참조. 거기에 왜 신뢰를 위해 상징적 차원이 그렇게 중요한지, 그래서 신뢰가 특히 상징적 통합 요인으로 작용한다는 것이 설명되어 있다.

수 없는 것이기 때문이다. 따라서 헤겔에게 '신임' 또는 '신뢰(Zutrauen)'는 애국심이라는 정치적 심정(politische Gesinnung)과 함께 형성된 이성 국가의 주관적 기초다(R § 268). 역동적 모델에서 역동성 자체는 신임의 문제며, 이것이 특히 제도들로 향해 있다. 통합은 시민들과 제도들의 관계에서 제도들에 대한 시민들의 신임이 존재하는 한, 그리고 새로운 문제 또는 변하는 시민의 가치 표상이 적응을 요구할 때 제도들이 스스로 변할 수 있는가에 따라서 일어난다. 이것은 일정 정도로 두 번째 순서의 신임, 즉 제도들의 '반성적(reflexive)' 성격에 대한 신임이다. 이러한 신임이 지속된다면, 또한 이 관계에서 통합이 성공한다면, 시민들은 기대하고 바라던 결과의 출현을 신임하게 될 뿐만 아니라, 나아가 공동체도 자신의 개별적인 제도들을, 이러한 요구와 이행의 계속되는 대립을 근거로 해서, 명백하게 시민들의 이익에 반할 경우라 할 지라도 필요한 경우에는 문제시하거나 처분에 맡길 수 있다는 점이 신임받게 될 것이다.[38]

이러한 조건들을 명시하는 것은 고도의 규범적인 것이라고 여겨질 수도 있다. 따라서 통합의 요소로서의 '신임'이라는 범주가 안정성의 역동적 모델 속에서 다시금 너무 강력한 조건들에 구속될 위험성이 있다. 순수한 규범적 토의는 사실 비생산성의 위험에 처해 있다. 실제로 우리는 시민들이 근거를 가지고 신임할 수 있는, 제도적인 자기 통제와 지속적인 발전에 대

---

38) '성찰적 민주주의'에 대한 논의는 Rainer Schmalz-Bruns, *Reflexive Demokratie. Die demokratische Transformation moderner Politik*(Baden-Baden 1995)을 참조하시오. 제도론적으로 볼 때 이 물음은 셀스키가 이미 제시했고, 조심스럽게 긍정적인 대답을 내렸다 : 제도에 대한 비판적 반성도 "제도화될 수 있는가?" Helmut Schelsky, "Zur soziologischen Theorie der Institution". In : H. Schelsky (Hg.), *Zur Theorie der Institution*, Düsseldorf 1970, 25쪽 참조.

한 요구를 충족시킬 어떤 공동체도 갖고 있지 않다. 1990년대 말 독일에서 "개혁의 정체(停滯)"라는 심각한 비난이 있었고, 새로운 세기에도 아직 해결되지는 않았다. 바로 이 비난이 보여주는 것은 일반적인 의식 속에서 제2수준의 신임을 정당화하는 정치 제도에 대한 반성의 요구가 제기된다는 것이다. 이 요구는 전적으로 선별적으로 결정적일 수 있고, 그래서 역동적 안정성의 조건은 아무 결과 없이 요구되는 것은 아니다. 안정성의 조건들은 따라서 그것들의 특징적 상징성을 전개한다. 또 다른 하나의 실험적인 경우는 바로 유럽 통합의 과정이다. 국민 국가의 주권을 초국가적인 공동체로 양도를 불러온 극적인 변모는, 유럽의 제도들과 국민 국가의 행위자들 자신에 의해 수행되었다. 그러나 경제와 화폐 그리고 정치의 통합 과정에 비해 유럽 시민들의 규범적 통합은 명백히 보잘것없는 정도며, 나아가 이에 대한 상징적 표현조차도 아직 전혀 발견되고 있지 않다.[39] 안정적 변화에 대한 신임이 심각할 정도로 결여되어 있지만, 이것은 그럼에도 불구하고 절실히 필요하다. 이 문제들을 인식하기 위해서 전혀 규범적 해석이 필요하지 않다. 그러나 이러한 논의는 즉시 안정성의 역동적 모델 속에 있는 통합 요소로서의 신임에 대한 공식화된 조건으로 되돌아간다.

조심스럽게 잠정적인 마지막 결론을 내려보자 : 헤겔과 간스의 비교는, 물론 여기서 헤겔이 아닌 간스를 추종한다면, 제도들의 안정성이 정적으로 생각되어서는 안 되며, 또 제도들의 변화가 불안정성과 동일시되어서도 안 된다는 것을 보여줄 수 있다. 물론 대부분의 자유주의자들처럼 간스에게도 규범적 통

---

39) Gerhard Göhler, "Die symbolische Seite der europäischen Integration". In : Stefan Ryll / Alparslan Yenal (Hg.), Politik und Ökonomie. Festschrift für Gerhard Huber, Marburg, 2000, 271-288 참조.

합에 의한 제도들의 안정화가 중심적인 문제는 아니기 때문에, 우리가 사상사적 맥락에 머문다면, 제도적 안정화의 메커니즘을 위해서는 다시금 헤겔에게로 되돌아가지 않을 수 없다. 내가 제시하고자 했던 대로, 헤겔이 보여준 규범적 통합의 상징적 메커니즘이라는 측면에서 볼 때, 우리는 여전히 헤겔에게서 아주 풍부하게 발견할 수 있다. 헤겔의 이성국가 이론과 연결된 전제들로부터 추상화하는 것이 중요하다. 그것이 여기서는 단지 가정적으로 행해졌다. 헤겔과 간스, 이 양자와 연관시켜 볼 때, 사상사적으로 이끌어낸 제도의 역동적 안정성 이론이 매력적이기는 하지만, 그것은 동시에 쉽지 않은 기도라는 것은 분명하다.

□ 참고 문헌

Avineri, Shlomo ; *Hegel's Theory of the Modern State*, Cambridge, 1972.

Blänkner, Reinhard ; "Der Absolutismus war ein Glück ……." In : *Historische Zeitschrift 256*, 1993.

_____ ; "Die Idee der Verfassung in der politischen Kultur des 19. Jahrhunderts in Deutschland." In : Herfried Münkler (Hg.), *Bürgerreligion und Bürgertugend*, Baden-Baden, 1996.

_____ ; "Verfassung als symbolische Ordnung. Zur politischen Kultur des Konstitutionalismus in Deutschland 1790-1840." In : Etienne François u. a. (Hg.), *Deutsch-französischer Kulturtransfer 1789-1914*, Leipzig

/ Paris, 1997.

Gans, Eduard ; *Naturrecht und Universalrechtsgeschichte,* Hg. Manfred Riedel, Stuttgart, 1981.

_____ ; "Brief an Dr. Dorow in Berlin, 2. 11. 1837", in : Norbert Waszek ; *Eduard Gans (1797-1838) : Hegelianer -Jude-Europäer. Texte und Dokumente,* Frankfurt / M., 1991.

_____ ; "Über die Untersuchungsmaxime des preußischen Zivilprozesses (Eine Rezension) [1832]", in : Norbert Wasze ; *Eduard Gans (1797-1838) : Hegelianer -Jude-Europäer. Texte und Dokumente,* Frankfurt / M., 1991.

_____ ; "Erwiderung auf Schubarth [1839]." In : M. Riedel (Hg.), *Materialien zu Hegels Rechtsphilosophie,* Bd. 1, Frankfurt / M. 1975.

Göhler, Gerhard ; "Der Zusammenhang von Institution, Macht und Repräsentation." In ders. u. a. : *Institution - Macht - Repräsentation,* 1997.

_____ ; "Hegel und das Problem der gesellschaftlichen Einheit - die Staatslehre neu gelesen", in : Michael Th. Greven / Peter Kühler / Manfred Schmitz (Hg.), *Politikwissenschaft als Kritische Theorie.* Festschrift für Kurt Lenk, Baden-Baden 1994.

_____ ; "Die symbolische Seite der europäischen Integration." In : Stefan Ryll / Alparslan Yenal (Hg.), *Politik und Ökonomie. Festschrift für Gerhard Huber,* Marburg, 2000.

Hegel, G. W. F. ; *Grundlinien der Philosophie des Rechts*

(TWA 7). Frankfurt / M., 1970.

_____ ; *Phänomenologie des Geistes* (TWA 3).

_____ ; *Frühe politische Systeme.* Hg. Gerhard
Göhler, Frankfurt / M.-Berlin-Wien 1974.

_____ ; *Jenaer Systementwurfe III.* (Gesammelte
Werke Bd. 8) Hg. Rolf-Peter Horstmann, Hamburg
1976.

_____ ; *Vorlesungen über die Philosophie der
Weltgeschichte.* (Bd. IV) Die germanische Welt. Hg. G.
Lasson, Hamburg, 1968.

_____ ; *Vorlesungen über die Philosophie der
Weltgeschichte.* (Bd. I) Die Vernunft in der Geschichte.
Hg. Johannes Hoffmeister, Hamburg, 1955.

_____ ; "Über die englische Reformbill", in :
Jürgen Habermas (Hg.), *G. W. F. Hegel : Politische
Schriften,* Frankfurt / M., 1996.

Hoffheimer, Michael H. ; *Eduard Gans and the Hegelian
Philosophy of Law,* Dordrecht / Boston / London, 1995.

Lucas, Hans-Christian ; "Die "tiefere Arbeit." Hegel zwischen
Revolution und Reform." In : Ch. Jamme / E. Weisser-
Lohmann (Hg.), *Politik und Geschichte. Zu den Inten-
sionen von G. W. F. Hegels Reformbill-Schrift,* Bonn,
1995.

Kant, Immanuel ; *Metaphysik der Sitten.* In : Wilhelm Weischedel
(Hg.), Werke in sechs Bänden, Darmstadt, 1983 (Bd. 3.).

Kojeve, Alexandre ; *Hegel. Versuch einer Vergegenwärtigung
seines Denkens,* Hg. Iring Fetscher, Stuttgart, 1958.

Marx, Karl ; *Grundriss der Kritik der politischen Ökonomie.* Frankfurt / M. und Wien o. J.

_____ ; *Zur Kritik der Politischen Ökonomie.* Vorwort, MEW 13.

Murhard, Friedrich ; "Patriotismus", in : Carl v. Rotteck / Carl Welcker, *Staatslexikon,* Bd. 12, Altona 1843.

Parsons, Talcott ; *Societies : Evolutionary and Comparative Perspectives,* Engelwood Cliffs, N.J., 1966.

Ritter, Joachim ; *Hegel und die französische Revolution,* Frankfurt / M., 1965.

Schelsky, Helmut ; "Zur soziologischen Theorie der Institution." In : Ders. (Hg.), *Zur Theorie der Institution,* Düsseldorf, 1970.

Schmalz-Bruns, Rainer ; *Reflexive Demokratie. Die demokratische Transformation moderner Politik,* Baden-Baden, 1995.

Smend, Rudolf ; "Verfassung und Verfassungsrecht" (1928), in : *Staatsrechtliche Abhandlungen,* Berlin 1968.

Waszek, Norbert ; "Gans' Erbrecht als rechtshistorische An-wendung der Hegelschen Geschichtsphilosophie und im Kontext des rechtswissenschaftlichen Methodenstreits seiner Zeit", in : Elisabeth Weisser-Lohmann / Dietmar Köhler (Hg.), *Hegels Vorlesungen über die Philosophie der Weltgeschichte,* Bonn, 1998.

_____ ; *Eduard Gans (1797-1838) : Hegelianer-Jude-Europäer. Texte und Dokumente,* Frankfurt / M., 1991.

Won, Jun Ho, *Hegels Begriff der Politischen Gesinnung.* Dissertation, FUBerlin, 2000.

헤겔 법철학의 지평에서 본
인륜의 기본 원리로서의 가정*

· · · 윤 병 태

[요약문]

아리스토텔레스 이래 가정과 가정의 본질을 법철학은 물론 실천 철학 전반의 이념적 모형으로 설정한 최초의 대표적 철학자는 아마 도 헤겔일 것이다. 그는 가정이 인간의 생리적 탄생지일 뿐만 아니라 존재론적 고향임을 강조한다. 특히 법철학은 '인륜(Sittlichkeit)'의 시작도 끝도 가정이라는 것, 그리고 가정을 지속시키는 내적 원리 가 '사랑(Liebe)'이며 그 외적 원리는 '소유(Eigentum)'라는 점을 강조한다. 다시 말해 가정의 성립과 지속을 내면적으로 담보하는 것이 사랑이라면 사회적으로 그 가정의 존재와 지속을 외면적으로 인정받고 인정하는 것이 소유라는 것이다. 건전한 가정이나 사회 란 이 두 권리가 인간의 기본권으로 설정되고 보호되는 국가에서 만 가능하다. 따라서 그러한 국가를 지향하고 건설하는 것이 헤겔 의 사유에서 실천철학의 중심 과제라면 그러한 국가의 이념적 본 질과 그 구조를 예지적으로 드러내고 보여주는 것은 전형적 이론 철학인 논리학의 중심 과제인 것이다.

철학의 진정한 대상은 '삶'의 문제이고 그 문제의 시작은 '가정'

---

* 이 글은 서암문화재단의 해외 연구 지원(2000. 3~2002. 2)에 의해 이루어진 것임.

이며 이성적 동물로서 인간과 사회적 동물로서 인간의 통일점 또한 가정이라는 문제 의식 속에서 이 글은 다음의 과제를 규명하는데 주의를 집중한다.

첫째, 남녀의 진정하고도 이성적인 사랑은 결혼이라는 제도를 통해 둘을 하나로 결합시켜 가정을 창설한다. 이때 결혼은 단순한 남녀 결합이 아니라 아이를 낳고 땀흘려 노동하여 가족과 자녀를 양육하고 교육시키는 인륜의 과제를 내포한 사회적 인간 정의의 개념적 고향이다.

둘째, 남녀의 결혼에 대해서는 전통적으로 두 가지 관점이 있다. 하나는 결혼을 계약의 한 형태로 보는 것이고 다른 하나는 인륜의 근원적 형태로 보는 것이 그것이다. 칸트가 전자의 이론을 전개하는 대표자라면, 헤겔은 후자를 대표하는 전형적 철학자다. 이 둘의 간략한 비교를 통해 헤겔이 칸트를 어떻게 비판하고 자기의 입론을 정당화하는지 밝힌다.

셋째, 인륜적 의미의 가정의 와해는 가정의 해체를 의미하고 가정의 해체는 가정의 본질적 기능인 자녀의 성인화로 인한 자녀 양육의 의무로부터 부모의 해방이며 이 해방을 헤겔은 '부모의 죽음'이라고 부른다. 부모의 죽음은 동시에 한 사적(私的) 개인의 사회적 인간으로의 성장을 뜻하며 인륜의 중심인 시민사회의 개념적 시원이 시작되는 곳이 여기다.

▶주요 검색어 : 가족, 가정, 계약, 남녀 관계, 사랑, 부부 관계, 소유, 소유권, 시민사회, 인격, 인륜.

1. 문제 설정

가정은 탄생과 성장 뿐 아니라 그 가꿈의 노동과 해체가 시작되고 끝나는 곳이라는 점에서 삶의 전체성의 현실적 진원지라 할 수 있을 것이다. 인간의 삶의 실제적 내용을 결정하는 탄생과 성장, 노동과 죽음은 그 일차적 모습에서 형이상학적인 것이 아니라 생물학적인 것이며 동시에 사회적인 것이다. 살아 있는 어떤 것이든 삶의 구체적 과정이 생명체를 매개로 한다는 점에서 생물이라는 동일 범주에 속하고, 이 점에서 인간의 삶 또한 예외일 수 없지만, 다른 생명체가 자연 법칙의 굴레를 벗어나지 않으나 인간의 삶은 단순한 자연 법칙이 아니라 인간 삶의 인륜적 특수 모습을 구성한다는 점에서 다른 생명체와 판이하게 구분된다.

헤겔의 법철학은 인간의 고유한 삶과 그 권리가 어떻게 인륜을 구성하고 또 인륜 속에서 실현되는지 해명하는 것을 과제로 하고 있다. 거기에서 인륜의 토대는 가정이며 이 가정의 개념 위에 제도로서 시민사회와 국가가 축조되고 역으로 사회와 국가의 인륜적 체계 내에서 가정은 그 실존적 존재의 권리를 확립한다. 다시 말해 가정은 인륜의 전체계의 개념적 중심이면서 동시에 그 개념(槪念) 운동의 이론적 실천적 추진력이다. 필자는 이상의 전제 아래서 가정이 어떻게 구성되고 인륜화하며 우리의 삶에 어떤 의미를 가지는지에 대한 고전적 이해의 전형인 헤겔 사상을 재조명하려 한다.

2. 가정의 설립과 그 인륜적 원리

1) 남녀의 사랑과 가정의 설립 그리고 그 지속의 원리

역사적 또는 일상적 경험으로 볼 때 한 남자와 한 여자의 만남과 합일 그리고 그들이 함께 가정을 세우는 데는 통일된 어떤 원칙이 없는 것처럼 생각될 수도 있다. 더구나 가정에 초점을 맞출 경우 한 남자와 한 여자의 결합체로서가 아닌 경우, 이를테면 일부다처나 그 반대의 경우도 특정 문화 속에서 얼마든지 볼 수가 있다. 본인이 원하지 않는 상대와의 결혼은 물론 상대 또는 그 가문의 부와 위세를 이용하기 위한 결혼 역시 흔히 있는 일이다. 게다가 남녀의 만남이나 교제가 언제나 결혼이라는 목적 의식을 가지고 시작되는 것이 아닌 것처럼, 반드시 사랑으로 이루어지는 것도 아니다. 특정 문화 속에서 사랑이라 불리는 행위가 다른 문화의 눈에는 성 충동이나 성욕으로 보이거나 정신착란으로 해석되기조차 하며, 심지어는 같은 문화와 같은 사회 안에서도 계층에 따라 남녀 관계에 대해 서로 다른 표상을 갖는 것이 요즈음의 현상이다. 이와 같은 문화인류학적 경험적 관점에서의 다양성이나 거기에서 파생되는 이해의 혼란에 비해 다른 일반적 동물들에게 나타나는 암수 관계는 질서 정연하며 기계적이다. 그들에게 암수의 만남은 교미와 수태, 그리고 번식이라는 일정한 본능적 목적 속에서 이루어지며 종에 따라 서로 다른 특성을 가지고 진행된다 해도 이 생의 운동은 작위적이거나 의식적이 아니라 생리적이며 맹목적, 기계적 운동이며, 따라서 사랑에 의한 것은 아니다. 이 운동의 결과로 동물들은 그들의 종을 끊임없이 지속시킬 수 있는 것이다.1)

인간을 이성적 동물로 정의한 이래 인간의 동물성이 요즘처럼 강조된 적이 없지만, 헤겔은 이 동물성을 지양할 때만 정신

---

1) Aristoteles는 이 생명 지속의 원리에 의한 결합을 '생래적 충동(innewohnender Trieb)'으로 이해한다. Aristoteles, *Politik*, uebers. v. Eugen Rolfes, Aristoteles philosophische Schriften, Bd.4, Hamburg 1995, Kap.2, 1252a. Vgl., Kant, *Muthmaßlicher Anfang der Menschengeschichte, Kants Werke*, Bd.VIII, *Akademie Textausgabe*, Berlin 1968, 112쪽과 J. G. Herder, *Ideen zur Philosophie der Geschichte der Menschheit*, Leipzig 1784, dritter Satz 참조.

의 개념이 등장하고 정신의 개념이 나타나는 데에서만 인간성이 산출될 수 있다고 이해한다.[2] 동물성을 지양한다는 것은 인간이 가진 동물적 특징을 모조리 제거하거나 부정한다는 것이 아니라 그 특징들을 이성으로 승화시켜 정신화, 문화화한다는 말이다. 인간에게 있는 동물적 특징은 그가 가진 영혼이나 정신 대신 육체의 생물적 특징을 열거하는 것으로 충분하게 드러난다. 눈, 코, 귀, 입과 내장 기관, 또 그것을 묶어놓은 자루 같은 몸통, 생물적 삶을 위해 죽을 때까지 먹고 일하고 잠자고 쉬는 것, 종족 보존을 위해 자연으로 이해되기도 하는 신이 붙여준 생식기와 그것의 본능적 성 교환, 늙고 병들어 죽으면 그 자손들이 자기와 동일한 동물적 궤적을 그리는 것, 이것이 육체적 동물성의 특징이며 감정이나 지능이 이것을 위해서만 쓰일 때 동물성은 더욱 강화된다. 아마 인간의 동물성을 순화시키는 가장 선명하고도 기초적인 정신성은 사랑일 것이다. 왜냐 하면 인간과 동물, 영혼과 육체를 갈라놓으면서 동시에 합일시키는 지표가 바로 이로부터 나타나기 때문이다. 그렇다면 사랑이란 무엇인가?

오늘날처럼 사랑이라는 말이 오염된 시대도 없다. 플라톤에 의해 사랑에 대한 고전적 의미와 형이상학적 가치가 부여된 이래 그 이념은 종교 뿐 아니라 실천 철학의 출발점이면서 또 그 목적지로 이해되면서 근세에 이른다.[3] 근세적 전통을 비판적으

---

2) 정신의 탄생은 교육을 통해 미성숙한 자녀들을 독립적 인격으로 만드는 것이다. *Enzy. III.* §521, Hegel, *Jenaer Systementwürfe III*, GW., Bd. 8, 172쪽. 그러나 Kant는 그 당시의 사회가 이미 일상인들을 죽을 때까지 미성년으로 살도록 길들인다고 경고한다. Kant, *Beantwortung der Frage : Was ist Aufklärung, Kants Werke*, Bd.VIII, 35쪽이하 참조.
3) 이에 대해서는 Platon, *Symposion*, in *Logos, Eros, Mythos*, hrsg. v. Ernst R. Lehmann-Leander, Wiesbaden / Berlin 1960을 참조.

로 수용한 헤겔은 사랑의 감성적 측면 뿐 아니라 그 인륜적 특징을 강조하고 이 특징을 가정 설립의 이념적 기초로 설정함으로써 사랑의 개념에 대해 새로운 해석의 장을 제시한다. 그는 먼저 사랑의 원초적 뿌리가 '결핍의 감정'이며 따라서 이 결핍과 모자람을 채우려는 목마름 또는 욕망이라는 플라톤적 해석에서부터 시작한다.4) 목마름 또는 욕망은 자기 자신 속에 없는 어떤 대상을 가지고 싶어하는 의지 또는 의식으로, 언제나 그 근원은 그 주체 자신 속에 자리잡고 있으며 바로 이 때문에 헤겔은 이 욕망을 '자기 의식'의 입구로 파악한다.5) 의식은 욕망과 더불어 작동되므로 욕망은 의식을 움직이는 일종의 동력이며 추진력이다. 물리적 대상을 아는 힘이 의식이 자리잡은 인식적이며 지성적인 욕망이라면, 자아를 대상화시키고 또 그것을 이론적으로 인식할 뿐 아니라 실천적으로 객관화시키는 힘은 자아 속에 자리잡은 욕망으로서의 자기 의식이다.

욕망은 살아 있음과 살아감의 첫 번째 징표다. 살아 있지 않은 것은 욕망이 없으며 욕망 없는 것 치고 살아 있는 것 또한 있을 수 없다. 욕망을 끊으라는 표현이 욕망을 적절히 가지라는 의미의 문학적 강조가 아니라 진정한 주장이라면 죽으라는 뜻이고, 이것을 누구에게 강요한다면 그것은 직접적 살인이다. 욕망의 소멸은 의식의 소멸이고 의식의 소멸은 죽음을 초래하기 때문이다. 그러나 육체적 욕망은 그 충족과 더불어 완전히 사라지는 것이 아니라 사라지면서 새로 생겨나기를 죽는 날까지 반복한다. 한 개체의 죽음이란 그 개인의 실존에만 소속된 것이지, 그가 속한 보편적 류에 이르는 것은 아니며 따라서 류

---

4) 이 사상은 Platon에게서 이어받은 것이다. Platon, *Phaidros*, *Platon Sämtliche Werke*, Bd. II, Hamburg 1988, 45쪽 이하, Hegel, *Jenaer Systementwürfe I*, 301쪽 이하, Hegel, *Systementwürfe III*, 166, 177쪽 이하 참조.
5) Hegel, *Phänomenologie des Geistes*, Hamburg 1952, (= *PhG*), 135쪽.

적 생은 영원히 지속한다.6) 이 생의 지속의 원리가 곧 사랑이다.7)

인간에게 사랑은 원초적 욕망이라는 점에서 생의 원리요 타자 인식의 원리다.8) 인식은 그 대상이 물리적이든 심리적이든 객관적 대상을 아는 것이며 안다는 것은 자기가 아는 것이며 그 내용은 자기의 것이다.9) 게다가 앎의 본질은 보편적 진리며 따라서 나는 앎과 더불어 진리의 보편성을 자기의 것으로 하는 셈이다. 자기 의식으로서의 욕망은 자아 자신을 대상으로 한 인식을 산출하며 이것은 생의 지속이라는 이념을 인식의 목적으로 삼고 있다. 헤겔 『법철학』에서 사랑이 남녀간의 사랑에 극단적으로 제한되는 것은 이처럼 앎의 형이상학적 구조를 고려한 때문으로 해석된다.10)

남자와 여자는 각자 인간이라는 보편성을 가지면서 여성 또는 남성이라는 서로 다른 특수성을 가진 개체며 이 둘 사이에 어떤 욕망도 없는 한 관계는 생겨나지 않고 관계가 없는 한 인식도 일어나지 않는다. 이 둘 사이를 연결해주는 고리는 서로

---

6) Hegel, *Systementwürfe I*, 243쪽.

7) Hegel, *System der Sittlichkeit*, Hamburg 1967, 17쪽 이하. Begierde는 동물적이나 Liebe는 인간적이다. *Jenaer Systementwürfe III*, 203쪽. 그러나 Hegel에게서 Begierde, Bedürfnis, Trieb 등의 용어 규정이 언제나 일관된 것은 아니다. 이 용어들의 연구에 관해서는, Kunio Kozu, *Das Bedürfnis der Philosophie - Ein Überblick über die Entwicklung des Begriffskomplexes "Bedürfnis", "Trieb", "Streben" und "Begierde"*, Bonn 1988, 참조.

8) Hegel, *Entwürfe über Religion und Liebe*, TA. Bd.1, Frankfurt / M. 1971, 246, 394쪽.

9) 인격(Person)은 이 인식과 실천의 통일적 주체다. Ludwig Siep, *Vernunftrecht und Rechtsgeschichte*, in : *G. W. F. Hegel, Grundlinien der Philosophie des Rechts*, Berlin 1997, (= *RP*), 11쪽 참조.

10) "…… 사랑은 국가에서는 이미 더 이상 존재하지 않는다. 왜냐 하면 국가에서 통일은 법률로 의식되고 그 내용은 이성적이어야 하고 나는 그 내용을 알아야 하기 때문이다"(*RP*, §158 Zusatz).

를 알려고 하는 인식적 관심과 욕망에서 생겨난다.[11] 이 관심과 욕망은 객관적 대상으로 마주선 타자 속에서 자기 자신의 보편성을 직관하고 그 직관을 자신의 내면 속에서 인식으로 확립한다. 이 인식은 자신의 인격의 독립적 주체성이 단지 형식적이라는 것, 따라서 내용 없는 공허한 자아의 결핍을 느끼도록 한다. 타자 속에 있는 자신의 보편성과 자신 속에 있는 자신의 특수성의 결핍 감정의 인식은 타자를 자기화하고 자신을 타자화하는 이중 운동 속에서 통일되고, 이 통일 속에서 보편적으로 실현된다.

사랑이란 참으로 묘해서 오성으로는 풀 수 없는 모순 덩어리다.[12] 하나의 인격은 독립적이어야 하는데 사랑의 감정 속에서는 이 독립적 인격을 바라지 않는다는 것이 하나의 모순이며, 자기의 장 속에서는 자기 자신이 본질임에도 불구하고 타자 속에 그 보편성을 본다는 것이 또 다른 모순이다. 따라서 "사랑은 오성이 풀 수 없는 가장 엄청난 모순(der ungeheuerste Widerspruch)이며" 또한 비밀이다.[13] 이처럼 '자아 = 자아'라는 자기 의식의 근본 규정이 '자아 = 타자'로 전도되고 그럼에도 '자아 = 자아'와 '타자＝타자'의 형식적 동일성이 바로 이 전도 속에서 회복되는 것에서 헤겔은 사랑 속에 감추어진 '모순의 출현과 동시에 그 몰락'을 파악하고 '모순의 해소로서' 사랑에서 '인륜적 하나됨'을 파악한다.[14] 인륜적 하나됨이란 자아와 타자의 동일성이 원초적 욕망에 머물러 있는 것이 아니라 그 욕망을 지양한

11) Andreas Wildt, *Autonomie und Anerkennung - Hegels Moralitätskritik im Lichte seiner Fichte-Rezeption*, Stuttgart 1982, 353, 355쪽.
12) Hegel, *System der Sittlichkeit*, Hamburg 1967, 17쪽, Vgl. *Hegel, Schriften und Entwürfe, 1799-1803*, hrsg. v. Manfred Baum u. Kurt Rainer Meits, GW. Bd.5, Düsseldorf 1998, 289쪽.
13) *RP*, §158 Zusatz.
14) 같은 곳.

보편 의지의 산출을 목적으로 하고, 또 그것을 실현하는 이성적 통일을 의미한다.[15] 단순화하여 말하자면 진정한 사랑은 남자는 여자 속에서, 여자는 남자 속에서 성적 본성이 아니라 인간의 본성을 직관하고 인식하는 데 그치지 않고 그 인식을 실천적 삶 속에 실현시켜 결혼하여 가정을 세우는 것 뿐 아니라 그 가정의 자연스런 해소에 도달하기까지 지속하는 일련의 생의 체계를 완성하는 데 있는 것이다.

2) 계약으로서의 결혼

아마도 인류사의 시작은 계약과 계약 결혼에서 시작되었을는지 모른다. 자신이 가진 것을 다른 이가 갖지 않고 다른 이가 가진 것을 자기 자신이 갖지 않았으면서 서로 상대방이 가진 것을 가지고 싶을 때 '교환'이 시작되고, 이 교환의 내용이 점차 복잡해지면서 교환의 체계 전체인 '계약'이 된다. 원시 모계 사회에서조차 남자가 육체적 노동력을 제공하는 조건으로 여자의 주거지에 함께 사는 경우나 여자가 성을 제공하는 조건으로 남자와 함께 사는 경우가 있었고, 이것은 일종의 계약인 것이다. 고대 사회에서 자녀들은 가정 또는 가문의 가장권이나 부권에 속하는 물건으로 취급되어 자녀들의 의사와 상관없이 사고 팔기도 하고 남에게 주기도 하고 버리기도 하고 다른 가문의 자녀와 혼인을 시키기도 하였다고 사가(史家)들이 말하는 것은 우스갯소리가 아니라 역사적 사실인 것이다. 심지어 오늘

---

15) Hegel의 인륜 개념에 대해서는, Joachim Ritter, *Moralität und Sittlichkeit - Zu Hegels Auseinandersetzung mit der Kantischen Ethik*, in : *Materialien zu Hegels Rechtsphilosophie*, Bd.2, hrsg. v. Manfred Riedel, Frankfurt / M. 1975, 217 - 244쪽. Wolfgang Kuhlmann (hrsg.), *Moralität und Sittlichkeit - Das Problem Hegels und die Diskursethik*, Frankfurt / M. 1986 참조.

날에도 이 같은 사례들이 얼마든지 있음을 문화 인류학자들은 알려주고 있다.16) 고도로 발달된 사회조차 상대방이 가진 재산과 권세나 사회적인 지위가 결혼의 주요한 조건이 되기도 하고 자신의 정치적, 경제적 목적 달성의 수단으로 결혼을 이용하기도 하는데, 이는 계약 자체의 본성조차 망각한 비열하고도 파렴치한 짓이다. 왜냐 하면 계약은 일반적으로 각 인격의 평등과 소유의 등가(같은 값)를 요구하기 때문이다. 이 점을 분명하게 하기 위해 간단하게 계약의 본질을 밝혀보자.

인간은 근본적으로 소유 존재며 이것을 인식적으로 알고 실천적으로 수행하는 시점에서 비로소 인간으로 되는 것이며 법적 인격성을 가지는 것이다.17) 내가 내 영혼과 육체를 가지고 (소유하고) 있고 따라서 나는 내 마음과 몸의 소유권을 가지며 내 몸과 마음이 욕구하고 바라는 것을 내 스스로의 노동과 활동을 통해 충족시킬 수 있다는 사실을 알고 그것을 이행하는 데서 비로소 인간은 '이성'을 가진 '인격'이 되는 것이다.18) 그러나 도대체 누가 제 몸과 영혼의 소유자가 아니란 말인가? 관념

---

16) 이에 대해 헤겔 자신은 이렇게 말한다. "여성이 경시되는 민족들에게서 부모가 개인들의 의견을 물어보지도 않고 임의대로 자식의 혼인을 결정하고 그들 또한 그 결정을 기꺼워하게 된다. 왜냐 하면 감성의 특수성이 아직 어떤 요구를 주장할 만큼 발달해 있지 않기 때문이다. 처녀에게는 남편만 생기면 좋고 남자에게는 처만 생기면 되는 것이다"(*RP*, §162 Zusatz).

17) Hegel의 소유와 인격의 관계에 대해서는 Joachim Ritter, *Person und Eigentum*, 55-72쪽, Michael Quante, *"Die Persönlichkeit des Willens" als Prinzip des abstrakten Rechts. Eine Analyse der begriffslogischen Struktur der §§34 - 40 von 'Hegels Grundlinien der Philosophie des Rechts'*, 73-94쪽, in : G. W. F. Hegel, *Grundlinien der Philosophie des Rechts*, hrsg. v. Ludwig Siep, Berlin 1997. Aristoteles는 소유와 부의 한계는 '정해진 일도 알려진 일도 없다'는 Solon의 시구를 긍정적으로 인용한다. Aristoteles, *Politik*, 1256b, 1257a.

18) *RP*, §41.

론 철학, 특히 헤겔의 사상에서는 단순히 생물적 생명을 가지고 있다는 사실만으로 제 몸과 제 영혼의 소유자라 할 수는 없다. 가축과 마찬가지로 노예는 비록 살아 있어도 제 자신이 제 자신의 소유가 아니라 영육이 모두 주인의 것이므로 소유권을 갖지 않는다.[19] 다른 동물들 또한 죽는 순간까지 제 몸을 끌고 다님에도 불구하고 단지 본능에 따라 그렇게 하는 것이므로 진정한 의미의 자신의 소유권자는 아니다. 참된 소유권자는 자신의 영혼과 육체를 자유 의지를 가지고 관리하고 생을 본능이 아니라 이성에 의해 경작하는 자다. 이때 그는 자신의 생이 단순한 자연의 의무가 아니라 정신의 권한이며 그 의무라고 인식하게 된다.[20] 이 인식과 더불어 그는 자기 영육 밖의 물건을 정당한 노동을 통해 소유권의 영역으로 편입시킬 물권으로서의 소유권을 합리적으로 확보하게 되는 것이다.[21] 여기서 영육 밖의 물건이 반드시 자연물로서의 동산이나 부동산만을 뜻하는 것은 아니고 개인적으로 가지고 있는 일종의 정신적 힘으로서 재능, 지식, 기술 등등도 포함되는데, 이러한 것들이 법철학적으로 물권에 포함되는 것은 그것을 다른 것과 바꿀 수 있는 대상으로 사물화하기 때문이다.

헤겔에게서 '계약'은 최소한 둘 이상의 자유 인격에 의한 공동 의지를 필요로 한다는 면에서 직접적인 소유권보다 높은 단계의 '이성'으로 평가된다.[22] 다시 말해 개인들이 계약 관계에

---

19) 양도해서는 안 되는 권리인 양심, 자율, 인격 등등의 기본권이 바로 이 근원적 자기 소유권이다. Aristoteles, *Politik*, 1254a-1255b, Hegel, *PhG*, 141-151쪽.
20) 바로 이 때문에 자살은 부당한 것이다. 자살의 부당성에 대해서는 *RP*, §70 Zusatz.
21) 모든 소유권은 만인의 만인에 대한 계약에 토대를 두고 있다. *Fichtes Werke*, Leipzig, 1908, Bd II, 217쪽.
22) 인격의 자유는 주체 안에 있는 '의식의 사실(Tatsache des Bewußtseins)'

들어가는 것은 욕구나 그 대상에 대한 효용성 및 유용성의 의식이고 이것이 비록 의지로서만 있다 해도 오히려 '자유로운 인격성의 현실적 현존재의 이념'으로서 '이성'인 것이다.[23) 직접적 소유권에서 어떤 사물에 대한 자신의 표시, 노동 등이 일차적 토대라면 계약은 자기 이외에 또 다른 사람을 필요로 하며 이 둘이 일정한 합의에 도달할 뿐 아니라 그것을 이행할 때에 완성된다는 점에서 보편 의지의 즉자적 현실태인 '공통의지(gemeinsamer Wille)'의 직접적이고도 현실적 출현의 장이다.

계약의 첫 번째 조건이 계약 당사자들이 서로 자유 인격이며 소유권자임을 인정하는 것이라면, 두 번째 조건은 그 대상이 물질적인 것이든 정신적인 것이든 상관없이 대상화된 또는 물화(物化)된 사물이라는 것이다.[24) 바꿔 말해 어떤 것이든 물화되어 사물로 취급되고 평가될 때 비로소 그것은 계약의 대상이

로부터 기원한다. Hegel, *Vorlesungen über Rechtsphilosophie 1820*, ed. Karl Heinz Ilting, Bd.2, Stuttgart / Bad Cannstatt 1974, §4. Karl Heinz Ilting, *Rechtsphilosophie als Phänomenologie des Bewußtseins der Freiheit*, in : *Hegels Philosophie des Rechts*, hrsg. v. Dieter Henrich u. Rolf-Peter Horstmann, Stuttgart 1982, 234쪽.

23) *RP*, §71 참조.

24) Karl Heinz Ilting, *Rechtsphilosophie als Phänomenologie des Bewußtseins der Freiheit*, 235쪽과 Ludwig Siep, *Intersubjektivität, Recht und Staat in Hegels 'Grundlinien der Philosophie des Rechts'*, in : *Hegels Philosophie des Rechts*, Stuttgart 1982, 266쪽 이하. 헤겔 철학의 중심 개념 중 하나인 물화는 비대상적인 것이 대상화된다는(Vergegenständlichung), 비사물적인 것이 사물화된다는(Versachlichung), 비물성적인 것이 물성화된다는(Verdinglichung)의 세 종류가 있는데, 첫째 것은 인식적 지평에서 셋째 것은 존재론과 인식론 양쪽 지평에서 쓰이는 용어라면, 둘째 것은 실천 철학, 특히 법철학에서 중요성을 가진다. 가령 나의 지식을 다른 이에게 팔 경우 그 대상이 사물은 아니나 사물로 현실화하는 것으로, 상상력이 사물은 아니라 예술 작품으로 나타나는 등의 예를 물화라 할 수 있다.

되는 것이다. 나의 주인으로서 나 자신은 내가 가진 사물이나 재능(숙련, 기술, 지식)을 물건화하여 남에게 줄 수도 있고(증여 계약) 남의 물건과 바꿀 수도 있고(교환 계약) 팔려고 내놓을 수도(거래) 있다.25) 그러나 어떤 것이든 계약은 '임의 또는 자의(Willkür)'에서 시작되어 그 자의의 지양인 합의와 합의 이행으로 끝이 나며 그렇지 않을 경우는 계약이 깨져버린다.26)

아마도 독일 관념론 철학자들 중에서 칸트만큼 결혼을 계약으로 이해하고 그 체계 속에서 법철학적으로 연역한 철학자도 드물 것이다. 그는 1797년의 『인륜의 형이상학』에서 이미 헤겔의 계약 개념의 기본 골격인 주체의 자유인격성, 소유물의 물화 사상을 선취하고 그 토대 위에서 결혼을 파악한다. 그는 결혼에 도달하는 과정이나 원리가 사랑이냐 아니냐 하는 것을 문제시하지 않으며, 따라서 이 문제는 법철학의 영역도 아니다. 다시 말해 법철학에서 문제되는 것은 남녀가 사랑을 했는지가 아니라 계약적인 약속을 했는가에 있으며, 그 계약은 물권(dingliches Recht)에 속하면서 동시에 인격권(personliches Recht)에 속한다고 전제하고 있다.27) 인격권은 물권의 내면이므로 소유권으로 환원되고 그 소유권은 가족권의 본질이다. 그런데 가족권은 결혼한 부부의 권리가 주춧돌이 되고 부부의 일차적 특징은 성적 공동체(Geschlechtsgemeinschaft / commercium sexuale)에 있다. "어떤 사람이 다른 사람의 생식기와 능력을 교환적으로

---

25) 계약의 종류에 관해서는 RP, §80 참조. Kant, Metaphysik der Sitten, 1797, hrsg. v. Karl Vorländer, Hamburg 1966, (= MdS), §31 참조. 증여 계약(Schenkungsvertrag)이 형식적 계약이라면, 교환 계약(Tauschvertrag)은 실질적 계약이다 (RP, §31 참조). 사람이 가진 모든 소유물은 교환 계약이 가능하다. Aristotels, Politik, 1257a.
26) Avineri, Hegels Theorie des modernen Staates, Frankfurt / M. 1972, 168쪽 참조.
27) MdS, §20-22 참조.

사용하되, 그로 인해 같은 종인 사람이 태어날 수 있으면 그것은 성의 자연적 사용이지만, 가령 사람에게서 동성(同性)간이거나 다른 종의 동물들간이거나 동물과 인간 사이의 사용이라면 이것은 비자연적 사용"이다.28) 물론 성의 비자연적 교호 사용은 "입에 담기조차 어려운 자연 법칙의 위반"이라는 점에서 자연에 대한 범죄라 할 수 있다.29) 하여간 자연적 성적 공동체는 "동물적 자연(vaga libido, venus vulgivaga, fornicatio)"에 의해 생기거나 "법(Gesetz)"에 의해 생겨나는데, 이 법에 의해 생겨나는 성적 공동체가 곧 "부부(matrimonium)"요, 이 부부는 "기력이 다할 때까지(lebenswierig) 각자의 성적 특징들에 대한 교호적 점유로 서로 다른 이성(異性)의 두 인격의 연결"인 합일체다.30)

칸트에게서 결혼은 이성간의 단순한 동물적 결합이 아니라 법칙과 법에 의한 계약이며 거기에는 자식을 낳고 키운다는 "자연의 목적(Zweck der Natur)"이 내재하고 이 목적은 남녀 양성이 서로에게 끌리는 성애를 심어놓은 것이다.31) 물론 이 목적이 의식적으로 당사자들의 전면에 나타나는 것은 아니나, 바로 이 목적 때문에 남녀가 "서로 상대방의 성을 교호적으로 사용"함에 재미와 '쾌락'이 수반되고 전제된다고 하더라도 그냥 임의나 장난이 아니라 "인간성의 법칙을 통한 필연적 계약"이 되는 것이다.32) 그러므로 남녀가 서로 몸을 섞어 상대의 성을

---

28) Kant, *Metaphysische Anfangsgründe der Rechtslehre, 1797*, neu hrsg. v. Ludwig Bernd, Hamburg 1986, (= *MAR*), §24.
29) *MdS*, §24.
30) *MdS*, §24, §27. Michael Theunissen, *Die verdrängte Intersubjektivität in Hegels Philosophie des Rechts*, in : *Hegels Philosophie des Rechts*, hrsg. v. Dieter Henrich u. Rolf-Peter Horstmann, Stuttgart 1982, 322쪽 참조.
31) *MdS*, §24.
32) *MdS*, §24, §27.

사용해 향락을 즐기려면 '반드시' 먼저 결혼을 해야 하는 것이 순리요, "권리의 순수 이성의 법규(Rechtsgesetz der reinen Vernunft)"에 따르는 것이다.[33]

순전히 성적 쾌락과 향락만을 위한 교접은 계약이 아니므로 결혼을 필요로 하지 않으며 일시적으로 성을 사고 파는 행위는 물건 대 돈의 교환 계약이므로 역시 결혼을 요구하지 않는다. 계약의 특수 형태로서 결혼을 전제하는 남녀 관계는 물물 교환이면서 동시에 전 인격의 교환이며 각자 자기 성의 소유자로서 평등한 인격권을 토대로 한다. 이 평등이 손상되는 어떤 경우도 진정한 의미의 결혼일 수 없으며, 따라서 손상된 인권의 회복을 위한 일정한 '완력(Gewalt)'조차 정당화된다.[34] 결혼 계약이 일부일처제의 특수 형태를 띠는 것은 물권적 소유권과 인권적 소유권의 동등성과 평등성을 그 속에 함축하기 때문이다.[35]

3) 인륜으로서의 결혼

남녀가 서로 상대방의 성기를 계약권적으로 사용하는 것이 성 공동체로서 부부라는 것이고, 이때 서로 타자의 성을 이용하는 것이 성에 대한 자연적 사용이며 이를 통해 쾌락과 향락을 추구하고 그 행위에서 인간은 '스스로를 물건으로 물화해버린다'는 것, 그리고 이 물화는 '한쪽 인격이 다른 쪽 인격을 물건으로 사용하듯 다른 쪽 인격 또한 상대 인격을 물건으로 사용하면서' 향락을 얻는 조건 아래서 진행된다는 것, 그러나 이같은 물화와 성의 교환이 실은 인격의 회복이라는 것, 이것이

---

33) *MdS*, §24.
34) *MdS*, §25.
35) 이 때문에 일부다처나 일처다부제는 권리의 동등성의 개념에 어긋난다. *MdS*, §26.

칸트가 보는 계약으로서 결혼관이다. 그러나 헤겔은 계약 개념
에 결혼을 포섭시킬 수 없다고 단언한다.36) 왜냐 하면 계약은
비록 결혼에서와 유사하게 당사자간의 자립적 인격성이 전제
되고 또 임의에서 시작하여 공동 의지를 산출하는 체계를 가지
나 계약의 대상은 철저하게 '외면적 물건'이고 또 외면적 물건
으로 내놓을 수 있는 것이어야 하나 결혼은 그렇지 않기 때문
이다.37)

　헤겔이 결혼은 결코 계약이 아니라고 강조하는 것은 그 시작
이 임의적인 독립된 두 인격체의 만남이더라도 사랑이라는 인
식의 원리를 바탕에 깔아야 하기 때문이다.38) 그는 부부를 단
순한 성 공동체로 보지 않고 '직접적 인륜 관계(unmittelbares
sittliches Verhältnis)'로, 따라서 원초적으로는 '자연적 생명 활
동(natürliche Lebendigkeit)'을 그 내적 목적으로 함축하고 있
다고 생각한다.39) 이 활동은 물론 인류의 류적 과정으로의 생

---

36) *RP*, §75. Avineri, 위의 책, 168쪽과 Eduard Gans, *Naturrecht und Universal-rechtsgeschichte*, hrsg. v. Manfred Riedel, Stuttgart 1981, 75쪽 참조.

37) 헤겔 자신은 결혼과 계약은 그 뿌리에서부터 다르다고 강조하지만, 필자
가 보기에 자립적 인격성의 평등 관계와 임의성은 결혼이나 계약 개념에 공
통적이다. RPhil, §161-163을 참조하면 이 점은 더욱 분명해진다. 그렇다면
RP, §75의 E. Gans의 Zusatz가 헤겔 본래의 사상과 어긋나며 따라서 E.
Gans의 오해라고 주장한 Hoffmeister의 견해는 재고되어야 한다. 참고로 이
견해와 관련된 부분을 옮기면 이러하다. "그러나 계약에서는 양쪽 다 인격이
며 또한 소유자로 머물러 있으려는 두 개의 동일한 의지가 있다. 따라서 계약
은 인격의 자의성에서 시작하고 이 같은 출발점에서 혼인 역시 계약과 공통
적이다."

38) 결혼의 시작은 계약이라고 할 수 있지만, 그 계약은 계약의 입장을 넘어서
는 것이다. 다시 말해 결혼은 계약을 지양하려는 계약이다. *RP*, §163, Avineri,
위의 책, 168쪽 이하. 이 때문에 결혼은 실정법적 제도에 앞서 '사회의 도덕적
유대'라 할 수 있다. Andreas Wildt, *Autonomie und Anerkennung - Hegels
Moralitätskritik im Lichte seiner Fichte-Rezeption*, Stuttgart 1982, 107쪽
이하.

의 지속을 실현하는 도정에 일치하며40) 그 내면적 추진력으로 사랑이 자리한다. 바로 이 점에서 사랑은 결코 성욕이나 육욕과 근본적으로 다른 정신적 인륜적 성격이 있는 것이다. 그러나 사랑의 즉자적 모습은 감정이요, 감정은 우연적이고 충동적인 것과 쉽게 결합하는 성질을 가지지만, 인륜은 이런 것들을 지양하고 승화하고 멀리하는 데에서 나타나는 이성적 형태다. 만일 결혼이 사랑을 토대로 한 자연적 인륜적 공동체라면, 이때 사랑은 더 이상 설익은 감정 덩어리가 아니라 '권리적으로 인륜적 사랑(rechtlich sittliche Liebe)'이어야 하며41) 또 사랑이 인륜적이려면 결혼과 무관한 성적 욕망과 쾌락의 도구일 수는 없다. 이처럼 인륜적 사랑만이 남녀 쌍방간의 변하기 쉽고 깨지기 쉬운 감정으로서의 주관성을 극복하여 결혼에 도달하고 또 그 공동체를 자연스런 해체에 이르기까지 함께 지속시킬 수 있는 것이다.

그러나 어느 시대에나 사랑지상주의자들이 있게 마련이고, 특히 헤겔 시대에 낭만주의자들은 이 사랑지상주의를 이론화하고 예술화하는 데 최선을 다한 이들이다. 그들은 사랑의 영원성은 혼인에 의해 파괴되고 사랑의 아름다움은 결혼에 의해 사그라진다고 강조한다. 그들은 오직 사랑만이 생의 영원을 이끌 수 있는 실체며 이 성스러운 감정에 이성이니 인륜이니 하는 의식을 개입시키면 '사랑의 가치는 사라진다'고 믿고, 결혼식이나 잔치 혹은 결혼 체결 자체를 불필요한 허례로 간주한다.42) 객체에 대한 무근거의 절대성을 가지는 주체는 절대 자

---

39) RPhil, §161. Michael Theunissen, *Die verdrängte Intersubjektivität in Hegels Philosophie des Rechts*, 332쪽 이하.
40) Hegel, *Enzy.* §167 이하 참조.
41) *RP*, §161 Zusatz.
42) Fr. Schlegel, *Lucinde. RP*, §164 Zusatz. Fr. Schleiermacher, *Vertraute*

유의 원천이며 이 자유는 사랑을 통해 실현될 뿐 일정한 사회,
문화적 고정 관념과 결합되어 있는 결혼 제도와 그 의식은 사
랑을 위해서도 자유를 위해서도 장애물일 뿐이라고 그들은 생
각한다. 하지만 그들이 주장한 사랑이라는 것을 자세히 보면
무조건적 방만한 남녀 성 관계로 압축되어 있고, 따라서 헤겔
에게 그들의 사랑은 성욕과 육욕 이상이 아닌 것이다. 이 비판
을 토대로 헤겔은 다시 남녀 관계를 재정립한다.

　남자와 여자라는 성의 '자연적 규정성' 속에는 이미 그들의
이성적 본성에 따라 지성과 인륜적 특징을 가지고 있다. 남성
의 자연성이 강인함이라면 여성의 자연성은 연약함이라고 할
수 있겠는데, 이 강인함 속에 분별력과 분석력이 있다면 연약
함 속에는 통일력과 종합력이 있다.[43] 이 때문에 남성성에게는
개별성과 보편성이 갈라져 있고, 여성성 속에는 이것들이 하나
로 종합되어 있다. 또한 남성은 분열태의 정신적 특징, 다시 말
해서 '대자적으로 존재하는 인격적 독립성과 자유로운 보편성
의 인식과 의지로 갈라지는 정신적 특징'을 가지며 이 분열태
는 또한 '개념적 사고의 자기 의식과 객관적 궁극 목적의 의지'
의 이분화이기도 하다.[44] 이에 비해 여성은 '통일에서 자기 자
신을 보존하는 정신적 특징'을 가지며 그리하여 '실체적인 것을
구체적 개별성과 감성의 형식에서 인식하고 의지하는 정신력'
을 갖는다.[45] 남성이 사회적이고 외향적인 데 반해 여성이 가

<hr />

Briefe über Friedrich Schlegels 'Lucinde', Maginarie 참조.
43) *RP*, §165.
44) *RP*, §166. Hegel의 남성관과 여성관에 대해서는, Hans-Christian Lucas,
Die Schwester im Schatten - Bemerkungen zu Hegels Schwester Christiane,
in : *"O Fürstin der Heimath! Glückliches Stutgard"*, hrsg. v. Christoph
Jamme u. Otto Pöggeler, Stuttgart 1988, 289쪽 이하 참조.
45) 같은 곳. 남성은 동물의 특징에, 여성은 식물의 특징에 상응한다. *RP*,
§166 Zusatz.

정적이고 내성적인 것은 이 때문이다. 다시 말해 남성은 자신을 가정과 사회 둘로 나누고 그 실체적 본성을 사회 생활 속에서 찾는다. 남성이 학문이나 국가 업무, 군인 혹은 그 밖의 다양한 직업적 사회 생활에서 성취감을 얻는다면, 여성은 수동적이고 주관적 성향을 가지고 가정이라는 하나의 통일장 속에서 '공경심(Pietät)'의 미덕으로 자신의 실체적 본성을 나타낸다.[46]

일찍이 헤겔은 1807년에 출간한 『정신현상학』에서 남성과 여성이라는 자연성이 가진 정신적 특징을 묘사한 적이 있는데, 거기서도 역시 남성은 개별성과 보편성의 분열태를 그 특징으로 가지면서도 보편성을 이론적 정신의 대상으로 삼고 그 현존재인 사회와 국가를 보편성의 개념으로 파악하면서 동시에 자신의 의지로 실현하려 한다고 설명한다. 반면에 여성은 보편성과 개체성을 사랑이라는 주관적 감정 속에 하나로 통합된 모습으로 가지고 있으면서 이 통일태를 이론적 포착의 대상이 아니라 실천적 실현의 대상으로 삼는다. 따라서 남성 또는 남성적인 것은 투쟁과 법적인 것을 본성으로 하는 인륜적 '인간의 법칙'이고, 여성 또는 여성적인 것은 화해와 조화를 본성으로 하는 '하늘의 법칙'으로 이해된다.[47] 하늘의 법칙 내지 여성의 법

---

46) *PhG*, 325쪽. *RP*, §166. Pietät는 경건심, 외경심, 효심, 믿음성, 순결심 등의 의미다.

47) *PhG*, 318쪽 참조. 그 대표적인 예로 헤겔은 『안티고네』의 신화를 들고 있다. 안티고네의 오라비인 포르네이게스가 인접국의 도움으로 테베의 왕 크레온을 제거하려다 도리어 잡혀 죽게 되자 왕은 그 시체를 길바닥에 버려두도록 명령하여 짐승들의 먹이가 되게 했다. 그러나 당시 습속은 죽은 자는 죄가 없으며 시체를 매장하는 것은 그가 속한 가족이 행해야 하는 신성한 의무 중 하나였고, 이에 따라 안티고네는 인륜적 국법을 어기고 오라비를 장사지내게 되어 사형을 당하게 된다. 죽은 자를 매장하는 것은 인간이 아니라 신의 법칙이며 따라서 인간이 그것을 어길 수 없다는 것이 안티고네의 입장이었다. 헤겔은 당시의 국법을 인간이 정한 법규로 '남성적 법칙'으로, 신법은 신이 정한 법규로 '여성적 법칙'으로 상징화한다. 유사한 이해가 *RP*, §166에서

칙과 그 핵심인 '공경심(Pietät)'은 그러나 단지 '감성적이고 주관적인 실체성의 법칙'이어서 '아직은 완전히 실현되지 않은 내면성의 법규'일 따름이다.[48] 하지만 이 법규야말로 '옛날의 신들의 법칙'이며 '지하 세계의 법규'요 명부의 법규며 '언제 어디서 나타났는지 아무도 알 수 없는 영원한 법칙'이다.[49] 소포클레스의 『안티고네』에서 크레온과 안티고네의 대립은 국법과 가족법, 인간법과 신법의 화해하기 어려운 갈등을 함축하므로 '최고의 인륜적 대립'이며 따라서 '최고의 비극적 대립'이며 최고의 남성적인 것과 여성적인 것의 대립이다.[50] 이처럼 남성과 여성은 단순한 자연적 생리적 성차(性差)나 특성으로만 구분되는 것이 아니라 그로부터 그려지는 정신계의 영역의 차이와 그 통일의 이념성을 형성한다는 점에서 인륜적 목표점을 가지고 있다.[51] 남녀 결합체인 부부가 다만 성을 주고받는 쾌락의 성공동체나 물건 교환과 같은 조건을 가진 특수 계약 체계가 아니라 사회의 구성원으로서 의무와 권리를 수행하는 정신적 인격체라고 헤겔이 강조하는 이유가 바로 여기에 있다.[52]

그러나 남녀의 만남이 곧바로 인륜으로서의 결혼을 목표로 하는 것도 아니고 또 결혼이 승화된 사랑의 열매인 것만은 아니라는 것이 현대에 더욱 설득력을 가질는지 모를 일이다. 만남의 시작은 생활의 무수한 경험들 중 하나처럼 우연적이고 자의적이며 작위적이기도 하고 비작위적이기도 한 것이다. 하지

다시 등장한다.
48) *PhG*, 318쪽, *RP*, §166.
49) *RP*, 같은 곳.
50) *PhG*, 311, 336쪽, Hegel, *Ästhtik II*, 60쪽.
51) Hegel에게서 인륜은 인식적 의미에서는 이성과 같은 말이다. Michael Haller, *System und Gesellschaft - Krise und Kritik der Politischen Philosophie Hegels*, Stuttgart 1981, 38쪽.
52) Andreas Wildt, *Autonomie und Anerkennung*, 356쪽.

만 어떤 식의 만남이든 사랑에 돌입하면 그것을 인식 원리로 하여 결혼을 목표로 하는 것이어야 한다.53) 말하자면 부부됨의 주관적 출발점이 우연과 임의라면 그 객관적 출발점은 두 인격이 하나의 인격으로 합일하려는 '자유로운 운동'이며 이 합일에서 각 인격은 비로소 자신의 이기적인 좁은 껍질에서 '해방'된다.54) 이 합일인 결혼은 인간의 '객관적 규정'인 '인륜적 의무'의 관문이며 이 속에서 사랑이나 신뢰는 각자의 삶과 인격 전체를 인륜적 실체의 목적으로 통일한다.55) 이 공동체에서 비로소 배고픔과 목마름, 성애와 그 감정 등의 '자연적 충동'은 그 다음 날이면 어김없이 또다시 나타나거나 채워지면 사라져버리는 기계적 '자연 계기의 양상(Modalität eines Naturmoments)'으로 몰락하지만, 동시에 믿음과 신뢰, 사랑과 같은 '정신적 인연'이 권리를 얻고 실체적인 것으로 되어 정열의 우연성이나 일시적 쾌락과 즐김의 우연성을 초극하여 그 우위에 자리잡게 된다.56) 이 때문에 결코 결혼은 계약일 수 없으며 단순한 성 공동체일 수 없다.

---

53) 이것은 '타자 속에서 자기 자신의 발견'이며 또한 '타자 속에서 자기 자신의 직관'이다. Ludwig Siep, *Anerkennung als Prinzip der praktischen Philosophie – Untersuchung zu Hegels Jenaer Philosophie des Geistes*, Freiburg / München, 1979, 56, 123쪽. Vgl., Burkhart Tuschling, *Habermas – Die 'offene' und die 'abstrakte' Gesellschaft. Habermas und die Konzeption von Vergesellschaftung der Klassische – bürgerlichen Rechts – und Staatsphilosophie*, Berlin 1978, 103쪽.

54) *RP*, §162.

55) *Ästhetik II*, 59쪽. RPhil, §162. 혼인이 내연 관계나 축첩과 같은 비혼인 관계와 다른 점은, 후자에서는 자연 충동(성욕, 성애)이 드러내놓고 전면에 나타나지만 혼인에서는 이것이 억제되어 뒤쪽에 자리하게 된다는 점에 있다. 때문에 비혼인 사이의 창피함(Schamgefühl)이 있을 수밖에 없는 짐승 같은 짓들(성교)이 혼인 부분 사이에서는 수치스럽지 않은 것이다. *RP*, §163 Zusatz.

56) Hegel, *Ästhetik I*, 135쪽. RP, §163.

남녀가 사랑으로 부부가 되고 결혼으로 가정을 꾸리는 일련의 체계를 일컬어 '인륜적 정신'이라 하며 이 정신은 고대부터 신격화되어 숭배된 Penaten과 그 의미에서 같은 것으로 헤겔은 이해한다. Penaten은 고대 로마에서 가정신 또는 가옥신으로 안으로는 사랑과 신뢰, 밖으로는 재물과 안전을 통해 가정과 가족 구성원들을 보호하는 기능을 가지고 있다. 이것은 우리나라의 조상신과 조왕신, 칠성신 등을 합친 것과 비슷한 성격을 가지는 것으로 그에 대한 제사와 헌신은 가장에서 장자로 이어지는 관습을 가지고 있다. 때문에 각 가정마다 서로 다른 Penaten을 가지지만 공경심과 외경심(Pietät)으로 모셔지고 그에 의해 가정의 안녕과 행복이 유지된다고 각기 믿는다. 헤겔은 이것이 이신적 또는 미신적 의미의 가족 수호신이라기보다 정신적 의미의 신성한 인륜적 실체로 이해한다.57) 실체에 대한 이 공경심은 부모에 대한 자식의 효심, 연장자 또는 어른에 대한 청년들의 존경심, 국가에 대한 국민들의 충성심으로 확대되어 가정은 물론 사회와 국가의 기본 덕목으로 정착하게 된다. 헤겔은 이것을 인륜적 정신의 고전적 모습으로 평가한다.

　　당사자들이 의식하든 안 하든 혼인 또는 결혼의 목적은 인륜적 목적이며 이 목적은 그 밖의 다른 어떤 요소보다 우위에 있는 신성한 것이므로, 정열이나 성애가 사랑의 중요한 육체적 요소임에도 불구하고 이것이 결혼을 교란시키거나 어지럽혀서는 안 된다.58) 그럼에도 불구하고 세속적으로 부부 사이는 참으로 깨어지기 쉬운 유리 같은 원초적 감정이 자리잡고 있기

---

57) 고대 로마인들이 여신 Vesta나 Lares 또는 Penaten을 가정 수호신으로 믿었다는 것은 가정 안에 신성한 어떤 것이 있다는 것을 올바르게 알고 있었다는 증거다. Hegel, 『Augusburg 신앙고백 교부 300년제 강령』, Hoffmeister 판, Berlin 저작집, 47쪽 참조.
58) *RP*, §163.

때문에 절대적인 것은 아니며, 여기에 이혼의 계기가 숨겨져 있는 것이다. 요컨대 결혼과 부부 관계가 붕괴되어서 안 되는 것은 그 개념 자체의 본성이 그런 것이지 살아가는 구체적 인간사에서 그러한 것은 아니라는 것이다.59) 여기서 헤겔은 개념과 현상 사이의 괴리가 실제 결혼 상황에 있을 수 있다는 것을 분명히 한다.

남녀가 부부가 됨을 잔치를 통해 만천하에 공개해야 하는 것은 그 안에 바로 인륜적 목적이 선언되기 때문이다. 이 선언은 눈치를 보아가며 언제 변경해도 그만인 유아적 주체의 주관적 약속이 아니라 한 번 언표하고나면 더 이상 되돌릴 수 없는 법적 약정(Stipulation)과 유사한 특징을 가진다.60) 이 언표적 약정은 본시 로마법에서 계약의 네 가지 형태 중 하나로 언어 계약의 대표적인 것으로서 일반적으로 문답 계약이라 불리는 것이다. 이 계약은 어떤 일정한 장소에서 입회인 배석 하에 채권자가 "당신은 나에게 XX를 갚을 것을 약속합니까?"라고 물으면 채무자가 "나는 약속합니다"라고 대답하는 것으로 계약이 성립되며 이것은 법적 효력을 가진다. 이 약정을 통해 계약이 실체성을 가지는 것과 마찬가지로61) 결혼식을 통해 말로 혼인

---

59) 헤겔은 이혼에 대해 "그들의 마음이 무정함으로써만 이혼은 허용된다"는 『성경』의 말을 인용한다. 이 원전은 신약성서 마태복음 제19장 3절에서 9절에 있다. 바리새인이 "어떤 경우에 남편이 그 아내를 내어버리는 것이 옳으니이까?" 물었을 때 예수는 "하느님이 짝 지워주신 것을 사람이 나누지 못할지니라"고 대답한다. 다시 바리새인이 "그렇다면 어찌하여 모세는 이혼증서를 주어서 내어버리라 명하였나이까?" 하고 묻는다. 이에 대해 예수는 "모세가 너의 마음의 무정함으로 인하여 아내 내어버림을 허락하였거니와 본래는 그렇지 아니하니라 ……"고 답한다. 그 밖에 마가복음 제10장 제5절도 참고할 것.
60) Stipulation에 대해서는 *RP*, §78, §79, 현승종·조규창, 『로마법』, 법문사, 1996, 703쪽 참조.
61) *RP*, §79 참조.

과 부부가 됨을 선언하는 것은 혼인 체계의 실체성을 현실화하는 것이다. 이것은 부부가 단지 성 교환의 동물성이 아니라 자녀를 낳아 잘 키우고 또 서로의 완성을 위해 봉사하며 죽을 때까지 가정을 지키며 국가와 사회 발전에 기여하겠다는 신성한 인륜적 실체에 대한 약속이며 따라서 이 약속은 파기할 수 없는 것이다.62) 이 때문에 결혼식은 결코 의례나 허식이 아니며 인륜적인 것의 정립을 위해 '정신적인 것 가운데 가장 정신적인 현존재(geistigstes Dasein des Geistigen)인 언어(Sprache)'로 선언하는 것이다.63) 이 선언 때문에 자연적 생명 활동의 감성적 계기가 인륜적 계기로 전환하고 믿음과 사랑의 정신성이 전면으로 나타나게 된다. 그렇지 않고 결혼식을 단지 외적 형식으로 보는 이들에게 남는 것은 쓸모 없는 인습의 껍데기와 망각 밖에는 없다.

4) 노동과 가족 재산

육체 없는 영혼이나 영혼 없는 육체를 살아 있는 것이라 할 수 없듯이, 소유 없는 가정이나 사랑 없는 가정을 인륜적인 것이라 할 수 없다.64) 가정의 내면적 통일의 이념이 사랑이라면 소유는 하나의 인격으로서 가정의 '외면적 실재'의 고향이다. 이 때문에 가족 재산이 없으면 가정이 실재적인 현존을 지속할

---

62) 이 때문에 결혼식은 '신성(神性)'에 대한 예배 의식 (Sacrament)'의 일종이라고 할 수 있다. Eduard Gans, *Naturrecht und Universalrechtsgeschichte*, 76쪽.

63) *RP*, §164.

64) 소유 없이 인격 없고 인격 없이 권리 없으며, 권리 없는 인류 또한 불가능하다. Theodor I. Oizerman, *Zur Frage einer positiven Bewegung der Widersprüche der Rechtsphilosophie Hegels*, in : *Hegels Philosophie des Rechts*, 279쪽과 비교.

수가 없는 것이다.[65] 헤겔에게서 '소유(Eigentum)'가 인간을 둘러싸고 있는 일체의 조건들을 추상하고 남는 잔여로서 원자적 개인의 추상적 인격의 물건에 대한 배타적 관계에 대한 개념이라면, 자산(Vermögen)은 이 소유권을 통해 획득된 구체적 물질로 공동체 또는 그 구성원의 소유물의 내용이라고 할 수 있다.[66] 하여간에 인격이란 도덕이나 종교에서 완성되는 것이 아니라 법적 소유권에서 완성되듯이 가정 또한 믿음과 사랑의 이념에서 완성되는 것이 아니라 법적 자산권에서 완성된다. 속된 말로 빵만으로 살 수 없다지만 사랑만 가지고도 살 수 없는 것이요, 좀더 과장하자면 빵이 있거나 그것을 구할 능력이 있을 때야 비로소 사랑할 수 있는 것이다. 점잖은 말로 가정은 '보편적이고 지속적 인격으로 무언가 확실하고 계속적인 점유 규정을 가진 욕구'로 나타난다.[67] 한 나라의 창설이 개개인의 소유권의 확립에서 유래되듯 확고한 한 가정의 창설 또한 가족 재산 확보 능력과 연결된 것은 어쩌면 인간사에서 당연한 일일 것이다.

칸트는 법철학의 형이상학적 기초에 대한 논의에서 소유권으로서 물권은 인격권(persönliches Recht)일 수밖에 없으며 인격권은 소유물에 대한 사용 및 처분권 이외에 아무것도 아니라고 단언한다.[68] 여기서 인격권은 더 이상 순수 추상이 아니라 모든 사물에 대한 '인간성의 권리(Recht der Menschheit)'며 이 권리의 원칙에 따라 '남자는 처를 취득하고 여자는 남편을 취

---

65) Aristoteles, *Politik*, Kap.4, 1253b. Eduard Gans, 앞의 책, 78쪽.
66) Eigentum 개념에 대해서는 RP, §41-71 참조. Hegel은 여기서 가족 재산은 공유라는 Aristoteles의 이론을 받아들이고 있다. Aristoteles, *Politik*, 1257a.
67) *RP*, §170.
68) *MAR*, §22 참조.

득하고 부부는 아이를 취득하고 가족은 고용인을 취득하는 것'
이다.69) 이 권리는 가족 생계와 생활에 필수적인 가족 자산 취
득의 권리로 확대된다. 부부 자신과 자연 목적에 의해 생겨난
새 생명이 먹고 배우며 그들이 생활하고 그들이 속한 사회의
구성원으로 살아가는 것이 생존권이라면 이것은 기본적으로
소유권이며 그것을 통한 가족 자산의 확보다.70) 칸트의 이 같
은 사상은 헤겔에게 그대로 이어진다.

헤겔은 칸트의 사상 뿐 아니라 게르만 로마법의 가족권과 가
장권의 기본 골격을 비판적으로 체계화한다. 그는 먼저 가정
전체가 '하나의 인격'으로 대표되어 타인과 관계해야 하며 그
대표는 일반적으로 '가장으로서 남편'이라는 것을 강조한다.71)
가장으로서 남편은 '가정 밖에 나가서 소득을 얻고 가정 구성
원 모두의 욕구를 배려하며 가족 재산을 분배하고 관리하는 책
임'을 가진다.72) 물론 가족 재산은 가정 내의 '공동 소유'이므로
구성원 중 특정인의 것이 아니라 모두의 것이요 따라서 가족
모두가 그에 대한 권리를 가지지만 분배를 책임진 가장의 권한
과 가족권이 충돌하는 경우가 있다.73) 그 이유는 '인륜적 심술
(sittliche Gesinnung)'이 가정 안에서는 아직 직접적인 것이고
또 이 직접적인 것은 감정에 얽혀 있어 우연과 특수에 좌우될
수 있기 때문이다.74) 인륜적 심술이란 도덕적 심술 또는 주관

---

69) *MAR*, §22, 23.
70) *MAR*, §28. 이 생존권에서 특히 강조되는 것은 자녀양육권인데 이것은
실상 권리이자 의무다. *MAR*, §28, §29 참조.
71) 이것은 로마법, 게르만법에서 칸트, 헤겔로 이어지는 전형적인 생각이다.
아리스토텔레스에게서 가장은 남편으로 그 처와 자식의 주인으로 이해된다.
Aristoteles, *Politik*, 1259b 참조.
72) *RP*, §171.
73) *RP*, §171.
74) 같은 곳. "가정은 정신의 직접적 실체성으로 정신 속에 있는 감성적 통일,

적 양심에 대립되는 객관적 양심을 말한다. 도덕적 심술인 주관적 양심은 단지 의지 활동의 형식적 측면이어서 실제적 내용의 현존은 가지고 있지 못하지만, '진정한 양심'으로서 인륜적 심술은 '즉자대자적으로 선한 것을 의지하고 바라는 마음가짐'으로 '모든 확고한 원칙'을 가진 심성이며 '실체에 대한 지(知)', 다시 말해 '모든 개인적인 이익 및 관심과 전체적인 이익 및 관심의 동일성에 대한 앎'을 전제한다.[75] 그러나 이 인륜적 심술이 가정에서는 아직 개화하지 않은 직접태로 있어서 감정적 우연과 특수한 개성의 요소가 섞여 있고 또 이 때문에 가족 재산을 나누어 씀에 분쟁의 소지가 있을 수 있다는 것이다.

3. 덧붙이는 말

새로운 가정의 탄생에는 매우 다양한 요소들이 작용하므로 성인 남녀의 결혼을 단지 독립적 인격성을 가진 두 개인의 결합으로만 이해해서는 안 된다. 이 두 개인은 각자의 '가문 또는 혈통(Stämme oder Häuser)'에서 나온 이들이기 때문에, 그들의 결혼은 양가(兩家)의 연결을 의미한다. 가문에 관련된 한 부부는 자신이 속한 가문의 혈족이고 그 구성원과 '혈연 관계(Blutverbandschaft)'에 있지만 새로운 가정에 관련된 한 부부

즉 사랑을 자기 규정으로 가지며 따라서 가정적 심술은 정신의 개별성의 자기 의식을 즉자대자적으로 존재하는 본질성으로 통일시키므로 개체들은 독립된 인격으로서가 아니라 그 구성원으로 존재하는 것이다." RPhil, §158. 여기서 Gesinnung은 영어의 disposition과 유사한 말로 '심적 경향', '의향'의 뜻이다. 일반적으로 행동 또는 사고의 방향과 목표가 녹아 있는 심적 경향성 또는 정신 상태다.

75) *RP*, §137, Enzy, §515.

는 그들이 만든 공동체와 '인륜적 관계'에 있다.[76] 따라서 결혼을 통한 양가의 연결은 혈연 관계와 인륜 관계의 형식적 통일의 기초인 셈이다. 이 통일은 시민사회에서 각 개인들이 자신들의 이해 관계에 따라 행동함에도 불구하고 그것을 소화할 수 있는 인륜적 위력의 토대가 된다.[77] 그러나 다른 편에서 이 인륜 관계는 그것이 아직 직접적이어서 양가의 소유권과 부부의 소유권이 배타적으로 뒤얽혀 이것이 다시 개념적 의미의 부부 공동재산제를 부분적으로 파기하는 계기가 포함되어 있고 이 때문에 '부부 재산 약정(Ehepakten)'이 생겨난다.[78] 이것은 특히 여자가 결혼 전에 모아두었거나 부모로부터 받은 재산에 대해 고유 재산권 행사를 할 수 있도록 한 약정을 말한다. 다시 말해 부부 재산 약정(또는 부부 재산 계약이라고도 함)은 일반적으로 부부간의 재산 관계를 정하는 약정으로 부부재산공동제의 하위 개념이라 할 수 있다. 그 당시 '프로이센 일반 국법'에서 '법정 재산에 관한 법률'에서 부부는 원칙적으로 재산공동제나 '부부 재산 약정'에 따라 동산만의 공동, 소득만의 공동, 혹은 별산제(別産制)를 택할 수 있도록 정해놓았으며, 이에 따라 처(여자)는 자기 재산의 일부 또는 전부를 유보 재산(留保財産)으로 소유할 수 있고 스스로 관리할 수 있었다. 헤겔은 이에 대해 부부 재산은 근원적 공동 소유로 못박지만 당시의 실정법인 부부 재산 약정의 효용성을 완전 부정하지는 않고 있다.[79]

누구나 본인의 의사와 상관없는 운명적 요소들을 가지고 있다. 태어남에서 남자, 여자의 성의 선택을 스스로 자유롭게 한

---

76) *RP*, §172. 가문 또는 혈동은 자연적 혈통을 토대로 이루어진 가족과 씨족을, 가정 또는 가족은 부부에 의해 설립된 생활 공동체를 말한다.
77) Andreas Wildt, *Autonomie und Anerkennung*, 109쪽.
78) *RP*, §172.
79) *RP*, §172. Rosenzweig, *Hegel und seiner Staat*, Bd. 2, 1962, 114쪽 참조.

사람이 없듯이 자신을 둘러싼 자연적 또는 문화적 배경을 자유의지로 선택하고 태어남이 또한 없다. 어떤 이는 평생 놀고 먹어도 되는 유산을 상속받고 어떤 이는 평생 쉬지 않고 일해도 갚을 수 없는 빚을 상속받는다. 재능에도 직업에도 차이가 있어 어떤 이는 한 달을 일한 것으로 평생을 살 수 있는데 어떤이는 평생 일한 것으로 제 자신도 만족스럽게 살지 못하는 것이 이 세상의 실존적 불평등이다. 이 실존적 불평등이 제도적불평등으로 고착될 때 그 사회가 붕괴되는 것은 어쩌면 자연스러운 일일지도 모른다. 이 모든 불평등의 상황적 원인들에도불구하고 가족 자산의 확보의 인륜적 방식은 '노동'이다.

『법철학』의 체계에서 노동은 가족 재산의 확보의 단순한 수단적 차원을 넘어 시민사회의 존재론적 기원으로 간주된다. 시민사회는 이기적 개인들의 욕망과 그 충족의 거대한 그물이므로 여기서 즉자적으로 이들을 통합시킬 수 있는 것은 오직 그들의 욕망에 맞는 동일한 이해 관계 뿐이다.[80] 이 때문에 헤겔은 시민사회를 개별성과 보편성의 분열태로 보고 있다.[81] '추상적 권리'로서 소유권의 주체인 인격은 순수 추상적 인격이어서소유의 의지적 원인으로서 욕구와 욕망이 그로부터 배제되어있듯이 그 충족의 수단으로서 노동 또한 배제되어 있다. '가정'에서는 욕망이 대내적으로는 사랑으로 승화되므로 그 주체인인격은 하나로 통일되고 그로부터 역시 노동은 배제되어 있다.노동이 주제화되는 곳은 '가정'이 하나의 인격으로 대외적으로다른 가정에 대표되는 곳으로 이 장소는 인륜성의 대자태인

---

80) 욕망의 본성은 무한하며 사람들이 그 무한한 욕망 충족을 위해 활동하는
곳이 바로 사회다. Aristoteles, *Politik*, 1267a 참조. 헤겔의 시민사회의 개념
사(槪念史)에 대해서는, Manfred Riedel, *Studien zu Hegels Rechtsphilo-sophie*, Frankfurt / M. 1969, 135-166쪽 참조.
81) Manfred Riedel, 위의 책, 131쪽.

'시민사회'로 명명되는 곳이다. 이 장소는 말하자면 각 가정을 대표하는 각 인격들이 자신들의 욕구 만족을 목적으로 관계를 맺게 되는 대외적 가정 또는 가정 밖의 세계며 헤겔이 시민사회라고 부르는 것은 바로 이것이다.[82]

시민사회에서 '각자는 오직 자기 자신의 목적이며 타인은 그에게 단지 무(Nichts)일 뿐이다'.[83] 하지만 각자는 타인과 관계함이 없이는 자기 목적을 달성할 수 없을 뿐 아니라 한 순간도 살 수 없다. 결국 각자는 타인을 자기 목적 달성을 위해 수단으로 사용할 수밖에 없으며 타인에게도 사정은 마찬가지다. 이처럼 시민사회는 각자의 특수 목적을 위해 상관 관계에 돌입하고 그것을 통해 자신의 만족 뿐 아니라 타인의 만족도 가져오는 상호적 욕망 충족의 체계다. 이기적 인간 관계가 상호 의존 관계이고 '주관적 이기심이 변증법적 운동에 의해 상호 매개 작용으로 전환'하므로 각자가 자기 자신을 위해 노동하고 얻고 생산하고 향유하는 것이 타인을 위해 노동하고 얻고 생산하고 향유하는 것이 된다.[84] 이와 같은 만인의 만인에 대한 의존 관계인 '의존의 전면적 상호 얽힘' 속에 내재하는 필연적인 것이 각자 모두에게 '보편적 지속적 자산(allgemeines bleibendes Vermögen)'이며 '각자는 자기의 교육과 숙련도를 가지고 이 자산에 참여하여 그 분배를 받아 생계 보장의 가능성'을 가지게

---

82) Bruno Liebrucks, *Recht, Moralität und Sittlichkeit bei Hegel*, in : *Materialien zu Hegels Rechtsphilosophie*, hrsg. v. Manfred Riedel, Bd.2, Frankfurt / M. 1975, 70쪽 이하.

83) RPhil, §182 Zusatz. 이것은 자연 상태다. 그러나 진정한 자연 상태는 국법이 정지된 곳이다. Norberto Bobbio, *Hegel und die Naturrechtslehre*, in : *Mateialien zu Hegels Rechtsphilosophie*, 99쪽.

84) RPhil, §199. Manfred Riedel, *System und Geschichte - Studien zum historischen Standort von Hegels Philosophie*, Frankfurt / M. 1973, 117쪽 참조.

된다.[85]

한 사회 내에서 개인의 생계 보장의 가능성은 그 사회가 얼마나 다양한 이해 관계의 중첩망을 가지며 개인들이 얼마나 부지런하고 성실한가에 의해 증대되는 것이 아니라, 국가가 얼마나 안정적이고 확고한 체제를 가지며 개인들이 얼마만큼 그 체제를 믿고 자신의 직업에 충실할 수 있느냐에 따라 증대된다. 따라서 이 같은 국가 체제의 정립이 『법철학』의 기본 과제요 객관 정신의 자기 현현의 길이다.

□ 참고 문헌

▶ 1차 문헌과 약어

Gesammelte Werke, in Verbindung mit der Deutschen Forschungsgemeinschaft hrsg. von der Rheinisch-Westfälischen Akadedmie der Wissenschaften, Hamburg 1968ff. (= GW).

Theorie Werkausgabe in zwanzig Bänden, Redaktion von Eva Moldenhauer und Karl Markus Michel, Frankfut/Main 1969ff (= TA).

Hegel Rechtsphilosophie, 4 Bände, ed. von K. H. Ilting, Stuttgart/Bad Cannstatt 1973ff.

Hegel, *Grundlinien der Philosophie des Rechts*, TA, Frankfurt/Main 1982 (= RP).

_____, *Phänomenologie des Geistes*, hrsg. von J. Hoffmeister,

---

85) RPhil, §199.

Hamburg 1952 (= PhG).

_____, *Vorlesungen über die Ästhetik*, 3 Bände, TA, Frankfurt/ Main 1970 (= Ästhetik).

_____, *System der Sittlichkeit*, Hamburg 1967.

Aristoteles, *Nikomachische Ethik*, 3Bd., in : *Aristoteles Philosophischen Schriften*, 6 Bände, über. von Eugen Rolfes, Hamburg 1995.

_____, *Politik*, Bd.4, in : *Aristoteles Philosophischen Schriften*, 6 Bände, über. von Eugen Rolfes, Hamburg 1995.

Fichte, *Grundlage des Naturrechts, Fichtes Werke*, Bd.II, Leipzig, 1908.

Kant, *Metaphysik der Sitten*, hrsg. von Karl Vorländer, Hamburg 1966 (= MdS).

_____, *Metaphysische Anfangsgründe der Rechtsphilosophie - Metaphysik der Sitten, Erster Teil*, neu hrsg. von, Ludwig Bernd, Hamburg 1986 (= MAR).

▶ 2차 문헌

Wildt, Andreas *Autonomie und Anerkennung - Hegels Moralitätskritik im Lichte seiner Fichte - Rezeption*, Stuttgart 1982.

Gans, Eduard *Naturrecht und Universalrechtsgeschichte*, hrsg. v. Manfred Riedel, Stuttgart 1981.

Lucas, Hans-Christian *Die Schwester im Schatten - Bemerkungen zu Hegels Schwester Christiane*, in : *"O Fürstin der Heimath! Glückliches Stutgard"*, hrsg. v. Christoph

Jamme u. Otto Pöggeler, Stuttgart 1988.

Ritter, Joachim *Moralität und Sittlichkeit – Zu Hegels Ausein-
andersetzung mit der Kantischen Ethik*, in : *Materialien
zu Hegels Rechtsphilosophie*, Bd.2, hrsg. v. Manfred
Riedel, Frankfurt / M. 1975.

Ilting, Karl Heinz *Rechtsphilosophie als Phänomenologie des
Bewußtseins der Freiheit*, in : *Hegels Philosophie des
Rechts*, hrsg. v. Dieter Henrich u. Rolf-Peter Horstmann,
Stuttgart 1982.

Siep, Ludwig hrsg., *Hegel, Grundlinien der Philosophie des
Rechts*, Berlin 1997.

_____, *Intersubjektivität, Recht und Staat in Hegels
'Grundlinien der Philosophie des Rechts'*, in : *Hegels
Philosophie des Rechts*, Stuttgart 1986.

_____, *Anerkennung als Prinzip der praktischen
Philosophie – Untersuchung zu Hegels Jenaer Philosophie
des Geistes*, Freiburg / München, 1979.

Theunissen, Michael *Die verdrängte Intersubjektivität in
Hegels Philosophie des Rechts*, in : *Hegels Philosophie
des Rechts*, hrsg. v. Dieter Henrich u. Rolf-Peter Horstmann,
Stuttgart 1982.

Haller, Michael *System und Gesellschaft – Krise und Kritik
der Politischen Philosophie Hegels*, Stuttgart 1981.

Höffe, Otfried *Kategorische Rechtsprinzipien*, Frankfurt / M.
1995.

Oizerman, Theodor I. *Zur Frage einer positiven Bewegung
der Widersprüche der Rechtsphilosophie Hegels*, in :

Hegels Philosophie des Rechts, Stuttgart 1986.

Avineri, Shlomo *Hegels Theorie des modernen Staates*, Frankfurt / M. 1972.

Kuhlmann, Wolfgang (hrsg.), *Moralität und Sittlichkeit – Das Problem Hegels und die Diskursethik*, Frankfurt / M. 1986.

현승종 · 조규창, 『로마법』, 법문사, 1996.

＿＿＿＿＿＿＿, 『게르만법』, 박영사, 1994.

하이데거와 헤겔에게서 역사성 문제

• • • 하 제 원

[요약문]

이 논문은 하이데거와 헤겔의 역사성 개념의 비교를 통해 하이데거의 사상에 대한 새로운 해석의 장을 소개하려고 한다. 하이데거 사상을 올바로 이해하려면, 기존 하이데거 연구가 해왔던 존재론이나 현상학적 사유의 연장선으로만 접근할 것이 아니라, 다른 한편에서 하이데거 사상을 헤겔 사상과 대립시켜 '반-헤겔주의'로 규정하여 해석해야만 한다. 이러한 다양한 접근 방식을 통해서만 하이데거 철학은 총체적으로 해석될 수 있다.

하이데거의 '기초존재론'을 구성하고 있는 여러 개념들 중에서 가장 본질적이지만 그리 주목을 받지 못한 개념이 바로 현존재의 '역사성(Geschichtlichkeit)'이다.『존재와 시간』에서 실존적으로 확립된 현존재의 '역사성'을 통해 하이데거가 극복하고자 하는 것은 단지 비-역사적인 후설의 '초월론적 자아'뿐만 아니라, 역사 속에서 일어나는 모든 개별적인 사실들을 관통하는 포괄적인 자유 개념에 근거한 헤겔의 보편적 절대 정신도 포함되어 있다.『존재와 시간』에서 분석된 현존재의 '역사성'에서 비록 하이데거는 헤겔의 역사철학을 직접적으로 언급하지는 않지만, 그의 역사성 개념을 전제로 삼아 자신의 실존적인, 즉 반-헤겔적인 '역사성' 개념을 전개해나간다.

　헤겔에게서 역사는 자유 이념에 근거한 세계 정신의 현현으로 이해된다. 이 자유 이념의 실현 과정에서 자유 이념은 한편에서 한 민족이나 국가에 제약되어 발전되지만, 다른 한편에서 보편적 자유 이념은 이 제약성을 뛰어넘어 보편적 세계사의 발전 과정으로 나아간다. 이에 대비되어, 하이데거는 역사성 속에서 현존재의 유한성을 궁극적으로 정립하려고 시도한다. 이러한 하이데거의 '반-헤겔주의' 사유의 독창성은 '기초존재론'이 더 이상 헤겔의 사변적인 언어나 코드를 전제로 하여 사유를 전개해나가는 포스트 헤겔적인 사유를 초월해, '유한한' 현존재의 '역사성'에 대한 새로운 지평을 구성하고 제시하는 데 있다. 이 새로운 지평이란 과거를 지양하여 궁극적인 목적이나 현실화되는 미래를 향해 나아가는 운동이 아니라, 사변적 사유를 통해 거머쥘 수 없고 따라서 절대로 현실화될 수 없는 가능적인 미래를 향해 가는 운동을 지시한다. 이와 같은 가능적인 미래는 현존재의 '역사성'이 바로 비-목적론적인 근거 위에 정초되어 있음을 보여준다. 그리고 이 비-목적론적인 역사 개념은 하이데거 후기 사유의 중심 개념인 존재의 '역운적인 각인 (geschickliche prägung)'개념에서 더욱더 극명히 드러난다.

▶주요 검색어 : 역사성, 자유 이념, 민족과 국가, 현존재의 생기, 기투, 운명과 역운, 에포케적인 각인.

1. 들어가는 말

　비코 이래로 근대 철학 사상에서 역사성의 중요성을 지적한 사상가는 많았지만 이를 처음 철학적으로 집대성한 철학자는 헤겔이다. 헤겔은 역사철학의 목적을 발생된 사건들의 나열(res gestae)이나 이 나열을 기술하는(rerum gestarum memoria) 데에 제한시키지 않고 역사 안에서 역사를 발전시키는 원동력으로서의 원칙을 찾는 데에 두고 있다.[1] 이 역사를 움직이는 원칙은 다름아닌 '자유 이념'이다. 더 자세히 말하면, 역사는 자유 이념인 '세계 정신(Weltgeist)'의 현현으로 이해된다.

그런데 세계 정신의 현현인 역사는 헤겔에게서 두 가지 측면을 가지고 있다. 한편으로는 자유 이념으로서의 세계 정신은 한 민족의 역사 발전의 단계에 제약되어 실현된다. 이 경우 자유 이념의 실현은 한 민족의 특수한 역사 발전과 같이 간다. 그러나 다른 한편으로 이 자유 이념은 위에 언급된 제약을 벗어나 보편성을 띤 세계사의 전개로 이어진다. 따라서 헤겔에게서의 자유 이념이 실현되는 역사성은 특수성과 보편성의 통일성 속에서만 파악될 수 있다. 이러한 헤겔의 역사관은 19세기 정점에 이르렀던 자유에 대한 의식을 반영하고 있으며, 또한 이 의식은 세계사의 발전 과정 속에 있는 인류가 나가야 할 방향을 제시하고 있다.

그러나 헤겔 역사관이 추구하던 자유 이념은 20세기에 들어서면서 유럽에서 민주주의 형태를 통해 현실에 더 구체적으로 반영되면서, 헤겔의 역사철학은 유럽에서 잊혀져가고, 보편적인 학적 인식만을 추구하는 신칸트학파와 후설 철학이 대두되었다. 이러한 상황에 직면하여, 다시 역사성 내지는 "역사적인 주체"[2]를 철학 사상의 중심 개념으로 강조한 철학자가 바로 하이데거다.[3] 하이데거는 역사성 개념을 통해 비-역사적인 '보편

---

1) 이와 관련하여 하이데거는 역사철학과 철학사를 동일시하는 헤겔의 역사 개념에 대해 다음과 같이 기술한다. "The history of philosophy is for Hegel the intrinsically unitary and hence necessary process of the advance of spirit towards itself. The history of philosophy is no mere sequence of diverse opinions and teachings that supersede each other without any connection." 참조. M. Heidegger, "Hegel and Greeks" in *Pathmarks* (Bloomington : Indiana University Press, 1998), 324쪽.
2) 참조. M. Heidegger, *Sein und Zeit*, Tübingen 1986, 382쪽 (이하에서는 *SZ*로 약칭하고 본문에 표기함) ; 『존재와 시간』, 이기상 역, 까치글방, 1998.

적 의식' 내지는 '의식 일반' ― 하이데거의 해석을 따르면 "환상적으로 관념화된 주체"(SZ, 229) ― 을 극복하고 구체적 사유 방식을 재건하려고 시도한다. 하이데거의 이러한 시도를 통해 헤겔이 보여주었던 구체적 사유와 역사성의 관계에 대한 재조명이 이루어진다. 하이데거도 헤겔에게서와 마찬가지로 역사성 개념을 자유 개념과 연결시킨다. 그런데 여기서 중요한 사실은 하이데거는 역사성을 분석하는 데에 헤겔처럼 자유 개념을 사용하면서 헤겔에게서 중요한 보편적인 목적 개념을 거부한다는 점이다. 즉, 하이데거의 실존적인 역사성 분석은 "근본적으로 이미 단초에서 **헤겔**과 구별되고 그 목표, 다시 말해서 그의 '기초존재론(fundamentale Ontologie)'적 의도에서 헤겔 체계와 **정반대**"(SZ, 405)되는 방향으로 전개된다.

여기서 우리는 구체적으로 왜 하이데거가 보편성 개념을 거부하는지 살펴볼 필요가 있다. 하이데거는 20세기에 들어서면서 더욱 부각된 미국 식 민주주의와 소련 식 공산주의를 동시에 비판적인 시각으로 보고 있는데, 그 이유는 형이상학적 관점에서 볼 때 두 경우 다 사유의 획일화나 평준화를 초래하기 때문이다.4) 하이데거는 이러한 사유의 본질이 인류를 무차별적

---

3) 하이데거는 자신의 박사 학위 논문 지도 교수이자 역사학을 자연과학과는 다른 방법론에 정초하려고 시도한 "서-남학파"의 거두인 리케르트의 영향을 받아 『존재와 시간』이전부터 역사성 문제에 몰두했다. 참조. J. Barash, *Martin Heidegger and the Problem of Historical Meaning* (Hague : Martinus Nijhoff Publishers, 1988), 17-82쪽.

4) 『형이상학 입문』에서 이러한 점을 하이데거는 다음과 같이 서술한다. "This Europe, in its ruinous blindness forever on the point of cutting its own throat, lies today in a great pincers, squeezed between Russia on one side and America on the other. From a metaphysical point of view, Russia and America are the same ; the same dreary technological frenzy, the same unrestricted organization of the average man." 참조. M. Heidegger, *Introduction to Metaphysics* (New Haven : Yale Unversity Press, 1959), 37쪽.

으로 하나로 묶으려는 보편적 사유나 이념의 필연적 결과에 있다고 보고 있다. 이에 대한 대안으로 하이데거는 역사성 개념과 자유 개념이 새로운 방식으로 정초되어야 함을 강조한다. 따라서 이 논문에서는 헤겔의 역사성 개념과 자유 개념을 살펴보고 20세기에 헤겔 역사성 개념을 부각시키면서 동시에 보편적 역사관에 새로운 대안을 제시한 하이데거의 역사성 개념을 고찰하고자 한다.

2. 헤겔에게서의 역사성 개념

헤겔은 『역사철학』 강의에서 역사를 다루는 세 가지 방법론을 구분하는데, 이는 첫째로 '근원적 역사', 둘째로 '반성적 역사' 그리고 마지막으로 '철학적 역사'다. 헤겔이 그의 역사철학에서 추구하는 방법론은 바로 세 번째로 언급된 '철학적 역사'다. '철학적 역사', 다시 말해 '역사철학'은 역사를 발생된 사건들의 연속으로 보고 이를 기술하는 데 그치지 않고, 이를 '사유'를 통해 접근하는 것이다. 이 사유 또는 '자기를 창출하는 이념'에 바로 역사철학이 근거하고 있다.[5] 이 점을 헤겔은 다음과 같이 설명한다 : "철학이 역사를 접근하는 데 다루는 유일한 사유는 바로 이성이며, 이성은 세계의 주재자다 ; 세계사는 그러므로 이성적 과정을 우리에게 보여주는 것이다."[6] 이처럼 세계는 이성에 의해 주재되며, 세계사는 이성이 세계 속에 드러나는 과정을 일컫는다. 따라서 역사철학은 역사에 드러난 이성, 즉 세계

---

5) 참조. G. W. F. Hegel, *The Philosophy of History*, translated by J. Sibree. New York 1956. 8쪽 (이하에서는 *PH*로 약칭함).
6) *PH*, 9쪽.

정신을 파악하는 데 그 과제를 두고 있다. 이 점을 통하여 헤겔의 역사성 개념은 다른 역사학자들의 개념과 구분된다.

그렇다면 세계를 주재하는 이 이성 또는 세계 정신의 본질은 무엇인가? 헤겔은 "이성이란 자유를 통해 자신을 근거짓는 사유"[7]라고 일컫고, 또 사유로서의 "정신의 유일한 진리가 바로 자유다"[8]라고 강조한다. 그는 또한 법철학에서 다음과 같이 서술한다 : "정신은 즉자대자적으로 이성이기 때문에 …… 세계사는 이성, 자기 의식 그리고 자유의 계기들이 오직 정신의 자유 개념으로부터 필연적으로 전개되는 것이며, 따라서 보편 정신의 실현이다."[9] 이처럼 세계사는 자유로서의 이성이 전개되는 과정을 일컫는다. 바로 이 과정이 보편 정신의 실현으로 이해된다. 우리가 세계사를 하나의 전개 과정으로 파악할 수 있는 것은 우리가 세계사를 자유 이념의 전개 과정으로 이해할 때만 가능하다.

그런데 헤겔에 따르면, '내가 자유롭다'는 표현은 내가 다른 사물이나 타인이 아닌 바로 '나 자신에만 의존한다'는 것을 의미한다. 자족적인 정신이란 '자기 의식', 다시 말해 '자기 자신에 대한 의식'이다. 자기 의식으로서의 정신이란 자기를 아는 정신을 의미하는데, '자신을 안다'는 것은 '자신을 실현한다'는 것과 동일하다. 정신의 자기 실현과 관련하여 주목해야 할 사실은 '실현'이란 것은 자기 내에 가능태로 있는 것을 현실태로 만드는 과정을 지시하고 있다는 점이다.[10] 이러한 관점에서 볼 때 보편적 역사, 즉 세계사는 정신 또는 세계 정신이 자기 내에 가

---

7) *PH*, 13쪽.
8) *PH*, 17쪽.
9) G. W. F. Hegel, *Grundlinien der Philosophie des Rechts*, hrsg. von Jonannes Hoffmeister, Hamburg 1955, §342 (이하에서는 *Rph*로 약칭함).
10) 참조. *PH*, 17쪽.

능태로 갖고 있는 자기 인식을 발전시켜나가는 과정이라고 할 수 있다.[11] 다시 말하면, 가능태로 있는 세계사의 자유 이념은 오직 세계사의 발전 과정을 통해서만 실현된다. 이 과정이 곧 세계 정신의 자기 인식으로 간주된다.

이렇듯 정신은 아직 발전되지 않은 가능성으로부터 시작해서 현실성으로 나아가는데, 헤겔은 이러한 발전은 불완전한 것에서 완전한 것으로의 이행을 의미하는 것이 아니라고 강조한다.[12] 여기서 가능하다는 것은 불완전한 것을 의미하는 것이 아니라 자기 자신의 대립지를 자기 안에 내포하고 있으며, 이로 인해 자유로서의 정신의 가능성은 자기 실현의 운동을 필연적으로 하게 된다. 이와 관련하여 헤겔은 다음과 같이 역설한다 : "정신은 자기 자신과의 투쟁이며, 정신은 따라서 자기 자신을 극복해야 한다. …… 정신이 진정으로 추구하는 것은 이념을 실현하는 것이며, 그러기 위해 정신은 자신의 목표를 자신의 시야에서 숨기고 그것으로부터 소외되기도 한다."[13] 이상에서 살펴본 바와 마찬가지로 세계사는 이성의 실현의 과정이며, 그 이성 또는 정신의 본질은 자유, 다시 말하면 정신이 자기를 실현하고 인식해가는 과정이다. 여기서 정신의 "파괴적 역동성"은 "보편성을 향한 역사적 진보와 연결"된다.[14] 그런데 자유 개념은 타자에 의존하지 않고 모든 것을 자기 안에 이미 내포하고 있다는 것을 의미하기 때문에 자유의 실현 과정은 가능태에서 현실태로의 운동으로 파악된다. 더욱이 이 실현 과정은 대립지를 자기 내에 포함한 정신의 자기 투쟁으로 이해된다. 우

---

11) 참조. *PH*, 17-18쪽.
12) 참조. *PH*, 57쪽.
13) *PH*, 55쪽.
14) Herbert Marcuse, *Reason and Revolution. Hegel and the Rise of Social Theory* (New York 1954), 240쪽.

리는 여기서 '대립지를 자기 내에 포함한 정신의 자기 투쟁'이 무엇을 의미하는지 더 자세히 살펴보아야 한다.

자유로서의 정신은 자기 자신을 실현하기 위해 자신과 투쟁해야 한다. 다시 말하면, 이 투쟁은 자신을 전개하고 발전시키는 '과정'을 시사하고 있다. 이 과정은 구체적으로 어떠한 형태를 띠고 있는지 살펴보기 위해 우리는 다음과 같은 사실에 주목해야 한다. 헤겔은 한편에서는 자유 이념의 궁극적 실현을 보편적 세계사에 두고 있지만 다른 한편으로는 이 실현은 개별적인 역사적 단계, 민족, 법 그리고 국가 등의 개념과 같이 간다고 역설한다. 그에게서 "국가는 자유가 실현되는 데에 기본 조건"15)이며 "법은 정신의 객관성이다."16) 헤겔에게서 국가는 자신을 객관적 형식으로 파악하고 실현하는 이성적 자유의 구현이다.17) 더욱이 "국가는 정신의 이념이 인간 의지와 자유로 외적으로 표출된 것이다."18) 그렇기 때문에 국가는 이념이 역사적으로 실현되는 가운데 한 민족이 형성하는 특수한 정치적 원칙 또는 법 체계에 기반을 두고 있다. 다시 말하면, 법적 체계란 '한 민족의 정치적 조건'을 반영한다.

이처럼 자유로서의 세계 정신은 한 국가, 민족 그리고 그 국가나 민족이 형성하는 법에 실현된다. 따라서 헤겔은 '법(Recht)'을 '자유 이념의 현존재(Dasein der Idee der Freiheit)'라고 일컫는다. 그런데 이러한 보편적인 법 개념은 다시 한 민족이나 국가가 역사적 발전 단계에서 형성한 실정법과 같이 간다.19) 따라

---

15) *PH*, 41쪽.
16) *PH*, 39쪽.
17) 참조. Shlomo Avineri, *Hegel's Theory of the Modern State* (London 1972), 222쪽.
18) *PH*, 47쪽.
19) 참조. *Rph*, §3.

서 자유 이념의 실현인 세계사는 일의적으로 표출되는 것이 아니라, 모든 민족들의 '지형적이고 인류학적인 실존과 관계된 다양성'으로 표출된다.[20]

헤겔은 여기서 위에 언급한 보편적이고 또한 특수한 법 개념에 근거한 그의 독자적인 의미의 국가 개념을 부각시킨다. 그는 국가를 '개별적 총체성'이라고 일컫는데, 이는 '인류적[sittlich] 총체성'을 의미한다. 이러한 인류적 총체성으로서의 국가 안에서 개인은 자유를 얻고 또한 이 자유를 만끽할 수 있다. 그런데 이 자유는 다른 개인들과의 관계 속에서 의무로 이어진다. 헤겔은 인류성을 개인적인 도덕성과 구분하여, 후자는 근대에 대두된 것으로 개인의 주관적 확신에 그 뿌리를 두고 있는 반면, 전자의 원형은 고대 그리스의 도덕 개념과 연관된 것으로서 국가에 대한 의무에 의존된 원칙에 근거하고 있다. 그런데 이 의무는 외적으로 부과된 강요가 아니라 개인의 권리를 포함하고 있는 것이다. 헤겔에게서 국가 개념은 근대 시민사회에서 대두된 개인권을 보호하는 데 역점을 두고 있는 시민사회적인 정부를 의미하는 것이 아니다. 헤겔은 국가를 인류성의 완성으로 보고 있다. 인류성 개념이란 위에서 언급한 바와 마찬가지로 개인적인 확신에 근거한 도덕성이 아니라 한 민족이 공유하는 전통에 뿌리를 둔 관습과도 같이 가는 것이다. 이러한 인류성의 완성으로서의 국가에서 진정으로 권리와 의무가 통일되고, 이러한 통일 속에서만 자유 이념의 실현이 가능하다. 그렇기 때문에 국가는 자유 이념의 실현으로 파악되는 것이다.

여기서 헤겔의 고유한 국가 개념이 드러난다. 한편에서는 헤겔의 국가 개념은 한 민족의 지형적이고 인류학적인 특성을 통해 제약된 실정적인(positiv) 법 체계에 의거하고 있지만, 다른

---

20) 참조. *Rph*, §346.

한편에서는 보편적인 세계 정신의 자유 이념에 근거하고 있다는 점이다. 이를 달리 표현하면, 세계사를 주도하는 세계 정신은 한편에서 각 민족의 특수하고 고유한 국가 형태나 법 체계에 현현하지만, 세계 정신은 이러한 특수성에 매몰되지 않고 이 특수성을 초월한다. 이와 관련하여 헤겔은 법철학에서 다음과 같이 서술하고 있다 : "국가들, 민족들 그리고 개인들은 그들의 특수하고 규정된 원칙 하에서 세계 정신의 과업에 관계한다. 이 원칙은 그들이 속한 전체적 조건과 헌법에서 그 현실성을 가지며 그들은 이를 의식하고 또 여기서 자신들의 이익이나 이해를 심화시킨다. 그러나 그들은 동시에 세계사의 과업을 의식하지 못하는 수단이며 부분들인데, 이 과업 속에서 그들은 사라져가며 정신은 즉자대자적으로 다음의 더 고양된 단계를 준비한다."[21] 또한 헤겔은 『법철학』 347절에서, 한 민족이 세계사에서 주도적인 역할을 했다 하더라도 세계사의 전개 과정 속에서 이 민족은 잊혀져가고 이 민족의 역할이 다른 민족으로 이행해간다고 지적한다. 이것은 개인에게도 해당되는 것으로 세계 정신은 세계 정신이 구현된 세계사적 개인을 통해 드러나기도 하는데 이 세계사적 개인의 운명도 마찬가지다. 이를 헤겔은 '이성의 간지'라고 부른다.[22] 이처럼 보편적인 세계사의 자유 이념은 구체적인 국가나 민족들 또는 개인들을 통해 구체적으로 실현되지만, 자유 이념은 동시에 이러한 특수한 형태 속에 매몰되지 않고 자신을 전개시켜나간다.

　이상에서 살펴본 바와 같이, 헤겔의 역사성은 자유 이념으로서의 세계 정신이 실현되는 세계사의 발전 과정으로 이해된다. 이 발전 과정 속에서 우리는 보편적 자유 이념이 어떻게 특수

---

21) *Rph*, §344.
22) 참조. *PH*, 33쪽.

한 국가 개념이나 민족 개념에서 구현되고 다시 이를 초월하여 보편적 이념으로 전개되어나가는지 고찰하였다. 이제 이러한 헤겔의 역사성 개념이 어떻게 20세기에 들어서면서 하이데거의 역사성 개념에 수용되고 또 하이데거 문맥으로 전환되는지 고찰하고자 한다.

3. 하이데거에게서의 역사성 개념

1)『존재와 시간』에 나타난 역사성 개념

하이데거 철학이 그의 동시대 철학 사상들, 즉 현상학이나 신칸트학파나 아니면 실증주의들과 갖는 차이점은 하이데거의 기초존재론은 시대적 상황에 뿌리박고 있는 현존재의 역사성을 간과하지 않았다는 점이다. 당시 시대적 상황은 그러나 19세기 초 헤겔이 경험했던 시대적 상황과는 본질적으로 다르다. 제1차 세계대전의 패전과 더불어 독일 왕정은 무너졌고, 바이마르 공화 정권의 수립과 동시에 자유시민사회가 드디어 도래하였다. 하이데거는 자유 이념의 실현인 자유시민사회의 출현이 가져올 수 있는 문제점을 직시하는데, 이는 바로 뿌리를 잃어가는 익명의 다수가 주인이 되는 사회다.[23] 그는 이러한 시대가 표방하는 보편적이고 획일적인 사유 방식을 실존적인 차원에서 분석된 '현존재의 역사성'을 통해 극복하려고 시도한다.

---

23) "Mastery over the masses who have become free (i.e., rootless and self-seeking) has to be established and maintained with the fetters of 'organization'." 참조. M. Heidegger, *Contribution to Philosophy* (Bloomington : Indiana University Press, 1999), 43쪽.

『존재와 시간』에서 하이데거는 보편적이고 무차별적인 사유에 반대하여 그의 '기초존재론(fundamentale Ontologie)'에서 구체적인 사유를 추구하는데, 그 사유의 근간을 이루는 것이 바로 '현존재(Dasein)' 분석이다. 더욱이 그는 현존재의 실존적 분석은 시간성, 더 나아가 역사성에서 완결된다고 보고 있다. 그러나 이 역사성 개념은 하이데거 연구에서 가장 주목받지 못한 개념들 중의 하나다. 우리는 이 글의 전개 과정을 통해 왜 하이데거의 현존재 분석이 역사성 개념으로 이어져야 되는지 살펴보게 될 것이다. 하이데거에게서 현존재의 역사성 개념을 분석하기에 앞서 우리는 먼저 하이데거가 '역사성' 개념을 어떠한 의미에서 사용하고 있는지 살펴보기로 하겠다.

하이데거는 그의 역사성 개념을 서술하면서 먼저 그 당시 대두되었던 '삶 철학자들', 즉 딜타이나 짐멜의 역사 개념을 비판한다 : "역사성을 이해하려는 관심이 '존재적인 것과 역사(학)적인 것 사이의 종적인 차이를 끄집어내는 과제로 이끌고 온다. 이로써 **'삶의 철학'의 기초 목표**가 확정되었다. 그럼에도 물음 제기는 일종의 **원칙적인** 근본화(철저화)를 필요로 한다"(SZ, 403). 하이데거에 따르면 삶 철학자들은 존재적인 것과 역사적인 것 사이의 종적인 차이를 통해 역사 개념을 구축하려고 하는데, 이러한 시도는 역사 개념의 본질을 설명하는 데는 부적합하다. 존재적인 것과 역사적인 것의 종적인 차이가 근원적이지 못한 이유는 이는 오로지 인식론적 차원에서만 접근되었기 때문이다. 만일 이러한 차이를 인식론적인 방법으로만 접근한다면 우리는 역사개념을 "방법론적 논쟁(Methoden Streit)"에만 국한시키게 된다. 방법론적 논쟁이란 다시 말하면 어떻게 역사학 내지는 '인문과학(Geisteswissenschaft)'의 방법론이 '자연과학(Naturwissenschaft)' 방법론과 대비되어 전개되어나갈 수 있는가를 문제삼는 것이다. 하지만 역사 개념은 단지 방법론적 논쟁에 국한된 인식론적 개념으로만 다루어져서는 안 된다고 하이데거는 주장한다. 왜냐 하면 근원적인 역사 개념은 인식론에 선행하는 현존재의 존재 구조에 기초하기 때문이다. "역사성에 대한 물음은 역사적 존재자의 존재 구성 틀에 대한 **존재론적 물음이다**"(SZ, 403).

하이데거는 '존재론적(ontologisch)' 차원에서 현존재의 역사성에 접근한다. 이런 존재론적인 역사 개념을 통해 하이데거는 계몽주의에서 시작되어 삶 철학에서 중요한 철학적 과제로 떠오른 "인문과학"의 방법론 문제에 종지부를 찍고 새로운 근거를 마련하려고 시도한다. 존재론적인 역사 개념을 해명하기 위해 『존재와 시간』에서 하이데거는 헤겔과 마찬가지로 자신의 역사 개념을 현존재의 '역사성(Geschichtlichkeit)'과 단순한 '역사(Historie)'의 구분에서 시작한다.24) "현존재의 존재가 원칙적으로 역사적[geschichtlich]이라면, 모든 현사실적 학문은 분명히 이러한 생기에 붙들린 채 남아 있을 것이다. 그런데 역사학[Historie]은 독특하고 탁월한 방식으로 현존재의 역사성을 전제하고 있다"(SZ, 392). 하이데거에 따르면, '역사학'에서는

---

24) 흔히 하이데거 사상을 전기와 후기 사유로 나누어, 이 두 사유 사이에는 사상적 단절이 있다고 주장한다. 참조. W. Richardson, *Heidegger : Through Phenomenology to Thought* (Hague : Martinus Nijhoff, 1974). 하지만 "Geschichte"과 "Historie"의 구분은 전, 후기의 사유를 관통하고 있다. 이 점은 자신의 후기 사유가 집대성된 『철학의 기여』에서도 하이데거가 이 구분을 계속 사용하고 있다는 사실을 통해 명확히 밝혀질 수 있다. "To grasp Nietzche as the end of Western metaphysics is not a historical (historische) statement about what lies behind us but the *historical* (geschichtlich) onset of the future of Western thinking." 참조. M. Heidegger, *Contribution to Philosophy (From Enowning)* (Bloomington : Indiana University Press, 199) 124쪽.

역사를 하나의 학의 대상으로 삼는다. 즉, '역사학'은 사유하는 주체와 역사를 대비시켜 역사를 하나의 이론적인 대상으로 규정한다. 그리고 이론적으로 대상으로 규정된 역사에서 역사학은 보편적인 지식을 끌어낸다.

하지만 하이데거는 그의 실존적인 '역사성' 개념에서 이러한 역사학으로 규정된 역사 개념을 거부한다. 그 이유는 첫째 '역사학'으로 규정된 역사 개념은 근본적으로 데카르트 철학 이후로 근대 철학적 사유가 근거하고 있는 주관과 객관의 이분법이라는 전제에서 출발하기 때문이다. 그리고 이러한 주-객관의 이분법에서는 역사적 주체를 포함하는 진정한 의미의 역사를 파악하기는 불가능하다. 왜냐 하면 역사를 이론적인 대상으로 파악하는 주-객관의 이분법은 이러한 역사적 경험을 가능케 하는 비-역사적인 '의식 일반'을 근원적인 근거로 전제하고 있기 때문이다. 하이데거가 '역사학'을 거부하는 두 번째 이유는 '역사학'은 근원적이지 못하고 파생적이기 때문이다. '역사학'은 일차적으로 구체적인 조건을 넘어서 주제화에 의해서 구성되지만, 이러한 주제화는 이미 역사가의 역사적인 존재를 전제로 하여 가능하다. "이미 기획 투사된[entworfene] 세계가 '간직된' 세계 역사적인 자료를 해석하는 길 위에서 규정된다. 자료의 마련, 고찰, 확보가 비로소 '과거'로의 소급을 궤도에 올려놓는 것이 아니라, 오히려 그것은 거기에 존재해온(기재하고 있는) 현존재에 대한 역사적 존재를, 다시 말해서 역사학자의 실존의 역사성을 이미 전제하고 있다"(SZ, 394). 이 인용문에서 보여주듯이, 보다 근원적인 것은 주제화된 역사학을 선행하는 역사가의 '역사적인 실존'이다.

기초존재론에서 전개된 하이데거의 현존재의 '역사성'은 사유하는 주체에 대비되어 이론적인 대상으로 파악된 역사학이 아니라 이 사유하는 주체를 포함하는 역사를 의미한다. 이러한 역사 개념은 헤겔의 사변적인 역사 개념과 매우 유사하지만, 하이데거에게서 현존재의 '역사성'은 실존적인 차원에서 정립되는 과정에서 헤겔 식 방법과는 전혀 다른 방향으로 전개된다. 현존재의 '역사성'은 헤겔의 역사철학에서 보인 것처럼 모든 역사적 사실들을 종합적이고 포괄적인 자유 개념으로 묶어주는 세계 정신을 전제로 하지 않는다. 하이데거는 역사를 움직이는 원동력은 모든 역사적 사실들을 포괄하는 세계 정신이 아니라 현존재의 '생기(Geschehen)'라고 역설한다.25) "생기의 구조 및 그 실존론적-시간적 가능 조건을 밝혀 보임은 역사성에 대한 존재론적 이해를 획득함을 의미한다"(SZ, 375). 나중에 자세히 살펴보게 될 것이지만, 현존재의 '생기'는 절대로 현재성(Anwesenheit) 또는 현실성으로 실현될 수 없으며 항상 다가오는 미래로 투사되는 현존재의 운동을 의미한다. 현존재의 '생기'가 역사의 근원이라는 사실은 역사적인 사물들의 분석에서 극명히 드러난다.

'역사적인 것'에는 현존재(인간)뿐만 아니라 사물들도 포함된다. 하이데거는 이 점을 일상적으로 경험하는 집안 도구들의 분석을 통해 보여준다(SZ, 380). 그에 따르면 일상적인 도구들, 특히 세대를 거쳐 전수받은 "집안의 가보들"(SZ, 380) 또한 역사적인 유물로 인식될 수가 있다. 그리고 유구한 세월을 거쳐 전수된 집안 가보들이 역사적일 수 있는 것은 바로 이것들이 과거적인 것을 보여주기 때문이다. 하지만 하이데거는 다음과 같은 질문을 제기한다. "그렇다면 그 도구에서 무엇이 지나가

25) 현존재의 '생기(Geschehen)'와 '역사(Geschichte)'의 관계는 일단 용어 'Geschichte'의 어원적 분석을 통해 밝혀질 수 있다. 하이데거에 따르면 'Geschichte'는 본질적으로 현존재의 'Geschehen'으로부터 도출된다. 따라서 현존재의 'Geschehen'을 전제해야만 역사는 가능하다.

버렸는가? 오늘날에는 그것들인 바가 더 이상 아닌 것들로서의 그 '사물들'은 무엇**이었는가**?"(SZ, 380) 하이데거에 의하면 집 안 도구들에서 지나가버린 것은 현존재의 세계다: "무엇이 '지 나가버렸는가? 다른 어떤 것이 아닌 **세계다**"(SZ, 380). 여기서 우리는 중요한 사실을 발견할 수 있다. 사물들이 역사적인 것은 현존재의 생활 세계가 이미 전제되었기 때문이다. 그렇기 때문에 사물 자체가 역사적인 것이 아니라, 사물이 역사적으로 간주되는 것은 오직 현존재(인간)의 역사성과 관계될 때만 가능하다. 그러나 인간만이 역사성을 갖고 있다는 명제가 하이데거의 역사성 개념의 독창성을 드러내는 것이 아니다. 그의 독창적 개념은 역사적 주체인 인간에 대한 새로운 정의에 입각한다.

이미 잘 알려진 바와 같이, 하이데거는 '기초존재론'에서 전통 철학적인 인간에 대한 정의와는 확연히 구분되는 새로운 인간에 대한 정의를 정립한다. 고대 그리스철학부터 헤겔까지 의심 없이 받아들여졌던 '인간은 이성적인 동물'이라는 전통 형이상학적인 인간에 대한 정의를 거부하고, 하이데거는 인간을 '실존' 또는 '현존재'라 규정한다. 그리고 '현존재'로 새롭게 규정된 정의를 토대로 하여 하이데거는 실존적인 역사 개념을 전개해 나간다. 여기서 하이데거의 실존적인 역사 개념을 이해하기 위해서 먼저 현존재 개념을 분석하기로 하겠다.

하이데거의 '기초존재론'을 구성하고 있는 여러 개념들 중에 가장 중요한 개념이면서 가장 이해하기 힘든 개념이 바로 현존재 개념이다. 왜냐 하면 하이데거에게서 현존재 개념은 일의적으로 사용되지 않고 여러 의미를 함축하고 있기 때문이다.26)

---

26) 폰 헤르만은 하이데거의 현존재 개념은 두 가지의 뜻, 즉 '인간 존재'와 '존재 그 자체'의 뜻을 내포하고 있다고 주장한다: "'터 있음'이라는 용어가 드러내고자 하는 복합적인 존재론적 사태 관계는 두 가지 관점에서 좀더 풍부한 근원적 차원이다. 즉, 그것은 **인간의 존재**를 고려해볼 때 그럴 뿐만 아

우리는 여기서 하이데거가 사용하는 현존재의 의미를 다섯 가지로 구분하여 고찰하고자 한다. 첫째로, 하이데거는 '현존재'라는 용어를 다른 존재자가 아닌 '인간 존재자'를 지칭하는 데 사용한다. 이러한 규정은 『존재와 시간』 §2에서 보인다 : "이러한 존재자, 즉 우리들 자신이 각기 그것이며 여러 다른 것들 중 물음이라는 존재가능성을 가지고 있는 그 존재자를 우리는 현존재라는 용어로 파악하기로 하자"(SZ, 7). 여기서 분명히 지적되었듯이, '현존재'는 개별적인 존재자(Seiende), 즉 인간을 지칭한다. 그런데 둘째로는 '현존재'는 개별적인 존재자뿐만 아니라 이 존재자의 '본질' 또한 의미한다 : "'현존재'라는 칭호는 인간이 인간으로서 서 있을 수 있는 본질적인 영역을 특징짓기 위해 선택되었다."27) 셋째로, '현존재'는 인간의 본질이 내재적인 의식에 갇혀 있는 것이 아니라 그 의식을 넘어서 '거기', 즉 세계 속에 존재하는 것을 의미한다. 이 세 경우 모두 '현존재'는 인간 존재자와 결부되어 사용된다. 그러나 '현존재'를 인간만을 규정하는 개념으로만 파악해서는 안 된다.

'현존재'의 개념을 이해하는 데 주지해야 할 점은 '현존재'는 인간만이 아니라 존재(Sein)를 또한 지칭하고 있다는 것이며, 이것이 바로 네 번째 의미를 구성한다. 하이데거에 따르면, "『존재와 시간』에서 **현**-존재는 현-**존재**를 의미한다."28) 다시 말하면, '현-존재'가 의미하는 것은 "존재의 장소, 즉 존재의 진

니라, 실존과의 본질적 연관성에 깃들어 있으면서도 이 실존을 넘어서 있는 존재자 전체의 **존재 그 자체**를 고려해볼 때도 그러하다." 참조. 프리드리히 폰 헤르만, 『하이데거의 존재와 시간을 찾아서』, 한길사, 41쪽. 그렇지만 필자의 견해로는 적어도 다섯 가지 뜻으로 구분될 수 있다.

27) M. Heidegger, "Introduction to 'What is Metaphysics?'" in *Pathmarks* (Bloomington : Indiana University Press, 1998) 283쪽.

28) M. Heidegger, *Zollikoner Seminare* (Frankfurt am Main : Vittorio Klostermann, 1987) 283쪽.

리의 영역이다."29) 그 이유는 '존재'는 현재 있는 '실재성' 내지는 '존재자'에서 드러나지 않고 이 실재성을 초월해 있는 '거기 (Da)' 영역에서 드러난다. 그러나 하이데거는 '존재'를 '존재'로서가 아니라 '존재자'로 파악하는 전통 형이상학에서는 이러한 존재 개념은 간과되었다고 다음과 같이 역설한다 : "형이상학은 존재에 관한 질문을 하지 않았는데, 왜냐 하면 형이상학은 존재(Sein)를 오직 표상된 존재자(Seiende)로만 파악했기 때문이다."30) 마지막으로 '현존재'는 존재와 인간의 만남을 가능케하는 '지평(Horizont)'을 의미한다. '현존재'라는 '지평' 위에서 인간은 '거기' 영역에 있는 존재와 관계할 수 있다. 『존재와 시간』에서 하이데거가 '현존재'라는 용어를 명확하게 구분하지 않고 사용하기 때문에 이를 이해하는 데 어려움이 있지만, 위에 언급된 다섯 가지 의미를 전제로 할 때만 우리는 기초존재론을 인간학이냐 아니면 존재론이냐 하는 일방적인 해석으로부터 벗어날 수 있다.

하이데거에 따르면 존재자들 중에서 인간 존재자만이 '현존재'로 규정될 수 있고, 그 '현존재' 지평 위에서 '존재'와 관계할 수 있다. 왜냐 하면 현존재(인간)의 본질이 근원적으로 현실성을 뛰어넘는 '가능한' 존재이기 때문이다. "현존재는 각기 그의 가능성으로 **존재하며** 현존재는 그 가능성을 일종의 눈앞의 것으로 그저 속성으로 '가지고' 있는 것이 아니다"(SZ, 42). 현존재의 '가능성'을 그러나 전통 형이상학 개념의 가능성과 동일시해서는 안 된다.

하이데거는 현존재의 '가능성'을 분석하면서 '실존 범주'(SZ,

---

29) M. Heidegger, "Introduction to 'What is Metaphysics?'" in *Pathmarks*, (Bloomington : Indiana University Press, 1998) 283쪽.
30) 같은책, 281쪽.

143)와 '양태적 범주'(SZ, 143)로 구분하면서, 현존재의 가능성은 '양태적 범주'로 파악될 수 없다고 주장한다. '양태적 범주'로서 이해된 가능성은 — 적어도 하이데거의 해석에 따르면 — 공허한 논리적 가능성이나 아니면 아직 현실적이지 않은 것을 의미한다. 그리고 이 '현실적이지 않은 가능성'은 궁극적으로 현실성으로 실현되는 계기로 파악되기 때문에, 이러한 종류의 가능성은 현실성과의 비교에서 하위 개념으로 간주된다. 그러나 '양태적 범주'와는 달리 '실존 범주'로 이해되는 현존재의 가능성은 현실성보다 하위에 있는 것이 아니라 오히려 상위에 있다: "가능성은 현실성보다 더 높은 차원에 있다"(SZ, 38). 현존재의 가능성이 현실성보다 더 높은 차원에 있다는 것은 현존재의 가능성은 절대로 현실성으로 규정될 수 없다는 것을 의미한다. 그리고 현존재의 가능성이 절대로 현실성으로 규정될 수 없는 이유는 현존재는 본질적으로 미래에 '기투(Ent-wurf)'되기 때문이다.

그러나 현존재의 가능성이 현실성보다 더 높은 차원에 있다는 사실이 현존재의 가능성은 현실성과 무관하다는 것을 의미하지는 않는다. 현존재의 가능성이 현실성과 절대적으로 분리된 가능성으로 파악되어서는 안 된다. 이 점에 관해 하이데거는 다음과 같이 분명히 한다. 현존재의 가능성은 "자의의 무관심이라는 의미의 허공을 떠다니는 존재 가능을 의미하는 것이 아니다"(SZ, 144). 이는 "현존재가 그 자신에게 떠맡겨진 가능 존재며 철두철미 내던져진 가능성을 말하는 것이다"(SZ, 144). 이처럼 현존재의 본질은 근원적으로 '내던져진 가능성'이며, 바로 이러한 가능성 속에 현존재의 역사성이 근거한다.

위에서 언급되었던 바와 마찬가지로, 오직 현존재만이 역사적이다. 왜냐 하면 현존재만이 "던져진 가능성"의 지평 위에 있기 때문이다. 하이데거에 따르면, 역사적 운동의 원동력인 현존재의 '생기(Geschehen)'는 이 "던져진 가능성"의 지평에서 이루어진다. 그리고 그는 "던져진 가능성" 지평 위에 기초된 "생기"의 근원적인 특징을 '운명(Schicksal)'으로 규정한다. "이렇게 장악된 실존의 유한성이 유쾌함, 경솔함, 책임 회피 등과 같은, 자신에게 제공된 가까운 가능성들의 끝없는 다양함에서부터 현존재를 다시 떼어내어 그의 **운명**의 단순함으로 데려온다. 이로써 우리는 본래적 결단성 안에 놓여 있는 현존재의 근원적인 생기를 지칭한 셈이다. 현존재는 그 생기 안에서 죽음에 대하여 자유로우면서 상속된, 그럼에도 선택된 가능성 속에서 자신을 자신에게 **전수한다**"(SZ, 384). 하이데거는 바로 이러한 '운명'의 토대에서 현존재의 역사성을 존재론적으로 정초한다.

하이데거에 따르면 현존재의 가능성은 허공을 떠다니는 존재 가능이 아니라 세계에 뿌리박고 있는 존재 가능이다. 그 이유는 현존재는 자신의 역사적 과거로부터 절대적으로 자유롭지 못하고 예속되었기 때문이다. 이러한 과거에 대한 예속을 특징지우기 위해 하이데거는 '운명(Schicksal)'이라는 용어를 사용한다. 하지만 현존재의 '운명'은 현존재가 과거의 풍습이나 역사적인 조건에 절대적으로 규정된다는 것을 의미하는 것은 아니다. 다시 말해서, 현존재의 '운명'은 카시러가 해석한 것처럼 철저한 숙명론으로 이해되어서는 안 된다.[31] '숙명론'은 모든 운

---

31) 카시러는 현존재의 "운명"에 기초된 하이데거의 역사 개념은 인간의 자유가 배제된 숙명론에 빠진다고 비판한다. "He [Heidegger] speaks of the *Geworfenheit* of man. To be thrown into the stream of time is one of the fundamental and unalterable conditions of human life. Man cannot emerge from this stream, and he cannot change its course. He has to accept the historical condition of his existence ; he has to submit to his fate." 참조. E. Cassirer, *Symbol, Myth, and Culture* (New Haven : Yale University Press, 1972) 229쪽.

동은 인과율에 의해 움직인다는 것을 전제한다. 인과율에 의하면 실재하는 원인은 결과를 선행하며, 결과는 원인에 의해 규정된다. 따라서 숙명론적인 역사관은 실재하는(wirklich) 과거가 원인으로서 현재와 미래를 규정한다는 것을 의미한다.

그러나 기초존재론에서 현존재의 가능성이 뿌리박고 있는 역사적 과거는 실제적인 과거가 아니라 가능적인(möglich) 과거를 뜻한다. "아직도 눈앞에 있는 유물, 기념비, 기록 등은 거기에 존재해온(기재하고 있는) 현존재를 구체적으로 열어 밝히기 위한 **가능한** '자료들'이다"(SZ, 394). 현존재의 역사적 과거는 가능적인 과거 ― 이것을 하이데거는 "Vergangenheit"이 아니라 "Gewesenheit"이라 부른다 ― 이기 때문에 실제적인 과거만을 전제하는 인과율의 원리로는 접근될 수가 없다. 그리고 이러한 역사적인 과거가 현존재의 역사성을 구성하기 때문에 현존재는 비록 과거에 예속되었으나 역사적인 숙명론을 벗어날 수가 있다. 가능적인 과거 속에 있는 역사적 유물들은 숙명적으로 현존재에게 전수되는 것이 아니라 '자유롭게' 전해진다. 여기서 우리는 현존재의 역사성을 근거하는 '운명'의 독특한 특징을 볼 수 있다. '운명'에서 현존재는 가능적인 과거의 유산을 전수받으면서 또한 자유롭게 선택한다. 그렇기 때문에 하이데거의 '운명' 개념은 숙명론적인 것이 아니라 '자유' 개념을 자기 내에 내포하고 있다. 그리고 가능적인 과거의 유산을 전수받는 운명적인 현존재는 본질적으로 타인과 함께 존재한다. 이는 곧 현존재가 '세계-내-존재'라는 점을 지시하고 있다.

전통적인 유산을 자유롭게 상속받는 역사적인 현존재는 운명적인 현존재로 규정된다. 그리고 운명적인 현존재는 세계-내-존재로서 파악되는데, 여기서 말하는 '세계'는 다름아닌 '역사적인 세계'를 의미한다. 현존재는 이 역사적인 세계 속에서 다른 현존재들과 같이 존재하며, 이러한 연유로 현존재의 '운명' 은 단독자의 '운명'으로 있지 않고 본질적으로 다른 현존재들과 공유하는 '운명'으로 있게 된다. 이러한 공유된 운명을 하이데 거는 '역운(Ge-Schick)'이라고 칭한다 : "그러나 운명적인 현존 재가 세계-내-존재로서 본질적으로 타인들과 함께 더불어 있 으면서 실존할 때, 그의 생기는 공동 생기이고 역운으로 규정 된다. 이로써 우리는 공동체, 민족의 생기를 지칭하고 있는 셈 이다"(SZ, 384). 독일어 표현 "Ge-schick"을 그대로 직역하면, 이는 '같이-보내짐'이다. 위 인용문에서 보여진 바와 같이, 운명 적인 현존재의 "함께 있음"은 과거의 전통과 단절되어 허공에 뜬 가능성에 기초한 집단을 이루는 것이 아니라 과거의 유산에 서 전수된 가능성에 정초된 민족 공동체를 형성한다. 하이데거 에 따르면, 현존재의 "던져진 가능성"은 오로지 전통적인 유산 을 이어받는 민족 공동체에서만 실현될 수가 있다.

우리는 여기서 이 글 앞 부분에서 지적했던 하이데거의 획일 적이고 보편적 사유의 비판을 상기하고자 한다. 하이데거는 미 국 식 자유시민사회나 소련 식 공산주의 사회를 비판하는데, 그 이유는 바로 위에서 언급되었던 과거의 유산에서 전수된 가 능성에 기초한 민족 공동체의 와해를 가져오기 때문이다. 그리 고 이러한 와해는 다름아닌 구체적 사유의 와해를 의미한다. 그렇기 때문에 하이데거는 현존재의 진정한 의미는 바로 역사 적 공동체 속에서만 밝혀질 수 있다고 역설한다. 하지만 민족 공동체의 '역운'을 통해 하이데거가 추구하는 것은 과거에 얽매 여 있는 전통주의로의 회귀가 아니라 가능적인 미래에 열려 있 는 현존재의 역사성이다. 그렇기 때문에 하이데거에게서 시간 성 또는 역사성은 과거, 현재 그리고 미래의 통일성 속에서만 파악될 수 있으며, 이러한 통일 속에 존재하는 현존재는 과거로 '던져짐(Geworfenheit)'과 미래로 '투사됨(Entwurf)'의 통일 속에서만 파악될 수 있다. 더욱이 이러한 통일 속에 현존재의 미래로 투사하는 자유가 근거지워진다. 우리는 여기서 다시 헤 겔의 역사 개념에 나타난 자유 개념을 상기해볼 필요가 있다. 헤겔에게서 자유 이념은 절대 이념이지만 다른 한편에서 민족 적 공동체나 구체적 국가 개념에서 실현되기 때문에 지리학적 이고 인류학적인 민족적 특성과 같이 간다. 하이데거도 현존재 의 역사성 속에 드러난 자유가 전통을 같이 하는 민족적 공동 체 속에서 근거지워진다는 점을 역설한다. 하이데거는 역사성 을 분석하는 데 헤겔에게서처럼 자유 개념과 민족 공동체를 강 조하지만, 이를 다시 초월해서 세계사를 주도해나가는 절대 자 유 이념을 거부한다.

『존재와 시간』에서 하이데거는 직접적으로 주제화는 하지 않았 지만, '운명(Schiksal)'이라는 용어는 미래로 '보내짐(schicken)'의 의미를 함축하고 있다. 즉, 현존재의 '운명'은 역사적인 현존재 의 운동이 미래로 향하는 방향성을 내포한다. 그러나 여기서 주목해야 할 사실은 역사적인 현존재의 운동은 과거를 부단히 지양하면서 궁극적인 목적을 향해 나아가지 않는다. 즉, 하이데 거에게서 역사성의 방향성은 전통 형이상학에서 다루어지는 예정된 목적(Telos)을 의미하지 않는다. 여기서 우리는 하이데 거의 역사 개념과 헤겔의 역사 개념의 본질적 차이를 이해할 수 있다. 첫 장에서 언급했듯이, 헤겔의 역사철학에서 자유 이 념으로서의 정신의 운동은 궁극적인 목적을 전제로 하며, 그 목적을 향해 나아간다. 다시 말해서 자유 이념으로서의 정신은 이미 내재해 있는 가능태로 존재하는 목적을 자기 발전 과정을 통해 현실태로 만든다. 이렇게 볼 때, 헤겔의 목적론적인 역사 성에는 정신의 발전이 추구하는 방향성이 명백히 제시된다.

하지만 하이데거에게서 현존재의 역사적 운동은 헤겔의 역사철학에서 보인 정신의 운동처럼 목적성을 지니지 않는다. 목적성이 없기 때문에 현존재의 미래는 완전히 실현된 현실성으로 성취될 수가 없고 항상 가능적인 미래로 남아 있다. 그리고 역사적인 현존재는 가능적인 미래를 계획해서 만들어갈 수 없으며 또한 사변적 사유로 파악 또는 거머쥘(be-greifen) 수도 없다. 왜냐 하면 가능적인 미래(Zu-Kunft)는 현존재에게 그저 주어지거나(aufgegeben) 또는 도래(Kunft)하기 때문이다. 여기서 우리는 하이데거의 독특한 의미의 미래 개념을 볼 수 있다. 현존재는 미래로 '투사(Entwurf)'하지만 이러한 미래는 가능적인 미래로 '도래'하는 미래다. 그렇기 때문에 하이데거에게서 미래로의 '투사'는 '던져진 투사(geworfener Entwurf)'며, 미래로 투사된 자유는 자기를 규정하는 절대 자유가 아니라 수동성을 포함한 자유다. 그리고 하이데거의 역사성은 바로 이러한 자유 개념에 기초한다. 여기서 우리는 다시 역사성과 관련된 하이데거의 자유 개념이 헤겔의 자유 개념과 갖는 본질적 차이를 보게 된다.

2) 하이데거 후기 사상에 나타난 역사성 개념

『존재와 시간』에서 하이데거는 실존적인 개념의 역사성을 민족 공동체의 '역운' 위에 정초하려고 시도했다. 그러나 그는 후기 사유에서 실존적인 역사성 개념이 불충분하다고 생각했는데, 그 이유는 『존재와 시간』에서 분석된 현존재의 역사성은 역사의 다른 단계들이 배제된 동질적으로 지속되는 역사로 파악되었기 때문이다. 이런 점을 보완하기 위해 하이데거는 후기 사상에서 현존재의 역사성을 차별화된 역사적 발전 단계들 속에서 파악하려고 시도하는데, 이러한 새로운 개념의 역사는 현존재의 '운명'이 아니라 존재의 '보내짐'에서 정초된다.

후기 사상에서 전개된 하이데거의 역사 개념은 더 이상 '현존재'의 운동, 즉 '생기(Geschehen)'가 아니라 '존재'의 운동 속에서 정립된다. 존재의 운동에 정립된 현존재의 역사성은 더 이상 동질적인 지속성으로 간주되지 않는다. 이와 달리 후기 사상에서는 현존재의 역사성은 여러 다른 단계들로 이루어진 역사를 의미한다. 『동일성과 차이』에서 하이데거는 여러 다른 단계들로 구성된 현존재의 역사를 기초하는 것이 바로 존재의 "역운적인 각인(geschickliche Prägung)" 또는 "에포케적인 각인(epochale Prägung)"이라 주장한다. "다시 말해 존재가 주어지는 방식은 그것이 스스로를 훤히-밝히는 그런 방식으로부터 그때그때 규정된다. 그러나 이러한 방식은 역운적인 각인, 즉 그때그때 각인되는 에포케적인 각인이다."32) 여기서 주목해야 하는 것은 용어 '역운적인'은 단지 '운명적인' 것만을 뜻하는 것이 아니라 '보내짐'도 뜻한다.33) 그리고 존재의 '보내짐'은 현존재의 역사에서 에포케적으로 구분된다. 따라서 존재는 그때그때 발생하는 에포케적인 각인을 통해 현존재의 역사 과정을 그리스 시대부터 현대까지 여러 단계로 구분한다.

하이데거에게서 이러한 존재의 에포케적인 각인은 유럽 역사에서 존재에 관한 사유를 최초로(anfänglich)34) 전개한 그리

---

32) M. Heidegger, *Identität und Differenz* (Pfullingen : Gunther Neske, 1957), 59쪽. 참조. 『동일성과 차이』, 신상희 옮김(민음사 : 2000).

33) M. Heidegger, "The Question Concerning Technology", in *Martin Heidegger : Basic Writings* (San Francisco : Harper Collins Publishers, 1993), 329쪽.

34) 후기 사상에서 하이데거는 용어 Anfang과 Begin을 구분한다. Begin은 단순히 지나간 과거를 뜻하지만 Anfang은 미래에 투사되어 아직도 실현되지 않은 과거를 의미한다. 참조. M. Heidegger, *Basic Concept* (Bloomington :

스 형이상학에서 시작된다. "우리의 역사의 시작은 그리스에 있다."35) 여기서 언급되는 우리의 역사는 전 인류를 포괄하는 세계 역사가 아니라 오직 유럽 역사를 의미한다. 그리고 유럽 역사는 존재자를 존재자로 드러내는 사유를 최초로 수행한 그리스 형이상적 존재 사유에서 시작된다. 그러나 하이데거에 따르면, 존재자를 존재자로 규정한 존재 사유는 불변하는 것이 아니다. 존재에 관한 형이상학적 규정은 역사 발전 과정과 함께 변한다. 즉, '우시아(ousia)'로 규정된 그리스 형이상학의 존재 개념은 중세 형이상학에서 '엔스(ens)'로 변하고, '엔스'는 다시 현대 형이상학에서 주체에 대비되는 '대상(Gegen-stand)'으로 변하며, 이것은 현대 과학 기술 시대의 존재 개념에서는 '부품(Be-stand)'으로 변한다.36) 하이데거는 유럽 역사의 발전 과정에 나타난 이러한 존재 개념의 변화를 "역운적인 각인"이라 부른다. 왜냐 하면 '부품'이나 '대상'은 결국은 그리스 형이상학의 존재 개념인 '우시아'에서 "보내졌기(schicken)" 때문이다. 따라서 서양 역사의 다른 단계들은 — 그리스 시대부터 기술 시대까지 — 존재를 어떻게 규정하는가에 따라 구분된다.

그러나 하이데거가 주장하기를, 서양 역사 발전 과정에서 여러 단계로 드러난 존재의 에포케적인 각인은 "사과나 배 혹은 복숭아가 판매대 위에 나열되어 있듯이 그렇게 역사학적인 표상의 공간 위에 나열되어 있는 것이 아니다."37) 왜냐 하면 판매

Indiana University Press, 1992), 15쪽.

35) M. Heidegger, *Basic Concepts* (Bloomington : Indiana University Press, 1992), 13쪽.

36) 『동일성과 차이』에서 하이데거는 이러한 존재 개념의 변화를 다음과 같이 서술한다. "존재는 그때 그때마다 이러저러한 역운적인(geschicklich, 숙명적인) 각인을 통해서 피시스로서, 로고스로서, 일자(헨)로서, 이데아로서, 힘에의 의지로서, 또 의지에의 의지로서 주어지게 된다." 참조. 『동일성과 차이』, 59쪽.

대 위에 나열되어 있는 사과나 배와는 달리 존재의 에포케적인 각인은 비록 역사학적인 표상의 공간에 여러 단계로 드러나지만 동시에 이런 단계들을 "철저히 관통하고 있는 관통적인 어떤 것(etwas Durchgängliches)"[38]을 전제하고 있기 때문이다.

하이데거에 따르면 역사적인 과정의 연속은 임의적인 연속이 아니라 관통적인 존재에 의하여 구성된 필연적인 연속이다. 따라서 역사의 전개는 "논리나 법칙과 같은 필연적인 것"[39]에 의해 기초된다. 역사가 필연적인 법칙이나 논리에 의해 운동한다는 명제는 그러나 전혀 새로운 명제가 아니다. 이는 이미 헤겔의 역사철학에서 주제화되었으며, 이 점을 하이데거도 주지하고 있다. 『동일성과 차이』에서 그는 다음과 같은 질문을 제기한다. "그러나 우리는, 헤겔이 사유한 변증법적 과정의 역사적 순서와 결과 속에서 (나타나는) 존재에 관해서 듣지 않았는가? 물론이다."[40] 하지만 비록 두 철학자들이 필연적인 역사법칙을 이야기하지만, 역사를 관통하는 하이데거의 존재의 운동은 헤겔의 절대 정신의 운동처럼 역사 과정을 목적론적으로 따르지 않는다.

헤겔의 역사철학에서 역사의 과정은 정신의 변증법을 통하여 규정된다. 변증법을 통하여 역사의 과정은 궁극적인 목적을 향해 나아가며, 각각의 단계는 다음의 단계에서 지양된다. 이와 달리 하이데거의 역사성 개념에는 지양 개념이 빠져 있다. 왜냐 하면 존재의 에포케적인 각인에 규정된 역사는 지양을 도모하는 궁극적인 목적이 없기 때문이다. 그러므로 하이데거는 헤

37) 『동일성과 차이』, 58쪽.
38) 『동일성과 차이』, 60쪽.
39) M. Heidegger, *Zur Sache des Denkens* (Tubingen : Niemeyer, 1969), 56쪽.
40) 『동일성과 차이』, 59쪽.

겔의 "지양"이 아니라 "뒤로 물러섬(der Schritt zurück)"을 통해 자신의 역사성을 규정한다. "헤겔에게서 앞서 흘러간 철학사와의 대화는, 지양(Aufhebung)의 성격, 즉 절대적으로 정초한다(die absolute Begründung)는 의미에서의 매개하는 파악(das vermittelnde Begreifen)이라는 성격을 지니고 있다. 우리에게서 사유의 역사와 나누는 대화의 성격은 더 이상 지양이 아니라 뒤로 물러섬(der Schritt zurück)이다."41) 존재의 역사를 "뒤로 물러섬"으로 규정하는 이유는 존재의 운동은 자신을 드러낼 뿐 아니라 은폐하기 때문이다. 이러한 "뒤로 물러섬"으로 파악된 역사의 전개 과정을 통해 하이데거는 궁극적인 근거나 목적을 토대로 한 보편적 사유를 지양하려고 한다.42)

이상에서 살펴본 바와 같이, 하이데거의 후기 철학의 역사관을 통해 우리는 여러 가지 시사점을 발견할 수 있다. 먼저 하이데거는 역사성 속에서 '에포케적인 각인'을 강조함으로써, 전기 철학에서 보여주었던 '현존재의 생기' 개념이 갖고 있는 문제점을 극복하려고 시도한다. 이미 살펴본 바와 같이, 현존재의 생기는 궁극적으로 한 민족의 전통에 뿌리박고 있는 것이기 때문에 하이데거의 서술 과정을 분석해볼 때, 하이데거의 사상이 뿌리박고 있는 독일적 사유와 민족에 제한된 듯한 인상을 준다. 그러나 후기의 '에포케적인 각인'의 개념을 통해 이러한 민족적 제한을 벗어나 서양사 전반, 더 정확히 말하면 유럽사 전반의 역사성으로 발전해나간다는 것을 알 수 있다. 더욱이 '에포케적인 각인'은 한 시대와 다음 시대 사이의 관계가 헤겔에게서처럼 자유 이념을 향한 목적론적인 운동으로 사유되지 않기 때문

---

41) 『동일성과 차이』, 41쪽.
42) 참조. J. Taminiaux, *Dialectic and Difference : Modern Thought and the Sense of Human Limits* (New Jersey : Humanities Press, 1985), 83쪽.

에 '지양(aufheben)'의 개념을 통해 설명될 수 없다. 그렇기 때문에 이러한 '에포케적인 각인' 개념을 통해 하이데거는 헤겔 철학과 더 결별할 수 있었다. 그 당시 유럽의 역사적 발전은 보편적 자유 이념을 지향하지 않고 오히려 새롭게 도래하는 과학 기술 시대를 향해 있다. 이러한 보편적 자유 이념이 더 이상 근본 문제로 사유되지 않는 현실에서 하이데거는 헤겔의 역사성이 아니라 자신의 역사성 개념이 더 현실적 문제에 대한 대안이라고 보고 있다.

4. 맺음말

이상에서 우리는 헤겔의 역사성의 본질이 무엇이며, 또 이 역사성 개념이 20세기에 들어서면서 어떻게 하이데거의 역사성 개념으로 전환되는지 살펴보았다. 하이데거는 보편적이고 획일적인 사유를 거부하면서 그의 '기초존재론'에서 구체적 사유의 가능성을 확립하려고 시도했으며, 이 구체적 사유의 본질은 현존재의 역사성에서 완결됨을 역설한다. 더욱이 현존재의 역사성을 구성하는 '기투(Entwurf)'와 '던져짐(Geworfenheit)'을 통해 현존재가 갖고 있는 자유가 왜 유한한지 분석한다. 헤겔에게서 역사성의 본질은 자유 이념으로서의 세계 정신의 전개에 있고, 역사철학의 과제는 이 절대적 자유 이념의 파악에 있는 반면, 하이데거는 세계사를 지배하는 원칙으로서의 절대 자유 이념을 더 이상 사유하지 않고 현존재의 유한한 자유를 문제삼는다. 이러한 하이데거의 반-헤겔주의 역사 개념은 기술의 지배와 이것을 통해 드러난 정신의 해체를 경험하는 현대인들에서 새로운 역사 인식을 제시한다. 여기서 우리는 하이데거가 보편적 사유에 대한 대안으로 헤겔이 자신의 철학의 중심 개념으로 삼고 있는 역사성의 개념을 부각시키면서 한편으로는 헤겔의 체계와 다른 방향으로 이 개념을 전개시켜나감을 파악할수 있다. 여기서 중요한 사실은 헤겔은 역사성 속에서 보편적자유 이념을 추구하는 반면, 하이데거는 역사성을 통해 궁극적으로 유한성의 본질을 찾는다는 점이다.

□ 참고 문헌

Avineri, Shlomo, *Hegel's Theory of the Modern State* (London 1972).

Barash, Jeffrey, *Martin Heidegger and the Problem of Historical Meaning* (Hague, 1988).

Cassirer, Ernst *Symbol, Myth, and Culture* (New Haven, 1972).

Hegel, G. W. F., *The Philosophy of History*, translated by J. Sibree (New York, 1956).

____, *Grundlinien der Philosophie des Rechts* (Hamburg, 1955).

Heidegger, Martin, *Sein und Zeit* (Tubingen, 1986).

_____, *Hegel and Greeks in Pathmark*, translated by W. McNeill (Bloomington, 1998).

_____, *Introduction to Metaphysics*, translated by R. Manheim (Yale, 1959).

_____, *Contribution to Philosophy*, translated by P. Emad and K. Maly (Bloomington, 1999).

_____, *Introduction to 'What is Metaphysics?'* in Pathmarks, translated by W. Neill (Bloomington, 1998).

_____, *Zollikoner Seminare* (Frankfurt am Main, 1987).

_____, *Identität und Differenz* (Pfulligen, 1957).

_____,『동일성과 차이』, 신상희 옮김(민음사, 2000).

_____, *The Question Concerning Technology* in *Martin Heidegger : Basic Writings*, edited by D. F .Krell (New York, 1993).

_____, *Basic Concepts*, translated by R. Lilly (Bloomington, 1992).

_____, *Zur Sache des Denkens* (Tübingen, 1969).

Marcuse, Herbert, *Reason and Revolution. Hegel and the Rise of Social Theory* (New York 1954).

Taminiaux, J., *Dialectic and Differece : Modern Thought And the Sense of Human Limits* (New Jersey, 1985).

von Hermann, F. W.,『하이데거의 존재와 시간을 찾아서』, 신상희 옮김(한길사, 2000).

W. Richardson, *Heidegger : Through Phenomenology to Thought* (Hague : 1974).

아담 스미스와 헤겔에게서 참된 개인의 의미

• • • 김 옥 경

[요약문]

근대 시민사회에 들어서면서 모든 구속으로부터 해방된 자유로운 '개인'의 본질이 무엇인지 사유되기 시작했다. '개인'에 대해서 가장 선행하는 규정은 '사물을 소유할 수 있는 권리' 또는 '사유 재산을 소유할 수 있는 권리'에 있다. 그러나 이 최초의 규정은 추상적이고 외적으로 접근된 법적 규정이다. 아담 스미스는 개인을 개인으로 파악할 수 있게 해주는 개인의 본질이 무엇인가를 고찰하면서, 그 본질이 바로 '자기 이익(self-interest)' 개념에 있다고 역설한다. 개인은 본질적으로 '자기 이익'의 추구를 자신의 목적으로 삼고 있으며, 이는 '자기 보존'을 위해 필수 불가결한 것이다. 헤겔은 그의 '시민사회론'에서 아담 스미스와 다른 스코틀랜드 철학자들에 의해 주제화된 '자기 이익' 개념을 긍정적으로 평가하고, 이 개념이 근대 사회에서 자유를 획득한 모든 개인과, 또한 이 개인들로 구성된 시민사회의 근본 구조를 이해하는 데 어떤 역할을 하는지 밝히고 있다.

자유로운 개인의 '자기 이익' 개념은 아담 스미스와 헤겔에게서 '주관적 권리' 또는 '개인권'의 근간을 이룬다. 근대 시민사회에서의 개인의 권리는 특정 개인의 권리가 아니라 '모든' 사람의 권리이기 때문에, 모든 사람의 권리 보장을 위해 개인권은 사회 정의의 관점에서 사유되어야 한다. 아담 스미스와 헤겔 모두 사회 정의의 실현을 근대 시민사회의 주된 기능으로 보고 있다. 바로 이 '정의' 개념은 왜 개인의 '자기 이익' 개념이 아담 스미스와 헤겔에게서 '자기 이익에 초연함(disinterest)' 또는 '의무' 개념과 상호 연관지어져야 하는지를 간접적으로 말해준다. 그런데 아담 스미스와 헤겔 모두 '정의' 개념을 통해 부과되는 '의무' 개념은 외적이고 소극적이며, 이 소극적 의미의 '의무' 개념을 벗어난 보다 근원적인 '의무' 개념이 있다고 역설한다. 아담 스미스는 이 '의무' 개념을 궁극적으로 '자기 절제(self-command)' 개념에서, 헤겔은 '국가의 시민'으로서의 '의무' 개념에서 찾는다. 따라서 이 두 철학자에게서 개인의 진정한 의미는 '자기 이익'과 '자기 절제' 또는 '권리'와 '의무'의 공속성 속에서만 드러난다. 더욱이 개인의 이러한 공속성은 개인이 단지 '원자'로서가 아니라 바로 사회성 속에서만 존재할 수 있다는 사실을 말해주고 있다.

▶주요 검색어: 개인, 자기 이익, 주관적 권리와 자유, 개인권, 정의, 의무, 동감, 자기 절제, 국가시민, 이성.

1. 들어가는 말

가속화된 산업화와 민주화의 결과로 지금 우리 사회에서는 '개인'에 대한 자각이 어느 때보다도 고조되어 있다. 개인에 대한 자각은 다름아닌 '자기 주장(Selbstbehauptung)' 또는 '자기 규정(Selbstbestimmen)'이라는 자유 개념의 확인이다. 이 자유 개념은 서양 근대 시민사회에 들어서면서 처음으로 '개인' 개념에 구체적으로 또 보편적으로 구현되었으며, 여기서 자유는 우연적 사실이 아니라 인간이 타고난 권리다. 따라서 개인은 타고난 신성 불가침의 권리와 자유를 갖고 있기 때문에 인권은 존중되어야 한다. 그러나 개인은 '사회 속의 개인'이다. 그렇기 때문에 한 개인의 권리가 아니라 '모든' 개인의 권리가 존중되어야 한다. 만일 한 개인이나 특정 개인들의 집단의 권리와 이익만이 존중되면서 개인주의나 이기주의가 팽배해질 때 다른 사람들의 권리는 침해받게 된다.

이와 관련하여 볼 때, 우리 사회의 또 다른 한편에서는 서양 근대 시민사회의 산물인 '개인' 개념이 과도하게 부각되었을 때 가져올 수 있는 문제점, 즉 우리 전통과 사회가 추구하는 공동체의 와해나 공동체의 가치 붕괴를 염려하여 우리의 유교 전통과 관련된 '공동체주의'로의 복귀를 요청하기도 한다. 우리 사회에서 지금 문제시되는 개인주의와 공동체주의의 갈등을 해소하기 위해 사실상 가장 시급하게 해명되어야 할 철학적 담론의 중심적인 주제는 바로 '개인'의 진정한 의미다. 따라서 이 글에서는 근대 시민사회의 출현 속에서 참된 개인의 의미를 사유했던 아담 스미스와 헤겔의 논의를 고찰해보고자 한다.

아담 스미스는 이전 시대와는 본질적으로 상이한 근대 시민사회의 거대한 영향력을 간파하고, 이 시민사회에 대한 철학적 체계를 추구하려 했던 가장 주목할 만한 사상가들 중의 하나다. 헤겔 역시 아담 스미스와 다른 스코틀랜드 철학자들에 의해 체계화된 정치경제학의 중요성을 직시하여 그의 『법철학』 '시민사회론'에서 정치경제학의 중심 개념들을 분석하고 있다. 근대의 두드러진 특징 가운데 하나는 진정한 의미의 '개인'의 대두인데, 아담 스미스와 헤겔 모두 진정한 의미의 개인이 무엇인지 사유한다. 아담 스미스는 '개인'의 진정한 의미는 먼저 인간의 '자기 이익(self-interest)' 개념에서 극명하게 드러난다고 강조한다. 이 경우에서 '자기 이익'은 이기주의와 연관된 극단적인 '자기애(self-love)'와 구분되어 '자기 보존(self-preservation)'의 의미로, 근대 사회에서 모든 속박으로부터 해방된 개인을 이해하는 데 중요한 열쇠가 된다. 헤겔은 그의 시민사회론에서 아담 스미스의 '자기 이익' 개념을 긍정적으로 평가하고, 이 개념이 시민사회의 근본 구조를 이해하는 데 어떠한 역할을 하는지 밝히고 있다. 이러한 관점에서 볼 때, 헤겔의 '시민사회론'에 전제된 아담 스미스의 정치 경제 이론을 분석해내는 것은 매우 중요한 의미를 지닌다.

그런데 헤겔은 시민사회론에서 국가, 즉 보편적인 영역에 더 초점을 맞추어 절대 국가를 옹호하고 있으며, 그 반대로 아담 스미스는 '자기 이익'에만 사로잡힌 개인을 강조하여 자유 시장 경제에서의 개인의 이기주의를 정당화하는 자유 방임을 옹호하고 있다고 잘못 이해되어 왔다. 그러나 많은 연구를 통해 이러한 이해가 타당치 못하다는 것이 밝혀졌다. 헤겔에게서 국가는 자기 이익을 자신의 목적으로 추구하는 개인들로 구성된 시민사회와 독립되어 존속할 수 없다. 그에 따르면, 국가는 자유 이념에 근거해야 하며, 이 자유는 곧 개인의 권리와 의무를 통해 구성된다. 또한 아담 스미스는 시민사회에서 개인의 자기 이익은 종국에 가서 '자기 절제(self-command)'로 이어지는 의무와 필연적으로 관계하고 있음을 역설한다. 이러한 문맥에서 볼 때 그의 정치 경제 이론은 도덕 이론과의 연관성 속에서 읽혀야 한다.[1]

[1) 아담 스미스의 경제 이론과 그의 도덕론은 일견 모순된 것처럼 보이지만, 사실상 상호 보완적인 관계에서 파악되어야 한다. 여기서 그의 경제 이론에서 부각된 '자기 이해(self-interest)' 또는 '자기애(self-love)' 개념이 도덕론에서 차지하는 위치를 이해하는 것은 매우 중요하다. 참조. A. S. Skinner, "Ethics and self-love", in : Adam Smith Reviewed. 143쪽 이하 ; Thomas Wilson, "Sympathy and Self-Interest", in : The Market and the State. Essays in Honour of Adam Smith, edited by Thomas Wilson and A. S. Skinner. Oxford 1976. 73쪽 이하.

그러나 '자기 이익' 개념과 '의무' 개념 사이에 해소될 수 없는 간극이 있는 것처럼 보인다. 그렇지만 두 철학자에게서 주목해야 할 점은 진정한 의미의 개인의 개념에는 내재적으로 이미 사회적이고 보편적인 특성을 포함하고 있기 때문에 개인의 권리는 이미 의무 개념을 자기 내에 내재적으로 지시하고 있다는 사실이다. 아담 스미스에게서의 개인은 '자기 이익'과 '자기 이익에 초연함(disinterest)'의 통일성 속에서만 이해될 수 있고, 헤겔에게서는 의무는 오직 권리와의 공속성 속에서만 문제시될 수 있다. 따라서 이 글에서는 아담 스미스와 헤겔의 개인에 관한 논의에서, 어떻게 '자기 이익'의 개념이 의무 개념과 같이 갈 수 있는지 고찰하고자 한다. 그런데 이 고찰을 통해 우리는 또한 아담 스미스와 헤겔이 어떻게 '자기 이익'의 개념에서 출발하여 각자의 고유한 철학 체계를 정립해나가는지 보게 될 것이다. 아담 스미스와 헤겔은 모두 그들의 시민사회론을 '자기 이익' 개념에서 시작하지만 의무 개념을 상이한 철학적 체계와 지반 위에 근거짓는다.[2] 그렇기 때문에 이 글에서는 이 두 상이한 철학적 체계와 지반을 아울러 고찰함으로써 우리 사회에서 첨예하게 대두되는 '개인'의 참된 의미를 모색하는 데 가능한 실마리를 제시하고자 한다.

---

[2] 이 글의 목적은 단지 아담 스미스와 헤겔의 경제 이론을 비교하는 데 있는 것이 아니라 '자기 이익' 개념에서 출발하는 두 철학자의 시민사회론의 의미는 무엇이고 또 두 철학자가 이 개념을 토대로 어떻게 각자의 철학 체계를 구축해나가는지를 살펴보는 데 있다.

2. 아담 스미스와 헤겔에게서의 '자기 이해'의 개념

근대에 들어서면서 외적 원인을 전제하지 않고 개별자 안에
서 내재적인 원리가 찾아지기 시작하였는데,3) 아담 스미스에게
서 이 내재적 원리는 다름아닌 개인의 '자기 이익(self-interest)'
개념이다. 그는 『도덕감정론(*The Theory of Moral Sentiment*)』
에서 다음과 같이 서술하고 있다 : "모든 사람은 의심의 여지없
이 본성상 원칙적으로 가장 먼저 자기 자신을 염려한다. 모든
사람이 타인보다 자신을 더 염려하는 것은 더 자연스러운 일이
며, 또한 그렇게 해야만 한다는 것은 옳고 정당하다."4) 아담 스
미스는 이 점과 관련하여 『국부론』에서 다음과 같이 덧붙인다 :
"우리는 우리의 저녁 식사를 정육점 주인, 양조업자 그리고 제
빵업자의 자비심(benevolence)으로부터 기대하는 것이 아니라
그들의 자기 이익과 관련하여 기대하는 것이다. 여기서 그들의
인간애가 아니라 자기애(self-love)가 문제다."5) 이상에서 본
바와 같이 개인에게서 가장 먼저 문제시되는 것은 자기 보존과

---

3) 우리는 여기서 R. Spaemann과 H. Blumenberg에 의해서 전개된 '근대성'
의 논쟁을 상기할 필요가 있다. 그 논쟁 가운데 주목할 만한 개념은 "the
inversion of teleology"와 "the intransitive preservation"으로, 이 개념들은
뉴턴의 '관성' 개념과 연관하여 외적이고 초월적인 원인을 요청하지 않고 근
대의 개별자 개념을 설명할 수 있다는 점에서 중요한 의미를 갖는다. 참조.
Hans Ebeling, "Einleitung : Das neuere Prinzip der Selbsterhaltung und
seine Bedeutung für die Theorie der Subjektivität", in : *Subjektivität und
Selbsterhaltung*, hrsg. von Hans Ebeling. Frankfurt am Main 1996. 20쪽 이
하.
4) Adam Smith, *The Theory of Moral Sentiments*, edited by D. D. Raphael
and A. L. Macfie, Indianapolis 1984. II.ii.2.1 (이하에서는 *TMS*로 약칭함).
5) Adam Smith, *An Inquiry into the Nature and Causes of the Wealth of
Nations*, edited by R, H. Campbell and A. S. Skinner, Indianapolis 1981.
I.ii.2 (이하에서는 *WN*으로 약칭함).

관련된 자기 이익의 추구다. 아담 스미스는 근대 시민사회에서 자유와 평등을 획득한 개인의 본질적 특성은 '자기 이익'의 개념에 있다고 역설한다.

그런데 이러한 개인의 자기 이해의 개념을 통해 근대 시민사회의 독특한 특성이 드러난다. 아담 스미스에 따르면, 근대 시민사회는 "모든 사람이 교환을 통해 생활하며, 또 이러한 의미에서 어느 정도 상인[merchant]으로 이해되는 상업 사회[commercial society]다."[6] 이처럼 근대 시민사회의 두드러진 특징은 개인과 개인의 관계가 교환 개념을 통해 구성된다는 것이다. 아담 스미스는 이어 이 교환의 근원적 의미를 다음과 같이 '자기 이해'의 개념으로 환원시킨다 : "부족에서의 한 구성원은 자주 자신이 만든 활과 화살을 그의 동료들이 소유한 소나 사슴 고기와 교환한다. 그는 그가 들판에 나가 그것들을 사냥하는 것보다 교환을 통해 더 많은 소와 사슴 고기를 얻게 된다는 것을 안다. 그러므로 그 자신의 이해의 관점으로부터 활과 화살을 만드는 것이 그의 주된 직업이 된다."[7] 교환 개념은 일의 숙련성과 같이 가게 되고, 이 숙련성을 통해 노동 분업이 이루어지게 된다. 이러한 과정을 통해 근대 시민사회에서의 노동 분업이 고착화된다. 근대 시민사회에서 자유를 획득한 모든 개인들은 이러한 노동 분업을 바탕으로 하여 교환을 통한 생활을 하게된다. 근대적 의미의 상업 사회의 교환 개념과 노동 분업 개념은 근대 이전에 있었던 개념과는 본질적으로 다르다. 근대 이전의 사회에서도 교환과 노동 분업이 이루어졌다. 그러나 이 개념들이 갖는 근대적 특성은 오직 자유를 획득한 개인들의 상호 관계를 통해서만 규정될 수 있다. 여기서 교환은 개인적 차원의 사적

---

6) *WN* I.iv.1.
7) *WN* I.ii.3.

물물 교환을 의미하는 것이 아니라 사회적으로 또 법적으로 그 권리가 상호 승인된 개인들간의 계약을 통한 사회적 교환을 의미한다. 이러한 교환 개념은 광의의 의미를 지니고 있으며, 근대 시민사회에서 개인권이 확립되면서 사물의 양도뿐만 아니라 노동력의 양도도 가능하게 되었기 때문에 개인의 노동은 사회성을 띠게 되었다. 이러한 관점에서 볼 때, 노동 분업의 요점은 자기 이익을 추구하는 개인의 노동은 역으로 타인을 위한 노동으로 이해될 수 있다는 것이다. 다시 말해, 우리는 자기 이익 개념을 통해 한 개인의 특수하고 사적인 측면으로부터 타인과의 필연적인 사회적 유대를 도출해낼 수 있다.

이러한 관점 하에서, 헤겔은 아담 스미스와 다른 스코틀랜드 철학자들에 의해 전개된 정치경제학을 높이 평가한다. 헤겔에 따르면, 정치경제학자들은 "수많은 개별자들의 근저에 놓여 있으면서 그들을 지배하는 근본 원칙들을 발견했다."[8] 헤겔은 이 체계를 시민사회를 움직이는 '욕구의 체계(das System der Bedüfnisse)'라고 명명한다. 헤겔은 『법철학』 §182에서 구체적 개인은 시민사회의 한 원칙을 형성한다고 강조하는데, 이 구체적 개인이란 다름아닌 욕구로 이루어지고 자기 자신을 자기의 목적(Zweck)으로 삼고 있는 개인을 의미한다. 근대에서 자유와 권리를 획득한 개인은 오직 자신의 보존을 위한 자기 이익 추구하기 위해 일한다. 다시 말해, 구체적 개인에서는 '자기 이익' 또는 욕구가 선행하며, 이 개인들의 욕구의 고리를 통해 시민사회는 형성된다. 그런데 헤겔은 덧붙이길, 이 구체적 개인은 시민사회 내에서 타자를 통해 자신의 욕구를 충족한다. 그렇기 때문에 구체적이고 개별적인 개인은 이미 타자와 매개되는 보

---

8) G. W. F. Hegel, *Grundlinien der Philosophie des Rechts*, hrsg. von Johannes Hoffmeister, Hamburg 1955. §189 (이하에서는 *Rph*로 약칭함).

편적 형식을 띠게 된다. 이것이 바로 시민사회의 또 다른 원칙이다. 시민사회는 따라서 위에 언급된 두 가지 원칙, 다시 말해 개인의 특수성 또는 구체성과 이를 통해 구성된 사회적 보편성에 따라 움직인다.

위에서 언급된 바와 같이 개인은 '자기 이익'을 통해 사회, 즉 보편적인 영역 속에서 타자와 관계한다. 이 사회적 특성은 특히 '노동 분업'의 개념에서 더 극명히 드러나는데, 헤겔은 다음과 같이 서술한다 : "개인들의 노동은 분업을 통해 더 단순하고 쉬워지며, 이를 통해 추상적인 노동 속에서 숙련성과 생산은 더 증가한다. 동시에 숙련성과 수단의 추상화는 다른 욕구들을 충족하기 위한 인간들 사이의 의존성과 상호 관계를 필연적인 것으로 만든다."9) 이처럼 개인은 자신의 욕구를 충족하기 위해서 타자를 위해 일하게 되고 역으로 자신의 욕구를 타인의 노동을 통하여 충족시키게 된다. 여기서 자신의 욕구 충족은 곧 타인의 욕구 충족으로 이어진다. 그렇기 때문에 개인의 욕구 충족은 사회의 욕구 충족이라는 견지에서 이해될 수 있다. 아담 스미스에게서 보는 바와 같이 노동 분업이 형성되게 되는 배후에는 구체적 개인의 '자기 이익'이 전제되어 있으며, 노동 분업은 또한 사회 속에서의 개인들의 상호 관계를 전제로 하고 있다.10) 이것이 바로 노동 분업 개념이 갖고 있는 근대적 의미다.

이러한 분석은 사실상 시민사회의 매우 중요한 측면을 드러내어 보여준다. 개인들간의 상호 의존성은 개인들간의 상호 승인을 전제한다. 그리고 이러한 상호 승인은 근대 시민사회에서

---

9) *Rph*, §198.
10) 아담 스미스와 헤겔 모두 인간 정신의 무력화됨이나 인간의 소외로 이어질 수 있는 노동 분업의 부정적 여파에 관해 설명하고 있다. 그러나 이 글에서는 이 문제를 중점적으로 다루지 않고, 개인과 사회의 필연적 상호 관계와 관련하여 노동 분업의 의미를 다루고자 한다.

정치적으로 얻어진 개인의 자유를 통해서만 가능하다. 헤겔에 따르면, 고대와 근대 사회를 구분짓는 결정적 개념은 다름아닌 '주관적 자유의 권리(das Recht der subjektiven Freiheit)'다. 스코틀랜드 철학자들 역시 자유에 관해 깊게 사유하는데, 이 자유는 개인의 "자기 이해의 자유로운 활동이 허용되면서 가속화된 경제적 발전"[11]의 결과로 얻어진 것이다.

이와 관련하여 아담 스미스의 경제 이론이 헤겔 정치철학에서 어떠한 의미를 지니고 있는지 고찰해보는 것은 매우 중요하다. 헤겔은 시민사회(societas civilis)를 정치적 개념인 국가(civitas)와 구분하고,[12] 모든 속박으로부터 해방된 개별자들에 의해 구성되고 국가의 물질적 토대를 형성하는 근대 시민사회의 독립적 기능에 주의를 기울인다. 자유롭고 독립적인 개인은 여기서 국가의 시민(Staatbürger)일 뿐만 아니라 동시에 자신의 욕구 충족을 추구하는 시민사회의 시민(Bürger ; bourgeois)이기도 하다.[13] 다시 말해, 개인은 한편에서 자기 이해를 추구하면서, 다른 한편에서는 보편적 영역인 국가를 위해 일하게 된다. 개인이 자기 이익과 자기 보존을 추구하도록 해주는 시민사회는 필연적으로 자유 개념의 구체적인 바탕을 형성해주는데, 이러한 자유 개념 위에 국가가 존속한다. 더욱이 시민사회의 자율적이고 독자적 기능이 개인권의 단초를 마련한다.

여기서 주목해야 할 점은 개인권 또는 주관적 자유는 사유재산에서 구현된다는 사실이다. 이 점과 관련하여 아담 스미스

---

11) A. S. Skinner, "Economics and History - The Scottish Enlightenment", in : Scottish Journal of Political Economy 1965. 16쪽.
12) 참조. M. Riedel, *Between Tradition and Revolution*. The Hegelian Tansformation of Political Philosophy, translated by Walter Wright. Cambridge University Press 1984. 129쪽.
13) 참조. *Rph*, §190.

는 다음과 같이 서술한다 : "모든 사람이 그 자신의 노동을 통해 얻은 재산은 모든 다른 재산의 근원적인 기초를 형성하며, 이는 가장 신성 불가침한 것이다."[14] 헤겔에게서도 사유 재산은 개인의 권리를 설명하는 최초의 규정이며, 이는 다름아닌 주관적 자유의 구현으로 이해된다.[15] 이러한 관점에서 헤겔은 사유 재산을 인정하지 않음으로써 주관적 자유 또는 주관성에 관한 권리가 결여된 플라톤 정치철학을 비판한다.[16] 더욱이 시민사회에서의 개인의 사유 재산은 개인의 차원에만 머무르지 않고 사회적이고 보편적인 부를 구성한다. 모든 사람은 여기서 사유 재산을 소유할 권리를 갖기 때문에 사회에서의 평등 개념이 대두된다.[17] 그리고 이 평등 개념은 다시 사유 재산의 보호와 안전에 연관되는데, 아담 스미스와 헤겔은 이 보호와 안전을 시민사회 국가의 주된 역할로 본다.

---

14) *WN* I.x.c.12.

15) 사유 재산에 관한 권리는 헤겔『법철학』에서 '추상법(das abstrakte Recht)' 속에서 다루어진다. '개인(Person)'에 관한 최초의 규정은 '사물(Sache)'에 관한 권리에서 드러나는데, 이는 사회에서 다른 사람들과의 관계성을 고려하기 이전에 가능한 규정이므로, 헤겔은 이를 '추상법' 하에서 다루고 있다. 그러나 이 추상적인 개인에 관한 규정, 즉 사적 소유에 관한 규정은 '주관적 권리', 다시 말해 '개인권'의 근간을 이루기 때문에 근대 시민사회의 개인을 이해하는 데 중요한 의미를 지닌다. 참조. J. Ritter, "Person und Eigentum. Zu Hegels 》 Grundlinien der Philosophie des Rechts《§§ 34 bis 81", in : *Materialien zu Hegels Rechtsphilosophie*, hrsg. von M. Riedel, Frankfurt am Main 1974. 152쪽 이하.

16) 참조. *Rph*, §46 ; §185.

17) 여기에서 문제시되는 평등은 사유 재산의 평등이 아니라 사유 재산에 관한 권리의 평등이다. 아담 스미스나 헤겔 모두 사회적인 우연성으로부터 야기될 수 있는 부의 불평등을 인정하고 이 불평등의 해소는 시민사회 국가의 과제로 보고 있다. 그렇지만 사유 재산은 개인권의 구현이기 때문에 사유 재산의 철폐가 불가능함을 역설한다. 이와 연관하여 볼 때, 마르크스에게서 사유 재산의 철폐는 곧 개인의 자기 이해의 제거와 관련이 있다고 하겠다.

이상에서 살펴본 바와 같이, 자기 이익의 개념은 사회를 구성하는 중요한 역할을 한다. 그러나 이 '자기 이익'이 과도한 정도로 사용될 때는 사회적인 문제가 야기될 수 있다. 이 점과 관련하여, 아담 스미스는 독점심(spirit of monopoly) 또는 경제 영역에서의 특정 집단의 이해 그리고 도덕적 영역에서의 과도한 정도의 자기애가 사회적인 문제나 개인권의 침해를 가져올 수 있다고 지적한다. 헤겔 역시 개인권의 침해를 문제시하고, 더 나아가 빈민층을 창출할 수 있는 근대 시민사회의 폐해 또한 사유한다. 여기서 아담 스미스와 헤겔은 정의(justice)의 개념이 개인권의 보호와 안전에 필연적 전제라고 강조한다. 이 정의 개념은 왜 개인의 자기 이익 개념이 의무 개념이나 '자기 이익에 초연함(disinterest)' 개념과 상호 연관지어져야 되는지 간접적으로 말해주고 있다. 이러한 이유에서 개인의 참된 의미는 자기 이해와 의무 또는 무관심의 통일 속에서 밝혀질 수 있다.

그러나 여기서 주목되어야 할 사실은 아담 스미스와 헤겔에게서 정의의 개념으로부터 도출된 의무 개념은 사실상 소극적 의미의 의무 개념이라는 것이다. 다시 말하면, 소극적 의미의 의무인 정의 개념은 우리 이웃에 해를 가하는 것을 금지하는 것이다. 그렇기 때문에 소극적 의미의 의무는 외적으로 부과된 강요나 강제적 힘에 의거한다. 이러한 이유 때문에 아담 스미스와 헤겔은 소극적 의미의 의무 개념을 넘어선 보다 근원적 의미의 의무 개념을 찾는다. 이 근원적 의미의 의무 개념은 아담 스미스에게서는 '자기 절제(self-command)'에서 찾을 수 있으며, 헤겔에게서는 '국가의 시민'으로서의 의무에서 찾을 수 있다. 우리는 이 장에서 구체적이고 특수한 개인의 자기 이익 개념으로부터 어떻게 사회적이고 보편적인 특성을 도출해낼 수 있는지 중점적으로 고찰하였다. 이제 아담 스미스와 헤겔이 어떻게 그리고 어떠한 철학적 바탕 위에서 참된 개인의 의미, 즉 자기 이익과 의무의 통일을 근거짓는지 살펴보기로 하겠다.

3. 아담 스미스에게서 자기 이해와 무관심의 통일로서의 개인

이 장에서는 아담 스미스에게서 자기 이익의 개념이 어떻게 의무 개념과 내재적으로 관계하는지 해명하고자 한다. 먼저 아담 스미스의 전 체계를 관통하는 근본적인 원리를 살펴보기로 하겠다. 아담 스미스는 구체적이고 특수한 개인의 자기 이익과 보편적인 영역, 즉 사회 사이의 관계의 가능성을 '보이지 않는 손(invisible hand)'의 원칙을 통해 설명한다. 이 점과 관련하여 그는 『국부론』에서 다음과 같이 서술한다 : "모든 개인은 필연적으로 사회의 연간 총소득을 그가 할 수 있는 만큼 최대한 창출하기 위해 노동한다. 그러나 사실상 그는 일반적으로 공공의 이익(public interest)을 증진하려고 의도한 것이 아니고 또한 그가 얼마만큼 공공의 이익을 증진하고 있는지도 알지 못한다. 그는 다만 자신의 이익을 추구하고 있으며, 다른 경우에서와 마찬가지로 이 경우에서도 보이지 않는 손에 의해 이끌린다. …… 자기의 이익을 추구함으로써 개인은 그가 사회의 이익을 의도했을 때보다 더 효과적으로 이를 증진시킨다."[18] 이 인용문에서 우리는 아담 스미스 경제 이론에 나타난 핵심 사상을 엿볼 수 있다. 개인의 자기 이익이 '보이지 않는 손'에 의해 사회의 이해나 이익을 구성한다. 아담 스미스는 이처럼 그의 경

---

18) *WN* IV.ii.9.

제 이론에서 개인의 의도적인 고안이나 의도를 초월해 있는 보이지 않는 손, 즉 자율적 질서를 강조한다. 그런데 이 질서는 자연에 의해 우리의 본성에 부여되어 있다. 이 본성을 통해 인간은 본질적으로 "사회에 대한 자연적으로 주어진 경외나 애정"[19]을 갖고 사회를 구성하면서 살아간다. 그렇기 때문에 '보이지 않는 손'의 원칙은 사실상 개인에 초월해 있는 원칙이 아니라 개인의 본성에 내재적 원칙으로 자리잡고 있다.

이 자연적으로 주어진 경외나 애정은 사실상 개인권과 관련하여 중요한 점을 함축하고 있다. 즉, 개인권은 오직 사회에서의 개인들간의 조화로운 질서 속에서만 보장될 수 있다는 점이다. 그러나 이러한 개인들간의 조화로운 질서가 자연적으로 주어졌지만, 이 질서는 또한 여러 가지 원인들로 인해 사회적인 혼란으로 이어질 수도 있다. 이러한 혼란은 개인들간의 조화로운 상호 연관 관계를 방해하며, 이러한 방해는 결국 개인들이 자유롭게 자신들의 자기 이익을 추구하는 데 장애를 가져오게 된다. 이를 해결하기 위해 시민사회 국가 또는 정부(civil government)에 의해서 수행되어야 하는 정의(justice)가 필수 불가결한 요소로 전제된다. 정의 개념은 이것이 개인들간의 조화로운 질서를 가져오는 한에서 중요한 의미를 지닌다. 이 점과 관련하여, 아담 스미스는 다음과 같이 강조한다 : "······ 거대한 인간 사회의 체스 판에서 모든 각각의 말들은 각자의 독자적인 운동의 원칙을 갖고 있다. ······ 만일 두 원칙이 일치하고 같은 방향으로 움직이면, 인간 사회의 게임은 쉽고 조화롭게 진행될 것이다. 그러나 만일 그 반대의 경우라면 사회는 엄청난 혼란에 빠지게 될 것이다."[20] 이러한 문맥에서 정의의 수행은 시민사회 국가나

---

19) 참조. *TMS* II.ii.3.6.
20) *TMS* VI.ii.2.18.

정부의 가장 중요한 역할로 간주된다. 아담 스미스는 "정의는 전체 건물을 지탱해주는 주요한 기둥이다"21)라고 강조한다.

그러나 우리가 주목해야 할 사실은 아담 스미스는 여기서 한 발 더 나아가 정의 개념의 기원에 관해 철학적인 질문을 던진 다는 것이다. 그는 정의 개념의 근원이 인간 본성에서 기인한 다고 본다.22) 아담 스미스에 따르면 정의에 대한 의식은 우리 본성에 이미 부여되어 있다. 그래서 약자를 보호하거나 탈법자 나 죄인을 구속하고 정죄하는 정의감은 우리의 본성으로부터 나오는데,23) 이러한 감정은 아담 스미스에게서 다름아닌 '동감 (sympathy)',24) 즉 '동료 의식(fellow-feeling)'이다. 이 '동료 의 식' 개념을 통해 우리는 '보이지 않는 손'의 개념이 어떻게 초월 적 개념이 아니라 인간 본성에 뿌리박은 내재적 질서로 파악되 는지 알 수 있다. 이 점을 명확히 하기 위해 우리는 여기서 아 담 스미스의 도덕 이론의 중심 사상을 살펴보기로 하겠다.

아담 스미스에게서 '동감(sympathy)'은 단순히 다른 사람과 공유할 수 있는 감정을 지시하는 것이 아니다. 이는 다른 사람 들의 감정(passion)에 찬성(approbation)하거나 또는 불찬성 (disapprobation)함으로써 내리는 도덕적 판단의 궁극적 기초 가 된다.25) 우리의 도덕적 판단은 먼저 '관찰자(spectator)'의 동감에 의해 구성된다.26) 아담 스미스에 따르면, 이러한 동감은

---

21) *TMS* II.ii.3.3.
22) A. Skinner는 '정의(justice)'의 규칙들이 인간의 자연적으로 주어진 '감정 (sentiment)'에 근거한 '자연적 원칙'임을 강조하는데, 이 감정 개념은 스코틀 랜드 계몽주의 철학의 중심 문제를 이룬다. 참조. A. S. Skinner, *A System of Social Science*, Clarendon Press : Oxford 1979. 64쪽.
23) 참조. *TMS* II.ii.3.3.
24) 아담 스미스의 철학적 용어인 'sympathy'는 일반적 의미의 '동정심'이나 '자비심(benevolence)'으로 이해되어서는 안 된다.
25) 참조. *TMS* I.i.3.3.

관찰자의 입장에 서서 한 행위의 적합성(propriety)27)에 찬성하거나 아니면 한 행위의 부적합성(impropriety)에 찬성하지 않음을 함축한다. 이 경우 도덕적 판단을 내리는 데 '동감'이란 관찰자의 입장에서 '자신의 상황을 가상적으로 바꾼다(imaginary change of situation)'는 것을 의미한다.28) 다시 말하면, 우리는 타자의 입장에 서서 한 행위의 적합성이나 부적합성에 대해 판단을 내린다.

그런데 우리는 또한 행위의 결과가 이로운가 아니면 해로운가에 대해 고려하는데, 이 경우 우리는 장점(merit)과 결점(demerit)의 관점 하에서 도덕적 판단을 내리는 것이다. 전자의 경우, 우리는 자비로운 행위로부터 이익을 얻은 사람이 느끼는 감사함(gratitude)에 동감하며, 후자의 경우에는 불이익을 당해 고통 받는 사람의 분개심(resentment)에 동감하게 된다. 여기서 주목해야 할 사실은 이 두 경우가 각각 포상이나 형벌을 요구하게 되는데, 그때 전자는 선행(beneficence)의 덕으로, 후자는 정의(justice)의 덕으로 이어진다는 점이다. 이와 같은 관점에서 볼 때, 정의는 궁극적으로 공감된 분개심에 그 근거를 두고 있다. 이러한 맥락에서, 아담 스미스는 감사함을 느끼지 못하는 것은 처벌의 대상이 될 수는 없지만, 정의의 위배는 분명히 사

---

26) D. D. Raphael에 따르면, Hutchson, Hume 그리고 Adam Smith의 도덕 판단 이론은 관찰자의 감정에 근거하는 반면, 합리론자들의 이론은 도덕 주체의 관점으로부터 시작한다는 것이 주지할 만하다. 참조. D. D. Raphael, "The Impartial Spectator", in : Essays on Adam Smith, edited by A. S. Skinner and T. Wilson. Clarendon Press. Oxford 1975. 85쪽.
27) 이와 관련하여 주목해야 할 사실은 아담 스미스는 '찬성(approbation)'을 '유용성(utility)' 개념과 연결시키지 않고 '적합성(propriety)'과 연결시킨다는 점이다. 이를 통해 아담 스미스의 도덕 이론은 흄의 이론과 차이성을 갖게 된다.
28) 참조. TMS I.i.4.7.

회를 혼란으로 몰아갈 수 있는 침해(injury)로 이해되어야 한다고 명백히 밝힌다.29) 이러한 연유로 정의는 근본적으로 '엄격한 의무'와 관계하며 '전체의 선을 위한 복종'을 요구한다.30) '선행의 덕'과는 대조적으로 '정의의 덕'은 우리의 이웃에 해를 가하지 말아야 한다는 명제에 근거하여 소극적 의미의 덕으로 이해된다. 그럼에도 불구하고 정의란 개인의 모든 권리를 보호하기 위해 가장 선행되어야만 하는 것이며, 조화로운 질서를 유지해주는 사회의 '주요한 기둥'이다. 모든 사람은 자신의 자기 이익을 추구할 권리를 갖고 있다. 그러나 이 추구는 오직 '공명 정대한 행위(fair play)' 내에서만 인정될 수 있다.31)

이상에서 살펴본 바와 같이, 아담 스미스에게서 정의의 개념은 '동감'을 근거로 한 도덕적 판단에 기초하고 있다. 그런데 우리는 여기서 중요한 물음에 봉착하게 된다 : 우리는 우리 자신의 목적으로 삼고 있는 자기 이익의 관점에서 타인을 판단하는 경향을 가지고 있는데, 그렇다면 어떻게 우리가 판단하려고 하는 행위에 대해 공평한 판단을 내릴 수가 있는가? 이 물음에 대답하기 위해 아담 스미스는 '공평한 관찰자(impartial spectator)' 개념을 소개한다. 이 공평한 관찰자 개념은 양심 개념에 의해 동반되는 '자기-찬성(self-approbation)'을 통해 설명될 수 있다. 그리고 이 개념은 더 나아가 적극적 의미의 의무 개념을 드러내주는 '자기 절제(self-command)' 개념에 연결된다. 우리는 한편으로 도덕적으로 판단되는 행위의 주체면서 동시에 다른 한편에서는 공평한 도덕 판단을 내릴 수 있는 판단의 주체이기도 하다. 그렇기 때문에 행위의 적합성에 동의하는 '동감'은 공

---

29) 참조. *TMS* II.ii.1.5.
30) 참조. Adam Smith, *Lectures on Jurisprudence* (1766), edited by R. L. Meek, D. D. Raphael and P. G. Stein, Indianpolis 1982. 402쪽.
31) 참조. *TMS* II.ii.2.1.

평한 관찰자의 관점에서 '자기-찬성'을 전제로 하고 있다. 여기서 '자기 절제'란 바로 "우리가 격한 감정들을 완화시킴으로써, 공평한 관찰자가 전적으로 그 완화된 감정에 동감할 수 있게 하는 것이다."[32] 따라서 자기 절제란 우리가 자기 자신을 판단할 때 우리가 공평한 관찰자가 되어, 타인이 우리에 대해서 느끼는 감정을 스스로 느끼는 것이다. 그렇기 때문에 아담 스미스에게서 '자기 절제'의 개념은 단순히 주관적인 개인의 절제를 의미하는 것이 아니라 이미 타인을 전제로 가능한 것이며 이러한 의미에서 사회적인 속성을 자기 내에 포함하고 있다고 하겠다.

이러한 자기 절제의 개념은 아담 스미스에게서 '양심' 개념과 연결된다. 그는 다음과 같이 강조한다 : "우리는 양심으로부터 우리 자신의 하찮음을 배우며 또한 자연적으로 잘못 표현된 자기애가 오직 공평한 관찰자의 눈을 통해서만 교정될 수 있다."[33] 이처럼 우리는 양심을 통해 공평한 관찰자의 위치에서 도덕적 판단을 내릴 수 있다. 그렇기 때문에 우리는 자기 이익을 자신의 목적으로 추구하면서 자신의 자기 이익을 목적으로 추구하는 타인을 도덕적으로 고려하게 된다.[34] 아담 스미스는, 우리가 우리를 사랑하는 만큼 우리의 이웃을 사랑할 수 있으며, 이와 마찬가지로 우리의 이웃도 우리를 이처럼 사랑할 수 있어야 한다는 것이 자연의 법칙이라고 강조한다. 여기서 그는 자기 보존과 관련된 현명함(prudence)의 덕뿐만 아니라 선행과 자기 절제의 덕을 거론한다. 더욱이 그는 자기 절제가 다른 모든 덕

---

32) *TMS* I.i.5.9.
33) *TMS* III.3.4.
34) 이러한 공평한 관찰자 개념과 관련하여 Macfie는 '동감(sympathy)'이라는 포괄적 의미의 '감정(sentiment)'에 이미 이성(reason)의 측면이 내포되어 있음을 강조한다. 참조. A. L. Macfie, *The Individual in Society.* Papers on Adam Smith. George Allen & Unwin Ltd. London 1967. 67쪽.

들의 필연적 전제가 됨을 역설한다.35)

이 자기 절제의 개념에서 우리는 적극적 의미의 의무 개념을 발견한다. 아담 스미스에게서 적극적 의미의 의무는 우리의 행위가 판단되고 또 지도되는 데 일반적 원칙의 역할을 한다. 더 나아가 이러한 의무는 원칙이나 규율에 대한 단순히 순종적인 복종이 아니라 사회에서 습관적으로 형성된 적합성에 대한 특정한 견해나 행위의 특정한 방향성에 대한 감식력과 연관되어 있다.36) 이는 다시 말해 종국에 의무로 이어지는 개인의 자기 이익 개념과 동감은 인간 본성에 조화를 이루고 있으며, 이는 곧 사회적 관습과도 관계한다. 아담 스미스는 바로 이 두 개념의 통일 속에서 참된 개인의 의미를 찾는다. 그렇기 때문에 아담 스미스에게서 참된 개인의 의미는 이미 사회적 특성을 자기 내에 내포하고 있다.37)

4. 헤겔에게서 권리와 의무의 통일로서의 개인

이 글의 첫 장에서 본 바와 같이, 헤겔은 아담 스미스에 의해 전개된 경제 이론을 그의 정치철학에 접목시킨다. 헤겔은 근대 시민사회에서의 개인은 정치적 주체일 뿐만 아니라 경제적 주체로서 개인권을 행사할 수 있다. 근대 시민사회에서 자유를

---

35) 참조. *TMS* VI.iii.11.
36) 참조. *TMS* III.6.10.
37) Hayek에 따르면 진정한 의미의 개별자 개념은 집단주의에 빠지지 않으면서 사회적인 특성을 자기 안에 내포하고 있어야 한다고 주장하며, 이러한 종류의 개별성은 스코틀랜드 철학자들의 사상 속에서 전개되었다고 덧붙인다. 참조. F. A. Hayek, "Individualism : True and False", in : *Individualism and Economic Order*. The University of Chicago Press 1948. 4-5쪽.

획득한 모든 개인들은 자신의 욕구 충족을 자신의 목적으로 삼으며, 이러한 개인들의 욕구 충족의 추구를 통해 시민사회의 물질적인 토대가 형성된다. 이 근대 시민사회의 분석에서 헤겔은 정치경제학으로부터 많은 영향을 입고 있다.

헤겔에 따르면, 인간과 동물의 구분은 먼저 욕구 개념을 통해 드러날 수 있다. 동물은 제한된 욕구를 갖고 또 그 욕구를 충족시키는 수단과 방법에서도 제한성을 갖는 반면, 인간은 무한한 욕구를 갖고 있으며 그 욕구를 충족시키는 수단도 다양화되고 세분화된다.[38] 인간의 무한한 욕구 속에는 단지 자연적 욕구뿐만 아니라 사실상 사회 속에서 다른 사람을 모방(Nachahmung)하려는 심리와 사치(Luxus)의 심리가 포함되어 있다. 이 욕구는 모두 사회적인 것이며, 이 욕구의 사회성은 개인의 욕구를 더 무한한 것으로 만든다. 근대 시민사회는 바로 이러한 개인들의 무한한 욕구에 의해 움직인다.

이 무한한 욕구와 욕구 충족의 수단은 사회 내에서의 타인과의 관계를 형성한다. 모든 개인은 욕구 충족을 위해 노동을 하게 되는데, 결국 자신의 욕구를 충족하기 위해 역으로 타인을 위해 일하게 된다. 헤겔에 따르면, "특수화된 욕구들에 알맞은 특수화된 수단을 제공하는 매개가 곧 노동이다."[39] 이 노동을 통해 인간은 자연적으로 주어진 재료에 합목적성에 따라 그 형식을 부여한다. 이러한 가공을 통해 자연적 재료는 인간이 추구하는 목적에 부합하는 '인간 자신의 산물(menschliche Produktion)'이 된다. 이 노동을 통해 개인은 상호 의존적이 되는데, 이 상호 의존성은 서로 '인정됨(das Anerkanntsein)'을 지시한다. 이러한 개인의 상호 인정은 근대 시민사회의 두드러진 특징으로 모든

---

38) 참조. *Rph*, §190
39) *Rph*,§196.

개인은 주관적 자유를 통해 법적으로 승인된 권리를 행사할 수 있음을 암시한다.[40] 상호 인정된 자유로운 개인들의 노동은 따라서 노예나 농노의 노동과는 본질적으로 구분되는데, 그 이유는 이 노동은 개인의 자기 이익 추구에 의거하기 때문이다. 그렇기 때문에 근대 사회에서의 노동 개념은 위에서 언급된 바와 마찬가지로 자기 이익을 추구하는 개인들간의 상호 연계를 함축한다.

그런데 개인들은 자신의 욕구 충족을 추구하고 노동을 하는 가운데 다른 사람들의 욕구를 만족시키고 자신의 부를 창출하는 가운데 결국 사회적 부를 형성한다. 따라서 모든 개인들은 자신의 이익 추구를 통해 사회적 부에 참여하게 된다.[41] 그런데 사회적 부에 참여하는 데에서 개인의 능력이나 다른 우연적 특성에 의해 부의 불평등 문제가 대두될 수 있다.[42] 그러나 헤겔은 사유 재산을 개인권의 표출로 보고 있기 때문에 부의 불평등 문제를 해결하기 위해 사유 재산을 철폐하는 것은 불가능하다고 본다. 이 문제를 해결하기 위해 헤겔은 'Polizei(경찰 행정)'[43]와 'Korporation(직업 단체)'의 기능을 강조한다.

헤겔은 시민사회가 근본적으로 자기 이익을 추구하는 개인들에 의해 구성되었기 때문에 모든 개인들을 하나로 묶어주는 통일성보다는 차이성에 의해 지배되는 사회라고 지적한다. 이러

---

40) 헤겔에게서 '인정 투쟁'은 단지 자연 상태에서의 투쟁을 의미하는 것이 아니고 근대 시민사회 내에서의 법적 인정을 포함하고 있다. 헤겔은 예나 정신철학에서부터 이 문제를 사유했으며, 여기서 '인정'이 단지 개인의 개별성에 제한된 '인정'이 아니라 인륜적 전체를 형성해주는 '민족(Volk)'의 구성원으로서의 개인의 인정을 역설한다. 참조. L. Siep, *Praktische Philosophie im Deutschen Idealismus*. Frankfurt am Main1992. 181쪽.
41) 참조. *Rph*, §199.
42) 참조. *Rph*, §49 ; §200.
43) 'Polizei'는 근대에 대두된 'civil government'를 일컫는다.

한 차이성은 종국에 인륜성(Sittlichkeit)의 와해를 가져올 수도 있기 때문에 개인의 주관적 자유는 정의가 지배되는 보편적 영역으로 귀속되어야 함을 역설한다. 헤겔은 법철학에서 모든 개인들을 하나의 통일성으로 묶어주는 인륜성의 완성인 국가로 가기 위한 전 단계로 'Polizei'와 'Korporation'의 역할을 강조하는데, 여기서 시민사회의 첫 단계를 형성해주는 원자론적 개인들, 즉 주관적 특수성과 보편성이 통일을 이루게 되며 그렇기 때문에 엄격한 의미에서 '욕망의 체계'가 '인륜화된다(versittlichen)'.[44] 이러한 매개 과정을 거쳐서 진정한 개개인들의 통일의 단계인 국가로 이행한다.

아담 스미스에게서와 마찬가지로 헤겔도 개인권이나 사유 재산을 보호하는 것 등을 포함한 사회 정의를 실현하는 것을 시민사회 국가(정부)의 주요 기능으로 간주한다. 이러한 시민사회 국가를 그는 'Polizei'라고 부르는데, 이는 그리스의 'Politeia'에서 유래한 것이다. 헤겔에 따르면, "Polizei가 먼저 제공하는 것은 시민사회의 특수성 내에 포함된 보편성을 실현하고 유지하는 것인데, 이는 대다수의 특수한 목적이나 이해를 보호하고 안전을 도모하려는 외적 질서며 제도다."[45] 헤겔에게서 시민사회 국가는 이처럼 '외적인 질서(äußere Ordnung)'에 관련되어 있다. 이러한 '외적 질서'는 공권력과 같이 가며 자기 이익을 추구하는 개인들의 이해가 상충될 때 이를 해결할 수 있는 역할을 한다. 더 나아가 시민사회는 단지 개인권의 보호에만 그 기능을 제한하지 않고 시민사회 구성원인 개인의 교육에 대한 책임과 시민사회의 폐해로 간주되는 빈민층(Pöbel)의 문제를 해소

---

44) M. Riedel, *Bürgerliche Gesellschaft und Staat*. Grundproblem und Struktur der Hegelschen Rechtsphilosophie. Neuwied und Berlin 1970, 58-59 쪽.
45) *Rph*, §249.

하는 데도 그 과제를 두고 있다.46) 헤겔『법철학』에서는 이 기
능을 통해 시민사회와 뒤에서 상술될 국가가 매개된다.47)

헤겔은 또한 이 외적 질서인 'Polizei'와 더불어 'Korporation'
의 기능에 대해 역설한다. 전자에서 공권력을 통해 자기 이익
을 추구하는 개인들이 정치적으로 공적인 연대를 형성하는 반
면, 후자에서는 이러한 개인들이 사회 경제적 연대를 형성한다
고 하겠다. 헤겔은 크게 세 가지로 근대 시민사회에서 개인을 묶
을 수 있는 신분(Stand)을 구분하는데, 첫째는 농업에 관계하는
신분, 둘째는 상업에 관계하는 신분, 그리고 마지막으로는 보편
적 신분, 즉 공적인 일에 종사하는 신분이다. 이 '신분(Stand)'은
'계급(Klasse)'과 구분되어 상호 인정된 자유롭고 평등한 개인
들이 형성하는 것이다. 시민사회의 개인들은 이 세 가지 신분
으로 크게 구분되며, Korporation은 여기에 속한 구성원들의
공통의 이해를 보장한다. 여기서 자기의 이익만을 추구하는 원
자적 개인들은 사실상 자신이 속한 신분 속에서 공동의 이익을
추구하게 된다.48) 오직 이러한 공동체 속에서만 한 개인의 자
유나 권리가 아니라 '모든' 개인들의 자유와 권리가 보장된다.
그렇기 때문에 시민사회의 "욕구 체계와 법 체계의 양극단으로
이분화되었던 주관적 특수성과 객관적 보편성인 Korporation
에서 내적으로 통일된다."49) 여기서 우리는 헤겔이 통제되지

---

46) 헤겔은『법철학』§242에서 빈곤의 문제는 개인적 심성의 특수성이나 의
도의 우연성에 의거한 개인적 차원의 자선 행위를 통해 해결될 문제가 아니
고 보편성을 띤 사회가 해결해야 할 문제임을 강조한다.
47) 참조. Manfred Riedel, "Hegels Begriff der Burgerliche Gesellschaft und
das Problem seines geschichtlichen Ursprungs", in : *Materialien zu Hegels
Rechtsphilosophie*, hrsg. von M. Riedel. Frankfurt am Main 1974. 267쪽.
48) 참조. K.-H. Ilting, "The Dialectic of Civil Society", in : *The State &
Civil Society*. Studies in Hegel's Political Philosophy, edited by Z. A.
Pelczynski. Cambridge University Press 1984. 219쪽.

않는 자유 시장 경제에 초점을 맞추는 그 당시의 경제학자들과
는 다른 길을 선택하고 있음을 알 수 있다. 이러한 관점에서 볼
때, Polizei와 Korporation의 기능은 어떻게 자신의 이익만을 추
구하는 개인들이 동시에 '인륜적 총체성'인 국가의 시민으로 이
해될 수 있는지의 단초를 마련해준다. 이를 통해 시민사회는
진정한 의미의 국가 개념으로 이행해간다. 헤겔은 국가를 시민
사회와 구분하면서, 국가의 기능을 단지 개인권의 보호에 제한
하고 국가를 개별 의지의 총합으로 구성된 보편 의지로만 파악
하는 자연법 사상을 비판한다. 더욱이 헤겔의 국가 개념을 통
해 우리는 헤겔과 아담 스미스가 의무 개념을 어떻게 상이한
철학적 지반 위에 근거짓는지 파악하게 될 것이다.

헤겔은 국가를 시민사회와 구분하여 '인륜적(sittliche) 이념
의 현실성'이라고 지칭한다. 이 국가 개념에서 헤겔『법철학』의
근간을 이루는 자유의 이념과 진정한 의미의 개인의 의미가 드
러난다. 헤겔에게서 '인륜성'은 세 부분으로 나뉘는데, 첫째는
가족, 둘째는 시민사회, 셋째는 국가다. 가족과 시민사회는 국
가를 이루는 필수 요소로 이해되며, 이 두 요소의 통일에 기초
한 국가는 유기적 총체성으로 파악된다. 그런데 헤겔은 인륜성
의 마지막 요소로 이해되는 국가는 본래 제일의 요소라고 역설
한다. 그는 덧붙이길, "오직 국가 안에서만 가족은 먼저 시민사
회로 발전되어간다."50) 다시 말하면, 국가는 가족과 시민사회
에 논리적으로 선행한다. 더욱이 "개인들의 자유에 대한 주관
적 규정들에 대한 권리는 오직 그들이 인륜적 현실성에 속해
있을 때만 실현된다."51) 따라서 자신의 자기 이익을 목적으로

---

49) M. Riedel, (1970), 67쪽.

50) *Rph*, §256.

51) *Rph*, §153 ; 참조. Eric Weil, Hegel and the State. English Translation : The
Johns Hopkins University Press 1998. 46쪽.

삼는 개인은 결국 국가에서만 그의 권리를 보장받을 수 있다.

그런데 권리의 보장은 국가 내에서 필연적으로 의무를 동반한다. 이 국가에서의 의무 개념에서 우리는 헤겔에게서 본래적 의미의 의무 개념을 발견한다. 헤겔은 이 점에 대해 다음과 같이 역설한다: "구속력을 띤 의무는 무규정적인 주체성이나 추상적 자유에서 혹은 자연적이고 무규정적인 선을 자신의 의지를 통해 (임의적으로) 규정하는 도덕적 의지에서는 제한(Beschränkung)으로 드러난다. 그러나 개인은 이러한 의무 속에서 오히려 자신의 해방을 찾는다."52) 그래서 헤겔은 국가 속에서 궁극적으로 보편성과 관계하는 의무와 구체적이고 개인적인 의지와 관계하는 권리가 통일된다는 점을 강조한다.53) 여기서 중요한 사실은 "인간은 인륜성을 통해 의무를 갖는 한 권리를 갖고 또한 권리를 갖는 한 의무를 갖는다."54)

여기서 문제시되는 의무는 다름아닌 국가 시민으로서의 의무다. 이러한 의무는 시민사회에서의 정의의 개념에서 보이는 외적으로 또 강제적으로 부과된 소극적 의미의 의무와는 구별된다. 시민사회의 경제적 주체로서의 개인은 한편에서는 자기이익을 자신의 목적으로 추구하는 권리를 가지며, 다른 한편에서는 국가 시민으로서의 의무를 갖고 있다. 따라서 개인은 권리와 의무의 통일 속에서만 그 진정한 의미를 얻는다. 이 국가개념은 시민사회 국가인 외적 질서로서의 'Polizei'와 구분된다.

---

52) *Rph*, §149.
53) 헤겔은 모든 인종의 구분을 넘어서서, 인간은 인간이기 때문에 인간이라는 보편적 명제를 역설하지만, 구체적인 국가의 시민의 삶이 추상화된 Kosmopolitanismus를 비판한다. 참조. *Rph*, §209.
54) *Rph*, §155. 헤겔은 이처럼 국가를 설명하는 데 국가 시민으로서의 의무만이 아니라 주관적 권리를 동시에 강조하기 때문에 국가는 이 두 계기의 공속성을 통해서만 설명될 수 있다. 참조. *Rph*, §260 ; §261.

이 진정한 의미의 국가 개념의 원형을 우리는 그리스의 'Polis'에서 찾을 수 있다. 헤겔의 견해에 따르면, 그리스의 Polis에서는 개별자와 사회가 절대적인 조화 속에 있었다. 다시 말하면, 개인의 주관적인 목적이 국가의 목적과 일치를 이루었다. 그리고 헤겔의 인륜성의 원형을 우리는 그리스의 'ethos' 개념에서 찾을 수 있는데, 이는 관습과 같이 간다. 그래서 인륜성은 개인적인 도덕성의 영역을 지시하는 것이 아니라 한 국가나 민족의 문화적이고 관습적인 통일성과 관계하며, 바로 이 통일성이 개인적 도덕성을 정치적인 영역 속으로 통합시킨다.55) 개인은 국가 속에서 '보편적인 행위 양식'을 취하게 되며, 이러한 행위 양식은 관습으로서 '제2의 자연'으로 이해된다.56) 이와 연관하여 헤겔은 '인륜적인 힘'은 모든 개인들을 묶어주는 '구속력을 띤 힘'이라고 강조한다. 이러한 연유로 인륜성 속에서 부과된 의무는 외적 강요가 아니며 오히려 개인의 '해방'으로 이해될 수 있다.

이상에서 살펴본 바와 같이, 권리와 의무의 통일 개념을 통해 드러나는 중요한 사실은 권리나 의무가 일방적으로 한쪽으로 소급될 수 없고 그 둘의 공속성 속에서만 이해될 수 있다는 것이다. 이러한 관점에서 볼 때, 헤겔은 한편에서는 유기적 총체성으로서의 그리스적인 인륜적 국가를 추구하면서, 다른 한편에서는 개인의 자기 이익 추구를 인정하고 주관적 권리를 보장해주는 근대 시민사회의 영향력을 간과하지 않는다. 그런데 우리는 여기서 헤겔에게서 자기 이해를 추구하는 개인과 유기적

---

55) 우리는 여기서 헤겔 법철학이 칸트의 윤리학을 하나의 계기로 삼고 이를 종국에 정치학으로 귀속시키는 것을 볼 수 있다. 참조. Joachim Ritter, "Moralität und Sittlichkeit. Zu Hegels Auseinandersetzung mit der kantischen Ethik", in: *Materialien zu Hegels Rechtsphilosophie*, hrsg. von M. Riedel. Frankfurt am Main 1974. 224쪽.
56) 참조. *Rph*, §151.

총체성으로서의 보편적 의지인 국가가 어떻게 같이 갈 수 있는가의 문제를 제기할 수 있다. 이 물음에 답하기 위해 우리는 헤겔의『법철학』에 나타난 이성의 역할을 살펴보기로 하겠다.

아담 스미스는 적극적 의미의 의무 개념이 드러나는 그의 도덕론을 '동감(sympathy)'이라는 '감정(sentiment)'에 근거지우지만, 헤겔은 여기서 이성의 역할을 강조한다. 헤겔이 말하는 '이성'은 스코틀랜드 철학자들이 거부했던 계산적 사유 또는 표상적 사유의 차원을 넘어선 보다 근원적 개념으로 자유 이념인 시대 정신 또는 세계 정신(Weltgeist)을 일컫는다. 헤겔은 국가와 관련하여 다음과 같이 서술한다 : "국가는 실체적 의지의 현실성이며, 국가는 구체적이고 특수한 자기 의식이 보편성으로 고양되었을 때 구체적 자기 의식 속에서 그 현실성을 갖는다. 국가는 이처럼 즉자대자적으로 이성적인 것이다(das an und für sich Vernünftige)."[57] 이 인용문에서 본 바와 같이 국가는 구체적이고 특수한 자기 의식, 즉 자기 이익을 추구하는 개인들의 특수한 의식이 국가의 보편적인 의식으로 고양될 때 현실성(Wirklichkeit)을 얻게 된다. 이러한 보편적 의식은 개인들의 의식의 고양을 통해 '즉자대자적으로 이성적인 것'으로 파악될 수 있다. 보편적 의식은 사실상 처음에는 자기 이익을 추구하는 개별적 의지들에게는 완전히 의식되지 못한다. 그러나 개인들은 시대 정신의 실현 과정 속에서 자신의 특수하고 개별적인 의지를 국가나 사회의 보편적 의지로 고양시켜나간다. 이 과정 속에서 개인은 자신의 권리와 의무를 의식하는 자기 의식으로 발전되어간다. 개인의 관점에서 보면, 이 과정은 특수하고 개별적인 의지에서 보편 의지로의 고양을 의미하며, 보편적 의지의 견지에서 볼 때는 절대적 자유 이념의 구체적인 실현이다. 이 과

---

57) *Rph*, §258.

정은 바로 다름아닌 이성을 매개로 가능한 것이다. 이러한 매개 과정을 통해 자기 이익을 추구하는 원자적 개인은 "자기 의식적 이고 존중될 만한 사회 구성원"[58]이 되며, 이 "의식된 개인과 국가의 동일성은 국가의 바람직한 기능을 위한 조건이다."[59]

이처럼 개인은 이성을 매개로 자신이 속한 인륜적 공동체로서의 국가의 이념에 동참한다. 그렇기 때문에 헤겔에게서 국가는 한 민족의 특성에 의해 구성된다. 다시 말하면, 국가나 국가가 추구하는 이념 또는 국가가 근간으로 삼고 있는 법은 특정한 역사적 단계와 민족이 처한 자연적이고 지리적인 특성에 제약된다.[60] 이러한 관점에서 볼 때, "국가는 개별적이고 자연적으로 규정된 민족의 직접적 현실성이라는 유한적 측면을 가지고 있다."[61] 이러한 유한한 측면으로 인해, 국가와 국가 사이의 관계는 마치 개인과 개인 사이의 관계처럼 각자의 이익 추구가 선행한다고 할 수 있다. 이러한 이유 때문에 국가들 사이의 분쟁이나 전쟁도 가능하다. 이 경우 자신의 이익을 추구하는 사적인 개인은 국가의 이익과 이해에 종속되기도 한다. 그러나 헤겔에게서 국가는 다른 한편에서 세계 정신의 본질인 보편적 '자유 이념'의 실현으로 이해되기 때문에 한 국가나 민족의 특수성을 벗어난다. 이러한 관점에서 볼 때, 모든 국가는 자기의 이익을 추구하는 가운데 자유 이념의 실현에 참여하게 되고, 국가의 시민은 단지 한 국가의 특수성에 제한되지 않고 다른

---

58) Z. A. Pelczynski, "The Significance of Hegel's Separation of the State and Civil Society", in : *The State & Civil Society*. Studies in Hegel's Political Philosophy. Cambridge University Press 1984. 10쪽.

59) Shlomo Avineri, *Hegel's Theory of the Modern State*. Cambridge University Press 1972. 178쪽.

60) 참조. *Rph*, §3 ; §274.

61) G. F. W. Hegel, *Gesammelte Werke 20 : Enzyklopädie der philosophischen Wissenschaften (1830)*, §545.

한편에서 자유 이념의 실현의 장인 세계사의 과정에 속하게 된다. 이러한 연유로 개인은 단지 이성을 통해 개인의 권리와 의무만을 자각하게 되는 것이 아니라 더 나아가 자유 이념으로서의 이성적인 세계 정신의 전개 과정에 참여하게 된다.

5. 맺음말

우리는 이상에서 아담 스미스와 헤겔에게서 참된 개인의 의미가 무엇인지를 살펴보았다. 이 두 철학자에게서 참된 개인의 의미는 바로 자기 이익 추구와 자기 이익에 초연함 또는 권리와 의무의 통일 속에서만 드러난다. 헤겔은 독일 관념론자들 중에서 특히 근대의 정치경제학의 중요성을 주시한 철학자였는데, 그 이유는 주관적 권리 또는 개인권은 시민사회의 정치경제를 통해 마련된 물질적 토대에서 확립될 수 있기 때문이다. 특히 헤겔은 정치경제학의 기본 개념을 형성하는 '자기 이익'의 개념을 그의 시민사회론에 수용함으로써 종국에 '주관적 권리' 개념의 근간을 마련했다는 것은 시사하는 바가 크다. 왜냐 하면 보편적인 영역인 국가는 오직 이러한 개인의 권리 개념을 토대로만 사유될 수 있기 때문이다. 이 개념을 통해 헤겔에게서의 국가 개념 혹은 보편성 개념의 추상성이 극복될 수 있으며, 헤겔은 개인을 사상시키는 절대 국가의 옹호자라는 오명으로부터 벗어날 수 있다.

그런데 이 글에서 살펴본 바와 같이, 헤겔과 아담 스미스는 모두 그들의 시민사회론에서 '자기 이익'이나 '개인권'에서 출발하지만, 궁극적으로는 다른 철학 체계를 건립하고 있다. 아담 스미스는 자기 이해를 바탕으로 한 권리를 자기 절제로서의 의

무에 연결시키고 이 연결의 가능 근거를 '감정'에서 찾으면서 사회성을 자기 내에 포함하고 있는 개인의 윤리학을 정초한다. 반면, 헤겔은 자기 이익을 토대로 한 권리를 국가 시민의 의무와 연결시키고 그 가능 근거를 '이성'에서 찾는다. 여기서 헤겔은 개인의 참된 의미를 윤리학이 아닌 정치학의 영역에 귀속시키고, 이를 통해 원자적 개인들로 와해될 수 있는 시민사회에서의 공동체 역할을 강조한다.

여기서 우리는 또한 아담 스미스와 헤겔 체계가 지니는 철학적 배경을 살펴볼 수 있다. 아담 스미스는 '자기 이익'과 '의무'의 연결 가능 근거를 'de facto'의 영역에 한정하여 자연주의적이고 발생사적으로 접근하는 반면, 헤겔은 이를 이성과 관련시켜 'de jure'의 관점에서 접근하고 있다. 헤겔에 따르면, 'de facto'의 영역에서는 궁극적으로 정당성의 문제를 근거지울 수 없고 경험적이고 우연적인 서술에 국한될 수밖에 없다. 그렇기 때문에 절대적 자유 이념의 실현을 그 대상으로 하는 헤겔『법철학』은 경험적 사실의 기술이 아니라 경험에 논리적으로 선행하는 이성적인 것을 통해 법 개념을 정립하고 또 이 개념을 근간으로 하여 정당성의 문제를 중점적으로 사유한다.62) 이 정당성의 문제는 처음 독일 관념론에서 칸트 철학을 통해 제기되었고, 헤겔은 칸트의 선험적 전통을 이어받아 헤겔 체계의 근간을 이루는 자유 개념을 경험과 관계하지만 경험을 넘어선 지평에서 찾는다. 그러나 헤겔은 칸트보다 한 발 더 나아가 궁극적

---

62) 칸트에게서 시작된 독일 관념론의 철학적 방법론에서 가장 중요한 점은 'de jure'에 관한 물음이라고 해도 과언이 아니다. 칸트는 '선험적 통각의 연역' 부분에서 이 문제를 명백히 하며, 헤겔은 법철학뿐만 아니라 그의 사변철학을 통해 이 문제를 다룬다. 칸트 이후 독일 관념론자들은 Schulze 등을 통해 제기된 근대 회의주의의 공격을 의식하고 이 정당성의 문제를 정립하려고 시도한다.

으로 자유 개념을 단지 유한한 주체의 선험적 지평이 아니라 '절대 주체성(absolute Subjektivität)'에서 근거지우며, 또한 헤겔의 자유 개념(der Begriff der Freiheit)은 칸트에게서와는 달리 자연적이고 경험과 관계하는 필연성(Notwendigkeit)과 이분법적으로 사유되지 않고 필연성을 자기 내에 포함하고 있다. 헤겔은 이러한 자유와 필연성의 통일의 논리적 구조를 그의 '정신철학'과 '대논리학'에서 다루고 있다. 그렇기 때문에 자유 이념의 실현을 그 대상으로 삼는 헤겔『법철학』은 근원적 의미의 자유 개념을 다루는 사변 철학을 전제로 하고 있다. 이러한 관점 하에서 볼 때, 아담 스미스와 헤겔이 모두 시민사회론을 '자기 이해'에서 시작하여 의무 개념으로 귀결시키지만, 이 두 철학 체계가 근본적으로 다른 지반 위에 정초되어 있다는 사실을 알 수 있다.

우리는 아담 스미스와 헤겔의 철학 체계의 차이점에도 불구하고 어떻게 그들이 근대 시민사회의 출현 속에서 참된 개인의 의미를 해명하고자 하였는지 살펴보았다. '자기 이익' 개념이 사리사욕의 개념과 자주 혼동되는 우리의 전통과 또한 우리가 속해 있는 공동체의 의미를 자주 상실한 채 부각되는 개인주의 사이에서 혼란을 겪는 우리 사회에 이 두 철학자의 참된 개인의 관한 논의는 시사하는 바가 매우 크다고 본다.

□ 참고 문헌

▶ 원전 자료

Smith, Adam, *The Theory of Moral Sentiments*, edited by D.

D. Raphael and A. L. Macfie, Indianapolis 1984.

_____, *An Inquiry into the Nature and Causes of the Wealth of Nations*, Volume I and II, edited by R. H. Campbell and A. S. Skinner. Indianapolis 1981.

_____, *Lectures on Jurisprudence (1766)*, edited by R. L. Meek, D. D. Raphael and P. G. Stein. Indianapolis 1982.

Hegel, G. W. F., *Grundlinien der Philosophie des Rechts*, hrsg. von Johannes Hoffmeister. Hamburg 1955.

_____, *Gesammelte Werke*, Bd. 20 : *Enzyklopädie der Philosophischen Wissenschaften im Grundrisse (1830)*, hrsg. von W. Bonsiepen und H.-C. Lucas. Hamburg 1992.

▶ 연구 문헌

Avineri, Shlomo, *Hegel's Theory of the Modern State*, Cambridge University Press 1972.

Ebeling, Hans, "Einleitung : Das neuere Prinzip der Selbster-haltung und seine Bedeutung für die Theorie der Subjektivität", in : *Subjektivität und Selbsterhaltung*, hrsg. von H. Ebeling. Frankfurt am Main 1996.

Hayek, F. A., *Individualism and Economic Order*. The University of Chicago Press 1948.

Ilting, K.-H., "The Dialectic of Civil Society", in : *The State & Civil Society*. Studies in Hegel's Political Philosophy, edited by Z. A. Pelczynski. Cambridge University Press

1984.

Macfie, A. L., *The Individuality in Society*. Papers on Adam Smith. George Allen and Unwin Ltd. London 1967.

Pelczynski, Z. A., "The Significance of Hegel's Separation of the State and Civil Society", in : *The State & Civil Society*. Studies in Hegel's Political Philosophy, edited by Z. A. Pelczynski. Cambridge University Press 1984.

Rafael, D. D., "The Impartial Spectator", in : *Essays on Adam Smith*, edited by A. S. Skinner and T. Wilson. Oxford 1975.

Riedel, Mafred, *Between Tradition and Revolution*. The Hegelian Transformation of Political Philosophy, traslated by W. Wright. Cambridge University Press 1984.

_____, *Bürgerliche Gesellschaft und Staat*. Grundproblem und Struktur der Hegelschen Rechtsphilosophie. Neuwied und Berlin 1970.

_____, "Hegels Begriff der bürgerlichen Gesellschaft und das Problem seines geschichtlichen Ursprungs", in : *Materialien zu Hegels Rechtsphilosophie*, hrsg. von M. Riedel. Frankfurt am Main 1974.

Ritter, Joachim, "Person und Eigentum. Zu Hegels 》Grundlinien der Philosophie des Rechts 《", in : *Materialien zu Hegels Rechtsphilosophie*, hrsg. von M. Riedel. Frankfurt am Main 1974.

_____, "Moralität und Sittlichkeit. Zu Hegels Auseinandersetzung mit der Kantischen Ethik" in : *Materialien zu Hegels Rechtsphilosophie*, hrsg. von M. Riedel. Frankfurt am Main 1974.

Siep, Ludwig, *Praktische Philosophie im Deutschen Idealismus.*
Frankfurt am Main 1992.

Skinner, A. S., "Ethics and Self-love", in : *Adam Smith
Reviewed.*

_____, "Economics and History - The Scottish En-
lightenment", in : *Scottish Journal of Political Economy*
1965.

_____, *A System of Social Science.* Clarendon Press :
Oxford 1979.

Weil, Eric, *Hegel and the State.* English Translation : The
Johns Hopkins University Press 1998.

Wilson, Thomas, "Sympathy and Self-interest", in : *The
Market and the State.* Essays in Honour of Adam Smith,
edited by T. Wilson and A. S. Skinner. Oxford 1976.

헤겔 『법철학』에서 사유 재산과 불평등 문제

··· 이 정 은

[요약문]

정보 사회와 신자유주의의 결합을 통해 형성된 초국가적 민간 기업은 국가간의 경계를 초월하고 국가의 관리를 벗어나서 전세계적 영향력을 발휘하고 있다. 이것은 기존의 일자리를 축소하고 심지어 노동의 종말을 야기한다는 예견까지 낳고 있다. 빈익빈부익부 현상도 국경을 초월한 전세계적 형태로 확산되어가고 있으므로 사유 재산의 가치와 경제적 불평등에 대한 반성이 당연히 생겨나는데, 국경이 사라지는 점을 고려하면 시민사회 및 시민의 역할이 새롭게 논의될 수 있다.

이 글에서는 시민사회에 나타나는 경제적 불평등과 빈곤을 해소하기 위한 이론적 기반을 보여주는 헤겔 『법철학』에 초점을 맞춘다. 헤겔은 사유 재산이 발생할 수밖에 없는 근거와 정당성을 주장하며 이와 동시에 생겨나는 경제적 불평등 문제를 해결할 수 있는 근거들도 확립한다.

추상적 권리(추상법)에서는 생계 문제나 분배 문제에서 타인의 빈곤을 고려할 여지가 거의 없다. 이에 반해 도덕성에서는 자신의 의지가 '도덕적 의도'로 간주되려면 자신의 복지 내지 행복 실현과 더불어 타인의 복지 내지 행복 실현에 대한 고려가 개입되어야 한다는 점이 강조된다. 그러나 복지 내지 행복은 자유로운 의지보다는 자연적 의지의 발현이기 때문에 자연성을 지양하고 자유의 이념에서 기인하는 대안, 즉 주관의 내적 목적이 특수성을 지양하고 보편성을 정립하는 것이 필요하다. 그리고 타인의 빈곤을 좀더 적극적으로 고려하기 위해 헤겔은 타인이 생명의 위험에 처한다면 나의 권리를 부분적으로 침해하더라도 타인의 생명의 무한한 침해가 일어나지 않도록 '긴급권'을 발휘해야 한다는 점을 주장한다. 긴급권은 타인뿐만 아니라 자신이 미래에 처할지도 모르는 결핍과 빈곤까지 고려하면서 자연적 의지 차원을 극복하며 추상적 권리와 복지의 한계를 극복하려고 한다.

그런데 도덕성에서 빈곤 해결을 위해 의지의 특수성을 지양하고 보편성을 실현하는 궁극적 지반으로서 내적인 보편적 목적, 선을 도출하지만, 선이 지닌 추상성과 의무적 성격을 지양하지 못하기 때문에 인륜성으로 이행한다. 인륜성에서 사유 재산과 불평등 문제가 주제화되는 것은 시민사회다. 시민사회에서 개인은 자신의 이기적 욕구에 따라 행위하지만, 자신의 무한한 욕구를 실현하기 위해 타인의 도움을 필요로 하고 타인과의 매개를 조건으로 삼아야 하므로, 시민사회는 전방위적 의존 체계다. 그러나 여기에서도 빈곤과 천민은 발생하므로 헤겔은 이를 극복하기 위한 제도적 장치로서 경찰 행정과 직업 단체를 제시하며 그것들이 지닌 '배려'를 경제적 불평등과 빈곤 해소를 위한 논리적 근거로 간주한다.

특히 직업 단체는 동일한 계층에 속한 사람들끼리의 일종의 조합이며, 이 속에서 개인들은 자신이 속한 협동 조합을 마치 가족 공동체처럼 간주하면서 타인을 위한 직업적 배려와 생계 문제 해결을 위해 노력한다. 이런 노력은 현대 사회에서 퇴색해가는 국가의 역할을 대신하는 시민사회의 가치와 시민 노동의 중요성을 도출해내고 이를 확장시킬 수 있는 가능성을 보여준다.

▶주요 검색어 : 사유 재산, 불평등, 빈곤, 배려, 경찰 행정, 직업 단체, 긴급권, 보편적 목적, 시민사회의 역할과 가치.

1. 문제 제기

물질적 풍요를 그 어느 때보다도 많이 누리는 현대 사회에서
도 그리고 다층적 관계망을 통해 개인과 개인간, 개인과 전세
계간의 시·공간적 거리를 좁히는 정보 사회의 긍정적 효과 속
에서도, 인간은 여전히 상대적 빈곤감과 위화감을 느끼며, 게다
가 새로운 노동 형태와 다양한 서비스 창출에도 불구하고 노동
의 입지가 오히려 좁아지는 노동 기회 박탈감을 절감하고 있다.
근대 자본주의 사회에서 일찍부터 나타났던 빈익빈부익부 현
상은 이제 국경까지 지워버리는 초국가적 기업 활동을 통해 단
지 한 지역, 한 국가 안에서의 비교 우위를 넘어서서 전세계 국
가들에게 무차별적으로 확산되고 있다.

이런 상황은 인간의 참되고 복된 삶은 무엇인가라는 원초적
질문을 되새기면서 삶의 조건을 되돌아봐야 한다는 요구를 야
기하며, 사적 소유에 기초한 무한 경쟁 구조와 이로 인한 경제
적 불평등에 대한 반성을 비껴갈 수 없다. 왜냐 하면 노동 기회
박탈이 궁극적으로는 노동의 종말[1]에까지 이르고 그 결과 경
제적 불평등이 상상을 초월할 정도로 극단화될지도 모르기 때
문이다.

당면한 문제와 관련된 혜안을 철학자들에게서 찾아내는 것
은 쉽지 않다. 현대 사회는 너무 복잡해서 다루기가 어렵고 그

---

[1] 현대 사회의 특징을 표현하는 '세계화'를 '정보 사회의 컴퓨터 매체 및 인
터넷'과 경제적 맥락의 '신자유주의'와의 접목을 통해 파악할 때, '기존의 실
물 노동과 시장에서의 상품 교환이라는 경제 형태'가 '정보 산출과 인터넷을
통한 정보에의 접속이라는 경제 형태'로 전환되면서 초국가적 기업이 형성되
고 이로 인해 초국가적으로 일자리가 사라지는 '노동의 종말'이 도래한다는
예측과 비판도 가능하다. 이에 대해서는 『노동의 종말』(제레미 리프킨, 이영
호 역, 민음사, 2001) 30쪽 이하를 참고하라.

리고 정보 사회와 신자유주의에 대한 경험은 최근에 이르러서야 가능해졌기 때문에, 과거 철학자들에게서 대단한 대안을 발견할 수 있다고 자신하는 것은 지나친 낙관이다.

그러나 과거 철학도 언제나 도도한 시대적 조류를 타고서 생존해왔고 시대에 대한 비판적 성찰을 통해서 조류에 일방적으로 휩쓸리지 않으려는 노력 속에 있었으므로, 시대 반영적 입장과 시대 비판적 입장은 철학자들의 사상 속에도 내재한다. 그리고 오늘날 더욱 심각하게 대두하는 복지 실현과 불평등 해소라는 경제적 고리를 인간 삶의 조건과 관련시키는 태도는 과거 철학에서도 발견되므로, 현재의 처지를 되새김질할 수 있는 가능성이 그 속에 담겨 있을지도 모른다.

그러므로 이 글에서는 근대적 지평에 서 있으면서도 아직도 논쟁의 불씨가 되고 있는 헤겔이 경제적 불평등을 해소할 수 있는 근거를 어떻게 마련하고 있는지에 대해 알아보고자 한다. 헤겔은 사유 재산 및 불평등과 관련된 문제 의식을 초기부터 드러내지만 그것을 더욱 가시화하는 것은 후기『법철학』2)에서다. 특히 시민사회를 둘러싼 그의 논의는 오늘날에도 개인주의와 공동체주의 논쟁, 자유주의의 한계 및 보완과 관련하여 비판과 혜안 제시라는 이중적 잣대 속에서 반복적으로 상기된다.3) 그러므로 헤겔이 사유 재산의 필연성과 정당성을 그리고 여기에서 생겨나는 불평등 문제를 어떻게 바라보는지, 더 나아가 불평등 문제의 극복을 어떤 식으로 논하는지를『법철학』을

---

2) G. W. F. Hegel, *Grundlinien der Philosophie des Rechts, Werke in zwanzig Baenden*, Bd. 7, Frankfurt a. M. : Suhrkamp Verlag, 1986. 번역은『법철학』(임석진 역, 지식산업사, 1990)을 참고한다. 앞으로 인용은 *GPdR*로 약칭한다.
3) 자유주의와 공동체주의라는 논쟁을 펼치고 있는『철학 연구』(철학연구회, 제44집)에 실려있는 글들을 참고하라.

통해 알아보겠다.

2. 사유 재산의 정당성 — 인격 실현으로서 사적 소유

『법철학』은 '추상적 권리(추상법)',[4] '도덕성', '인륜성'으로
전개되며, 궁극적으로 개인과 개인간의 상호 인정 속에서 개인
과 공동체, 특수 의지와 보편 의지의 통일을 정립하며 국가의
법과 질서를 도출하고 증명하는 과정이다. 즉, 공동체의 구성
요소인 개인이 자신의 권리를 객관적 차원(추상적 권리)과 주
관적 차원(도덕성)에서 정초해나가며, 그 실체성을 국가 공동
체인 인륜적 공동체로 확립하는 객관 정신의 구조다. 그리고
인륜성은 가족, 시민사회, 국가로 나뉘며, 사유 재산과 불평등
문제에 대한 헤겔의 복안은 '시민사회'에 잘 나타나 있다. 시민
사회 논의를 위한 기초는 물론 '추상적 권리'에서부터 등장하며
'도덕성'과 '인륜성'으로의 이행 속에서 '불평등'에 관한 논의가
점차로 부가되어 나타난다. 그러므로 추상적 권리에서 시민사
회로 이르는 가운데 나타나는 부가점들을 이해할 필요가 있다.

'추상적 권리'에서 무엇보다도 중요한 개념은 '인격'이다. 자
유롭고 평등한 인간이 자신의 인격성을 정초하고 논증하는 것
은 얼핏 보면 '추상적 권리'에서만 주제화되는 것처럼 보이지
만, 인격은 『법철학』 전체를 관통하며 인격 개념이 논리적 전
진을 통해서 다른 개념으로 전환되는 가운데 법의 이념이 다층

---

4) 'das abstrakte Recht'는 '추상법'으로 번역되어 왔으나, 무엇인가를 점유할
수 있는 '권리', 계약할 수 있는 '권리', '권리'에 반하는 행위 등에 초점을 맞추
어 '법'보다는 '권리'라고 번역하는 것이 적절할 때가 있다. 게다가 인륜성에
서 등장하는 'Gesetz'나 'Rechtspflege'와의 차별성을 위해 '추상적 권리'를 사
용하고, 필요에 따라 '추상법'을 활용하겠다.

적으로 실현된다.

인격은 '의지'를 지니며, 의지의 최초의 동인은 '자연적 욕구'
에 기인하는 자의다. 그러나 자의와 자의가 지닌 자연성과 우
연성으로는 인격성을 제대로 현시할 수 없다. 자연적 욕구와
자의에 머무를 때 자신의 특수 의지가 다른 특수 의지를 저해
하고 불법을 야기하는 데서 벗어날 수 없다. 자연적 욕구에 개
입되어 있는 자의와 특수성은 지양되어야 하며 이를 위해 욕구
에는 '보편성' 및 '자유의 이념'이 동반된다. 이것은 무의식적으
로 관철되는 이성적인 것의 운동이다. 이를 위해 한 예를 들어
보자.

"인간으로 하여금 계약을 맺도록 이끌어가는 것은 욕구 일반, 호
의, 효용성 등이라고 하겠지만, 즉자적으로 보면 그것은 이성, 또
다른 말로 하면 자유로운 인격성이라고 하는 (즉, 오직 의지의 형
태 속에서만 현존하는) 현존재의 이념이다."5)

인간이 추상적 권리의 한 계기인 '계약'을 맺고 권리를 정립
해나갈 때 계약의 추진력이 일단은 '욕구 일반, 호의, 효용성'과
같은 자연적 측면이다. 그러나 추상적 권리의 전개는 인격의
실현이며, 인격이 자신을 실현하려면 이념에 기초해야 하는데,
이념은 인격이 자기를 실현할 궁극적 차원이며 이성적인 것이
다. 인격의 권리 실현의 동인은 자연적 욕구처럼 보여도 즉자
적으로는 '이성'의 운동이다. 인격의 추동력은 욕구를 지양하고
욕구 속에 관철되는 이성성을 정립하는 가운데서 실현된다. 헤
겔은 욕구의 즉자성을 가늠하는 이성을 여기에서 다시 '자유로
운 인격성'으로 재론하고 있으며, 이에 따라서 '이성'은 '자유로

---

5) G. W. F. Hegel, *GPdR.*, §71.

운 인격성'과 등치된다. 인격은 자연적 욕구나 자연법에 국한되지 않는 이성의 운동이다. 그러므로 인격적 의지는 한갓 개별적이고 특수한 욕구의 우연성에 좌우되는 '자의'와 구별되며 보편성을 저버리는 '자연적 의지'와 구별된다.

이성이 『법철학』에서 실현해야 할 이념, 즉 '법의 이념'은 '자유'[6]다. 그리고 자유 개념의 진리는 '인륜적인 것'이기 때문에, 『법철학』의 요체는 인륜적 공동체의 정당성과 가능성의 증명이며 이 속에서 자유가 실현된다는 점이다. 인륜적 공동체의 세계사적 전망의 기초 단위인 민족 국가[7]에서 궁극적으로 실현해야 할 이념은 자유이므로, '추상적 권리'에서 주제화되는 '인격이 실현해야 할 이념' 또한 '자유'다. 인격의 자기 전개는 자유 이념을 구체화하려는 의지의 발양이다.

이성이 이념을 실현하려면 자신을 외적으로 '외면화'해야 하고, 외면화를 통해서 '현존재성'을 지니게 된다. 그렇듯이 '이성'과 등치되는 '자유로운 인격'도 이념을 실현하려면 자신의 외면적 영역, 즉 '현존재'를 마련해야 하고, 의지의 형태를 띠는 현존재로 전개될 때 인격의 이성성이 정립된다. "인격이 이념으로 존재하기 위해서는 그의 자유를 가능케 하는 외면적 영역을 마련해야 한다."[8]

인격이 '추상적 권리' 영역에서 '자신의 현존재'를 마련하고 자신을 실현하는 최초 단계는 '외적 사물과의 관계'[9]에서며, 이것은 외적 사물의 '점유' 내지 '소유'로 진행된다.[10] 나의 의지,

6) G. W. F. Hegel, *GPdR.*, §1, Zusatz.
7) 민족 국가와 민족 정신의 제약성을 헤겔은 『법철학』, §340에서 논하면서 그 이후로 보편 정신으로서 세계사와 세계사의 이념으로 전개되는 과정을 밝히고 있다.
8) G. W. F. Hegel, *GPdR.*, §41.
9) G. W. F. Hegel, *GPdR.*, §49.
10) 헤겔의 소유와 관련된 국내 논문으로 윤병태, 「헤겔의 소유 개념」(『헤겔

나의 욕구는 외적 사물을 포착하고 소유하고자 하며, 소유는 나의 의지의 발로다. 나는 인격적 존재며, 나의 의지의 발휘는 인격의 외면화이므로, 나는 소유 속에서 인격적이 된다. 소유는 인격의 '권리'면서 동시에 인격을 '근거짓고' 인격을 '실현하는' 계기다. 그러므로 외적 사물을 소유하는 인격의 '이성적인 면' 또한 나의 의지가 외적 사물을 점유하고 소유하는 것으로 전개되는 데서, 즉 인격으로서 내가 소유물을 점유하는 데서 나타난다.11) 인격은 소유를 통해서야 비로소 자기를 실현하기 위한 현존재성을 띠게 되고, 더 나아가 소유를 통해서야 비로소 '이성'으로 존재한다.

물론 인격이 소유에서 이성적으로 된다고 해도 소유에서 '자유의 이념 자체'가 완전히 실현되는 것은 아니다. 아직도 인격은 추상적인 자아며 추상적 무규정성으로서 형식적 보편성에 지나지 않는다. 그러나 인격은 동시에 하나의 '이 사람'과 같은 피규정성이며, 그래서 특수성을 지니는 '이것'으로 존재한다. 그렇다면 '이것으로서 인격'인 내가 소유하는 것 또한 '이것'이며 '나의 것'이다. 이것으로서 나의 것은 '사적 소유'다. 인격이 소유를 통해 이성적으로 되고 이념을 실현하는 계기를 마련할 때, 소유는 '나의 소유'며 '나의 사적 소유(Privateigentum)'12)라는 성격을 지니게 된다. 헤겔은 '이것', '나의 것'이라는 규정을 '사적 소유의 필연성에 관한 중요한 이론'13)으로 간주한다.

그러므로 인격의 실현을 위해 외적 현존재성이 도출되듯이, '인격'의 실현을 위해 반드시 '사적 소유'가 동반되며, '사적 소

연구』, 제6호, 청아출판사, 1995)을 참고하라.
11) "외적인 사물과의 관계에서 이성적인 것은 내가(인격이) 소유물을 점유한다는 것이다"(*GPdR.*, §49).
12) G. W. F. Hegel, *GPdR.*, §46 참고.
13) G. W. F. Hegel, *GPdR.*, §46, Zusatz.

유' 없는 '인격'은 상정될 수 없다. 헤겔은 『법철학』에서 인격이
자신의 권리를 현존재로 정립해나갈 때, 그 기초인 '추상적 권
리'를 '인격권, 물권, 소권'과 같은 식으로 분류하거나 칸트처럼
'물권, 인격권, 사물인격권'과 같은 식으로 구분하는 것은 문
제14)가 있으며, 오히려 '물권'은 '인격 그 자체의 권리'이므로
'점유(소유), 계약, 불법 및 범죄'와 같은 분류 방식을 취해야 한
다고 주장하는데, 이것 또한 인격의 실현을 위해 '사적 소유의
정당성'을 도출해내는 것과 연관성이 있다. 인격과 사적 소유는
분리 불가능한 공존 관계에 놓여 있다.

이 사적 소유가 고착되고 확고해지는, 즉 항구적으로 확실한
점유가 '재산(Vermoegen)'15)이며, '사유 재산'은 법의 이념인
자유를 실현하기 위한 지반이다. 이런 맥락에서 헤겔은 '재산공
유제를 주장하는 플라톤'을 비판적으로 바라본다. 사적 소유의
원리를 방기하는 것은 정신의 자유의 본성 및 법의 본성을 오
해하는 것이나 마찬가지다. 헤겔은 더 극단적으로, 누군가가 인
간 삶에서는 '아무런 소유도 발생하지 않는다'고 생각한다면 이
것은 곧 '개개의 민족이나 가족이 실존하지 않는다'거나 '인간
이 전혀 생존하지 않는다'고 말하는 것과 모순되지 않는다16)고
까지 주장한다.

그런데 문제는, 사적 소유가 정립되면 이와 더불어 '불평등'
이 유발되며 인격의 동등성에 위배되는 현상이 생긴다는 점이
다. 그렇다면 사적 소유에 기초하면서도 불평등을 해소할 수는
없는가? 헤겔은, 인간은 누구나 자기 생명을 보존하기 위한 지
출을 해야 하며 이를 위해 재산의 소유와 분배에서 동등성이

---

14) G. W. F. Hegel, *GPdR.*, §40을 참고하라.
15) G. W. F. Hegel, *GPdR.*, §170.
16) G. W. F. Hegel, *GPdR.*, §135.

요구된다는 점을 부인하진 않는다. 그러나 헤겔이 '추상적 권리'에서 다루고자 하는 것은, 누구나 추상적 인격을 지니며 인격적 의지를 외면화하는 가운데 인격의 본래성과 가치가 근거지워진다는 '추상적 인격 자체의 평등'이므로, 여기에서는 '다수의 복수적 인격간의 구별'은 고려 대상이 아니며 '인격 자체가 부등하고 불평등하다'는 주장 또한 적절하지 않다.

설령 '추상적 인격의 평등성'을 '재산 분배의 동등성'과 일치시키려고 한다 해도 재산의 동등성은 손쉽게 무산된다. 왜냐하면 토지 분배나 재산 분배는 '외적인 자연의 우연성'에 좌우되는데, 인간이 자연성과 우연성까지 전적으로 재단하기는 어렵기 때문이다. 그리고 혹여 자연성을 극복하여 재산 분배를 동등하게 만든다고 해도, 사람들마다 각기 다르게 나타나는 '근면성'[17]이 '사유 재산의 동등성 실현'을 곧이어 방해하기 때문에 사유 재산 분배의 평등은 결코 실행될 수 없다. 헤겔의 입장에서 볼 때 결코 실행될 수 없는 것은 결코 시행되어서는 안 되므로 경제적 평등을 실현하려고 하는 것은 어리석은 일이다. 사유 재산을 획득할 '권리'가 평등하다는 인정은 가능하지만, '사유 재산의 양'의 평등을 실현하는 것은 불가능하다.

그러나 인간들은 '인격의 평등'과 '사유 재산 축적의 자유'에도 불구하고, 사회에 나타나는 빈곤과 불평등을 도외시하지 않으며 생계 유지를 위한 분배와 지출 문제를 지속적으로 부각시키는데, 헤겔은 이 논의가 '추상적 권리에 속하는 문제'가 아니라 '시민사회에 속하는 문제'[18]라고 하면서 대답을 유보한다.

---

17) G. W. F. Hegel, *GPdR.*, §49, Zusatz.
18) G. W. F. Hegel, *GPdR.*, §49.

3. 타인의 복지와 행복 추구
— 주관의 자기 목적과 긴급권의 관계

추상적 인격의 '평등'과 '사유 재산의 정당성'만을 고수하면 '타인의 빈곤'을 고려할 여지가 없다. 그러나 인격이 이념을 실현하기 위해서는 자신의 의지를 '현존재'화해야 하므로 인격적 의지를 전개하는 가운데 대타적 관계, 대타적 존재의 논리성이 드러나며, 이로 인해 '추상적 권리'에서도 타인과 관계할 수 있는 가능성이 점차적으로 밝혀진다.

인격이 소유를 외적 현존재로 정립할 때, '현존재'는 사실상 '규정된 존재'다. 규정된 존재는 구별되는 존재며, 구별된다는 점에서 현존재는 본질적으로 '대타적 존재'[19]다. 그러므로 인격의 현존재인 소유도 기본적으로 타자와의 관계 속에 있으며, 이것은 단순히 물건과 물건간의 관계가 아니라 나의 인격과 타자의 인격, 나의 의지와 타자의 의지간의 관계다. 이렇게 해서 대타적 관계로 정립되는 인격의 현존재는 '계약'이다. 계약은 나와 너간의 절대적 구별 속에서 하나의 동일한 의지를 매개하는 작용이며, 나의 특수한 의지와 타인의 특수한 의지간의 '공통 의지'의 발현이다. 그렇다면 나의 의지는 동시에 타인의 의지다. 물론 계약에서 공통 의지는 양자간의 '공통성'에 지나지 않으므로 아직은 '즉자대자적으로 보편적인 의지'는 아니지만,[20] 『법철학』은 객관 정신의 차원에서 전개되므로 계약 관계에도 이미 상호 인정이라는 계기는 포함되어 있다.[21] 물론 이것이 타인의 빈곤 문제를 고려하고 있는 것은 아니다.

---

19) G. W. F. Hegel, *GPdR.*, §71.
20) G. W. F. Hegel, *GPdR.*, §75.
21) G. W. F. Hegel, *GPdR.*, §71.

계약에 의해 합의가 이루어지면, 나의 물건을 타자에게 양도하는 급부(Leistung)가 의무로서 수행되어야 한다. 그러나 합의를 통해 나의 의지와 타인의 의지간의 '공통 의지'가 형성되어도 급부가 필연적으로 일어나지는 않는다. 상호 주관적 '보편 의지'가 정립되지 않은 '공통성'에서는 급부를 실행하지 않으려고 하는 '특수 의지'가 살아 있으며[22] 특수 의지는 자신이 개시될 여지를 뚫고 나와 '공통 의지'를 압도함으로써 '불법 및 범죄'를 낳는다. 인격은 자유로운 의지, 자유로운 보편적 의지를 실현하려고 하지만, '추상적 권리' 단계에서 의지는 '보편적인 즉자 존재적 의지'며, 이것이 외적 현존재로 전개될 때 특수 의지가 전면에 부각되어 '개별적이며 대자적으로 존재하는 의지'(자의와 우연성)와 대립(부정)되면서 불법 및 범죄로 나아간다. 그러나 물론 의지는 '개별적이며 대자적인 의지'와의 대립을 지양하여 '보편적인 즉자 존재적 의지로 복귀'(부정의 부정)하고자 한다. 복귀에 의해 인격적 의지는 '스스로 자기와 관계하는 부정성'이 된다.[23] 자기 관계적 부정성은 자유 의지를 지닌 '주관성의 자기 규정'이며 '자유의 대자적으로 무한한 주관성'[24]이다. 자기 관계하는 주관성은 내면적인 것에 기초하는 도덕적 입장의 원리며, 이제 의지는 '추상적 권리'에서 '도덕성'으로 이행한다.

인격적 의지는 자신의 현존재를 '추상적 권리'에서는 '외면적인 것', '외적 사물'을 통해 마련하는 '의지의 즉자 존재적 동일성'이지만, '도덕성'에서는 '내면적인 것', '자기 자신' 속에서 마련하는 '의지의 대자 존재적 동일성'으로서 자기 관계적 부정성이

---

22) G. W. F. Hegel, *GPdR.*, §78-79 참고.
23) 물론 여기에는 범죄를 부정하는 형벌, 형법이 개입되며, 형벌은 범죄의 이성적 요소라는 측면에서 논의된다.
24) G. W. F. Hegel, *GPdR.*, §104.

다. 그래서 '도덕성'에서 인격적 의지는 '주관', '주관성'이 된다.

　'주관'은 '도덕적 의지'를 지니며, 도덕적 의지의 외면화는 '행위'다. '주관적 내지 도덕적 의지의 표출이 행위'25)다. 여기에서 행위(Handlung)는 소행(Tun, Tat)과 구분되며, 주관이 자신의 소행에 대해 자각하고 있느냐, 즉 소행이 도덕적 의지의 발로냐가 중요시된다. 주관의 자각이 있을 때 소행은 소행에 그치지 않고 행위가 된다. 이때 자각이 나에게만 국한되는 것이 아니라 '타인까지 고려'하면 그 자각은 '도덕적 의도'26)가 된다. '도덕적 의도'냐 아니냐는 '도덕성'의 중요한 판단 기준이다. '도덕적 의도' 여부는 '자각적이냐 아니냐' 뿐만 아니라 '타인까지 고려하느냐 아니냐'도 문제삼는다는 점이 중요하다. 그러므로 '도덕성'에서는 '추상적 권리'에서 배제된 것, 즉 '나의 원칙, 나의 의도가 어떠하냐' 및 주관적 측면으로서 '의지의 자기 규정, 동기, 기도'27) 등이 고려되며, 동시에 '타인이 어떤 동기에 의해 그런 일을 하느냐'와 '타인이 무엇을 바라느냐'28)에까지 논의가 확장된다.

　이때 나의 의도와 행위 동기는 무엇인가? '주관'은 '자신의 고유한 내적 목적'을 지니며 내적 목적을 스스로 실현하려고 한다. 주관의 내적 목적으로서 행위 동기는 '자신의 복지 내지 행복'29) 실현이다. 그러므로 '도덕성'에서 '나의 특수한 의지'를 추동시키는 힘은 '나의 특수한 복지 내지 행복'이다. '복지와 행복'으로 나타나는 내적 목적은 '자연적 의지'의 발현이며, 이것은 사적 소유를 획득하고 누리는 것과 연관성이 있다.

---

25) G. W. F. Hegel, *GPdR.*, §113.
26) G. W. F. Hegel, *GPdR.*, §126.
27) G. W. F. Hegel, *GPdR.*, §101, Zusatz.
28) G. W. F. Hegel, *GPdR.*, §112, Zusatz.
29) G. W. F. Hegel, *GPdR.*, §123.

그런데 내적 목적에 기인하는 의지가 '특수한 의지'인 이유는 무엇인가? 나와 마찬가지로 다른 주관, 즉 타인이 있으며, 타인 또한 고유한 내적 목적과 의지를 지니며, 그 고유성이 나와 대립하는 특수성을 부각시킨다. 물론 나의 의지나 타인의 의지는 특수하지만 모두가 '자유로운 인격적 의지'를 실현하려는 목적의 일환이므로, 특수한 의지는 '자유에서 기인하는 보편적 의지'와 모순되어서는 안 된다. 즉, 나의 특수한 의지는 동시에 타인의 특수한 의지를 배태하고, '나의 특수한 복지와 행복'은 '타인의 특수한 복지와 행복'을 의도해야 한다. 그럴 때만이 나의 의지, 나의 의도는 보편성을 지니는 '도덕적 의도'가 된다. 도덕적 의도를 지닌 특수자의 목적은 '자신의 특수한 복지 내지 행복' 추구와 동시에 '타인의 특수한 복지 내지 행복' 추구며, '나의 특수한 복지 내지 행복'은 '복지 내지 행복이라는 보편적 목적'과 매개되어 있다. 따라서 '나의 복지'는 동시에 '타인의 복지'며 '만인의 복지'다.

그런데 주관 자신의 내적 목적이 자기의 복지 내지 행복과 더불어 타인의 복지 내지 행복(이라는 보편적 목적)도 배태한다고 해도 여전히 문제는 남아 있다. 주관의 내적 목적이 단지 '복지 내지 행복'이라면, 이것은 '자연성'을 지양하지 못한 목적이며 '자연적 의지'의 현현이라서 '자유(로운 의지)의 자기 목적'이 될 수 없다. '자연적 의지'에는 열정, 속견과 같은 자의와 우연성이 개입된다. 그리고 '복지 내지 행복'에서 타인의 복지까지 고려하는 '보편적 목적'을 실현시킨다 해도 이 내적 목적은 '자연성'에 기인하는 특수 의지에 몰입해 있다. 그러므로 주관의 내적 목적이 '복지 내지 행복'이라면 아직은 '자유의 보편적 목적'이 실현된 것이 아니다. 주관의 도덕적 의도와 '보편적 목적'을 실현하려면 '자연적인 내적 목적'을 지양하고 '자유의 내적 목적'으로 이행하는 보편적 복지를 고려해야 한다. 복지 내지 행복의 한계를 지양하고 추상적 권리와 관계하는 보편적 복지는 보편적인 내적 목적인 '선'으로의 이행을 통해 실현 가능하다. 다시 말하면 주관의 자유로운 참된 규정은 선이며, 선은 '자유로운 주관의 내적인 보편적 목적'이다.30)

헤겔은 '선'으로의 이행의 필연성을 정립하기 위해 '복지 내지 행복의 자연성'을 비판하는 것 이외에 '긴급권'31)의 문제도 제기한다. '긴급권'은 추상적 권리에서 배제한 타인의 빈곤을 미진하게나마 거론할 수 있는 여지를 만든다. '긴급권'은 타인이 생명의 위협을 받을 정도로 심각한 빈곤 상태에 있을 때 그의 빈곤을 해소해야 한다는 요구 속에서 설정된다. 그런데 타인이 생명의 위협을 받을 정도의 빈곤 상태라 해도, 만약 누군가가 나의 사유 재산을 떼어서 그에게 배분해주려고 한다면, 나의 사유 재산과 인격은 침해를 받는 것이다. 타인의 복지 내지 행복을 고려한다고 해도, 그것이 누군가의 복지 내지 행복의 침해를 야기한다면 문제가 있는 것이며, 그래서 아무리 극단적인 상황이라고 해도 누군가의 인격이나 권리, 사유 재산의 침해가 일어나서는 안 된다.

그런데 나와 타인은 인격적 현존재이므로 자연적 의지에 깃들인 여러 가지 관심의 특수성을 지니며 특수성들이 단순한 총체성으로 총괄된 '생명'이다. 인간은 생명을 보존하고 유지해야 하므로, 생명이 극도의 위험에 처한 인격은 타인의 소유를 떼어오고 제한해서라도 도움을 받아 생명을 보존해야 한다. 그러나 생명의 위험에 처한 인격을 돕는 것은 '타인의 정당한 소유와 충돌'할 수밖에 없다. 이때 충돌을 일으키지 않으려고만 해

---

30) G. W. F. Hegel, *GPdR.*, §123 참고.
31) G. W. F. Hegel, *GPdR.*, §127.

야 하는가? 헤겔은 여기에서 '긴급권'(형평성이 아니라 권리로서 긴급권)을 발동시킨다. 긴급권은 극도의 위험에 처한 생명을 구하기 위해 타인의 사유 재산과 그의 인격적 권리를 부분적으로 침해할 수밖에 없고 그래서 '개별적으로 제한된 현존재에 대한 침해 가능성'을 열어놓아야 한다는 근거가 된다.

'권리 침해'라는 맥락에서 긴급권은 배제되어야 한다. 그러나 설령 '부분적 침해'라 해도 침해가 일어나서는 안 된다는 것에 초점을 맞추면, '타인의 생명 상실'을 방기하게 되며 그 결과 인격적 현존재인 타인의 '생명의 무한한 침해'와 '전면적 권리 상실', 즉 죽음이 발생하게 된다. 권리의 부분적 침해를 방지하기 위해 죽음이라는 전면적 권리 상실을 좌시해도 되는 것인가? 헤겔은 전면적 권리 상실을 가져오는 무한한 침해를 방기하기보다는 제한된 침해를 통해서라도 타인의 생명을 보존하는 '호의'가 필요하다는 점을 부각시킨다. 생명의 무한한 침해를 방지하기 위한 긴급권에 대한 요구는 도덕성이 지닌 '특수 의지'와 '의지의 자연성'을 지양하며, '자력 한도의 인정'[32]이라는 '호의'를 허용한다.

물론 긴급권은 전면적 권리 박탈 상황에 처해 있는 타인을 고려하는 데만 적용되는 것은 아니다. 인격적 현존재는 현재 자신이 누리는 사유 재산의 정당성과 인격권에 기초하는 복지 증진 이외에도 '미래에 자신이 처할지도 모르는 긴급권의 상황'을 고려하게 된다. '나'의 '미래 문제'[33]를 염두에 두면 나의 사유재산권과 인격권을 부분적으로 침해하는 행위, 즉 불법적으로 보이는 행위를 타인을 위한 정당한 장치로서 정립하게 되고, 미래를 위한 개별적인 것들에 관여하지 않을 수가 없다. 미래

---

32) G. W. F. Hegel, *GPdR.*, §127.
33) G. W. F. Hegel, *GPdR.*, §127, Zusatz.

에 처할지도 모르는 나의 긴급권에 대한 고려가 나의 권리의 '부분적 침해'라는 불법을 용인하는 근거가 된다. 그것은 미래의 나 자신에 대한 호의다.

생명을 위해 '긴급권'과 '미래의 문제'를 고려하면, '추상적 권리'에서 나타나는 사유 재산의 정당성뿐만 아니라 '도덕성'에서 나타나는 복지 내지 행복 추구도 자유의 이념을 실현하기에는 유한하고 한계가 있다. '추상적 권리'는 자유가 특수적 인격의 실존으로 나타나지 않는 추상적 현존재이고, '도덕성의 복지'는 권리(법)의 보편성이 결여된 특수 의지의 구현이라서, 추상적 권리도 복지도 유한성과 우연성을 지니며 그 유한성은 긴급권에서 모두 노정된다.34) 여기에서 유한성과 우연성을 지양하면서 추상적 권리와 복지를 관계시키는 내적 목적으로 등장하는 것이 '선'이다.

선은, 나의 복지가 타인의 복지며 만인의 복지라는 점을 발전시켜서 '보편적 복지'를 실현하려고 하며 '권리 침해'를 통해서라도 권리의 보편성을 실현하려는 지반이므로, '특수 의지에 의해 실현되어야 할 필연성' 내지 '특수 의지의 실체'다. 즉, 선은 특수한 주관의 특수한 의지가 지닌 '본질적인 것'35)이다. 그러나 여기에서 선이 주관적 의지의 실체적이고 보편적인 내적 목적이지만 그에 반해 주관적 의지가 특수한 의지를 지닌다면, 의지의 실체 내지 본질적인 것에 해당되는 선은 주관으로부터 구별되는 것이고 그래서 주관에게 '의무'로 다가오는 추상적 본질이 된다. 헤겔은 선이 특수성과 구별되고 주관적 의지에게 의무로 규정되는 대표적 형태로서 '칸트'의 실천 철학을 비판하고 있다.

---

34) G. W. F. Hegel, *GPdR.*, §128.
35) G. W. F. Hegel, *GPdR.*, §133.

선이 '의무'로만 간주되면 여기에서 '권리'는 도외시되는 것처럼 보이며 의무와 권리는 서로 분리된다. 의무는 나의 권리를 실현하는 것이 아니라 오히려 권리를 제한하는 것으로 간주된다. 헤겔이 보기에 선이 의무로만 간주되는 차원에서 '의무'의 내용은 단지 자연적인 내적 목적으로 나타났던 "복지, 즉 자기 자신의 복지와 타인의 복지라는 보편적 규정 속에서의 복지를 위해 진력한다"[36]는 측면만 부각될 뿐이다. 그러나 '복지 내지 행복'이나 '추상적 권리'는 의무 그 자체의 규정 속에 포함되어 있는 것이 아니며, '복지 내지 행복'은 자연성을 지니는 내적 목적이라서 지양되어야 하는 것이다. 그러다 보니 선은 추상적 보편성에 지나지 않으며 추상적 보편성을 지니는 도덕적 주관의 차원을 넘어서지 못한다. 헤겔은 이를 극복하기 위해 양심[37]을 논하기는 한다. 선을 내적으로 규정하는 무한한 주관성이 '양심'인데, 양심은 선이 지닌 추상성과 형식성을 극복하고 특수성을 담지하는 것처럼 보인다. 그러나 보편 의지와 특수 의지의 통일로서 보편적 목적을 실현하기에는 여전히 추상적이고 형식적이라서 보편 의지가 실현될 수 없다고 드러난다. 이런 문제들은 '도덕성'에서 '인륜성'으로 이행하지 않으면 해결되지 않는다.

---

36) G. W. F. Hegel, *GPdR.*, §134.
37) 선은 의지의 개념과 특수 의지의 통일로서 이념이지만, 선이 추상적일 때 특수성을 담아내는 것은 양심이며, 또 다른 얼굴인 악이다. 그러나 양심은 의지의 주관적 지와 객관적 체계를 통일시키지 못하므로 인륜성으로 이행해야 하며, 선은 주관(특수한 의지)에게는 의무로 다가오는 보편성이라서 칸트적 의무론으로서 공허한 형식주의일 뿐이다.

4. 타인의 빈곤에 대한 제도적 배려
   ― 제2의 가족으로서 직업 단체

  선은 특수한 주관의 내적 목적이며 참된 것에 대한 인식이기 때문에, 선은 '단적으로 사유 속에 그리고 사유를 통해서만'[38] 존재하는 것이다. 선은 사유를 통해서 존재하면서 동시에 주관적 의지의 내적 목적이므로 '지와 의욕의 통일'로서 '자기 의식'의 본성에 도달한 것이며 도덕적 자기 의식이다. 그러나 선은 추상적이므로, '내적 주관성'으로서 추상적 형식을 지양하여 특수한 내용을 담지하는 '객관적 주관성'으로 이행한다. 객관적 주관성은 주관적 의지의 자의성을 극복하여 '실체성'과 '실체의 구별성'을 동시에 지니는 '구체적 실체'다. 구체적 실체는 '추상적 선을 대신하여 등장하는 객관적 인륜성'[39]이다. 객관적 인륜성은 가족, 시민사회, 국가로 전개되며, 즉자대자적으로 존재하는 여러 법률 내지 제도로 정립된다. 여기에는 주관적 계기와 객관적 계기가 통일되어 있으므로 실체로서 객관적인 것은 주관성에 의해 충만된 '무한한 형식으로서 주관성'이다.

  그런데 인륜성을 객관적 입장으로만 간주하면 주관성의 차원이 배제되면서 자기 자각으로서 자기 의식이 결여되며 그래서 자신이 인륜적 상태에 있다는 것조차도 제대로 의식하지 못하게 된다. 인륜적 인간인데도 불구하고 이를 의식하지 못하는 전형으로서 '안티고네'를 들 수 있다. 안티고네는 법률을 알고는 있으나 그 법률의 출처를 자각하고 있지 못하기 때문에 주관적 계기를 망각하고 자기 의식을 상실한 직접적 실체성이다. 이 단계는 직접적인 인륜적 정신인 '가족'에 해당된다.

---

38) G. W. F. Hegel, *GPdR.*, §132.
39) G. W. F. Hegel, *GPdR.*, §144.

인륜적 통일성이 가장 직접적으로 나타나는 가족 구성원은 자신의 독자성보다는 공동체에 더 주안점을 두기 때문에, 재산은 '공동 소유'며, 가족 안에서 자신의 특수한 소유를 주장한다는 것 자체가 가족 공동체의 정신에 위배된다. 물론 각자는 공동 소유에도 불구하고 그에 대한 자신의 권리를 주장할 수 있기 때문에, 가족의 수장이 공동 소유를 처분하려 할 때 수장의 처분권과 자신의 권리가 충돌하기도 한다. 그러나 이 충돌은 사유 재산에 대한 분명한 경계를 의식해서 발생하는 것은 아니다. 사적 소유로서 자신의 권리, 사유 재산의 본질에 걸맞는 요구는 가족 안에서는 관철되지 않고 시민사회 구성원인 시민들 사이에서 나타난다. 그래서 헤겔은 사유 재산의 본질이 무엇이고 사유 재산 확정의 진정한 양식이 무엇인가에 대해서 시민사회에서 밝히겠다[40]고 말한다.

가족 공동체 구성원은 가족 안에서 독자적 인격이라는 자신의 자립성을 강조하지 않으며 자신의 욕구나 이해 관계를 부각시키지 않는다. 그 속에서 자기 의식은 망각되어 있고 소유도 공동 소유를 토대로 하여 운영된다. 자기 의식의 망각은 근대의 주관성과 사회성을 은폐하므로, 가족 공동체는 직접적인 인륜적 공동체다. 직접성을 벗어나는 것은 자신의 독자성을 자각하고 자기 의식을 확립하는 것인데, 이것은 가족 공동체를 벗어나서 사회로 진출하는 과정에서 첨예화된다. 사회로의 진출은 가족의 해체 속에서 이루어지며 가족의 해체는 자기 의식적 사회 구성원으로서 시민사회의 시민(부르주아)으로의 이행을 가속화시킨다. 시민사회에서 개인들은 가족 공동체에서 보여주는 인륜적 정신보다는 자신의 주관적 자립성을 확립하고 자신의 개인적인 욕구를 실현시키는 것이 더 중요하다.

---

40) G. W. F. Hegel, *GPdR.*, §170 참고.

시민사회에서 개인은 자신의 이기적 욕구를 충족시키려 하며 자기가 자신의 목적이 되므로, 모든 타자는 자기의 목적과 배치되는 '무'와 같은 존재로 간주된다. 그러나 자신의 욕구는 무한하고, 게다가 시민사회의 활동 속에서 욕구가 새롭게 창출되기도 하므로, 모든 욕구를 자신의 힘으로 충족시키기에는 한계가 있다. "타자와의 관계가 없이는 그 누구도 자기가 목적하는 것의 전 범위를 달성할 수가 없다."[41] 그렇다면 타자는 나의 특수한 목적과 욕구를 충족시키기 위한 '수단'이 된다. 타인 또한 자신의 목적을 충족시키기 위해 나를 필요로 하며, 나 또한 타인의 '수단'이 된다. 서로는 서로의 욕구 충족을 위한 조건이 된다.

특수한 나의 목적을 충족시키려는 행위는 타자를 나의 조건으로 삼으며, 그래서 특수한 개인의 욕구는 다른 특수자의 욕구에 의해 매개되어 있고, 한 개인의 특수한 욕구 실현은 보편적인 욕구 실현과 매개되어 있다. 설령 나의 욕구가 나의 이기적 목적의 발양이라 해도 나의 욕구를 실현하는 과정에서 나는 보편성에 의해 제약되거나 보편성에 의해 매개되기 때문에, '개인의 생계와 복지 및 그 법률적 현존재는 곧 만인의 생계와 복지 및 권리와 한데 어우러져'[42] 있고 또 이와 같이 특수한 욕구가 보편성에 의해 제약될 때만 개인의 특수한 욕구 또한 자신의 복지를 증진시킬 수가 있게 된다. 그러므로 시민사회에서 시민 개개인은 '전방위적인 상호 의존 체계'[43] 속에 놓여 있다.

헤겔은 시민사회가 지니는 전방위적인 상호 의존 체계에 상응하는 국가를 '비상 국가' 내지는 '오성 국가'라고 한다. 물론

---

41) G. W. F. Hegel, *GPdR.*, §182, Zusatz.
42) G. W. F. Hegel, *GPdR.*, §183.
43) G. W. F. Hegel, *GPdR.*, §183.

'오성 국가'라는 명명 속에는 시민사회가 지니는 특수와 보편의 매개, 개인의 욕구와 만인의 복지에 대한 매개가 한계가 있고, 아직도 그 단계가 공통성이라는 자의적 차원을 넘어서지 못하고 있다는 의미를 담고 있다. 그것을 '의무'와 '권리'라는 차원에서 보면, '의무'는 그저 '의무'로만 여겨지지 자신의 '권리' 실현이기도 하다는 의식이 아직도 형성되지 않은 단계다. 가령 오성 국가에서 개인은 자신의 욕구를 실현하고 복지를 증진시키기 위해 필요한 국가의 역할로서 '조세'를 내야 한다. 그런데 조세 지불은 개인에게 '의무'로만 간주될 뿐이지 '자신의 권리'를 획득하는 차원으로 이해되지는 않는다. 그렇게 보면 타인의 복지를 위한 행위나 타인의 빈곤을 해소하기 위한 제도적 장치 또한 자신의 권리 실현보다는 '권리와 관계없는 의무'나 '권리 침해' 이상으로 간주되기가 힘든 상황이다.

그리고 시민사회가 아무리 전방위적인 의존 체계로서 만인의 복지 및 권리와 매개되어 있다고 해도, 독자적인 욕구 충족에 기초하는 시민사회의 경제 활동은 빈익빈부익부 현상을 초래한다. 점증하는 인구의 팽창과 산업의 진보 가운데서 인간들은 욕망을 충족시키기 위한 수단을 마련하고 그 관계를 일반화하는 가운데 부를 축적시킬 수 있는 가능성도 증대되지만, 특수한 노동이 지닌 개별성과 제약, 그리고 노동에 매어 있는 계층의 의존성이 심화되면서 빈곤을 야기시킨다.44) 처음에는 일시적 '기아' 상태가 나타나다가 기아가 제거되지 않고 방치되면 '천민'45)으로 전락하기도 한다. 천민은 단순한 빈곤자가 아니라 생계 수준이 일정 단계 이하인 사람이며, 게다가 자기 스스로 활동하고 노동할 수 있는 권리가 있고 이 권리를 통해 자기를

---

44) G. W. F. Hegel, *GPdR.*, §243.
45) G. W. F. Hegel, *GPdR.*, §244.

실현할 수 있다는 생각과 자기 존중감을 상실한 사람이다. 심지어 천민은 자신의 가난에 대한 자각뿐만 아니라 부자, 사회, 정부에 대한 내적 분노나 반항심조차도 사라진 사람들이기 때문에 '천민'이 생겨나지 않도록 하면서 빈곤을 퇴치하는 문제는 헤겔이 살던 근대 사회를 동요시키고 괴롭혀 온 문제[46]다. 이것은 정보 사회의 통신 매체와 커뮤니케이션을 통해 가능해진 초국가적 민간 기업을 창출하고 있는 현대 사회에까지 관철되는 심각한 문제다.

이러한 빈곤을 퇴치하려는 노력과 사회 기제들이 지속적으로 나타나기는 했다. 유산 계급이 자선을 베푼다거나 공적 소유에 해당되는 수도원, 사회 사업 단체, 부유한 병원 같은 곳에서 빈곤자를 위한 물질적 부담을 떠안는다거나 아니면 빈곤자에게 그들의 생계를 해결할 수 있는 노동 기회를 제공하는 노력이 경주되기도 했다. 그러나 헤겔이 보기에 자선은 빈곤자를 노동과 매개되지 않은 상태로 남겨두므로 천민의 상태를 벗어날 수 없도록 만들고, 노동 기회를 제공하는 것은 과도한 생산으로 일종의 공황을 야기[47]하기 때문에 천민의 발생을 예방하고 천민을 제거하는 데 결정적 역할을 할 수 없다. 그래서 이런 문제를 해결하기 위해 다른 국가로 눈을 돌려 식민지를 개척[48]하고 일종의 국제 무역의 외향을 띠는 상업 활동을 활성화시켜 활로를 개척하는 방식도 있을 수 있다. 그러나 이런 논리는 식민지 국가를 자국으로 간주하고서 바라본다면 인격성에 기초하는 대안이라고 하기에는 어렵다.

그러나 설령 이런 부적절한 방법을 통해서라도 빈곤을 타파

---

46) G. W. F. Hegel, *GPdR.*, §244, Zusatz.
47) G. W. F. Hegel, *GPdR.*, §243.
48) G. W. F. Hegel, *GPdR.*, §246 이하를 참고하라.

하고 개개인의 생계를 일정 수준으로 유지하도록 해도, 시민들이 지닌 사치나 낭비벽[49]이 그 노력을 졸지에 무화시켜버릴 수도 있으므로 빈곤과 불평등이 생겨나는 것을 근본적으로 막을 수는 없다. 그러나 천민 상태로까지 전락시키는 경제적 불평등이 어쩔 수 없이 발생한다고 해도 시민사회는 이전과는 다른 가능성을 보여준다. 왜냐 하면 시민사회의 일원일 때 개인은 자신의 생계를 해결해달라고 시민사회에 요구할 수 있는 권리가 있다는 점이다. 즉, 시민사회는 빈곤한 사람들의 생계를 보살피는 일종의 '후견자' 노릇을 해야 할 의무를 지니며 동시에 그 속에서 사회의 목적을 실현할 권리를 지닌다.[50] 시민이 요구하는 권리는 앞의 '도덕성' 단계까지는 주제화되지 못했던 것이다. 비록 '도덕성'에서 '긴급권'을 논하기는 하지만, 자신의 '생계 보장 권리'에 대한 요구와 그에 대한 사회의 '의무'를 강조하는 것은 시민사회에서야 가능하다. 이 의무를 수행하기 위해서는 물론 '제도'가 필요하며 제도의 어떤 측면이 빈곤을 제거하는 데 결정적 역할을 하는지도 이해해야 한다.

일단 시민사회에서 나타나는 빈곤은 '부의 축적'과 '노동자가 매어 있는 계층'과 '특수한 노동의 제약성' 때문에 생겨나며 이와 더불어 여러 가지 충돌이 생겨난다. 시민사회에서 생산자와 소비자간의 분리와 이해 관계의 충돌이 생겨나는 것은 자연스럽지만 충돌을 의식적으로 통제할 필요가 있다. 충돌을 조율하기 위한 제도적 장치로서 '경찰 행정'이 그 역할을 맡게 된다. 비근하게는 시장에서 생활 필수품의 가격이 공정하게 책정되고 유통될 수 있도록 경찰 행정이 개입하게 된다. 그리고 비록 시민사회에서 개인의 욕구와 수요를 충족시키는 행위가 만인

---

49) G. W. F. Hegel, *GPdR.*, §240.
50) G. W. F. Hegel, *GPdR.*, §240 참고.

을 위한 행위라 해도, 개개인의 활동 공간 가운데 '공동 사용을 목적으로 하는 수단이나 시설'이라든지 '일반적 업무나 공익 시설에 공권력에 의한 감독 및 관리'[51]가 실질적으로 필요하기 때문에 경찰 행정은 중요하다.

그런데 경찰 행정의 역할에는 충돌 해소라는 맥락에서 공권력의 개입과 관리로만 설명할 수 없는 다른 측면이 있다. 개인이나 공중(Publikum)은 여타의 이유에 의해 시장에서 기만당하는 것을 방지할 수 있다. 그러므로 경찰 행정의 역할에는 기만을 방지하고자 하는 '배려'[52]의 측면이 담겨 있다. 생활 필수품의 가격의 공정성은 이해 관계의 충돌뿐만 아니라 부당하게 책정된 가격을 자각하지 못함으로 해서 생겨나는 기만을 시민들이 당하지 않도록 하는 배려가 들어 있다. 배려는 시민들이 특수성에 의해 부당한 이익과 불이익이 발생하지 않도록 하는 것이며, 달리 말하면 주관의 특수성, 특수한 의지, 특수한 이익이 보편성과 배치되는 것을 통제하는 측면이며, 그리고 시민사회의 특수성 속에 담겨 있는 보편적인 것을 실현하고 유지[53]하려는 측면이다. 그러므로 '경찰 행정'은 공권력의 개입과 감독 및 배려의 측면을 모두 지닌다. 배려를 통해 보편적인 것을 실현하려는 것은 결국 특수성을 자유의 이념에 따라 작동하도록 하는 것이고, 시민사회가 지니고 있는 특수한 욕구에 따른 특수한 이해 관계를 지양하면서 여기에 인륜적 요소가 분명하게 개입될 수 있는 여지를 만든다.

그러므로 경찰 행정상의 배려는 빈곤을 방지하고 불평등을 해소하고자 하는 목적을 배태하고 있다. 그러나 경찰 행정은

---

51) G. W. F. Hegel, GPdR., §235.
52) G. W. F. Hegel, GPdR., §236.
53) G. W. F. Hegel, GPdR., §249.

빈곤과 불평등을 적극적으로 제거하지는 못하고 '예방'의 측면을 지니며 그리고 공권력으로서 '감독'의 성격이 강하기 때문에, 타인의 빈곤을 해소할 의무와 그에 대한 시민의 요구권이라는 부분을 강하게 부각시키기는 어렵다.

그러므로 시민사회의 의무면서 개인의 요구권이라는 권리를 관철시키기 위한 '배려'를 좀더 현실화시키는 장치가 필요하다. 헤겔은 이런 역할을 '직업 단체'(조합주의)를 통해 구현한다. 시민사회에서 시민들은 대체로 경제적 활동 영역과 이해 관계에 따라 농민 계층, 상공인 계층, 관료 계층으로 분류되는데, 각 계층들은 자신들이 속해 있는 계층과 공감대를 형성하면서 공통의 이익을 관철시키기 위해 연대한다. 연대를 통해 직업 단체가 형성되며, 여기에서 시민은 자신의 자립성과 독자성을 지니면서 동시에 직업 단체의 한 구성원으로서 공동체 의식을 지닌다. 그들은 특수한 사적 목적에 따라 움직이지만 '공통의 사적 목적'을 실현시키려고 하고 이 속에서 자신들의 보편성을 실현할 수 있는 여지를 만든다.

시민사회가 전방위적 의존 체계라서 개인의 사적 욕구 실현을 통해 타인의 욕구 실현이 가능하다고는 하지만, 그래도 아직은 보편성이 실현된 것은 아니므로 시민사회의 동력은 공통성에 기초한 특수 의지, 특수한 욕구다. 이에 반해 시민사회에 근본적으로 결여되어 있는 보편적인 것, 인륜적 요소가 직업 단체를 통해 보완되고 형성될 수 있다. 직업 단체의 활동을 통해서 개인은 자신을 돌보면서도 직업 단체에 속해 있는 타인을 위하는 행위를 하며 이 속에서 인륜성의 차원이 자각된다. 시민사회가 지닌 인륜적 요소로서 "이러한 무의식적 필연성은 직업 단체를 통하여 비로소 의식화되며 동시에 사유하는 인륜성이 되는 것이다."[54] 직업 단체는 인륜적인 것이 시민사회 속으로 복귀하도록 하는 사명을 지니고 있다.

직업 단체가 지닌 인륜적 요소를 가장 잘 배태하고 있는 계층은 상공 계층[55]이다. 각 계층에 속하는 사람들은 그들만의 특수성이 있으며 특수성의 공통성을 지니고 있는 사람들끼리의 연대다. '특수성이 갖는 본래의 동질적 요소'는 공통적인 것이며, 시민사회에서 공통성을 지니는 계층들의 노동 기구가 '협동조합(Genossenschaft)'[56]이다.

서로 연대감을 느끼는 직업 단체 구성원은 각자가 사회 활동 속에서 겪게 되는 특수한 우연성으로부터 보호받도록 하고 각자가 지닌 능력을 발휘하고 도야할 수 있도록 '배려'를 하게 되며, 그 배려는 단지 의무 차원이 아니라 '권리' 차원에서 논의된다. 즉, 직업 단체는 구성원을 위해 배려해야 할 권리[57]를 지닌다. 구성원을 위한 배려는 자신들이 속한 공동체 안에서 시민사회의 이기적 욕구와 이기적 행위와는 달리 '좀더 비이기적인 목적을 위해서 관심과 노력을 기울이는 것'[58]이며 같은 조합 사람들의 생계와 직업 보장을 위해 노력한다. 이 행위는 자신에게 불이익을 가져다주거나 자신의 권리를 침해하는 것이 아니라 오히려 자신의 계층 속에서 스스로 긍지를 느끼게 만든다. 직업 단체의 성격은 시민사회가 본래적으로 지니고 있는 특징과 다른 것이며 시민사회 안에 결여되어 있는 인륜적 요소가 들어오는 것이다. 인륜적 요소가 구성원을 위한 배려의 권리와 비이기적 목적으로 나타날 때 '일종의 가족 공동체'와 같은 특징을 지니게 된다. 시민사회는 개인의 빈곤을 타파하고 사치와

---

54) G. W. F. Hegel, *GPdR*., §255, Zusatz.
55) G. W. F. Hegel, *GPdR*., §250.
56) G. W. F. Hegel, *GPdR*., §251.
57) G. W. F. Hegel, *GPdR*., §252.
58) G. W. F. Hegel, *GPdR*., §253.

낭비를 막아내는 '후견인' 역할을 하는데, 직업 단체에서는 이제 후견인에 국한되지 않고 일종의 가족 공동체의 구성원처럼 타인을 위해 '배려'하고, 그 배려를 통해서야 비로소 계층에 대한 긍지와 자부심을 느낄 수 있게 만든다. 그러므로 직업 단체의 결성과 그 속에서 작동하는 배려는 타인의 빈곤을 적극적으로 제거하고 방지하는 장치며 시민사회 안에서 나타나는 경제적 불평등에 적극적으로 개입할 수 있는 권리를 보여준다. 그리고 직업 단체의 구성원을 위한 배려는 '빈곤과 경제적 불평등'을 제거하는 것뿐만 아니라 빈곤과 천민으로의 전락 속에서 나타나는 비굴함도 제거할 수 있으며, 경제적 부 때문에 생겨나는 교만함이나 과시욕 그리고 질투심과 같은 것도 제거할 수 있다. 그러므로 헤겔이 보기에 "합법적인 직업 단체의 일원이 되지 않고서는 개인은 계층에 대한 긍지를 지니지 못하고 스스로 고립된 상태에서 사업에 관련된 이기적 측면에만 집착함으로써 그의 생계나 향유는 균형을 잃어버릴 수밖에 없다."[59]

직업 단체가 보여주는 '배려'는 시민사회에 대한 논의를 출발할 때 지니는 개인의 특수한 욕구와 배치되는 것처럼 보이며 가족 공동체의 심정을 닮아 있다. 그러나 시민사회 구성원은 가족 구성원과 달리 자기 의식과 자신의 인격의 독립성에 기초하고 있으므로, 가족 공동체의 심정과 닮아 있는 배려 또한 가족 공동체의 한계와 시민사회의 한계를 동시에 지양하는 측면을 지니고 있다. 배려를 통해 가족과 시민사회의 차별성 및 공통성을 드러내기 위해 헤겔은 시민사회를 '제2의 가족'[60]으로 명명한다. 시민사회는 가족이 지닌 인륜성을 자기 의식적으로 구성한 것이며 그래서 혈연 공동체로서 가족의 무자각성을 지

---

59) G. W. F. Hegel, *GPdR.*, §253.
60) G. W. F. Hegel, *GPdR.*, §252.

양한 '보편적 가족'이라 할 수 있다. 시민사회의 동력인 특수한 욕구에 따라 구조화되는 무한 경쟁 사회에서 생겨나는 빈곤과 경제적 불평등의 문제를 제거하기 위해서는 경찰 행정의 개입으로는 한계가 있고, 여기에는 직업 단체의 협동조합적 성격이 강하게 작용해야 한다.

5. 나오는 말

사회에 나타나는 빈곤과 천민의 상황을 타개하려는 노력은 사유 재산의 성립과 더불어 등장하는 '경제적 불평등'과 '생계 해결의 어려움'을 논하는 '추상적 권리'에서부터 헤겔의 관심을 이끌어왔다. '추상적 권리'에서는 논할 수 없었던 '생계 유지를 위한 분배와 지출 문제'와 '사유 재산의 한계를 극복하는 문제'를 '도덕성'에서는 나의 의지를 '도덕적 의도'로 전개시키는 데서 주제화할 수 있다. 나의 의지가 '도덕적 의도'가 될 수 있으려면 보편성을 지향해야 하는데, 이를 위해 무엇보다도 중요한 기초인 '타인을 고려'하는 것이다. 타인에 대한 고려 때문에, 자연적 욕구에 기초하는 나의 복지와 행복에 대한 의지는 만인의 복지와 행복 실현과 매개되어 있는 것으로 나타난다. 물론 복지나 행복은 자유의 이념에서 나온 목적이 아니기 때문에 헤겔은 자연성을 지양하기 위해 '선'으로 이행한다. 그러는 과정에서 헤겔은 비록 '도덕성'에서 경제적 불평등을 자유에 기초하여 해소할 수 없는 것처럼 보여도 타인이 생명을 잃을 정도의 긴급한 상황에서는 타인을 위해 나의 부분적 권리 침해를 용인하는 '긴급권'을 발휘하게 되며, 긴급권은 단지 타인을 위한 것만이 아니라 미래에 처할 나의 궁핍 상태까지도 염두에 두는 것이 된다. 긴급권에 호소할 수 있는 심정적 기제로서 헤겔은 '호의'를 거론하면서 '자력 한도의 인정'에 대해 논한다. 그런데 '도덕성' 단계에서 전적으로 해결하지 못했던 빈곤과 경제적 불평등을 헤겔은 시민사회에서 나타나는 천민을 제거하고 방지하기 위해 도출되는 '경찰 행정'의 감독권과 배려 그리고 직업 단체가 보여주는 가족적인 성격으로서 구성원에 대한 '배려' 행사권을 통해 보여준다.

시민사회의 배려는 한갓 심정적 차원에서 나온 것처럼 보여도 이미 인륜적 공동체가 지닌 제도와 법률적 성격을 지닌 것이며 시민사회에서 국가로의 이행을 견인해내는 추동력이다. 그러므로 시민사회가 행사하는 '후견인' 역할 및 구성원에 대한 '배려'는 구성원 각각이 자신의 빈곤과 경제적 불평등을 타개하기 위해 시민사회에 요구할 수 있는 권리며 이와 반대로 시민사회도 개인에게 똑같이 권리를 요구할 수 있다. 물론 시민사회에 자신의 생계 문제와 불평등 해소를 요구할 수 있는 개인의 권리는 시민사회의 의무로만 다가오는 것이 아니라, 시민사회는 개인의 권리 행사 속에서 사회적 목적 또한 실현하는 것이기 때문에 의무와 권리가 분리되지 않고 하나로 통일될 수 있는 지반이다.

사회에서 나타나는 경제적 불평등을 해결하고 타인의 빈곤에 적극적으로 개입할 수 있는 권리 그리고 의무가 있는가라는 문제를 고려할 때, 우리가 타인의 빈곤을 해소하려고 하는 것은 일종의 권리 침해나 부당한 의무처럼 보이기도 하지만, 헤겔은 시민사회의 노동 기구인 직업 단체의 배려를 '제2의 가족'으로서 보편적 가족 개념으로 전환시킴으로 해서 의무와 권리를 합치시킬 수 있는 여지를 만든다. 개인은 가족 공동체의 아들과 딸인 것처럼 시민사회의 아들과 딸이기 때문에, 가족은

국가의 제1의 인륜적 기초이고 직업 단체는 국가의 제2의 인륜적 기초다.[61]

헤겔이 시민사회의 경제적 불평등을 해소하고 이를 위한 이론적 기반으로 제시하는 것은 현대 사회가 직면한 초국가적인 빈익빈부익부 문제를 해결하는 데 얼마만한 복안을 제시할 수 있을지에 대해서는 계속해서 연구해볼 가치가 있다. 왜냐 하면 부를 창출하는 지반이 상품이 아니라 정보이고 그래서 물건 생산과 교환이 아니라 인터넷으로의 접속인 상태에서, 이제 과거와 같은 유형적이고 고정적인 사유 재산은 그 의미를 퇴색해가고 있기 때문이다. 이때 이미지나 아이디어를 개발하는 인간의 상상력을 통해 소유 주체가 불분명한 인터넷 공간을 창출하는 가운데서 유형적이고 고정적인 사유 재산의 상실, 즉 소유의 종말을 주장[62]하는 데서 그치지 않고, 사실은 그와 반대로 빈익빈부익부가 컴퓨터 통신과 인터넷의 작동 원리를 이용하여 전세계적으로 심각해지고 있기 때문이다. 사유 재산의 종말 이면에 오히려 국가의 경계를 지워버리고 동시에 국가 자체의 소멸까지 점치게 하는 현대 사회의 인터넷 시장 구조와 세계화 구조는 그동안 국가가 빈곤자를 위해 마련한 복지 정책까지도 지워버리는 결과를 낳을 수 있다.

그래서 이런 상황을 타개하기 위해 소유의 종말을 주장하는 리프킨은 시민사회에서 타인에 대한 우대와 배려를 위한 '제3의 노동'을, 그 외의 사람들은 복지적 마인드를 지닌 기업의 도움을 받아 시민들이 자발적으로 기획하고 운영하면서 실업자의 일자리를 제도적으로 마련하는 '시민 노동' 체제를 대안으로 제시하기도 한다. 이것은 헤겔이 시민사회에서 국가로 이행하

---

61) G. W. F. Hegel, *GPdR.*, §255 참고.
62) 제레미 리프킨,『소유의 종말』, 이희재 역, 민음사, 2002, 14쪽 참고.

는 기점에서 제시한 '경찰 행정과 직업 단체의 배려' 그리고 '의무와 권리의 합치' 차원을 발전시키는 가운데서 나타날 수 있는 것이 아닌가라는 생각이 든다.63) 헤겔의 혜안을 이런 식으로 발전시킬 수 있는가의 문제는 앞으로의 연구 과제로 남는다.

---

63) 사랑과 노동을 봉사와 연결시키는 최신한의 「사랑과 노동」(『헤겔 철학과 종교적 이념』, 4장, 한들출판사, 1997)도 참고할 만하다.

칸트의 최고선 개념에 대한 헤겔의 재해석 : 수용과 비판

· · · 홍 영 두

[요약문]

이 논문은 『법철학강요』 제2편 '도덕'의 '선과 양심' 부분의 §129에 나타난 선 이념을 중점적으로 논의한다. 여기서 헤겔은 "선은 실현된 자유며, 세계의 절대적 궁극 목적이다"라고 규정한다. 이 논문의 과제는 헤겔의 바로 이 규정이 칸트의 현세적 최고선 개념과 관계 있음을 밝히며, 헤겔이 칸트의 선 혹은 최고선 개념을 어떻게 재해석하고 수용하며 비판하는지를 고찰하는 것이다. 그러나 Theunissen은 §129에서 보여준 헤겔의 이 같은 선 규정이 제3편 '인륜'의 §142와 §143에서 제시된 헤겔의 인륜 개념을 이미 선취한 것이라고 해석했다. 이 논문 3절에서 논자는 Theunissen의 해석을 칸트의 도덕에 대한 헤겔의 극복이라는 측면에서 수행된 것으로서 부분적으로 긍정할 수 있지만 지나치게 확대된 해석이라고 간주하고 이를 비판하며 그 논거를 제시하고자 했다. Theunissen의 해석은 특히 헤겔이 칸트의 도덕성을 비판적으로 수용한 측면을 간과하게 만들거나 약화시킬 수 있는 오류를 범하고 있음을 논자는 지적하고자 했다. 논자의 주장 요지는 다음과 같다. 헤겔은 "실현된 자유", "세계의 절대적 궁극 목적"이라는 표현을 통해 칸트 철학과의 관련성을 암시하고 있다. 물론 헤겔은 칸트의 최고선 개념을 칸트의 도덕철학 구상대로 수용하지 않는다. 오히려 헤겔은 도덕 편의 다른 부분에서처럼 도덕을 재해석하고 행위 이론의 지반 위에서 전개하며 선의 이념을 칸트의 '덕과 행복의 결합'이 아니라 '의지 개념과 특수한 의지의 통일'로 규정했으며, 이를 통해 선의 이념을 복지의 만족과 보편적 도덕의 결합으로 재해석하고자 했다. 이는 칸트적 도덕의 보편성을 행위 이론의 지반 위에서 적극적으로 수용한 것이다. 철학사적 의미를 부여한다면 헤겔은 칸트의 감성과 이성의 이원론을 선 이념을 통해 인간 개인의 차원에서 일원론화하는 과정을 전개했다고 우리는 말할 수 있다. 이 같은 주장을 논자는 해명하고자 했다. 따라서 이 논문은 칸트 도덕철학의 성격을 밝히는 작업에서부터 시작한다. 2절에서『실천이성비판』과『판단력비판』을 중심으로 논자는 칸트의 최고선 개념이 두 가지 종류의 해석 가능성을 안고 있음을 먼저 밝혔다. 그 두 가지 해석은 현세적 해석과 신학적 해석이다. 그 중에서 헤겔은 칸트의 현세적 최고선 개념을 끌어와 재해석하였으며 그에 따라 헤겔 자신의 선의 이념을 제시하고자 했음을 논자는 3절에서 주장하였다. 4절에서는 헤겔이 칸트의 선 개념과 관계하여 어떤 측면을 수용하고 어떤 측면을 비판하였는지를 중심으로 칸트 도덕철학에 대한 헤겔의 평가를 논자는 확인하고자 했다.

▶주요 검색어 : 칸트, 헤겔, 도덕성, 인륜성, 최고선, 주관성, 복지.

1. 문제 제기

고대 철학자 플라톤과 아리스토텔레스는 실천 이성을 실질적인 것으로 이해했다. 실천 이성을 실질적으로 사용하는 고대의 실천적 지혜는 자연 혹은 인간 본성에서 존재적 질서를 찾아내는 문제를 다루며 이 질서가 우리에게 행위 지침을 준다는 함축을 가지고 있었다. 반면에 칸트는 공리주의 철학자들과 함께 실질적 윤리 이론과 그 관점을 반대했다. 근대 도덕철학이 실질적 정당화에서 벗어나 절차적 정당화로 당당하게 방향 전환을 하게 된 가장 강력한 동기는 근대인의 자유 관념이다. 근대 서구의 도덕철학은 실천 이성에 가치를 부여하고자 했음에도 불구하고 고대 철학자와는 달리 존재적 질서를 거부할 수밖에 없었으며, 행위자 자신의 욕망이나 의지에 우선성을 부여하기 위해 가치를 형식적 용어로 재정의하는 가치 환원적 방법을 도입했다. 왜냐 하면 근대인의 자유 관념을 공유했던 근대 철학자들은 특수한 결과가 당위적 행위의 옳음을 규정하는 것이 아니라 오히려 결과를 얻게 해주는 방법 혹은 형식이 그 행위의 옳음을 규정해야 한다고 제안했기 때문이다. 이 같은 제안은 바로 칸트의 도덕철학에 해당되는데, 행위 원칙을 규정할 때 실천 이성에 중요한 역할을 부여한다는 점에서, 올바른 행위는 항상 강한 의미의 이성에 의해 정당화될 수 있어야 한다고 주장하는 점에서 칸트의 의무론적 도덕론은 실천 이성에 대한 절차적 관점을 채택한다. 칸트 철학에서 실천 이성에 대한 절차가 바로 보편화 가능성의 절차다.[1]

---

1) Taylor (1989), pp. 75-90 참고 ; Taylor (1991), pp. 65-66 참고. 논자는 칸트 도덕철학의 동기에 대한 차알스 테일러의 견해로부터 많은 시사점을 받았다. 테일러는 이성에 대한 관점을 기술하기 위해 본래 사용된 실질적/절차적이라는 용어를 윤리 이론의 형식에도 적용할 수 있다고 한다. 테일러는 근대 도덕 이론 전체의 성격을 절차주의라고 규정짓고, 여기에 칸트뿐만 아니라 공리주의도 포함시킨다. 테일러는 여러 가지 동기들의 다양한 결합이 칸트주의자들과 공리주의자들을 의무적 행위 이론으로 함께 이끌어가며, 이와 관련하여 이들이 절차적 윤리관을 공유하도록 인도한다고 주장한다. 테일러는 실질적/절차적이라는 용어 외에 직각론자 David Ross와 Harold Pritchard가 칸트적 이론과 공리주의 이론을 대비시키 위해 사용했던 옳음/좋음이라는 용어를 재정의해서 사용하는데, 공리주의가 아리스토텔레스의 의미에서 강한 선을 거부한다는 점에서 칸트주의의 선배며, 목표의 의미에서 선, 즉 사실적 욕망을 주창하며 계산의 극대화라는 형식을 가진다는 점에서 절차주의에 포함된다고 한다. 롤즈와 하버마스의 윤리학도 칸트에 비해 중요한 변화를 겪지

이 같은 절차적 관점을 채택함으로써 칸트는 선 및 최고선에 대한 고대 철학의 규정 방식과는 정반대 방향의 길을 걷는다. 헤겔은 칸트의 관점에 대해 제동을 건다. 헤겔은 선을 통해 개인의 자유 실현에서 최고의 것을 표현하고자 한다. "선은 실현된 자유며, 세계의 절대적 궁극 목적이다"(Rph,§129). 철학사 속에서 방임되었던 이 표현은 "헤겔의 체계 의도를 알리는 훌륭한 정식화"며, "이성적이고 행위하는 주관성에 법철학의 총 구성의 정초 기능을 부여하는" 헤겔의 입장을 단적으로 보여준다.2) 그렇다면 선 개념에 관한 칸트와 헤겔의 이해는 어떻게 다른가라는 물음이 제기된다.

『법철학강요』에서 칸트의 최고선 이념을 다룬 곳은 도덕 편의 마지막 부분 '선과 양심'의 첫 머리다. 논자는 '선과 양심'의 첫 머리 부분을 중심으로 헤겔이 칸트의 선 혹은 최고선 개념을 어떻게 재해석하고 수용하며 비판하는지 고찰하고자 한다. 논자는 칸트의 도덕철학 전반에 걸쳐 여러 가지 비판적 주장을 하고 있는 헤겔의 모든 논의를 단 한 편의 논문에 담을 수 없다. 그 때문에 논자는 칸트의 선 개념에 관한 헤겔의 논의에 가능한 한 초점을 모아 논의하고자 한다. 이 논문은 칸트 도덕철학에서부터 논의를 시작한다. 2절에서 『실천이성비판』과 『판단력비판』을 중심으로 논자는 칸트의 최고선 개념이 두 가지 종류의 해석 가능성을 안고 있음을 밝힐 것이다. 그 두 가지 해석은 현세적 해석과 신학적 해석이다. 『법철학강요』의 저자 헤겔은 도덕 편에서 칸트의 현세적 최고선 개념을 끌어와서 칸트의 최고선 개념에 재해석을 가한다는 점을 논자는 3절에서 주장할 것이다. 논자는 이 같은 주장을 통해 헤겔에 관한 Theunissen

---

만 기본 구조에서 절차적 윤리학이라고 테일러는 말한다.
2) Miguel Giusti (1987), S. 68 인용.

의 해석을 반박할 것이다. 4절에서는 헤겔이 칸트의 최고선 개념과 관계하여 어떤 측면을 수용하고 어떤 측면을 비판하였는지를 중심으로 칸트 도덕철학에 대한 헤겔의 평가를 논자는 확인하고자 했다.

이 논문은 헤겔 철학에서 도덕 편의 선 개념이 어떤 지위를 차지하는지 확인할 수 있는 기회를 제공할 것이다. 또한 선에 대한 칸트와 헤겔의 상이한 이해를 고찰하는 것은 오늘날 다원화되고 복잡한 현대 사회를 살아가는 현대인이 삶의 올바른 방향과 지침을 가지기 위해 어떤 시각이 필요한지 검토할 수 있는 기회가 될 것이다.

2. 칸트의 최고선 이념과 두 가지 해석 가능성

1) 칸트 도덕철학의 동기와 최고선 이념

칸트의 도덕철학을 형성한 강력한 윤리적 동기는 크게 보면 두 가지다. 하나는 칸트가 자기 규정으로서의 자유라고 하는 근대인의 자유 관념을 동시대인과 공유하고 있었다는 점이다. 17세기에 전개된 근대적 자유 관념은 외적 간섭 없이 자기 자신의 목적을 스스로 규정하는 주체의 독립성을 표현한다. 칸트가 계몽 군주의 후견주의를 강하게 거부하였던 것도 그 때문이었는데, 이는 고대 철학의 선 이념을 반대하는 형식으로 그의 도덕철학에 반영된다. 또 하나의 동기는 행복주의를 강하게 반대했다는 점이다. 고대 철학의 실질적 윤리 이론에 대한 반대를 칸트는 공리주의자와 공유했음에 불구하고 루소의 의지 이론을 수용함과 더불어 우리의 동기들을 동질적인 쾌락으로 보는 공리주의 관점과 단절한다.3) 칸트는 행복에 대한 욕망 대 도덕 법칙에 대한 존경 간의 구분에 기초하여 의무로부터의 행위와 성향으로부터의 행위를 구분한다.

이제 우리는 고대인의 선 이념을 거부하는 칸트가 선을 어떻게 주장하면서 그의 도덕철학을 확립하는지 살펴볼 차례다. 고대 철학의 최고선에 대해서 칸트는 이성이 최고선을 자기 안에서 학으로 삼고자 노력하는 한에서 최고선의 학설로서의 철학의 고대적 의미를 보존하는 것은 좋은 일이라고 평가한다(KdpV, A194 참고). 그렇다면 이성이 최고선을 자기 안에서 학으로 삼고자 노력한다는 것은 무엇을 뜻하는가? 칸트는 고대 철학의 최고선이 타율의 오류를 범한다고 비판한다. "고대인들은 도덕 연구 전체를 최고선 개념의 규정에 두고 최고선이라는 대상을 도덕 법칙에서 의지의 규정근거로 삼고자" 했다. 고대인은 우리의 의지와는 독립적으로 존재하는 자연 안에서 우리의 행위 기준, 즉 선을 찾았고, 이처럼 실질적인 선에서 실천 이성의 원리를 발견하였는데, 칸트에 따르면 문제는 고대인이 대상인 최고선을 의지의 규정 근거로 삼은 것은 타율을 가져온다는 것이다. 또 하나의 반대 이유는 "실천 이성의 타율로부터는 선천적

---

3) 칸트가 행복론을 강하게 거부하는 점은 그의 도덕 이론 전반에 걸쳐 나타난다. 특히 행복론을 직접적으로 거론한 부분은 『실천이성비판』A 111에 잘 나타나 있다. Reiss는 독일 계몽의 특성과 관련지어 칸트의 이 같은 경향을 잘 설명하고 있다. Reiss (1993), p. 8 참고 ; 루소와 칸트의 이론적 관계에 대해서는 다음 번역서의 역자 서문에 잘 나타나 있다. 카시러, E., 유철 옮김, 『루소, 칸트, 괴테』(서울 : 서광사, 1996) 역자 서문 참고. 또 Reiss (1993), introduction, pp. 10-11 참고 ; 여러 종류들의 선들에 대한 근대 도덕 이론의 거부는 질적 구분을 아예 거부하는 방향으로 이루어져 왔다. 테일러는 공리주의에 대해 다음과 같이 판단한다. 공리주의는 질적 구분을 전적으로 제거하는 것을 목표로 삼았지만 질적 구분에서 완전히 벗어나지는 못했다. "존재하는 것은 오직 욕망뿐이며, 남아 있는 유일한 기준은 욕망 충족의 극대화다." Taylor (1989), p. 78.

으로 보편적으로 명령하는 도덕 법칙이 결코 생길 수 없다"는 것이다(KdpV, A114 인용. A197 참고). 타율을 피하려는 칸트는 도덕 법칙이 우리의 의지로부터 비롯하는 것이라고 주장한다. 이 같은 배경 위에서 도덕 법칙에 대한 우리의 경외, 인간의 존엄성을 칸트는 강조한다. 왜냐 하면 도덕 법칙에 대한 우리의 경외는 도덕 법칙을 표현하는 법칙 작성자로서의 이성적 행위자의 지위를 반영하기 때문이다. 이성적 행위자는 우주의 그 어떤 다른 것도 누릴 수 없는 지위를 갖고 있다. 인간을 제외한 나머지 모든 피조물들은 값을 가질 수는 있으나, 오직 인간만이 존엄성(Würde)을 갖고 있다. 이처럼 칸트는 우리의 도덕적 책무들은 자연의 질서에 아무것도 빚지지 않는다는 점을 대단히 강조한다. 여하튼 칸트는 우주의 질서나 인간 본성에서 뽑은 모든 질적 구분이 인간을 타율에 빠뜨리게 만든다고 강한 거부감을 보인다.

고대인의 선 이념과 칸트의 선 이념은 정반대의 길을 걷는다. 칸트는 "선악 개념은 도덕 법칙에 앞서서 규정되는 것이 아니라 (얼핏 보면 선악 개념이 도덕 법칙의 근저에 두어야 할 듯 보이지만) 오직 도덕 법칙 이후에 또 도덕 법칙을 통해서 규정되지 않으면 안 되는 방법의 역설"(KdpV, A110)을 주장한다. 그렇다면 도덕 법칙이 선악 개념을 어떻게 규정하는지 먼저 살펴보자. 칸트에 따르면 선악 개념은 선천적 의지 규정의 결과며 순수한 실천 원리 및 순수 이성의 원인성을 전제한다. 순수 이성이란 선천적으로 실천적임을 입증하는 이성이다. 왜냐 하면 순수 이성은 자유의 법칙으로서 원인성의 법칙을 자기 자신에게 부여하기 때문이다(KdpV, A114-115 참고). 그러므로 선악 개념은 순수 지성 개념들 혹은 이론적으로 사용된 이성 범주들처럼 객관에 관계하지 않으며 객관을 순수 이성의 원인성에서 주어진 것으로 전제한다. "이때 법칙이 직접 의지를 규정하고 법칙에 적합한 행위는 그 자체로 선하다(an sich selbst gut). 의지의 준칙이 항상 법칙에 적합한 의지는 단적으로 모든 점에서 선하고 모든 선의 최상 조건이다"(KdpV, A109). 따라서 칸트는 "도덕 법칙만을, 최고선과 그 실현 혹은 촉진을 대상으로 삼는 근거로서 간주한다"(KdpV, A196).

도덕 법칙, 의무, 최고선간의 관계를 중심으로 이상의 논의를 다시 정리해보면 다음과 같다. 도덕 법칙은 가장 완전한 존재자의 의지에게는 신성성의 법칙이요, 모든 유한한 이성 존재자로서의 인간에게는 의무의 법칙이며, 도덕적 강제의 법칙이며, 법칙에 대한 존경과 자기 의무에 대한 외경에 의해서 인간이 자기의 행위를 규정하게 하는 법칙이다4)(KdpV, A146). 이 같은 도덕 법칙은 매우 완전한 도덕적 심정을 표시하며, 우리가 접근해야 하고 또 끊임없이 무한히 정진하는 데에서 그런 심정과 같게 되도록 노력해야 하는 원형이다(KdpV, A149). 이는 도덕 법칙이 우리 의지의 규정 근거라는 것이다. 그리고 인간 행위의 도덕적 가치는 의무에서 생긴다(KdpV, A144). 애착에서 모든 규정 근거를 배척하면서 도덕 법칙에 쫓아서 객관적으로 실천적일 때의 행위가 의무다(KdpV, A143). 이 같은 의미에서 도덕 법칙이야말로 최고선을 우리 의지의 대상으로서 우리 인간의 의무로 삼게 한다.

이처럼 칸트는 도덕을 정언 명법의 관점에서 정의한다. 그는 가언 명법과 정언 명법을 다음과 같이 구별한다. 가언 명법은 도덕 명법으로서의 정언 명법과 다르다. 가언 명법은 목적, 의

---

4) 그 외에도 칸트는 도덕 법칙을 "초감성적 자연의 근본 법칙", "순수실천이성의 자율성 밑에 있는 자연"(KdpV, A74)의 원리, "실천적인 순수 이성에 의한 행위의 형식적인 규정 근거"(KdpV, A133)로 표현한다.

도가 이성적인가 또는 선한가의 여부를 문제삼지 않고 가능적 목적이나 현실적 목적의 의욕에 대한 수단의 의욕을 명령한다. 그런데 어떤 가능적 목적이나 현실적 목적을 달성하기 위한 수단적 행위는 무수히 많으므로 행위의 원리는 무수히 많다. 따라서 가언 명법에 따라 행위하는 자는 일정한 원리에 따라 행위할 수 없다. 즉, "행위를 실천적 필연으로서 객관적으로 표현할 수 없다." 반면에 정언 명법은 "행위의 질료와 행위의 결과에 관여하는 것이 아니라 행위 자신을 낳을 형식과 원리에 관여한다. 그래서 행위에서 본질적으로 선한 것은 행위의 결과야 어떻든 심정(Gesinnung)에 존립한다"(GMdS, BA40-53 인용 참고). 그렇지만 칸트의 이 같은 주장은 정언 명법을 따르는 어떤 이성적 존재자의 행위에 목적이 결여되어 있음을 뜻하는 것이 아니라 오히려 도덕 법칙이야말로 우리가 어떤 목적을 설정해야 하는가를 규정할 수 있음을 뜻한다.[5] 이는 또다시 보편화 가능성에 의해, 또 우리 자신이 목적의 왕국의 일원이라는 점에 따라 도덕을 정의한다.[6] 이렇게 함으로써 칸트는 순수한 실

---

5) Wood (1999), p. 70 참고.
6) 칸트는 정언 명법의 단순한 개념으로부터 "너의 준칙이 보편 법칙이 될 것을 네가 동시에 의욕할 수 있는 그러한 준칙에 따라서만 행위하라"(GMdS, BA52)는 정언 명법의 제1정식화, 즉 보편법칙 정식화를 연역한다. 칸트의 보편 법칙 정식화는 준칙의 보편화 가능성 검증 기준이다. 여기서 칸트 스스로 "정언 명법의 단순한 개념이 오로지 정언 명법일 수 있는 명제를 포함하고 있는 정식화를 제공하기에 충분하다"(GMdS, BA51)고 말한다. 그러나 Wood 는 이 같은 칸트의 보편 법칙 정식화의 연역이 실패했다고 주장한다. 칸트는 정언 명법의 단순한 개념으로부터 정언 명법의 가장 추상적인 첫 번째 버전 (CI : "보편 법칙 자체에 일치하는 준칙들만을 채택하라")을 도출하고나서 보편 법칙의 정식화로 나아간다고 Wood는 설명한다. Wood는 정언 명법의 단순한 개념과 보편 법칙의 정식화 사이에는 심연이 놓여 있다고 주장한다. 즉, 연역이 실패한다는 것이다. 연역 실패의 이유는 Wood에 따르면 CI에서 보편적 합법칙성의 기준에 관해 칸트가 아무런 이유도 제시하지 않았다는 것이

천 이성에 따라 우리의 도덕적 견해들을 통일하는 것을 도덕적 추론의 본성이라고 간주한다. 따라서 만족스러운 도덕 이론은 우리의 모든 당위적 의무와 오직 그것만을 도출할 수 있게 해 주는 어떤 형식적 기준이나 절차를 제공하는 것이라고 칸트는 생각한다.

2) 칸트의 최고선에 대한 두 가지 해석 가능성 : 현세적 해석과 신학적 해석

그러면 윤리 이론에 대한 절차적 접근을 행하는 칸트에게서 최고선이란 무엇인가? 칸트가 최고선을 말할 때 '최고'라는 말은 두 가지 의미를 포함한다. 가장 높은 것, 즉 최상(das Oberste, supremum)을 뜻할 수도 있고 완전(das Vollendete, consummatum)을 뜻할 수도 있다. 덕은 '최상선(bonum supremum)'의 의미에서 최고선이다. 이런 덕은 선 가운데서도 어떤 무엇과도 비교할 수 없이 가장 높은 선이다. 덕은 우리의 모든 행복 추구를 위한 최상 조건이다. 그러나 덕 홀로는 "전체적이고 완전한 선"을 이룰 수 없다. '완전선(bonum consummatum)', 즉 모든 것을 포괄하는 완벽한 선은 이성적 자연 존재의 욕구를 완전히 충족시키는 선이어야 한다. 덕만으로는 완전선이 가능하지 않

다. 따라서 Wood에 따르면 칸트가 객관적인 근거 개념으로부터만 실질적인 도덕적 원리를 도출하려고 시도하지만 이 개념만으로는 어떤 원리가 정언 명법인지를 이야기할 수 없으며, 만약 칸트의 보편 법칙 정식화가 공허하지 않다면 그 이유는 보편 법칙 정식화가 칸트의 출발점으로부터 연역된 것이 아닌 데에 있다고 단언한다. Wood는 칸트의 공허한 형식주의에 대한 헤겔의 비판도 이 같은 연역 실패를 지적한 것이라고 한다. 이 논문에서는 칸트와 헤겔의 선 개념의 차이를 해명하는 데에 논의 중심을 두고 있으므로, 칸트의 공허한 형식주의에 대한 헤겔의 비판에 관해서는 여기서 간략히 지적하는 것으로 만족한다. Wood (1999), pp. 76-110 참고 ; Wood (1990), p. 161-167 참고.

다. 완전선을 위해 행복이 요구된다. 따라서 덕과 행복이 함께 하나의 인격 안에서 최고선을 점유하는 한에서 인격의 가치 및 행복할 인격의 위엄인 도덕성에 정비례하여 행복이 배분된다 (KdpV, A198-199 참고). 이와 같은 설명은 칸트가 최고선을 덕과 행복의 결합으로 규정하며 행복보다 덕을 더 중시했음을 보여준다. 칸트가 말하는 덕은 도덕적 갈등 상황과 관련이 있 다. 칸트가 이해한 덕은 감성의 저항에 대항하여 그것을 억누 를 수 있는 도덕적 힘 또는 용기를 말한다. 이런 의미에서 칸트 는 덕을 "분투 중의 도덕적 심성"(KdpV, A151)이라고 부른다.

여기서 이성적인 도덕적 자연 존재의 욕구를 완벽하게 충족 시킬 수 있는 완전선 혹은 행복이 무엇이냐에 따라 칸트의 최 고선 개념은 두 가지 방향으로 해석될 수 있다. 이는 칸트 자신 이 최고 개념의 불분명함이 쓸데없는 논쟁을 일으킬 수 있을 것이라고 이미 예견했던 것이다(KdpV, A198). 최고선의 이념 에 대한 두 가지 해석 가능성이란 바로 최고선에 대한 현세적 해석과 신학적 해석이다. 최고선을 규정할 때 칸트는 첫 번째 단 계에서 최고선을 도덕적 행위로부터 귀결된 "순수 이성의 대상 의 무제약적 총체성"이라고 특징짓고, 두 번째 단계에서 이런 총 체성을 "덕과 행복의 결합"이라고 규정지었다(KdpV, A194- 200). 최고선에 관한 이 같은 현세적 견해에다가 칸트는 기독교 의 원리에 따라 신학적 해석의 회칠을 했다.7) 칸트가 최고선

7) 최고선에 관한 현세적 해석과 신학적 해석은 Andrews Reath와 Terry Pinkard의 도움을 받은 것이다. A. Reath (1988), pp. 593-619 참고 ; Terry Pinkard (1999), pp. 223-224 footnote 21 참고 ; 강영안 교수도 최고선을 인간 이 "이 땅에 구체적으로 실현해야 할 의무"로서 규정한 다음에 영혼불멸성, 신의 존재 그리고 자유라고 하는 실천 이성의 요청에 대한 설명으로 나아가 고 있다. 따라서 칸트 도덕철학에서 최고선의 성격을 규명할 때 반드시 두 가 지 해석을 엄밀하게 구분할 필요가 있다. 강영안, 『도덕은 무엇으로부터 오는 가』(서울 : 소나무 2000), 118쪽 이하 참고.

개념을 처음에 명시적으로 설명한 부분과는 독립적으로 최고선에 관한 신학적 해석을 행하기 때문에 최고선에 관한 현세적 해석은 칸트의 모든 논의 속에 잠재적으로 현존하고 있다고 보아야 할 것이다.

이제 신학적 해석을 살펴보자. 우리의 "의무는 오직 세계에서 최고선을 실현하고 촉진하는 노력 뿐이다. 이에 최고선의 가능성을 우리가 요청할 수 있으되, 우리의 이성은 최고선의 가능성을 틀림없이 최고 지성의 전제 아래서만 생각할 수 있다고 안다. 그러므로 최고 지성의 생존을 가정하는 일은, 이런 가정 자체가 비록 이론 이성에 속하더라도, 우리의 의무 의식과 결합하여 있다." 칸트는 이 같은 가정을 "순수한 이성의 신앙"이라고 부른다(KdpV, A226-227). 그리하여 "도덕 법칙은 순수한 실천 이성의 객관이요 궁극 목적인 최고선 개념에 의해서 종교에 도달한다. 즉, 모든 의무를 하나님의 명령으로서 인식하는 데에 도달한다"(KdpV, A232). 그리고 이 같은 "최고선 개념만이 실천 이성의 가장 엄격한 요구를 만족시켜준다"고 칸트는 말한다. 반면에 "인간이 도달할 수 있는 모든 도덕적 완전은, 단지 덕이요 법칙에 대한 존경에서 오는 합법칙적인 심성 뿐이다"(KdpV, A229-A230). 우리는 "도덕성에 비례한 복지인 지복(至福)"으로서의 최고선을 이 세상에서 얻을 수 없으므로 세계의 도덕가가 덕에 비례하여 내세의 행복을 보상받는 내세를 요청하지 않으면 안 된다고 칸트는 말한다(KdpV, A224-A232 참고). "내세에서 최고선을 낳는 일은, 도덕법이 규정할 수 있는 의지의 필연적 목표다"(KdpV, A219). 이상과 같은 칸트의 설명은 최고선에 대한 신학적 해석이다.

그러나 칸트가 자신의 비판적 기획을 발전시킴에 따라 내세의 행복을 최고선의 현세적 개념으로 수정한다.[8] 최고선인 무제약적 대상은 순수 이성에 의해 정립된 궁극 목적이며 단일한 원리 내에서 모든 목적의 총체성을 포함하고 있는 것이다.9) 『판단력비판』에 와서 칸트는 자연의 근저에 놓여 있는 초감성적인 것과 자유 개념의 내용 사이에 놓여 있는 어떤 통일성의 근거를 찾으려고 시도했다. 칸트가 자연과 자유를 매개할 수 있는 근거로 찾아낸 것은 지성과 이성을 매개하는 '판단력'과 자유를 기계적 자연 개념과 연결시킬 수 있는 '자연의 합목적성' 개념이었다(KdUK, Einleitung Ⅳ).10) 칸트는 판단력을 규정적 판단력과 반성적 판단력으로 구분한다. 규정적 판단력은 보편적 원리에서 출발하여 개별적인 사례를 그 원리에 포섭한다. 반성적 판단력은 개별적인 사례가 주어진 경우 그것을 통일할 수 있는 원리를 찾는 활동을 할 수 있다. 이때 원리는 판단력 자체에 있다. 이 원리를 칸트는 자연의 합목적성이라고 부른다. 칸트는 자연의 목적연관성을 언급하면서 목적 개념을 목적 일반, 최종 목적(der letzter Zweck), 그리고 궁극 목적(der Endzweck)으로 세분한다. "인간은 이 지구상의 창조의 최종 목적이다. 왜냐 하면 인간은 목적을 이해할 수 있고 합목적적으로 형성된 사물들의 집합을 자기의 이성에 의하여 목적의 체계로 만들 수 있는 지상 유일의 존재이기 때문이다"(KdUK, §

---

8) Reath (1988), p. 613 참고.
9) Reath도 무제약적 대상은 도덕적 행위로부터 귀결될 수 있는 목적들의 총체성으로서 해석되어야 할 것이라고 본다. 이런 식으로 최고선은 주어진 질료의 몸 속으로 체계적 통일을 도입하는 활동을 행하는 이성의 구성물로서 간주될 수 있다는 것이다. A. Reath (1988), p. 597 참고 ; Gemeinspruch, A211. Anmerkung 참고 ; 그렇다고 하더라도 여전히 칸트의 목적 개념은 존재론적 자연 질서뿐만 아니라 구체적인 행위 연관을 추상함으로써, 원리적으로 떨어져나간 주관적 능력에 상환 청구함으로써 획득된다. Giusti (1987), S. 236 참고.
10) 이에 관한 자세한 설명은 최준호(1998)를 참고하라.

82, B383). 반성적 판단력에 따르면 이 최종 목적과의 관계에서 그 밖의 모든 자연 사물은 하나의 목적 체계를 이루고 있다고 판정할 충분한 이유를 가지고 있다고 칸트는 말한다. 자연과 인간 간의 목적 연관에 따르면 "자연의 목적은 인간의 행복"과 "인간의 문화"다(KdUK, §83, B388). 복지나 행복은 자연에 의해 제약된 주관적 목적을 표현한다. 임의의 목적 일반에 대한 이성적 존재자의 유능성을 산출함이 곧 문화다. 문화만이 인류에 관한 한 자연에 귀속시켜야 할 이유가 있는 최종 목적일 수 있지만, 모든 문화가 자연의 이러한 최종 목적이 되기에 충분한 것은 아니다. 따라서 감성적 존재로서의 인간은 자연 안에 존재하는 여러 목적 중에서 최종 목적이긴 하지만 궁극 목적은 아니다.

칸트는 아리스토텔레스의 원인론을 신학적으로 수용하면서[11] 궁극 목적을 "자신의 가능 조건으로서 다른 어떤 것도 필요로 하지 않는 목적"(KdUK, §84, B396)이라고 정의한다. 칸트는 이 궁극 목적을 도덕적 존재로서의 인간에게서 찾는다.[12] "이성이 선천적으로 지시하지 않으면 안 되는 하나의 궁극 목적이 반드시 성립해야 한다면, 그것은 도덕 법칙 아래에 있는 인간 이외의 다른 것일 수 없다." 왜냐 하면 도덕 법칙은 어떤 것을 목적으로서 조건 없이 이성에게 지시해준다고 하는 특이한 성질을 가지고 있기 때문이다. 도덕 법칙은 우리의 자유를 사용하는 이성의 형식적 조건이므로 실질적 조건으로서의 어떤 목

---

11) 칸트가 아리스토텔레스의 원인론을 신학적으로 수용하였다는 해석은 Giusti의 도움을 받은 것이다. Giusti (1987), S. 232.

12) Giusti 역시 논자와 동일한 견해를 가지고 있다. "모든 목적 정립의 규정 근거를 포기한 도덕적 법칙의 절대적 무제약성 때문에 아마도 인간이야말로 창조의 유일한 궁극 목적으로서 이해될 수 있는 반면에, 복지 혹은 행복은 단지 주관적이고 본성적으로 제약된 목적을 표현할 수 있다." Giusti (1987), S. 232-233 인용. 이 같은 의미에서 인간은 최종 목적이자 궁극 목적이다.

적에 좌우되지 않는다. 그럼에도 불구하고 도덕 법칙은 우리에게 하나의 궁극 목적을 선천적으로 규정해주고, 이 궁극 목적에 도달하려고 노력해야 할 의무를 우리에게 부과해준다. "이 궁극 목적이 곧 자유에 의해서 가능한 세계 내에서의 최고선이다"(이상 KdUK, §87. B419-423 참고. 인용). 세계의 궁극 목적은 "인과적 자유를 부여받은 이성적 존재자 일반"으로서의 우리가 "이 세계 내에서 의도하지 않으면 안 되는 목적"이며, "도덕 법칙의 준수에 의해 실현되어야 할 세계 내의 궁극 목적"이다. 이는 곧 "도덕 법칙의 준수와 조화롭게 일치되는 이성적 존재자들의 행복, 즉 최고의 세계 최선"이라는 것이다(이상 KdUK, §87. B419-425 참고). 여기서 칸트는 『법철학강요』의 저자 헤겔에게 영향을 미치는 결정적인 언급을 행한다. "실천 이성이 세계 존재자들에게 지정하는 궁극 목적의 하나의 요건은 (유한한 존재자들로서의) 이 세계 존재자들의 자연적 본성에 의하여 그들 속에 설정된 불가항의 목적이요, 이성은 다만 이 목적이 불가침의 조건으로서의 도덕 법칙에 지배받거나 혹은 또 도덕 법칙에 따라 보편화되기를 바랄 뿐이며, 그리하여 이성은 도덕과 일치하는 행복의 촉진을 궁극 목적으로 삼을 뿐이다"(KdUK, §87 B425-426). 오직 도덕 법칙만이 인간의 궁극 목적인 것은 아니고 인간의 궁극 목적은 최고선, 즉 도덕성과 행복의 일치라는 것이다.[13] 이처럼 칸트는 최고선에 관한

---

13) 『판단력비판』 이외에 다른 저서들에서도 칸트는 유사한 견해를 내놓고 있다. 「'이론은 옳을 수 있지만 실천에는 아무 소용이 없다'는 속설에 관하여」에서 칸트는 이 점을 다음과 같이 말한다. "창조의 유일한 목적은 인간의 도덕성 그것만도 아니요 오직 행복 그것만도 아니며, 오히려 양자의 합일과 일치에서 성립하는 세계 내에서 가능한 최고선이다." Gemeinspruch, A 210 인용. ; 최고선과 궁극 목적의 등치에 관한 다른 전거는 『이성의 한계 내에서의 종교』에서도 찾을 수 있다. I. Kant, Die Religion, Vorrede BA Ⅷff. 신옥희, 번역서 7-8쪽 참고. ; 또 『판단력비판』의 다른 구절에서도 확인할 수 있다.

현세적 견해를 보다 발전시켰다.

그렇다고 해서 칸트가 후기 저작들에서 최고선에 관한 신학적 해석을 포기했다는 것은 아니다. 칸트는 도덕 법칙에 맞추어 궁극 목적을 설정하기 위해서는 하나의 도덕적 세계 원인, 즉 하나의 세계 창시자로서의 신을 상정하지 않으면 안 된다고 한다(KdUK, §87, B424). 칸트는 궁극 목적으로서의 세계 원인을 가정할 근거를 실천 이성에 의한 순수한 도덕적 근거에서 찾는다. 이러한 도덕적 논증의 목적은 신의 현존에 관한 객관적으로 타당한 증명을 제공하려는 데에 있는 것이 아니라, 만약 우리가 도덕적으로 수미일관한 사유를 하려고 한다면 우리는 이 명제의 상정을 그의 실천 이성의 준칙 가운데에 받아들일 수밖에 없음을 증명하려는 데에 있다고 한다(KdUK, §87, B424 Anmerkung). 목적은 스스로 목적이 되기 위하여 이미 도덕적 기초를 전제한다는 것이다.[14]

"모든 이성적 존재자들의 궁극 목적(의무와 일치해서 가능한 한에서의 행복)을 촉진하려는 의도는 바로 의무의 법칙에 의하여 과해져 있는 것이다." KdUK, B. 461. Anmerkung 인용. ; 세계 내의 최고선은 세계 내의 이성적 존재들의 최대 복지로서의 보편적 행복과 이성적 존재들이 도덕 법칙과 최대한 일치하는 조건으로서의 이성적 존재들의 선의 최상 조건과의 결합에서 성립한다 (KdUK, §88, B. 429-430) ; Giusti는 헤겔과는 다른 방향으로 나아가는 피히테의 해석도 지적하고 있다. 『모든 계시의 비판 시도』에서 피히테도 동일한 표현을 사용하고 있는데, 최고선 개념과 관계된 칸트의 흔적을 보이며 "종교 일반의 연역(Versuch einer Kritik aller Offenbarung (1792), Fichtes Werke, Bd. V, S. 41.)의 길을 모색한다고 평하고 있다. Giusti (1987), S. 233-234 참고 ; Terry Pinkard (1999), pp. 223-224 footnote 21 참고 ; Reath에 따르면 칸트가 여기서 최고선은 도덕 법칙이 요구한 목적들과, 도덕 법칙과 일치하는 우리 개인적 목적들을 포함한다는 점을 말하고 있다는 것이다. 후자의 요소는 "도덕성에 의해 제약된 행복" 혹은 "도덕적으로 허용될 수 있는 개인들의 목적들의 만족"이라고 부를 수 있을 것이라고 한다. Reath (1988), p. 604 참고.
14) I. Kant, Die Religion, BA IXff Anmerkung 참고. KdUK, A 455 Anmerkung

우리는 칸트가 말하는 도덕적 기초를 살펴볼 필요가 있다. 순수 이성은 우리의 인과성의 자유로운 사용을 이념(순수 이성 개념)에 의해서 규정하는 실천 능력이다. 실천적인 순수 이성은 도덕 법칙 속에 우리 행위의 규제적 원리를 내포하고 있을 뿐만 아니라 도덕 법칙을 통해서 동시에 주관적-구성적 원리도 부여한다.15) 그리고 실천 이성의 구성적 원리는 실천적으로 규정적이지만, 사물의 객관적 가능성을 판정하는 원리로서는 이론적-규정적 원리(우리의 사고 능력에 속하는 유일한 종류의 가능성이 객체에도 속한다고 함을 의미하는 원리)가 아니며 반성적 판단력에 대한 규제적 원리에 지나지 않는다고 칸트는 말한다. 그러므로 도덕 법칙에 따라 자유가 사용될 때의 궁극 목적의 이념은 주관적-실천적 실재성을 가진다. 또한 우리는 전력을 다해 세계의 최고선을 촉진하도록 이성에 의해 선천적으로 규정되어 있다. 이러한 궁극 목적에서 행복의 가능성은 경험적으로 제약되어 있지만, 도덕에 관해서는 선천적으로 확립되어 있으며 독단적으로 확실하다. 그러므로 이성적 세계 존재자들의 궁극 목적이라는 개념이 객관적 이론적 실재성을 가지기 위해서는 우리의 선천적인 목적뿐만 아니라 세계 그 자체의 현존에서 보아 하나의 궁극 목적을 가지는 것이 필요하다고 하다. 여기서 최고의 도덕적-입법적 창시자의 현실성은 단지 우리의 이성의 실천적 사용에 대해서만 충분히 입증되고 있을 뿐이요 그러한 창시자의 현존재에 관해서 어떤 것이 이론적으로 규정된 것은 아니다. 이 같은 칸트의 언급은 최고선에 대한 신학적 해석이다(이상 KdUK, §88 참고).16)

참고.

15) 이런 점에서 Charles Taylor는 칸트의 선을 구성선이라고 말한다. Taylor (1989), p. 94 참고.

16) Reath는 최고선에 대한 신학적 구상이 칸트의 도덕적 견해 중 몇 가지

3. 칸트의 최고선에 대한 헤겔의 재해석

『법철학강요』 도덕 편의 '선과 양심' 부분이 시작되는 §129에서 헤겔은 선을 "실현된 자유이자 세계의 절대적 궁극 목적"으로서 규정한다. Theunissen은 §129의 선 규정이 "도덕을 넘어가게 쓴 것이며" "§130에서 헤겔이 인륜성의 선취를 도덕의 지반 위에서 계속 정립한다"고 본다. Theunissen은 헤겔의 이 같은 선 규정이 이미 인륜 편의 §142와 §143을 선취한 것이라고 해석했다. 그는 '선과 양심'의 시작 부분 §129, §130과 인륜 편의 시작 부분 §142, §143의 구조적 유사성에 주목한다. §129에서는 선이 '이념', '실현된 자유'로, §142에서는 '자유의 이념', '자기 의식의 현존 세계와 본성으로 된 자유 개념'으로 되어 있으며, '세계의 절대적 궁극 목적'은 '운동하는 목적'으로, '의지 개념과 특수 의지의 통일'은 §143에서 '의지 개념과 그 현존재의 통일'로 되어 있다고 그는 두 부분을 비교한다. 그리고 그는 칸트의 도덕적 선에 관한 서술은 §131의 두 번째 문장과 함께 시작된다고 견해를 밝힌다.[17] 그는 그 논문의 다른 곳에서 "세계의 절대적 궁극 목적"과 "이념"이 플라톤적 선의 이데아, 니코마코스 윤리학의 첫 문장에 나타난 모든 것이 선에의 성향을 가지고 있다는 명제와 유사하다고 주장한다.[18]

특징, 최고선 개념 배후에 숨어 있는 의도와 비일관적이라고 비판한다. 그 이유에 대해서는 다음을 참고하라. Reath (1988), p. 609 이하.

17) Theunissen (1982), S. 339-340 참고.

18) Theunissen (1982), S. 325 참고.; Ilting (1971), S. 61, S. 64 참고. Theunissen은 자신의 주장을 뒷받침하는 논거로서 Ilting을 제시한 것으로 보아 Ilting의 다음과 같은 견해를 수용한 것 같다. Ilting은 그의 논문에서 고대적 선 개념과 헤겔의 친화성을 강조하고, 헤겔의 인륜성을 바로 고대적 선의 부활로 해석하고 있다. 이는 헤겔 이론과 고대 정치철학 간의 친화성에 대한 과장된 해석이다. Franco, Paul도 논자와 비슷한 견해를 가지고 있다.

이 같은 Theunissen의 해석은 그릇된 해석이다. 그 이유는 다음과 같다. 도덕 편에 놓여 있는 §129, §130과 인륜 편에 놓여 있는 §142, §143은 연관을 갖고 있지만, §129와 §130에서 전개된 선의 이념이 인륜 개념을 나타낸 것이라고 볼 수는 없다. 왜냐 하면 §129의 "세계의 궁극 목적"이라는 표현은 『판단력비판』의 칸트 언어를 비추고 있기 때문이다. 비록 '실현된 자유'라는 헤겔적 표현이 우리를 혼란스럽게 만들지라도[19] §129에서 선을 세계의 절대적 궁극 목적으로서 규정한 『법철학강요』의 헤겔은 『판단력비판』에서 최고선과 궁극 목적을 일치시키고 궁극 목적을 도덕성과 행복의 결합으로 본 칸트의 현세적 최고선 개념과 강한 유사성을 띤다.[20] 추상적 권리와 복지의 충돌을 논의한 바로 직후에 선의 이념을 헤겔이 제시했다는 점은 이 같은 논자의 해석에 설득력을 더욱 높여준다. 추상적 권리와 복지의 충돌에 대한 해결책을 제시하는 길목에 칸트의 현세적 최고선 개념을 암시했다는 점에서 헤겔은 칸트의 최고

Franco, Paul (1997), p. 836 참고.

19) 그 혼란도 그리 대단한 것이 아니다. 왜냐 하면 앞에서도 언급했듯이 칸트가 『판단력비판』에서 "도덕 법칙의 준수에 의해 **실현되어야** 할 세계 내의 궁극 목적"이라는 표현도 사용하고 있기 때문이다.

20) 청년기에 헤겔은 최고선의 신학적 해석에 대단히 사로잡혀 있었으며, 1806년 정신현상학을 끝마칠 무렵에 그는 신학적 해석을 칸트의 진의가 숨어 있는 하나의 예로서 주목하였다. 『법철학강요』 §135에서 헤겔은 직접 『정신현상학』의 관련 부분을 지시하고 있다. 그러나 1821년 『법철학강요』의 '도덕' 편에서 헤겔은 칸트의 최고선 이념의 기본 원리를 현세적으로 해석하는 견해를 취했다. Terry Pinkard (1999), p. 224 참고. ; Giusti는 헤겔이 세계의 궁극 목적이라는 칸트 개념을 재해석할 때 신학적 요청론의 도움으로 행위 영역들의 일치를 약속한 칸트의 단초를 자기 것으로 만들었다고 한다. Giusti가 최고선 개념에 대한 현세적 해석이라는 표현을 사용하지 않았음에도 불구하고 Pinkard와 유사한 견해를 가지고 있다고 말할 수 있을 것이다. Giusti (1987), S. 236 참고. ; 칸트의 『판단력비판』이 칸트 이후 독일 관념론자들에게 얼마나 중요한 영향을 미쳤는지에 대해서는 Horstmann (1991)을 참고할 필요가 있다.

선 개념을 그냥 수용한 것이 아니라 도덕 편의 다른 부분에서 처럼 했듯이 재해석했다.[21] Pinkard가 주장하듯이 헤겔은 칸트 의 도덕성과 행복을 의지 개념과 특수한 의지로 재해석했다. 이를 통해 헤겔은 선의 이념을 도덕성과 복지의 만족의 결합으 로 재해석하고자 했다. 이는 헤겔이 칸트의 도덕성을 행위 이 론의 지반 위에서 적극적으로 수용한 것이다. 철학사적 의미를 부여한다면 헤겔이 칸트의 이원론을 인간 개인의 차원에서 일 원론화하는 과정이라고 말할 수 있을 것이다.[22]

이처럼 헤겔은 이곳 §129에서 선을 칸트 식으로 언명함으로 써 칸트와의 관련성을 암시했다는 것은 분명하다. 이같이 보았 을 때만 도덕 편에서 주관적 의지가 행위 구조 연관 속에서 전 개되는 점을 우리는 단절 없이 해석할 수 있다. 이미 헤겔은 도 덕 편의 첫 두 부분에서 자신의 행위 이론을 통해 아리스토텔

---

21) 이 논문의 각주 20)에서 밝혔듯이, 칸트의 '세계의 궁극 목적'에 대한 헤 겔의 재해석이 이루어진 것이라고 보는 학자는 Giusti와 Pinkard를 들 수 있 다. 물론 두 학자는 상이한 근거를 강조한다. Giusti는 '행위하는 주관성'의 맥 락을 강조하는 반면에 Pinkard는 복지와 추상적 권리의 통일을 강조한다. Pinkard는 '실현된 자유'라는 표현도 칸트적 방식으로 언급된 것이라고 보고 있는 것 같다. Giusti (1987), S. 236 참고. ; Pinkard (199), p. 224. 참고.
22) 논자의 이 같은 해석은 Pinkard, Siep, Sedgwick, Wood, Kain의 도움 위 에서 가능했다. Pinkard는 기본적으로 칸트의 현세적 최고선 개념을 수용했 다는 점을 밝혀주었고, Siep은 여기서 선 개념이 의지의 본질로서 규정된다 는 것을 밝혀주었으며, Sedgwick은 헤겔의 칸트 비판이 이원론에 집중되어 있음을 보여주었고, Wood 역시 헤겔의 성숙한 도덕성 개념은 선에 기초한 도덕의 가능성을 공개한 것이라고 해명했다. Pinkard와 Sedgwick은 헤겔이 칸트의 준칙에 대해 특별한 공감을 했다는 해석을 암시해주었다. 이 점은 『법 철학강요』 §135의 주석에도 나타나 있다. 이 점은 Kain이 잘 밝혀주었다. 헤 겔은 우리가 어떤 준칙을 정식화할 때 어떤 내용을 선택한다는 것을 충분히 수용한다. Philip J. Kain (1998), pp. 406-408 참고. 칸트 자신도 도덕성은 행 위의 준칙과 법칙과의 일치에서 성립한다고 말한다. MdS, Einleitung. IV, AB 26.

레스에 개입했고 기도, 의도, 복지를 논의했다. 그 다음에 칸트의 최고선 개념을 문제삼았다.23) 그렇기 때문에 §129와 §130만을 떼어내어 인류 개념을 선취했다고 해석하는 Theunissen의 주장은 도덕 편의 논리적 전개 과정의 내적 일관성을 볼 수 없게 만들므로 논자로서는 수긍하기 힘들다. 또한 Theunissen의 해석은 헤겔이 칸트의 도덕성에 대해 인정했던 긍정적인 면을 과소평가하게 만들 수 있다.24) 그리고 헤겔이 습속, 관습, 정치적 사회적 제도들을 도덕 입장에서 정립된 주관적 의지 및 그 선들의 인류적 현실로서 개념적으로 파악할 때 인류적 선은 비로소 등장한다. 그러므로 Theunissen은 '아직 없애 높여 가지지(aufheben)' 않은 도덕 입장 내의 선 이념을 인류적 선으로 간주하는 오류를 범한 셈이 된다.

그러면 이제부터 헤겔이 칸트의 현세적 최고선 개념을 어떻게 재해석했는지 살펴보자. 선을 "의지 개념과 특수 의지의 통일로서의 이념"으로 규정할 때 헤겔이 칸트의 최고선 개념을 재해석한 점이 강하게 나타난다. 헤겔은 선을 덕과 행복의 결합으로서가 아니라 의지 개념과 특수한 의지의 결합, 도덕성과 특수성의 결합, 보편자와 특수자의 결합, 즉 도덕성과 만족의 결합으로 간주하였다.25) 여기서 특수한 의지는 복지를 추구하는 의지를 나타내며 의지 개념은 준칙의 보편화가능성을 나타낸다.26) 이렇게 볼 때 헤겔은 이미 칸트의 도덕성에 깊이 개입

---

23) 헤겔은 도덕 편에서 자신의 행위 이론을 전개할 때 아리스토텔레스와 칸트의 문제 의식을 모두 수용함으로써 독특한 자신의 구상을 전개했다고 말할 수 있다.
24) Wood (1990), p. 172 참고. Siep (1981), S. 528 참고. Wood와 Siep은 헤겔이 도덕성을 포기하지 않았다고 본다. 논자도 이들과 견해를 공유한다.
25) Pinkard (1999), pp. 224-225 참고.
26) 여기서 보편화 가능성이라는 말을 사용한 것은 헤겔이 칸트의 보편 법칙 정식화를 수용한 것으로 해석되어서는 안 된다.

되어 있다고 우리는 말할 수 있다. 오히려 헤겔은 추상적 권리와 복지의 통일 이념을 칸트의 최고선 개념으로 적극적으로 표현하고자 했다고 말할 수 있다. 도덕 편에서 헤겔에 의해 재해석된 최고선은 나의 특수한 기획, 계획, 세계관과, 타인들이 타당한 것으로서 인정할 수 있는 이성들에 따라 내가 행위해야 한다는 요청의 결합을 보여준다. 여기서 한편으로 특수한 의지를 통해 헤겔은 행위 이론 속에서 전개되었던 행위 동기에 대한 헤겔 자신의 문제 의식을 재현하고 있다.27) 왜냐 하면 나의 특수한 기획, 계획, 세계관 없이는 나는 결코 행위자일 수 없으며 어떤 행위에 관심을 가질 수 없기 때문이다. 다른 한편, 의지 개념을 통해 헤겔은 도덕적 의식에 대한 칸트의 보편타당성 요구를 수용한다. 이처럼 헤겔은 최고선의 문제를 보편자와 특수자의 결합 방식의 문제로서 재해석할 때 칸트의 도덕성에 결정적으로 개입한다. 주관의 실천 원리로서의 칸트의 준칙은 헤겔의 주관적 의지의 보편성 개념에 아주 적합하다.28) 칸트에 따르면 내가 타인들과 일치할 수 있거나 조화를 이룰 수 있는 근거들에 따라 행위할 수 있기 위해서는 나는 공적으로 명시될 수 있는 보편적 근거들을 정식화할 수 있어야 한다(GMdS, BA 67). 이러한 의미에서 주관의 준칙은 바로 이 보편화를 통해 도덕적 성격을 얻는다. 그러나 칸트는 도덕적 판단에서 특수한 목적 내지 실질적 내용(자연적 의지)을 긍정할 수 없다. 도덕적 판단의 기준은 만족 추구를 부정하는 데서 성립한다. 그렇게

---

27) Rph, §124 참고. '도덕' 편에서 행위 고찰의 입장은 '추상적 권리'에서 착수된 적법한 행동의 보편적 성질보다 더 구체적이고 그때그때 특수한 동기를 더 이상 배제시킬 수 없다. 오히려 행위에서 행위자의 의도, 사념, 이유가 동기로서 중요하다. 그리고 그 동기를 감성 측면에서 찾고 있다는 점에서 헤겔은 칸트와 다르다.

28) Pinkard (1999), p. 225 참고 ; Sedgwick (1988), p. 99 참고.

하지 않는다면 행위는 타율과 특수성 혹은 우연성에 지배될 것이라고 칸트는 생각하기 때문이다. 이 점이 칸트와 헤겔의 차이점 중의 하나다.29) 나의 의지가 보편자뿐만 아니라 특수자에 향해 있는 한, 나는 어떤 만족스런 규칙이나 보편적 원리도 주어질 수 없는 사정에 놓이게 된다. 보편적 원리를 특수자에 적용하는 판단 규칙이나 원리가 칸트의 도덕철학에서는 원칙적으로 성립될 수 없다는 것이 헤겔의 견해다. 왜냐 하면 헤겔에 따르면 칸트 철학은 형식 없는 감성과 형식을 부여하는 이성은 서로 결합될 수 없는 "전제된 이종성(die vorausgesetzte Ungleichartigkeit)"(DFS, S. 313) 혹은 절대적 대립이라는 가정에 기반하고 있기 때문이다.30)

그러면 의지 개념과 특수 의지의 통일로서의 선 이념, 실현된 자유이자 세계의 절대적 궁극 목적으로서의 선 이념을 주장함으로써 헤겔이 말하고자 하는 바는 무엇인가? 선에 관한 논의에 앞서서 헤겔은 추상적 권리와 복지가 필연적으로 서로를 함축하는 것이 아니라 갈등에 빠질 수 있음을 보여주었다(Rph, § 125- § 128). 헤겔은 복지의 보편화를 칸트의 도덕 발상에 상응

---

29) 이 점에 대한 명확한 이해는 칸트의 공허한 형식주의에 대한 헤겔의 비판을 참고해야 한다.
30) 「신앙과 지」(1802/03)의 칸트 철학에 관한 논의, 「피히테와 셸링 철학 체계의 차이」(1801)에서 "현하의 철학 활동에서 일어나는 여러 가지 형식들" 부분을 참고하라. 칸트의 도덕철학에 대한 헤겔의 비판은 상당히 다양한 측면에서 분석될 수 있을 것 같다. 헤겔은 이미 자유자재로 감성과 이성을 결합시킬 수 있는 철학적 기반을 가지고 있다. 자연적 의지의 내용은 즉자적으로 이성적이다 (Rph, § 11). 자연적 의지는 자기 자신으로부터 이성적 형식에 도달할 것을 요구하며, 이리하여 이성에 대한 자연적 의지의 관계도 대립일 뿐만 아니라 동일화다. Honneth (2001), S. 26-27 참고 ; Sedgwick (2000), p. 317 참고 ; 반면에 칸트는 『실천이성비판』에서 현세적 최고선 개념을 언급하는 마지막 부분에 가서 다음과 같이 말한다. "행복과 도덕성은 최고선의 두 요소이나 종이 전혀 서로 다른 요소다"(KdpV, A203).

하게 주관의 반성성으로부터 전개한다.[31] 개인의 자기 복지는
타인의 의지에 긍정적으로 관계한다. 그의 권리는 보편적 권리
여야 한다. "복지라는 특수한 내용을 가진 주관적인 것은 보편
자, 즉자적으로 존재하는 의지와 관계하는 자기 내 반성적인
것, 무한자에 관계한다"(Rph, §125). 복지의 보편화가 주관 안
에 뿌리를 두고 있는 것은 특수한 목적과 보편적 목적의 무규
정적 매개의 문제뿐만 아니라[32] 바로 이 분열로부터 다른 문제
도 발생시킨다. §125의 끝에서 "즉자 대자적으로 존재하는 보
편자로서의 추상적 권리"와 "상이한 특수자의 목적"은 "합치할
수도 있고 합치하지 않을 수도 있다"고 헤겔은 말한다(Rph, §
125). 이는 복지와 추상적 권리의 충돌 가능성을 말한 것이다.
이같이 분명하게 확립된 문제로부터 출발하면서 헤겔은 복지
추구를 단지 소극적으로 규정하는 두 가지 기준을 제공한다.

---

31) 보편성으로부터 의지 개념을 설명해 들어가는 헤겔은 루소, 칸트, 피히테
와 일치되게 모든 도덕 혹은 권리 규정이 인간의 자기 규정 혹은 개인의 자율
을 표현하는 한에서만 정의롭다는 근세 계몽의 전제로부터 출발한다. *Rph*,
§5 참고 ; Honneth (2001), S. 21 참고.

32) 복지의 확대는 행위자가 타인의 관심을 자신의 숙고 속에 포용하거나 자
기 자신의 관심을 실현시키기 위해 타인의 관심을 자신의 행위 속에서 함께
추구하는 것을 뜻한다. 이는 언뜻 보면 이타적인 행위인 것처럼 보이지만,
"자기에게 유용한"(*Rph*, §126R) 성격을 갖는다고 헤겔은 여백에 메모했다.
이 같은 헤겔의 언급에 대해 Jermann은, 타인의 복지를 개인의 목표로서 도
입한 헤겔의 논증이 문제점을 안고 있다고 비판한다. 그러나 Jermann의 평가
는 정당하지 않다. 헤겔의 논증은 타인의 자유를 자신의 자유 추구를 위한 단
순한 수단으로서 이용하는 도구적 합리성의 사례를 보여주는 것이다. 이 단
계의 개인 복지의 보편화가 타인의 관심을 타인만을 위해 추구하지 않기 때
문이다. 따라서 이 단계에서 개인의 복지가 타인의 복지로 확대되는 것은 도
덕적 태도를 함축하지 않는다. 헤겔 철학에서 도덕적 태도로의 이행은 나의
이익의 무시나 희생을 통한 타인의 복지 후원 등과 같은 여러 경험적 사실을
통해 제시된 이성적 연관으로부터 도출된다. Honneth (2001), S. 62 참고 ;
Quante (1993), S. 224-230 참고 ; Jermann (1987), S. 142-143.

왜냐 하면 복지를 추구하는 행위자가 도덕의 영역 한계 밖에서 복지를 추구할 수 없기 때문이다. 부연하자면, 적극적인 규정은 인륜 영역 내부에서 구체적인 사회 조직과의 연관 속에서 복지를 구체적으로 취급하는 것이므로 구체적이고 적극적인 취급은 도덕 영역 바깥에 속한다.33)

그러면 복지 추구를 소극적으로 규정하는 두 가지 기준을 살펴보자. 첫 번째 기준은 복지를 추상적 권리 아래 종속시키는 것이다. 이 종속의 성격을 이해하기 위해서는 두 개념들이 서로 합치하지 않으며, 추상적으로 취급되며, 도덕 영역 안에서 발생한다는 점을 주목해야 한다. 추상적이라는 것은 두 개념이 무매개적인 것으로서, 대립된 것으로서 이해된다는 것이다. 즉, 복지는 사적인 것으로서, 추상적 권리는 형식적인 것으로서 이해된다는 것이다(Rph, §126A, §29A 참고). 추상적 권리는 특수성과 대립해서는 안 될 보편성을 대표하기 때문에, 복지가

---

33) 『법철학강요』 §125의 끝에서 헤겔은 즉자대자적으로 존재하는 보편자를 "아직 여기서는 추상적 권리 이상의 것"이 아니라고 한다. 반면에 §126에서 "국가의 복지"는 "보편적인 최선, 현실적이며 구체적인 정신의 권리"며 "형식적인 법" 및 "특수한 복지나 행복은 국가의 복지에서 한낱 종속된 계기를 이룰 뿐이라고" 헤겔은 말한다. "아직 여기서는 즉자대자적으로 존재하는 보편자"(이상 Rph, §125)는 "국가, 보편적인 최고선"(Rph, §126A)이 아니며, 특수한 개인의 보편적 목적도 국가, 보편적인 최고선이 아니다. 여기서 떠오르는 추상적 보편성의 뿌리는 보편성과 특수성이 매개되어 있지 않은 점, "복지의 특수한 내용과 보편적 내용이 아직 필연적 통일을 이루지 못한" (Ilting Ⅲ, S. 396) 점에 있다. 헤겔은 개인적 의지를 실체적 의지 안에서 '없애 높여 가짐(Aufheben)'을 통해 자유를 보다 높은 형식 안에서 실현할 수 있다고 생각한다. 국가와 보편적인 최선(das allgemeine Beßte)의 영역에서는 복지가 국가의 복지, 전체의 목적으로 되기 때문에 사적인 복지와 형식적 법 간의 분열을 '없애 높여 가지게' 된다고 헤겔은 주장한다. 왜냐 하면 목적의 진정한 보편성은 "내가 목적을 선택하고 실현할 때 모든 타인의 목적정립 혹은 자유를 내용적으로 고려하는 것을 뜻하기" 때문이다. Rph, §278A 참고; Baum (1978) 참고.

만족을 의욕하는 개별자의 특수성이라는 점에서만 복지는 추상적 권리 아래 종속되어야 한다.[34] 복지가 추상적 권리에 모순된다면 복지는 주관 자신, 즉 주관의 자유에 모순된다. 이 같은 특수성은 "자유라고 하는 자신의 실체적 기초와 모순을 빚는 가운데 자신을 주장할 수 없다"(Rph, §126). 추상적 권리가 특수성의 권리의 "실체적 기초"다. 이러한 논증에서 출발하면서 헤겔은 불법 행위를 초래하는 도덕적 의도를 비판한다. 가난한 자에게 무언가를 주기 위해 훔친 행위는 도덕적이면서도 불법을 범한 셈이 된다(Rph,§126Z).[35] 복지를 향한 선한 의도도 불법 행위를 정당화하지 못한다. 추상적 권리는 주관이 자신의 복지를 추구해도 좋은 길을 지시하기 때문에 도덕적 의무는 헤겔의 경우 정의롭게 행하라는 것으로 표현된다.[36] 추상적 권리가 정언 명법의 외면화 및 객관화를 나타내는 한에서, 추상적 권리의 법 명령이 복지와 도덕적 의도의 보편화가능성을 증명한다.[37]

---

34) Paolo Becchi, "Hegels Kritik der romantischen Politik", S. 496 참고. in : ARSP vol.74. Heft 4. 1988.
35) 헤겔은 법률의 내용이 "불법적이고 비이성적일 수 있으며"(*Rph*, §3A), 그 때문에 폐지되어야 한다는 것을 확실히 알고 있었다. 반면에 확신 윤리 속에 비치는 극단적 주관주의는 모든 현존하는 법률 혹은 그 구속성을 부정하는 데까지 나아간다는 것도 알고 있었다. 여기서 위태롭게 된 것은 법률의 특수한 내용이 아니라 법률 자체의 가능성, 객관적인 것 일반의 가능성이다. "법률은 사문자를 표현하는 것으로 전락한다"(§140A). 그 때문에 헤겔은 확신 윤리를 비판한다. 행위를 오직 자신의 확신, 도덕적 의도에 의거하는 자는 객관적 연관의 실존을 완전히 무의미하게 간주할 것이며, 행위를 통해 이런저런 특정 내용을 부정하는 것이 아니라 보편적인 공동 생활의 형식 자체를 부정할 것이라고 보았기 때문이다.
36) *Rph*, §132A, §134, §137A 참고.
37) "하나의 인격이면서 또한 타인을 인격으로서 존중하라"는 정식화가 "법 명령"이다. *Rph*, §36 참고.

그러나 권리가 추상적인 곳에서는 권리는 절대적이지 않다. 그 때문에 복지 아래 권리가 종속된다. 이것이 두 번째 기준이다. 불법 행위가 생명의 위험으로부터 발생하고 이때 확신, 주관적 사념, 복지의 특수성이 아니라 생명의 총체성이 문제된다면, 형식적 권리를 위반하는 것은 타당하다. 왜냐 하면 불법 행위를 인정하지 않는 것은 "생명으로서의 인격적 현존재"에 대한 "무한한 침해 및 이로 인한 전면적인 권리 상실", "자유의 현존재성에 대한 전면적 부정"이 될 것이기 때문이다(Rph, § 127, §127Z). 몇몇 강의 노트에서 헤겔은 굶주림 때문에 죽어가는 인간의 실례를 이용했다.38) 헤겔은 극단적 조건 아래서는 소유권에 대한 침해를 인정한다. 극도의 생명 위험 상태에 처한 자에게는 자력 한도를 인정해야 하므로 훔친 자의 행위는 정당화된다. 앞에서와 동일한 행위가 이처럼 다른 기준의 가치 평가를 받게 된다. 긴급 피난 상태는 추상적 권리와 복지의 변증법적 전도가 일어나는 지점이다. 또한 헤겔은 이 경우에 특수한 내용, 예컨대 소유권자와 같은 "침해받은 자의 권리 능력"도 제한적으로 인정된다고 한다. 긴급 피난 상태를 통해 헤겔은 두 가지를 말하고 있는 셈이다. 하나는 권리들의 충돌을 말하며, 다른 하나는 긴급 피난 상태가 "권리와 복지의 유한성"과 "우연성"을 드러내준다는 것이다(Rph,§128Z).39) 헤겔은 긴급

---

38) 헤겔은 "일단 사회가 성립되고난 상태에서의 결핍은 그 어떤 계급에게 가해진 불법의 형식을 띠게 된다"고까지 말한다. 극도로 궁핍하게 사는 사람에 대해서 헤겔은 "범죄자의 무한 판단"을 적용한다 (VRP 1819/20 S. 196). 부정적 무한 판단을 범죄의 경우에 적용해보면 쉽게 이해된다. 범죄에서 부정적 무한 판단은 범죄가 특정 인격의 특수한 권리를 침해하는 것이 아니라 보편자, 즉 권리 자체를 부정하는 것을 나타내는 것이다. 이와 똑같이 궁핍은 인간 종을 부정하는 것이다.
39) 헤겔이 추상적 권리와 복지의 우연성이라고 부른 것은 칸트가 사용한 단순한 선에 대응할 수 있다. 『실천이성비판』에서 칸트는 다음과 같이 말한다.

피난권을 통해 권리와 복지간의 충돌을 해결할 수 있는 것처럼 보이게 하지만, 이러한 해결책은 엄밀한 의미에서 권리 내부의 해결책이므로 추상적 권리와 도덕성간의 매개가 결코 아니다. 여기까지 전개된 도덕 영역 내부에서는 양자를 필연적으로 결합시킬 수 있는 의지의 형식을 사고할 수 없다.40) 이는 바로 자유 실현이라는 바로 그 이념, 근대의 생활 조건에 뿌리를 둔 갈등을 나타낸다. 그러나 추상적 권리와 만족의 권리가 동일한 정당성을 가지기 때문에 이 갈등을 완화시키거나 뿌리째 뽑을 방법이 없다. 이런 갈등 유형은 자유를 기초로 한 합리적 생활 형식으로는 제거될 수 없는 부분이며 때때로 합리적 생활 형식의 비극적 동반자라고 간주된다. 그렇다면 만인의 권리들과 의무들의 질서를 무제약적 목적으로 삼는 주관적 반성과 자기 규정에 의한 의욕은 가능하지 않단 말인가?

이 질문에 대한 답변이 무제약적 의무로서의 선 이념이다. 추상적 권리와 복지 각각은 특수한 인격의 실존을 보장하지 못하는 자유의 추상적 현존재에 지나지 않으며, 권리의 보편성을 결여한 특수한 의지의 영역이다. 헤겔은 추상적 권리와 복지의 유한성과 우연성을 극복하기 위해 도덕 영역 안에서 선과 양심

"쾌를 촉진시키고 불쾌를 피하게 하는 이성의 준칙은 행위를 규정하지만, 이런 행위는 우리의 애착과 관계하는 방식으로 선이요, 따라서 간접적으로만, 즉 다른 목적과 관계해서 그 목적에 대한 수단으로서만 선인 것과 같다. …… 목적 자체, 즉 우리가 추구하는 만족은 …… 선이 아니라 복지다. 이성 개념이 아니라 감각의 대상에 관한 경험적 개념이다. 그렇지만 복지에 대한 수단의 사용, 즉 행위는 선이라고 불린다. 왜냐 하면 행위를 위해서는 이성적인 숙고가 요구되기 때문이다. 그러나 이는 절대적 선이 아니라 우리의 감성과 관계해서만, 쾌 불쾌의 느낌에 대해서만 선이다" (KdpV, A109). Terry Pinkard는 아무런 전거도 들지 않은 채 권리와 복지의 우연성에 관한 헤겔의 주장이 칸트가 말한 단순한 선과 동일하다고 주장했지만, 전거를 제시하라고 한다면 아마도 위와 같을 것이다. Terry Pinkard (1999), p. 223 참고.
40) Ludwig Siep (1982), S. 80 참고.

으로 이행한다. 이는 선과 양심이 추상적 권리와 복지의 진정한 근거임을 나타내는 것이다(Rph, §128).

그러면 선은 어떻게 성립하는가? 선은 추상적 권리의 추상적 보편성에 놓여 있지도 않으며 복지의 특수한 주관성에 놓여 있지도 않다. 행위41)에 절대적 가치를 부여하는 선은 "의지 개념과 특수한 의지의 통일로서의 이념"(Rph,§129)이다. 선의 이념 속에서 복지는 "개인의 특수한 의지의 구현으로서" 타당성을 지니는 것이 아니라 "보편적 복지", "본질적으로 즉자적 보편자", "자유에 부합되는 것으로서만 타당성을 지닌다. 따라서 선의 이념 아래서는 복지도 권리 없이 선이 아니며, 권리도 복지 없이는 선이 아니다"(Rph, §130). 선은 더 이상 특수한 주관에 상대적인 선, 나의 선이 아니라 다른 모든 주체들에게 선한 것으로서 타당한 것을 뜻한다. 자신의 행위를 이러한 선의 실현으로서 파악하는 주관적 의지는 자신의 개인적 복지를 얻는 것이 아니라 만인의 복지에 봉사하는 보편적 선을 얻으려는 요구를 고양시킨다.42) 이렇게 볼 때 우리는 주관적 의지의 대상이 도덕 편의 '선과 양심' 첫 머리에서 변경되었다는 것을 확인할 수 있다. 그것은 개인의 관심을 위해 의욕된 목적이 아니라 만인의 관심에 상응하는 목적이다. 따라서 "선은 실현된 자유며, 세계의 절대적 궁극 목적이다"(Rph,§129). 선은 개인 의지에서 추상적 권리의 추상적 보편성과 복지의 주관적인 특수성을 극복하는 과정에서 추상적 권리와 복지의 본질적인 것을 보존하기 때문에 선은 세계의 궁극 목적이다. 복지가 정의롭지

41) 여기서 행위는 단순한 동작을 가리키지 않는다. 『법철학강요』의 도덕 편의 제1장 "기도와 책임"과 제2장 "의도와 복지"에서 헤겔이 논의했던 행위 이론을 가리킨다.
42) 행위 이론에서 언급한 만인의 복지와 선의 단계에서 언급한 만인의 복지는 이와 같이 구별되어야 한다.

않은 곳에서 복지는 선이 아니며, 복지가 없는 곳에서 권리 혹은 법을 실천하는 것은 선이 아니다. 다른 말로 바꾸면 복지가 개별 의지의 특수한 목적에 지나지 않는 것을 구현한다면, 혹은 권리가 개인에 의해 실현되지 않는다면, 복지와 권리는 선으로 간주될 수 없다.

이 같은 주장을 통해 헤겔은 다음과 같은 기본 규범을 말하고 싶어한다. 추상적 권리와 복지가 갈등을 일으키는 경우 개인주의적 추상적 권리에서 도출된 개인의 권리 요구는 모든 사람 혹은 다른 여러 사람의 복지를 위해 포기되어야만 한다. 이런 맥락에서 선 이념은 자신의 권리와 복지에 대한 각 개인들의 모든 요구들이 서로 조화로워야 한다는 기본 규범으로 정의될 수 있다. 우리가 이 기본 규범을 인정하고 우리의 행위 준칙으로 채택하기만 한다면 개인주의 입장은 포기되고 인간의 공동체는 행위의 궁극 목적을 천명하게 된다.[43] 그러나 아직도 문제는 남아 있다.

4. 칸트의 선 개념에 대한 헤겔의 수용과 비판

헤겔은 선 개념을 도입한 절과 선행 절들 간의 차이를 여백 메모에서 다음과 같이 분명하게 강조한다. "이러한 직접적인 특수한 의지 — 행복, 복지에서 — 생명 — 그 자신의 보편성" (Rph,§129R). 그리고 "선의 이념"은 "처음에는 주관적이거나 형식적이다." "선은 객관적인 것 혹은 오히려 객관적이어야 하는 것"(§129R)이라고 헤겔은 써놓았다. 칸트의 선이 도덕의 입장에 머문다면 "추상적 이념"(Rph, §131)에 그치고 말 것이

---

43) Ilting (1971), S. 63 참고.

며, 그런 한에서 주관적 의지와 선의 일치는 정립될 수 없다고 헤겔은 칸트를 비판한다.44) 그런 의미에서 주관적 의지와 선이 내면의 상관 관계에만 머문다면 선은 당위적 요청에 지나지 않으며, 상관 관계 안에서는 당위를 해소할 수 없으며, 당위는 유한성을 영속화할 뿐이다.45) 왜냐 하면 칸트의 선은 내면에 머물러 있어서 당위를 실현할 수 없기 때문이다. 헤겔은 칸트의 당위의 무능을 비판한다. 또한 의무와 이성의 일치를 내세웠다는 점에서 헤겔은 칸트를 높이 평가하지만 칸트의 의무 개념 역시 공허하다고 비판한다(Rph,§133,§135Z). 칸트의 선과 의무가 그렇다면, 칸트의 자유는 영원히 도달할 수 없는 당위에 정지해 있을 것이다.

지금까지 밝혀진 칸트의 최고선 개념의 문제점은 단지 칸트의 실수가 아니라 칸트의 도덕철학의 필연적 구성 요소라고 헤겔은 보았다. 칸트는 행위 결단을 의지 규정이라고 표현한다. 칸트에 따르면 의지 규정에 이성이 규제적 이념의 역할을 해야한다. 칸트는 이 같은 이성의 성격을 다음과 같이 규정짓는다. 최고선은 순수 실천 이성의 이념이며 세계 내에서 우리의 길을 생각하는 데 필요하지만 세계에 관한 우리 주관의 경험 조건이 아니라고 칸트는 못박았다. 반면에 헤겔은 보편자와 특수자의 통일이야말로 칸트의 도덕성이 우리를 빠뜨렸던 순수한 이성 안에서 우리를 올바르게 정향시킬 수 있을 것이라고 보면서 최고선 이념을 자신의 논증 속으로 받아들였다. 헤겔의 용어법에

---

44) "선의 보편적 요소, 즉 추상적인 것은 추상적인 것으로서는 성취될 수 없으며 새삼 그것은 성취되기 위하여 특수성의 규정을 받지 않으면 안 된다" (*Rph*, §134Z).
45) Wannenmann의 법철학 강의 노트에는 한층 더 분명하게 적혀 있다. "따라서 선은 칸트 철학에서는 당위로서 주어져 있다." "선은 아직 이념으로서 주어져 있지 않다." "이러한 요청은 무한 퇴행이다." *Rph* I, S. 77 인용.

따르면 선은 어떤 사람이 형성한 준칙들에 통일을 부여하는 이념, 무제약자, 전체의 관념이다. 이 같은 통일이 그런 방향성을 갖기 위해서는 최고선은 단지 규제적 이념이어서는 곤란하다고 헤겔은 본다. 규제적 이념으로서의 최고선은 칸트와 같은 도덕 입장을 가질 수 있는 방식을 우리에게 설명해주는 조건에 지나지 않는다. 또한 칸트의 이성은 "모든 상황들에 현존하고 동일하기"(KdrV, A 556 / B 584) 때문에, 칸트의 구상에 따르면 현실 영역이 행할 수 있는 모든 것은 이미 주어져 있는 이성의 본성의 실현을 돕는 일이다. 칸트의 도덕 입장의 근본적 이원론은 칸트로 하여금 이 같은 규제적 원리로서의 순수 이성을 선택하게 만들며 역사 세계를 추방하는 비판 작업에 종사하게 만들었다.46) 그 결과 칸트의 도덕적 당위는 "책임 및 보편적 목적의 요구와 목적 실현의 역사적 상황 및 매개물을 근본적으로 분리"47) 시켰다. 감성과 이성의 칸트 이원론이 도덕적 선을 결코 구체적으로 실현할 수 없게 만든 점에 책임져야 한다고 헤겔은 믿고 있다. 반면에 헤겔의 경우 역사 혹은 현실의 영역이 부분적으로 이성 자체의 본성을 규정한다. 헤겔은 현실을 주어진 것으로서가 아니라 매개 수단으로서 통찰할 것을 요구한다. 그렇기 때문에 철학은 현실을 단번에 주어진 것으로 받아들이는 것이 아니라 현실을 검증하고 심판한다.48)

헤겔은 칸트의 도덕성이 무조건 거짓이라고 주장하지는 않는다. 선 개념에 대한 헤겔의 설명을 뒤따르는 절들에서 헤겔은 칸트의 선 이념의 타당성을 다음과 같이 강조한다. "선은 주체의 의지의 본질적인 것이므로 이 점에서 주체의 의지는 이러

---

46) 역사 세계를 추방한다는 것이 칸트의 인간학이나 역사철학을 부정한다는 것을 함축하지는 않는다.
47) Marquard (1982), S. 46 인용.
48) Marquard (1982), S. 42 참고.

한 선과 연관하여 단적으로 의무를 가진다. …… 의무는 의무를 위해 행해져야 한다"(Rph, §133). "의무를 행함으로써 나는 바로 나 자신과 함께 하는 자유로운 상태에 있는 것이다. 이러한 의무의 의미를 드러내준 것이야말로 실천에 관한 칸트 철학의 공헌이자 그의 고귀한 입장이기도 하다"(Rph,§133Z). 여기서 우리는 다시 헤겔적 사고의 심오한 칸트적 성격을 만난다. Odo Marquard가 말했듯이 헤겔은 분명히 당위를 인정했다. 헤겔 체계 안에서는 존재와 당위가 분리될 수 없다. 인간성은 항상 도덕성과 연결되어 있으며 도덕성은 당위의 입장이며 당위는 인간 삶의 영역과 연결되어 있다. 그렇지만 헤겔의 당위는 아리스토텔레스의 모델처럼 사물들의 내적 목적론의 결과가 아니라 인간 의지의 자기 규정의 결과다.[49] 헤겔은 칸트 못지않게 인간의 자기 규정의 자유에 관한 강한 신념을 가지고 있었다. "인간은 그들의 자기 규정과 일치되게 판단되기를 기대하며, 어떤 외적인 규정들이 작용할지라도 이 점에서 자유롭다. 인간의 이러한 내적 확신을 깨뜨리는 것은 불가능한 일이다. 인간의 내적 확신은 불가침이며, 따라서 도덕적 의지는 난해하다"(Rph, §106A). 도덕성의 능력이 인간을 따라다니며 회피할 수 없도록 인간 존재 속에 짜여져 있다. 그렇다고 해도 헤겔은 칸트와 달리 존재와 당위를 구별하지 않는다.[50] 헤겔은 일상적 경험인의 도덕적 의식을 무한히 신뢰한 것 같다. 칸트는『도덕

---

49) 도덕 편의 전개 방식을 보아도 이를 쉽게 알 수 있다. 주관적 의지의 자기 규정이 활동적 원리로서 도덕 영역의 풍부한 설명을 위한 기초로 작용한다. Michael Quante (1993) 참고 ; Wannenmann의 법철학 강의 노트 §1에 헤겔은 직접 이렇게 적어놓았다. "법의 원천은 의지를 그 자유로운 자기 규정 속에서 포착하는 사상이다." *Rph* I , §1, S. 5.
50) Pulkkinen는 헤겔의 글쓰기가 동시에 "기술적-처방적"이라고 한다. Pulkkinen, Tuija (1997), p. 36 참고.

형이상학의 정초』초반부에 일상인이 도덕적 의식을 가지고 있
으나 단지 학문을 위해 비판적 정초 작업을 수행한다고 밝혔다.
하지만 칸트의 도덕철학은 결과적으로 일상인의 도덕적 의식의
실현과는 유리되었다. 바로 이것을 헤겔은 문제삼았던 것이다.

□ 참고 문헌

▶ 원 전

▷ G. W. F. Hegel의 저서

Theorie Werkausgabe in 20 Bänden (E. Moldenhauer & K.
　　M. Michel, hrsg. Suhrkamp, F / M 1982).
DFS : *Differenz des Fichteschen und Schellingschen Systems
　　der Philosophie* (1801), in : Theorie Werkausgabe Bd. 2.
GW : *Glauben und Wissen oder Reflexionsphilosophie der
　　Subjektivität in der Vollständigkeit ihrer Formen als
　　Kantische, Jakobische und Fichtesche Philosophie* (1802-
　　1803), in : Theorie Werkausgabe Bd. 2.
Ilting Ⅲ : Hegel, G. W. F., *Vorlesungen über Rechtsph-
　　ilosophie* 1818-1831. Edition und Kommentar in sechs
　　Bänden von Karl-Heinz Ilting, frommann-holzboog,
　　1974.
Rph : *Grundlinien der Philosophie des Rechts oder Naturrecht
　　und Staatswissenschaft im Grundrisse* (1821) (Werke Bd.
　　7) (임석진 역,『법철학』, 지식산업사, 1989).

Rph Ⅰ : Hegel, G. W. F., *Vorlesungen über Naturrecht und Staatswissenschaft, Heidelberg 1817-1818 mit Nachträgen aus der Vorlesung 1818 / 1819*, Nachgeschrieben von P. Wannenmann, Herausgeben von C. Becker, W. Bonsiepen, A. Gethmann-Siefert, F. Hogemann, W. Jaeschke, Ch. Jamme, H.-Ch. Lucas, K. R. Meist, H. Schneider, mit einer Einleitung von O. Pöggeler, Felix Meiner Verlag, Hamburg, 1983.

▷ Immanuel Kant의 저서

Kant, Immanuel, Werke in zehn Bänden, Hrsg. von Wilhelm Weischedel. Sonderausg. Darmstadt : Wissenschaftliche Buchgesellschaft. 1983.

Die Religion : *Die Religion innerhalb der Grenzen der bloßen Vernunft*, die ersten Auflage 1793 ; dei zweiten Auflag 1794, in : Werke. Bd 7.

Gemeinspruch : *Über den Gemeinspruch : Das mag in der Theorie richtig sein, taugt aber nicht für die praxis*, 1793, in : Werke. Bd. 9.

GMdS : *Grundlegung zur Metaphysik der Sitten*, die ersten Auflage 1785 ; die zweiten Auflage 1786, In : Werke Bd. 6 (『道德哲學序論』, 최재희 역, 박영사, 1981).

KdpV : *Kritik der praktischen Vernunft*, die ersten Auflage 1788, In : Werke Bd. 6 (『實踐理性批判』, 최재희 역, 박영사, 1981).

KdUK : *Kritik der Urteilskraft*, die ersten Auflage 1790 ; die

zweiten Auflage 1793 ; die dritten Auflage 1799, In :
Werke. Bd. 8.

MdS : *Die Metaphysik der Sitten*, die ersten Auflage 1797 ; die
zweiten Auflage 1798, in : Werke Bd. 7.

임마누엘 칸트, 신옥희 옮김, 『이성의 한계 안에서의 종교』, 이
화여자대학교 출판부, 1994.

▶ 2차 문헌

Baum, Manfred (1978), "Gemeinwohl und allemeiner Wille in
Hegels Rechtphilosophie." in : *Archiv für Geschichte der
Philosophie*, Hrsg von Hans Wagner, 60 Band, Berlin-
New York, 1978.

Becchi, Paolo (1988), "Hegels Kritik der romantischen Politik",
in : *ARSP* vol.74. Heft 4. 1988.

Franco, Paul (1997), "Hegel and liberalism", in : *The Review
of Politics* v. 59 (Fall 1997) pp. 831-860.

Giusti, Miguel (1987), *Hegels Kritik der modernen Welt*,
Königshausen + Neumann.

Honneth, Axel (2001), *Leiden an Unbestimmtheit : Eine Reak-
tualisierung der Hegelschen Rechtsphilosophie*, Philipp
Reclam jun. Stuttgart.

Horstmann, Rolf-Peter (1991), *Die Grenzen der Vernunft.
Eine Untersuchung zu Zielen und Motiven des Deutschen
Idealismus, F / M. Hain, 1991.

Ilting, Karl Heinz (1971), "Die Struktur der Hegelschen
Rechtsphilosophie", in : (Hrsg) Manfred Riedel, *Materialien*

zu Hegels Rechtsphilosophie Bd. 2, Suhrkamp, 1975.

Jermann, Christoph (1987), "Die Moralität". In : Christoph Jermann (1987), *Anspruch und Leistung von Hegels Rechtphilosophie.*

Kain, Philip J. (1998), "Hegel's Critique of Kantian Practical Reason", in : *Canadian Journal of Philosophy*, Volume 28, 1998.

Marquard, Odo (1982), "Hegel und Sollen", in : ders, *Schwierigketien mit der Geschichtsphilosophie*, Suhrkamp verlag, 1982.

Nisbet, H. B. (trans.), *Kant's Political Writings*, trans. H. B. Nisbet, Hans Reiss(ed.), Cambridge. Cambridge University Press.

Pinkard, Terry (1999), "Virtues, Morality, and Sittlichkeit", *European Journal of Philosophy* 7 : 2, 1999.

Pulkkinen, Tuija (1997), "Morality in Hegel's Philosophy of Right", in : Jussi Kotkavirta (ed), *Right, Morality, Ethical Life : Studies in G. W. F. Hegel's Philosophy of Right*, SoPhi University of Jyväskylä, 1997.

Quante, Michael (1993), *Hegels Begriff der Handlung*, Spekulation und Erfahrung Bd. 32. frommann-holzboog.

Reath, A. (1988), "Two conceptions of the 'highest good' in Kant", In : *Journal of the History of Philosophy*, vol. 6, no. 4.

Reiss, Hans (1993), *Kant's Political Writings*. Introduction, Cambridge. Cambridge University Press. 1991.

Sedgwick, Sally S.(1988), "Hegel's Critique of the Subjective Idealism of Kant's Ethics", in : *Journal of the History of Philosophy* 26:1 January 1988.

Sedgwick, Sally S. (2000), "Metaphysics and Morality in Kant and Hegel", in : *The Reception of Kant's Critical Philosophy : Fichte, Schelling, & Hegel*, Edited by Sally Sedgwick, The University of Cambridge, 2000.

Siep, Ludwig (1981), "Kehraus mit Hegel? Zur Ernst Tugendhats HegelKritik", in : *Zeitschrift für Philosophische Forschung*, 1981 Juli ‒ Dezember.

Siep, Ludwig (1982), "Aufhebung der Moralität in Sittlichkeit", Hegel Studien Band 17.

Taylor, Charles (1989), *Sources of the Self : The Making of the Modern Identity*, Harvard University Press, 1989.

Taylor, Charles (1991), "Hegel's Ambiguous Legacy for Modern Liberalism", in : Drucilla Cornell, Michel Rosenfeld, David Carlson (Ed.), *Hegel and Legal theory* Routledge.

Theunissen, Michael (1982), "Die verdrängte Intersubjektivität in Hegels Philosophie des Rechts", in : D. Henrich / R.-P. Horstmann, *Hegels Philosophie des Rechts. Die Theorie der Rechtsformen und ihre Logik, Klett-Cotta* 1982.

Wood, Allen W. (1990), *Hegel's Ethical Thought*, Cambridge University Press.

Wood, Allen W. (1999), *Kant's Ethical Thought*, Cambridge Uni.

강영안, 『도덕은 무엇으로부터 오는가 ― 칸트의 도덕철학』, 소나무, 2001.

카시러, E., 유철 옮김, 『루소, 칸트, 괴테』(서울 : 서광사, 1996).

최준호, 「칸트의 자연목적론, 그리고 형이상학」, 『철학 연구』, 철학연구회 제43집, 1998년 가을.

제 2 부

이성과 이성의 타자

· · · K. 글로이(이광모 옮김)

[요약문]

이성에 대한 근본적인 비판과 이성의 타자에 대한 논의는 한 세대 이전부터 현대 철학의 주요 논제가 되었다. 이성과 그 지배적인 역할에 대한 반발은 억압받고 노예적이며 멸시되고 무시되던 타자의 이름으로 시작되었다. 특히 니체 이후 하이데거를 넘어 푸코와 다른 포스트모더니스트들로 이어지는 후기 현대와 포스트모던의 미학적인 상황은 근대에 지배적이었던 이성이라는 논거 틀의 지배를 의문시하게 되었고, 이성의 타자에 대해 새로운 권리를 부여하게 되었다. 이때 이성의 타자는 때론 감성으로부터, 때론 내적 혹은 외적인 자연으로부터, 때론 육체성으로부터, 때론 꿈, 상상, 망아, 광기 등에 관한 충동적인 영역으로부터 사회의 익명성과 역사성에 이르기까지, 간단히 말하자면 문화 역사적으로 억압되고 경시되었던 모든 형태 속에서 나타나게 되었다.

이러한 비판의 핵심 속에는 헤겔이 서 있었다. 사실 헤겔 이전과 이후 그 어떤 철학자도 그렇게 엄격하게 이성적 보편성과 타당성 그리고 현실성과 내재성을 주장한 사람은 없었다. 헤겔은『법철학』서문에서 "현실적인 것은 이성적이고 이성적인 것은 현실적이다"라는 그 유명한 명제로 실제적인 것의 이성성과 이성적인 것의 실제성을 표현했다. 헤겔에 따를 때 모든 존재자는 예외 없이 이성적 구조를 따르게 된다. 따라서 사유가능성으로부터 벗어나는 것은 존재하지 않는다. 이처럼 이성은 모든 것을 포괄하고 그 자신 외부에 자신이 관계할 수 없는 어떤 것도 허용하지 않기 때문에, 그 이성은 하나의 유일하며 보편적인 체계가 된다. ― 이것은 유일한 현실적인 체계일 뿐만 아니라 또한 유일한 가능적인 체계다. 이러한 생각은 "이성적인 것은 어떠한 대립도 갖지 않는다"는 말로 헤겔의 '회의론에 관한 논문' 속에서 잘 나타난다.

바로 이성의 이러한 총체성 요구에 대해서 포스트모던적 전위주의자들은 반발하였다. 그들의 비판은 두 가지 방향으로 전개되었다. 하나는 단순성 테제, 즉 어떤 두 번째 것도 허용치 않는 유일하고 절대적인 이성의 주장에 대한 비판이다. 역사주의와 상대주의는 우리들로 하여금 이성의 역사성과 그 가변성에 주목하게 하였고 역사의 이성 연관성뿐만 아니라 이성의 역사성을 주제화하도록 하는 데 공헌하였다. 이전의 하나며 절대적인 이성의 위치에 이제 상대적이고 역사적으로 형성된 다양한 합리성의 형태들이 나타나게 되었다. 이러한 형태들은 상황적 이성이라 일컬어지게 되었고, 역사와 자연 그리고 사회의 매개 속에 자리매김되었다. 이와 더불어 이론적인 이성과 윤리적인 이성 그리고 미적인 이성이 구분되었을 뿐 아니라 또한 변증법적이고 해석학적이며, 의사 소통적인 그리고 최근에는 포괄적인 이성 개념이 이 이성과 그 타자를 매개하려는 시도로 이해되게 되었다. 두 번째 비판의 방향은 이성의 보편성과 그 타자의 배척성에 대한 비판이다. 역사 및 자연과 사회 속에 이성이 위치한다는 것은 그 이성이 타자를 통해 제한되며, 제약된다는 것을 의미한다. 물론 이때 타자가 이성의 반대 원리든 혹은 그 가능성의 근거든 마찬가지다. 따라서 타자의 보다 상세한 규정에 대한 논쟁은 불가피하게 된다. 이러한 논쟁은 타자에 대한 설명 방식과 접근 방식을 포함하게 된다. 혼돈스러운 현대의 이성 개념과 타자 개념에 어떤 질서를 부여하기 위해서 우선 선행되어야 할 과제는, 필연적이며 정당한 개념을 정당하지 못한 그리고 단지 가상적인 개념들로부터 구분하는 것이다. 왜냐 하면 공격을 받은 헤겔의 이성 개념 혹은 보다 일반적으로 헤겔 식의 이성 개념은 포스트모던 개념의 해체와 분리에 대해서 다음과 같은 논증을 제시할 수 있기 때문이다. 즉, 인간학적이고 현상학적이며 심리학적인 포스트모던적 이성 개념들은 결국 모든 것을 포괄하는 과정 속에 있는 이성의 발전의 한 단계로 함축될 수 있다는 것이다. 이렇게 본다면 포스트모던적 이성 개념이란 포괄적인 이성 기획의 한 단계로 전락하게 되며, 결국 타자는 이성 자체의 총체성에서 직면하여 설 수 있는 자리를 박탈당하게 된다.

물론 헤겔이 말하는 이성의 총체성 개념이란 단순히 절대성의 요구만을 지닌 그러한 것은 아니다. 역사적으로 보았을 때, 총체성 개념에는 두 개의 서로 경쟁적인 모델이 있다. 하나는 셸링 철학과 좀더 자세히는 칸트 철학에서 두드러지게 나타나는 서열적인 모델이고, 다른 하나는 헤겔 철학에서 보이는 자기 지시적 모델이다. 따라서 이성의 총체성을 어떻게 이해하느냐에 따라 이성의 타자에 대한 서로 다른 입장들과 그 타자에 대한 서로 다른 접근 방식들이 생각될 수 있다. 우선 첫째로 칸트 철학을 역사적이기보다는 모델 이론적인 측면에서 설명해보자. 그리고 두 번째로 헤겔의 개념을 설명해보자. 포스트모던적 비판과 타자에 대한 포스트모던적인 해석은 이러한 배경들을 토대로 해서만 의미를 갖게 될 것이다.

▶주요 검색어 : 이성, 이성의 타자, 포스트모던, 절대성, 총체성.

1. 칸트의 이성 개념

칸트는 좁은 의미의 이성 개념과 넓은 의미의 이성 개념을 나누었다. 그 중 후자는 보다 열등한 감성과의 차이 속에서 우월한 인식 능력을 의미한다. 좁은 의미의 이성은 이러한 이성 개념에 오성을 덧붙이게 된다. 따라서 좁은 의미의 이성 개념은 상위의 인식 능력 가운데 최고의 능력을 나타내게 된다. 이때 오성은 이 능력에 종속되는 것이지 결코 함축되는 것은 아니다. 만일 오성이 통일을 부여하는 특별한 능력이라고 한다면 그리고 그런 한에서 감성의 잡다를 규칙에 따라 종합하는 것이라고 한다면, 이에 반해 이성은 총체적으로 통일을 기초지우는 능력이다. 그런 한에서 이성은 총체적인 이성 개념들(이념들)에게 철저한 확장과 일관된 사용을 부여하게 된다. 즉, 이성은 우주론적 이념들에 따라 세계와 자연에 대한 포괄적인 이해를 가능케 하고 심리학적 이념들에 따라서는 영혼에 대한 이해를, 신학적 이념에 따라서는 신 혹은 보다 중립적으로 말하자면 존재자의 영역 속에서 모든 실제성의 총체를 가능케 한다.

실재성의 총괄, 즉 존재 술어의 총괄이라는 사상은 규정성의 총괄, 즉 완전한 오성 규정의 총괄이라는 사상과 마찬가지로 체계 사상을 함축한다. 칸트는 그 유명한 '건축술' 4장에서 이 체계 사상을 임의적인 축적으로 규정하는 것이 아니라, 어떤 선행된 기획에 따른 일치로서 전체와 부분들의 관계를 선천적으로 주재하는 일치로서 기획하였다. 칸트는 이러한 체계를 동물적인 혹은 식물적인 유기체와 비교하였다. 특히 그는 그 체계를 스스로 가지를 뻗고 성장하는 나무와 비교하였으며 심지어 이성을 그러한 나무와 동일시하였다. 보다 구체적으로 그는 종차에 의한 유적 접근이라는 도식에 따라 하부 체계들로 이루어진 체계들의 체계를 염두에 두었다. 만일 오성이 범주 체계에 의해 어떤 특정한 대상 집합들의 본성을 규정한다고 한다면, 다시 말해 그 필연적 표징들의 복합을 진술한다면 이성은 분류화와 특수화 그리고 연속성이라는 원리를 매개로 보다 하위의 종들로부터 서열적인 종들을 단계별로 구분할 수 있게 한다. 따라서 칸트에게는 다양한 보편성 단계들의 분류와 체계가 성립되게 된다. 『순수이성비판』의 건축술 장에서 그리고 「자연과학의 형이상학적 근거지음」이라는 저서 서문에서 그리고 보다 자세히는 『판단력비판』 서론에서 칸트는 그와 같은 총체성 체계를 기획한다. 이와 같은 이성 개념과 연관해볼 때 타자의 위치는 어렵지 않게 규정될 수 있다. 그 하나는 감성에 의해 구속되는 보다 낮은 단계로서 잠재적이고 무한하며 동종의 연속적인 공간과 그에 상응하는 시간을 통해 규정되는 영역이다. 이러한 영역에 대해 칸트는 직관이라는 고유한 인식 능력을 부여했기 때문에 이 영역은 오성과 이성으로는 접근 불가능하지만 인식의 접근 자체를 봉쇄하는 것은 아니다.

이에 반해서 해명되지 않고 해명될 수도 없는 나머지 부분이 사물 자체라는 영역으로 자리잡게 된다. 이 영역은 감성이라는 우리의 주관적 인식 능력을 실행시키기 위해, 즉 감성의 촉발을 위해 요구된다. 인간적 인식 능력이란 그 유한성에 근거해서 볼 때 전능하지 않기 때문에 그 능력의 실행을 위해서 자신 외부의 타자를 필요로 하게 된다. 그 즉자적인 모습에서 인식될 수 없으며 감성과 오성을 통해서 구조화될 수도 없는 사물 자체는 인식 가능성의 실질적인 조건들이 된다. 하지만 그것이 감성과 오성을 통해 구조화될 수 없기 때문에 이때 하나의 사물 자체가 문제가 되는지 혹은 여럿의 사물 자체가 문제가 되는지는 전혀 미결정인 채로 남는다. 이러한 촉발 사상은 계속해서 유지될 수 없다. 왜냐 하면 사실 촉발이라고 하는 것은 인식 내부에서 타당한 원인과 결과라는 범주에 근거한 것이기 때문이다. 근본적으로 사유할 수 없는 것을 지칭하기 위해서 사용된 사물 자체의 사상은 따라서 불합리한 것으로 드러나게 된다. 그럼에도 불구하고 사물 자체의 영역이 생각될 수 있다면 그렇게 '생각될 수 없는 것'은 자기 모순을 통해 지양되게 된다. 결과적으로 칸트의 사물 자체 이론은 이미 야코비가 말했듯이 그것 없이는 칸트 철학으로 들어갈 수도 없으며 동시에 그것과 함께는 칸트 철학에 머무를 수도 없는 그래서 결국은 관념론자들에 의해 제거되게 되는 결과를 낳게 된다.

그렇다면 분리와 체계 속에서의 타자는 어떠한가. 칸트 저서들 속에서 그가 총체성에 대한 두 개의 모델을 제시하고 있다는 것, 다시 말해 '선험적 이상'의 장과 '선험적 변증론'에 대한 부록에서 주장하는 두 가지의 모델은 이제까지 별로 주목받지 못하였다. 실재성의 총괄이라는 토대 아래서 그리고 규정성의 총괄이라는 수단을 매개로 칸트는 총체성의 첫 번째 모델을 근거 결과에 따라 연역될 수 있는 존재 술어의 연역 체계로 설명한다. 이렇게 볼 때 감성적 세계는 다른 세계로 이해된다. 우리의 세계와 다른 가능한 사유할 수 있는 세계의 차이는 여기에서 직관될 수 있느냐 없느냐의 차이에 따라 구분된다. 하지만 이 경우에도 이 세계의 합리성의 구조는 여전히 동일하게 남는다. 물론 그렇다고 해서 다른 세계들에게서도 합리적이지만 전적으로 다르게 구조지어진 세계가 사유될 수 없다는 것은 아니다.

이에 반해 선험적 변증론의 부록에서 칸트는 가능한 오성 사용의 실마리를 토대로 또 다른 하나의 모델을 구상한다. 그 모델에 따를 때 우리의 감성적 세계와 그 세계에 토대를 두고 있는 인식은 존재자의 총체와 일치하게 된다. 이 모델에서는 현상과 사물 자체의 영역이 구분되며, 현상은 항상 어떤 것의 현상이 된다.

두 모델들은 실제적으로 증명될 수도 없고 반박될 수도 없는 단순한 가설들을 의미하게 된다. 그 모델들은 규제적인 특성만을 지니며 구성적인 특징을 지니지 못한다. 이 모델들은 서로 다른 격률에 따라 이루어지게 되는데, 첫 번째 모델은 실천 이성의 격률을 따르게 되며 두 번째 모델은 이론 이성의 격률을 따르게 된다.

『판단력비판』서문에서 칸트는 이론 이성과 실천 이성을 다음과 같은 가설을 통해 결합하고자 시도한다. 즉, 비록 신적인 것이긴 하지만 하나의 이성 혹은 경우에 따라서는 오성이 세계를 우리의 욕구에 부흥하도록 체계화하는 것처럼 보인다는 것이다. 이렇게 "무엇 하는 것처럼"이라는 해결책은 이 개념의 규제적인 특성을 나타내게 된다. 우리 이성에게 타자인 피안의 신적인 지성은 여기에서 비록 가설적이긴 하지만 우리 인간의 완전한 인식의 가능 근거로서 작용한다. 이와 같은 가설은 초월적 타자 없이 가능한 완전한 인식의 대안을 배제하지 않는다. 그렇기 때문에 두 가능성들은 구성적 모델로서 유효하게 생각될 수 있다.

2. 헤겔의 이성 개념

헤겔은 자신의 이성 개념과 함께 플라톤의 자기 지식적이며 변증법적 모델인 전통적인 체계로 되돌아간다. 헤겔은 플라톤을 고대 변증법의 대가로 평가하며 대화 편 '파르메니데스'를 플라톤의 변증법 중 최고의 걸작으로 간주한다. 여기서 우리는 헤겔의 이성 형태의 특징적인 몇 가지 표시들을 찾아볼 수 있다. ① 항상 다수성을 포함하는 통일성 ② 단일성 ③ 자기 지시성 ④ 유기체성 ⑤ 변증법 ⑥ 목적론.

(1) 헤겔의 이성 개념은 총체성 개념이다. 따라서 그 개념에 귀속되지 않는 합리성이란 있을 수 없다. 존재에 대한 사유와 세계의 사유된 존재는 일치한다. 그 둘은 동일한 구조를 지니는데 이 구조란 형식적 조건들로서 사유를 규정할 뿐만 아니라 존재

자의 구조로서 나타나게 된다. 따라서 이 구조는 헤겔의 그 유명한 이성의 객관성과 세계 이성성이란 테제로 나타나게 된다. 그리고 세계 내의 이성의 총체성은 또한 개념과 실재의 동일성으로 표현된다. 이때 이성 개념은 세계 내의 모든 대상들과 다수성, 차이, 관계성들을 자신 속에 포함하기 때문에 무차별적인 그리고 몰관계적인 통일이 아니라 충족된 통일이 된다.

(2) 이와 같은 포괄성에 단순성이 결합되게 된다. 이성 개념은 총체적 보편자로서 단순한 하나다. 이성 외부에는 어떠한 것도 존재하지 않기 때문에 이성은 항상 하나의 유일한 것으로 나타나게 된다. 따라서 그 어떤 이성이 현실적인 것이 아니라 단지 하나의 가능한 이성이 현실적이게 된다.

(3) 이성은 자신이 정립한 것 외부에서 관계하는 것이 아니라 자기 스스로 관계한다는 사상 속에서 이성의 자기 지시성이 드러나게 된다. 자기 외부에 어떠한 타자와도 관계를 갖지 않는 어떤 것은 그래서 모든 것을 포함하게 되는 것은 단지 자기 자신과만 관계하는 것이다. 타자와의 관계성에 대한 부정은 자기와의 관계 외에 다른 것이 아니다. 그러한 관계에 대한 형상적 서술은 원으로 표현된다.

(4) 다수성을 가지고 있는 포괄적이며 자기 지시적인 전체는 임의적으로 무한히 확장할 수 있는 단순한 집합체들이 아니라 완결된 체계로서 하나의 유기체를 나타내게 된다. 이것은 칸트가 생각했었던 부분들의 배열을 규정하는 전체의 유기체와 같은 것이다. 다시 말해 현존하는 부분들의 외적인 연관들이 전체를 구성하는 것이 아니라 선행하는 전체의 계획이 부분들을 결합하고 가능케 한다. 따라서 이성은 자신 속에서 조직화된 유기적 전체다.

(5) 근본 구조와 관련해볼 때 세부적 구분의 방식은 자기 지

시성으로부터 도출된다. 왜냐 하면 자기와 관계하는 전체란 기능적으로 볼 때 통일성 혹은 동일성 내에서 주체와 객체로 분리되는데 이것은 자기 자신 속에서 자기 자신과 다시 일치하는 통일을 이루기 위해서 스스로 이분성으로 나누는 것이다. 이때 전체의 방법적인 자기 해명은 변증법적 삼분지, 즉 정립, 반정립, 종합을 넘어서 이루어지며, 『철학강요』의 용어로 표현하자면 오성적인 것과 부정적 이성 그리고 사변적 혹은 긍정적 이성에 관계를 넘어서 이루어진다.

이 중 첫 번째 두 개의 작용과 더불어 전형적인 오성 행위들이 특징지어진다. 정립이라는 것은 어떤 것을 그것으로 고정시키는 작용을 의미한다. 스피노자적 형식인 "모든 규정은 부정이다"는 명제에 따를 때, 정립은 항상 한계지음을 의미하게 된다. 두 번째 부정적 단계는 구분하는 작용을 의미한다. 그리고 비로소 세 번째 단계에서 분리와 이분화는 지양되고 고립된 반성 개념들은 근원적 통일로 오게 된다. 헤겔은 오성을 분리하고 고정하는 작용들로 간주한 반면, 이성의 과정을 결합과 결부시켜 이해한다. 이와 같은 이해는 오성은 이성의 내재적 가능성을 이루는 반면 이성이란 오성을 포괄하고 통합하는 능력이라는 것을 우리로 하여금 인식하게 해준다. 이렇게 볼 때 오성과 이성은 하나의 종속 관계가 아니라 함축 관계가 된다. 바로 이것을 헤겔은 오성적 이성 혹은 이성적으로 된 오성이라고 부른다. 비록 변증법적 방법과 함께 사변적 이성의 근본 구조가 그려진다고 해도 그 이성에 대한 보다 상세한 증명은 아직 이루어지지 않았다. 이와 관련해서 헤겔은 스스로를 플라톤과 구분한다. 헤겔은 플라톤처럼 하나의 범주 규정으로부터 다른 규정으로의 이행과 그 출발을 임의적으로 고찰한 것이 아니라 일의적인 과정 속에서 단순한 규정으로부터 점점 더 복합적인 규정으로 진행함으로써 전체의 완전한 해명을 목적으로 하였다. 이것은 존재 논리가 존재와 혹은 무와 함께 시작되어야 하는가는 임의적인 것이 아니었음을 말해준다. 마찬가지로 논리학 전체에서도 존재 본질 개념으로의 이행은 혹은 역으로 개념 본질 존재로의 이행도 의미 없는 것이 아니었다. 결론적으로 논리학은 자연철학과 정신철학인 실재 철학으로 이행하게 되고 이러한 실재 철학은 다시 논리학과 연결되게 된다.

(6) 일의적인 설명 과정에서 목적론적 사상은 주도적인 역할을 하게 된다. 목적론적 사상이란 모든 규정의 완전한 진술이라는 형식 속에서 그 끝에 도달하게 되는 그러한 서술을 의미한다. 전체는 출발에선 잠재적이었지만 그 끝에서 비로소 그의 완전한 현실태를 발견하게 된다. 헤겔 식으로 표현하자면 즉자, 대자적인 존재가 된다. 이러한 의미에서 단계적으로 나타나는 종합적인 진행은 단순한 규정으로부터 시작해서 점점 더 복잡한 규정으로 나아가는 것으로 입증되고, 원한 구조에 상응하듯이 근거로 되돌아가는 것으로 나타나며 시작과 끝에서 일치하는 것으로 드러난다. 종합적인 규정은 분석적인 설명 과정과 일치하게 된다. 이와 같은 이성 구성에 직면할 때 다음과 같은 것에 문제가 된다. 즉, 타자를 위한 어떤 자리가 남아 있는가? 타자의 자리는 이성 체계 외부나 내부에서 찾아볼 수 있다. 즉, 타자는 첫째로 전체 체계 내부에서의 대립으로, 둘째는 논리학으로부터 실재 철학으로의 이행 속에서 보이는 "달리 있음의 형식"으로 이해되는 자연으로서, 그리고 마지막으로 철학 체계 끝에서 다시 말해 원의 종결에서 생각될 수 있는 이성의 전적인 타자로서 이해될 수 있다. 이러한 세 가지 타자 개념들을 좀 더 자세하게 분석해보자.

(1) 헤겔의 체계는 모든 실재성의 총괄, 즉 규정성의 총괄이

라는 사상에 토대를 두고 있다. 이러한 토대 위에서 볼 때, 모든 존재자에게는 가능한 것과 대립적인 규정 중 어떤 하나의 규정이 귀속되게 된다. 어떤 것을 부정한다는 의미에서의 규정은 이 완결된 체계에서는 모순된 정립으로 이해된다. 다시 말해 A의 부정으로서 -A는 B의 정립과 일치하게 된다. 그 결과가 아니라 구조에 따라 고찰해볼 때 부정은 여기서 규정된 부정으로서 이중적인 의미를 지니게 된다. 첫째로 부정은 어떤 특정한 것을 부정하고 그 자신 어떤 특정한 것이 된다. 이때 타자는 항상 완결된 체계 내에서의 대립으로 이해된다. 존재와 무, 유한성과 무한성, 대자 존재와 대타존재, 동일성과 차이, 논리학과 실재 철학 등이 바로 철저한 대립들로 이해되고 동시에 존재론적 지평 위에서 주제화된다는 것은 놀랄 만한 것이 아니다. 따라서 어떤 것과 그 타자는 서로 상호적으로 관계하게 된다. 각각의 타자는 어떤 것이며 또한 어떤 것은 각자의 타자다. 변증법적 체계에서 타자에 대한 해명은 스피노자적 명제 "모든 부정은 부정이다"는 명제로 충분히 표현된다. 그리고 그 명제의 역인 "모든 부정은 규정이다"는 마찬가지로 완결성을 위한 전제가 된다.

(2) 이미 논리학의 끝과 실재 철학의 출발점에서 나타나는 타자의 출현이 문제시된다는 것은 지적되었다. 왜냐 하면 만일 논리학이 절대적 지에 대한 완전하고 철저한 해명이어야 한다면, 이러한 해명은 절대적 해명 속에서 그 완성을 발견할 것이기 때문이다. 그렇다면 우리는 다음과 같이 물을 수 있다. 그와 더불어 모든 것이 끝나는 것이 아닌가? 완전한 설명과 합리적인 해명 이후에 무엇이 또 남아 있겠는가? 물론 논리적 과정이란 어떤 정의적인 끝에 도달하게 되는 게 결코 아니다. 왜냐 하면 항상 계속되는 규정이 발견될 수 있기 때문이라는 반박을

도외시하더라도 절대적 이념 속에서 종결된 이념의 테제로부터 만일 이 이념에 확실하게 머무른다면 더 이상 합리적으로 설명할 수 있는 것은 그 외부에 남아 있을 수 없을 터인데, 그럼에도 불구하고 헤겔은 논리학과 실재 철학의 이행을 이념의 타자라는 것과 더불어 수행하기 때문이다. 보다 정확히 말하면 그 "달리 있음"이라는 형식 속의 이념, 즉 논리적 이념 구조에 대립되는 이와 같은 이념이란 타자로서 그 실재성은 자연이다. 만일 이념이 통일을 부여하는 것이고 모든 것을 포괄하는 것으로 이해될 때, 이러한 특성이 빠진 타자는 필연적으로 다수성으로 파악될 수 있다. 물론 이 다수성이란 수적인 다수가 아니라 서로 분리되고 외연적이며 무규정적이며 무한한 연속성으로서의 잡다일 것이다. 바로 이러한 무한한 동종의 연속이 공간이다. 이념 자체의 타자는 다시금 합리적 규정의 대상이 되기 때문에 합리적 규정은 자연철학과 그와 연관돼 있는 정신철학을 넘어서 결국 논리학과 다시 이어지게 된다.

우리는 여기서 이념의 자연으로의 이행, 그와 연관해서 논리학의 자연철학으로의 이행을 하나의 변증법적 과정으로 파악할 수 있다. 그러나 그 과정은 논리학 내부에서 이루어지는 변증법적 진행, 즉 자기 발생적 변증법과는 다른 것이다. 그 토대는 더 이상 '모든 규정은 부정'이라는 원칙이 아니며 오히려 자기 모순적인 것이다. 이념의 자기 자신의 타자로의 이행은 집합론적 역설의 유추에 따라 구성될 수 있다. 이 집합론적 역설은 '자기 자신을 포함하지 않는 모든 집합의 집합은 자기 자신을 포함한다' 혹은 역으로 '자기 자신을 포함하는 모든 집합의 집합은 자기 자신을 포함하지 않는다'로 이해되는데, 여기서 이 두 번째 이해 속에 이념의 그 타자인 자연으로의 이행이 기초하고 있다. 다시 말해 이념의 완전하고 철저한 규정은 다시 무

규정적으로 남게 된다는 것이다. 따라서 모든 규정의 근거로서 비로소 규정의 두 번째 진행이 시작되는 것이다. 사태를 우리는 다음과 같이 이해할 수 있다. 총체적 계몽이란 그것이 비계몽에 뿌리를 두고 있지 않는 한 계몽이 아니라는 것이다. 해명적 규정들의 전체는 전체성으로서의 전체성과 동일하지 않다. 전체성으로서의 전체는 오히려 새로운 해명되지 않는 계기를 만들게 되고 이 계기는 다시 보다 더 넓은 규정 속에서 주제화되어야 한다.

(3) 타자에 대한 세 번째 방식은 가장 문제가 있는 것으로서 근본적으로 의문 부호로 남는 그러한 것이다. 그 세 번째 방식은 단지 우발성의 형식 속에서만 허용될 수 있는데, 다시 말해 헤겔 체계의 전제들이 이성 구조 속에서 묶임으로써, 결국『철학강요』체계 끝에서 원으로부터 원의 완성 이후 모든 조건들과 전제들이 해명된다고 한다면 그 타자를 위한 출발점은 하나의 역설로 나타날 수 있다는 것이다.

총체성 체계로서의 헤겔의 사변적 이성은 잘 알려지고 종종 인용되는 실재성의 총괄 그리고 규정의 총괄이라는 명제에 근거한다. 이 명제는 모든 존재자에게 여기서는 존재자의 전 영역에 대해서 가능한 대립적 술어들 중 하나가 귀속되고 다른 하나는 거부된다는 것을 의미한다. 완전한 규정들의 토대는 동시에 총체적 부정의 토대로서 나타난다. 실재성의 총괄을 구성하는 것과 부정의 총괄을 구성하는 원리는 이때 동일한 것이다. 헤겔의 이성 개념은 이성의 부정뿐만 아니라 비이성적인 것까지 모순의 이성 속에 포함시키며 그럼으로써 결국 그 체계가 단적인 동일성이 아니라 동일성과 비동일성의 동일성을 주장하는 것이라고 할 때, 이러한 이성 개념에 대한 회의론적 논박은 다음과 같이 시작될 수 있다. 즉, 부정은 이성 외부에 있는 전적인 타자의 위치를 열어놓는다. 헤겔의 이성이 그 합리성과 더불어 논리학의 수단을 매개로 양립할 수 없는 구조들을 다 포함함으로써 어떠한 대립도 포함하지 않는다고 할 때, 회의론적 논박은 어떤 것, 여기서는 이성(이러한 개념은 체계 자체에 속하는 모순적 대립의 긍정적인 것이 더 이상 아니다)의 부정은 몰이성의 개념이라는 것이다. 만일 첫 번째 논증이 닫혀진 체계로 되돌아간다고 할지라도 두 번째 논증에서 출구가 열리게 된다. 즉, 부정은 이성 외부에 있는 그래서 이성과 결합할 수 없는 어떠한 타자의 가능성을 열어놓는다는 것이다. 바로 이 타자에서 이성은 좌초하게 된다. 백묵이라는 것을 구체적인 예로 생각해볼 때, 이것을 우리는 다음과 같이 이야기할 수 있다. 만일 그 백묵이 하얗지 않다면 그렇게 때문에 아직은 하얀 것의 모순적 대립으로서의 검은 것이 아니라 오히려 푸른색 혹은 붉은 색 등과 같이 다른 색으로 나타날 수 있다. 무한 판단이란 하나의 잠재적으로 무한한 규정가능성을 남겨두게 된다. 따라서 무의식적 타자를 지양하고 완전한 합리적 투명성을 제시하고자 하는 헤겔의 논증이 만족할 만한 것인가가 문제가 된다.

3. 포스트모던의 타자

이성의 타자에 대한 모든 지평 속에서 이루어진 규정과 분석은, 비록 그것이 종종 헤겔적 반성 수준으로 다시 내려간다고 할지라도 헤겔 이후의 포스트모던 철학에게 다음과 같은 과제를 부여한다.

(1) 일반적으로 헤겔 이후의 철학은, 특히 포스트모던 철학은

소위 보다 낮은 단계로 간주되었던 타자를 그들의 관심의 중심 속에 밀어넣는다. 그리고 보다 높은 영역에 속하는 것으로 간주되었던 이성을 평가절하한다. 이것은 가치의 전도 및 전통에 대한 반대라는 논의를 통해 이루어진다. 전통적 철학은 '위'와 '아래'를 구분했을 뿐만 아니라, 동시에 문화적이고 사회학적이고 종교적인 근거들로부터 그것들을 어떤 가치와 결부시켜 생각하였다. 그때 그들은 이성적인 것을 보다 높이 평가하고 이 종의 것들을 열등한 것으로서 소위 악마적인 것으로서 평가절하하고 멸시와 억압적인 구조로 밀어넣었다. 하지만 이제 상황은 역전되었다. 보다 낮은 단계의 것, 이제까지 질료적인 원칙들로 파악되었던 것 그리고 감성 혹은 질료라는 이름으로 다루어졌던 그런 것들은 이제 보다 구체적으로 육체성, 물질성, 자연으로 파악되며 딜타이의 생철학이나 하이데거의 실존철학에서는 생명, 실존, 존재 등으로 파악된다.

(2) '위'와 '아래'라는 타자들이 결국 함께 결부되어 있으며, 그것들은 서로 붕괴하거나 차이를 지양하게 된다는 것을 이해하기 위해서, 이성의 타자에 대한 촉발 이론적인 해석을 생각해볼 필요가 있다. 이러한 해석은 타자를 감정, 분위기, 근본성 등으로 파악하는 하이데거 철학에서 나타난다. 그런 분위기들은 두려움, 공포, 염려, 권태 앞에 서 있게 되는데, 그들에게는 그것들이 전통적 도식에 따를 때 인지적인 능력으로서 허용될 수 있었던 것보다 더 근본적인 해명 능력이 주어지게 된다. 염려의 범주란 『존재와 시간』 속에서 근본적 개념으로서 실존적인 것으로 이해된다. 이러한 것들은 그 다양한 변형태인 돌봄, 선 보호, 후 보호, 세계 내 존재의 해명 등등으로 사용된다. 이미 여기로 우리는 하이데거의 철학이 소위 낮은 단계의 영역이라고 불리는 것에 대한 단순한 해석이 아니라 전체적인 생활 세

계의 영역에 대한 고찰을 수행하고 있다는 것을 알 수 있다. 다시 말해 총체적인 경험적 방식이 설명되는 것이다. 이런 것들은 '위'와 '아래'의 차이에 대한 결과물이며 그것들의 평준화다.

고전 철학이 스스로를 계몽 속에서 신적인 위치까지 고양된 이성을 찬미로 이해했다고 한다면 포스트모던적 철학은 정반대로 이성의 타자를 실체화한다. 예를 들면 예술, 신화, 역사 등 이성에 대해 외적인 경험 방식들, 즉 몰아, 명상, 생명, 충동, 감성 등을 실체화한다. 이제 그것이 포괄적인 이성이든 보충적인 구조들이건간에 이러한 것들과 이성의 매개에 도달하는 것이 앞으로의 과제인 것이다.

헤겔 미학 : 예술철학 강의로부터 현재의 유산에 이르기까지 이루어진 변형의 과정들

• • • A. 게트만-지페르트(조창오 옮김)

[요약문]

현재 이루어지고 있는 헤겔 미학 원전에 대한 연구는 호토가 편집한 인쇄본 『미학』이 편집자에 의해 근본적으로 변형되었음을 밝혀주고 있다. 호토는 스스로 구상한 "사변적 예술사"라는 개념을 자신의 강의와 저작 속에서 계획했고 헤겔의 인쇄본 『미학』의 편집 속에서 완전히 실현했다. 헤겔주의자들은 이러한 "사변적 예술사"의 확장을 위해 더욱더 헤겔 미학을 변형시켰다. 이들의 저작들과 새롭게 밝혀진 헤겔의 베를린 미학 강의간의 비교 연구는 이러한 변형의 과정들을 보여주었다. 이는 헤겔 미학에 대한 발전사의 측면에서도 동일하게 밝혀지게 되었다. "사변적 예술사"로 인해 변형된 헤겔 미학을 새롭게 복원함으로써 헤겔이 의도한 예술 작품 규정, 즉 역사와 문화 속에서 갖는 예술의 역할에 대한 반성을 새롭게 할 수 있게 되며, 이를 통해 개별적인 예술 작품들을 기계적인 변증법이 아니라 생동적으로 파악하는 예술사 서술의 개념적 기초를 마련할 수 있게 된다.

▶주요 검색어 : 헤겔주의, 사변적 예술사, 변형, 역사, 문화, 기능, 예술 작품.

헤겔(G. W. F. Hegel)의 베를린 미학 강의에 대한 역사-비판적인 편집의 영역에서 인쇄본『미학』의 원전을 밝히는 작업은 매우 커다란 역할을 한다. 헤겔의 제자인 하인리히 구스타프 호토(Heinrich Gustav Hotho)가 1835년에서 1838년 사이에 제1판, 1842년에서 1845년 사이에 제2판을 거쳐 세 권으로 완성했던 헤겔 사후 발간된『미학』의 인쇄판이 현재까지 인용되는 반면, 헤겔 미학 원전에 대한 역사-비판적 편집 작업은 지금 사용되는 이 판본의 신뢰성을 의심하게끔 한다. 다양한 문제들에 대한 개별적 연구들의 성과로부터 드러나는 인쇄본『미학』이 지니는 비신뢰성은 베를린 시대에 행했던 헤겔의 미학 강의 원전들을 다시 살펴보아야 한다는 필연성과 함께 입증되고 있다.[1]

헤겔은 1820 / 21년, 1823년, 1826년, 1828 / 29년에 베를린에서 **"미학 또는 예술철학"**에 대한 네 시간 혹은 다섯 시간짜리 강의를 행했다. 이 강의들에 대한 원전들은 — 직접적인 필기 노트와 정리 노트[강의 내용을 토대로 수강생이 다시 일관된 관점으로 정리한 노트 — 옮긴이 첨가] 또는 예를 들면 여러 다른 시기의 강의들로부터 헤겔의 사유를 재구성한 것 — 보존되

---

1) 이에 대한 대표적인 논집으로는 다음을 참조. *Phänomen versus System. Zum Verhältnis von Philosophischer Systematik und Kunsturteil in Hegels Berliner Vorlesung über Ästhetik oder Philosophie der Kunst* (mit Beiträgen von J-I. Kwon, B. Collenberg-Plotnikov, A. Gethmann-Siefert. Hrsg. von A. Gethmann-Siefert. Bonn 1992 ; Hegel-Studien. Beiheft 34). 미학 강의들의 원전에 기반해 최근 발간된 권정임의 논문 ; Hegels Bestimmung der Kunst(Die Bedeutung der "symbolischen Kunstform" in Hegels Ästhetik. München 2001), 또한 국제 헤겔 미학 연구학회의 성과를 정리하여 올해 초에 발간된 책 : *Die geschichtliche Bedeutung der Kunst und die Bestimmung der Künste*. Hegels Berliner Ästhetikvorlesungen im Kontext der Diskussion um die Grundlagen der philosophischen Ästhetik. Hrsg. von A. Gethmann-Siefert. Lu de Vos und Bernatte Collenberg-Plotnikov. München 2002.

어 있고 그 중 대표적인 것이 선택적으로 간행되고 있다.2) 1998년에는 가장 시사하는 바가 큰 강의 필기 노트, 즉 호토 자신의 1823년 강의 노트3)가 상세한 주석과 함께 간행되었고, 현재 이미 많은 언어로 번역되었다. 헤겔은 자신의 강의를 위해 강의 노트를 작성했는데, 이 노트의 도입부에는 매우 상세한 서술을 포함하지만, 그 이후 진행에는 단지 메모, 개요 그리고 낱장들로 된 삽입문과 발췌문의 나열만을 담고 있었다. 이 수고는 헤겔 사후 유실되었다. 그래서 지금까지 헤겔 미학은 그의 사후 호토에 의해 편집된 세 권짜리 판본으로만 접근할 수 있었다. 그러므로 지금까지의 헤겔 해석들은 보통 이 판본을 근거로 하고 있고, 이 판본은 『미학』의 모든 재편집 인쇄를 위한 준거가 되어 왔다. 헤겔 미학에 대한 해석들이 보여주는 모든 해석상의 문제들은 [호토에 의해] 나중에 이루어진 편집에 의한 것이지 미학 또는 예술철학에 대한 헤겔 자신의 고유한 개념에 의해 발생한 것이 아니라는 사실은 분명히 밝혀지고 있다.

호토가 수강생으로서 필기한 1823년 헤겔 강의에 대한 [새로운] 편집본에서는 강의 속의 언어와 헤겔 자신의 단편적이고 단지 부분적으로 보존된 미학 수고,4) 그리고 나중에 이루어진

2) 미학 원전 자료의 상태에 대해서는 Gethmann-Siefert : *Ästhetik oder Philosophie der Kunst.* Die Nachschriften und Zeugnisse zu Hegels Berliner Vorlesungen. In : Hegel-Studien. 26(1991), 92ff 참조.
3) G. W. F. Hegel : *Vorlesungen über die Philosophie der Kunst. Berlin 1823.* Nachgeschrieben von Heinrich Gustav Hotho. Hrsg. von Annemarie Gethmann-Siefert. Hamburg 1998 (G. W. F. Hegel : Vorlesungen. Ausgewählte Nachschriften und Manuskripte. Bd. 2). 이 강의의 한국어 번역을 현재 권정임이 준비하고 있다.
4) 헤겔 미학 강의 노트 중 보존된 낱장들은 슈나이더(H. Schneider)가 편집했다. *Neue Quellen zu Hegels Ästhetik.* In : Hegel-Studien 19(1984). 헤겔 강의 노트 속에 있는 상세한 대목과 대략적인 개요만을 적은 대목 사이의 관

인쇄본 사이의 관계 속에서 발생하는 문제 상황들이 상세하게 서술되었다. 동시에 이 강의는 우리가 어떻게 헤겔 해석에서 발생하는 문제들을 풀 수 있는지 범례적으로 보여준다. 간과될 수 없이 수많은 해석 속에서 비판되거나 또는 각자의 고유한 미학적 사유를 위한 실마리로 선택되어온 헤겔의『미학』은 여러 모순과 문제 투성이를 포함하고 있는데, 해석은 이러한 문제들을 단지 폭력적인 방식으로만 — 모순들이 소위 자동적이면서 생산적으로 어떤 새로운 것 속으로 지양된다고 하는 변증법이라는 기계적인 개념의 도입을 통해 — 제거할 수 있다. 그런데 헤겔 미학에 대한 강의 필기 노트들은 이러한 분열과 모순들을 포함하지 않는다. 그러므로 앞으로의 연구와 학적인 작업들이 헤겔 미학 강의로부터 전수된 강의 원전들을 되짚어봐야 하는 것은 당연하다. 헤겔 미학의 원전들 중 대표적인 것이 선택되어 곧 출간 및 여러 언어로 번역되어 손쉽게 다가갈 수 있게 됨으로써 새로운 원전이 학문적인 연구와 철학적인 관심에 던져주게 될 새로운 기여는 의미 있을 뿐만 아니라 또한 필시 당연한 것으로 보인다.

1998년에 출판된 1823년 강의는 올해 초 여름에 1826년 강의 노트의 출간을 통해 더욱더 보충된다. 1826년 필기 노트 원고 중 두 번째 원전의 출간도 준비되고 있다.5) 1820 / 21년 강의의

계에 대한 주석은 루치아 스치보르스키(Lucia Sziborski)의 연구물 속에 있는데, 여기엔 매우 커다란 단편이 편집되어 있다. *Hegel über die Objektivität des Kunstwerks*. Ein eigenhändiges Blatt zur Ästhetik. In : Hegel-Studien, 18 (1983). 9-22.
5) 개별적인 편집에 대해서는 게트만-지페르트에 의해 편집된 1823년도 강의 (주석 4번 참조)와 비교할 것. 두 개의 1826년 강의 필기 노트들은 수업 시간에 매우 유익한 도움을 주고 있다. 왜냐 하면 처음 출판된 필기 노트가 헤겔의 풍부한 강의 내용을 준다면 두 번째 원전의 필기자는 오히려 헤겔 사유의 체계적인 강조점에 집중하고 있기 때문이다. 이 필기 노트들은 2002년 초나 여

유일하게 보존된 원전은 주석이 덧붙여지지 않은 복원본으로
이미 출간되어 있고, 1828 / 29년에 대한 세 가지 강의 필기 노
트 중 하나는 이른 시일 내에 편집되어 출간될 예정에 있다. 그
동안 1823년 하인리히 구스타프 호토의 필기 노트는 이탈리아
어로 번역되었다. 곧이어 헝가리어 번역이 출간되었고, 한국어
번역이 준비되고 있다. 그러므로 우리는 이른 시일 내에 이 연
구 영역이 더욱더 준비되어 생산적이고 매우 유익하며 무엇보
다도 헤겔 미학에 대한 모든 확장된 연구에 매우 흥미로운 기
반이 되리라고 희망해도 된다.

철학적인 호기심이 늘 그렇듯이, 그 관심은 한 연구 영역에서
어느 정도 완성을 보자마자 바로 다음 영역으로 넘어간다. 그
래서 우리는 한편으로는 연구를 위해 보편적이고 합리적인 해
설로 헤겔 미학에 쉽게 접근할 수 있도록 하는 것이 과연 의미
가 있는 작업인지 아닌지 물음을 던져야 하고, 다른 한편으로
는 베를린 미학 강의의 생생한 언어로부터 인쇄본인 『미학』으
로의 변질(Übergang)이 어떻게 정확하게 해명될 수 있는지 상
세히 검증해야 한다.6)

름 또는 2003년 가을에 출간될 것이다. 이들은 켈러와 포르텐의 필기 노트다 :
Philosophie der Kunst oder Aesthetik. Nach Hegel. Im Sommer 1826 ;
Mitgeschrieben von Hermann von Kehler. Hrsg. von Annemarie Gethmann-
Siefert und Bernadette Collenberg-Plotnikov unter Mitarbeit von Karsten
Berr. München 2002 ; Hegel : *Philosophie der Kunst* (1826). Mitgeschrieben
von H. von der Pfordten. Hrsg. von A. Gethmann-Siefert und J.-I. Kwon
unter Mitarbeit von K. Berr (이 원고는 동시에 한국어 번역이 준비되고 있
다). 모든 강의의 복원(Transkription)은 상당히 오래 전부터 이루어졌고 하
겐 방송통신대학 철학 3분과에 있는 철학연구소의 연구 중점 과제로 연구가
진행되고 있다. 각 강의에 일치하는 원본들은 복원본에 각각 기록된 소재지
에서 열람할 수 있다.
6) 학생들을 위해 2002년 초에 헤겔 미학에 대한 입문이 출간되었다. A. Gethmann-
Siefert : *Die Rolle der Kunst in Geschichte und Kultur.* Eine Einführung in

게트만-지페르트의 주도로 루 드 보스(Herr Prof. Dr. Lu de Vos) 교수(뢰벤대학), 베르나데테 콜렌베르크-플로트니코프 박사(Frau Dr. Bernadette Collenberg-Plotnikov)(하겐대학) 그리고 권정임 박사(Frau Dr. Jeong-Im Kwon)(서울)가 1994년 이래로 공동 작업을 하고 있고, 하겐 방송통신대학 철학 3분과에서 추진하고 있는 "독일 관념론 미학"의 연구 중점 아래 학문적인 결실들(석사·박사 논문)로 인해 이 연구 영역은 점차 확장되고 있다. 여기서는 예를 들면 다음과 같은 질문이 주어진다. 즉, 우리가 호토 자신의 저작에 대한 분석을 통해 그가 헤겔 미학 속에 집어넣은 [호토와 헤겔간의] 차용 관계 혹은 유사성에 대한 분석과 아울러 그가 헤겔 사유에 대한 자신의 편집과 출간에서 행했던 자의적인 변형 속에서 강의의 언어에서 인쇄된 언어로의 변용[원인]에 대한 첫 번째 실마리를 찾을 수 없을까다.[7]

[헤겔의 베를린 미학 강의와 오토의 편집본 사이의] "잃어버린 고리"에 대한 질문은 지난 2년 동안 "독일 관념론 미학"의 연구 중점 아래 독일연구협회에 의해 지원된 고유한 연구 프로젝트를 수용하도록 한다. 이 프로젝트의 주제는 물론 초기 예

Hegels Ästhetik. München 2002 (in der Reihe Kurs Philosophie des Fink / Schöningh-Verlages). 미학과 사변적 예술사간의 관계는 독일연구협회에 의해 위촉된 미학과 사변적 예술사간의 관계에 대한 연구 프로젝트에서 연구되고 있다.

7) 이에 대해 게트만-지페르트의 오래 전 연구를 비교할 것. *H. G. Hotho: Kunst als Bildungserlebnis und Kunsthistorie in systematischer Absicht - oder die entpolitisierte Version der ästhetischen Erziehung des Menschen*. In: Kunsterfahrung und Kulturpolitik im Berlin Hegels. Hrsg. von O. Pöggeler und A. Gethmann-Siefert. Bonn 1983 (Hegel-Studien. Beiheft 22), 229-261 ; 또한 호토의 『생과 예술에 대한 전연구』 서문 참조(주석 9번을 보라).

술 연구 속에 있던 헤겔 철학과 헤겔주의의 영향에 관한 것이었다. "미학과 사변적 예술사. 헤겔주의 속에서 역사적 학문으로서의 예술사의 철학적 기초"라는 주제는 그러나 또한 헤겔 미학 수용에 대한 상세한 탐구를 위한 몇몇의 중요한 실마리를 열어주었다. 헤겔 미학과 관련하여 당시 시대적인 상황에 대한 연구와 지금까지 공개되지 않고 있지만 편집되고 있는 원전들을 통해 헤겔의 [실제] 미학 강의에서 세 권의 책의 형태로 계속 영향력을 발휘하고 있는 그의 미학으로 뒤바뀌게 되는 과정에 대한 여러 증거들이 쏟아져나왔다.

그래서 앞서 언급한 연구 프로젝트 속에서 처음에는 중요한 문서들이 역사-비판적으로 탐구되었다. 헤겔이 개별적인 예술들의 다양성에 대한 탐구에 특별히 강조를 두었고, 그가 1827년도『철학집성(Enzyklopädie)』속에서 서술한 미학 개념에 대한 체계적인 정식화를 이미 준비하고 있었던[8] 1826년도 미학 강의에 대해 아직까지 출판되고 있지 않은 원전들 이외에도 호토가 1835년에 세 권짜리 헤겔『미학』초판의 첫 번째 권과 함께 출간했던『생과 예술에 대한 선 연구(Vorstudien für Leben und Kunst)』의 새 편집본이 완성되었다.[9]『생과 예술에 대한 선 연구』에 대한 여러 내용적인 반성과 인쇄본『미학』에서 예술에 대한 헤겔의 반성으로 간주된 사유간의 비교는 두 텍스트간에 여러 차용과 임대 형식의 빈번한 교환이 이루어지고 있음을 보

---

8) 이를 위해 켈러의 강의 필기 노트에 대한 언급을 비교할 것(주석 5번 참조).

9)『생과 예술에 대한 선연구(Vorstudien für Leben und Kunst)』는 콜렌베르크-플로트니코프에 의해 프로만 홀츠보크(Frommann Holzboog)출판사에서 출판된다. 출판 연도는 2002년이라고 출판사에 의해 고시되었다. 이 책은 인쇄 준비가 다 끝나 있는 상태며 연구를 위해서는 이제 열람할 수 있다. 이 책은 호토의 텍스트와 함께 해설을 포함하고 있다.

여준다. 호토는『생과 예술에 대한 선 연구』에서 그 당시의 교양 소설의 양식이기도 한 소위 자신의 발전적 서술 방식으로 사변적 예술사라는 자신의 고유한 개념을 전개시켰다. 다른 측면에서 그는 헤겔의 미학 강의를 매우 거대한 체계적 저작으로 만들었고, 거기서 그는 헤겔의 미학이 [이미 체계적이므로 자신이 따로] 체계를 구성하지 않는다(이것이 1835년『미학』의 첫 번째 권 머리말에서 언급한 호토의 주장이다)는 과제를 스스로 부여했다.10) 이쪽 저쪽으로의 사유의 전이는 이 두 작품들에서 놀라울 정도로 나타나고 있다. 헤겔의『미학』과 호토의 『생과 예술에 대한 선 연구』에서 동일한 정식화(Formulierung)가 자주 나타나는데, 여기서 무작위적으로 예를 선택해서 관찰해보면 그렇게 동일하거나 매우 유사하게 들리는 정식화가 실제 강의의 내용 그대로를 호토가 미화하고 정제한 헤겔 자신의 정식화인지 아니면 호토 자신으로부터 전개된 사유에 의한 것인지가 드러나게 된다.

이 두 저작들은 헤겔주의가 얼마나 호토에 의해 전개된 "사변적 예술사"의 형식 속에서 예술사 [연구] 자체의 시작에 영향을 주었는지에 대해, 또는 어떤 형태의 예술사 서술을 여기서

---

10) 이러한 생각을 호토는『미학』초판 머리말에서 드러냈다. 그는 거기서 헤겔이 미리 미학에 대한 체계, 즉『철학집성』"절대 정신" 중 첫 번째 장에 일치하는 체계를 전제했다고 생각했다. 헤겔은 강의 중에 따로 이 체계 부분을 강의할 필요가 없었는데, 왜냐 하면 학생들이 이미 그 내용을 전(前) 강의들을 통해 알 수 있었기 때문이다. 하지만 우리가 만일 미학을『철학집성』의 체계적인 근거 위에 재구성한다면 호토가 했듯이 변증법적으로 구성된 체계적인 근거에 의한 것과는 다른 상을 얻을 수 있을 것이다. A. Gethmann-Siefert : A. die Kunst. In : *Hegels "Enzyklopädie der philosophischen Wissenschaften" (1830)*. Hrsg. von Hermann Drue, Annemarie Gethmann-Siefert, Christa Hackenesch, Walter Jaeschke, Wolfgang Neuser und Herbert Schnädel-bach. Frankfurt am Main 2000.

촉진했는지에 대한 숙고의 범위를 확정시켜준다고 한다면, 연구 프로젝트에서 준비하고 있는 두 개의 원전은 철학에 관심을 갖는 독자층이 최종적인 이해에 도달할 수 있도록 헤겔이 예술에 관한 철학적 사유를 진행시킨 길(Weg)에 대해 아마도 더 흥미로운 통찰을 주고 있다. 이 두 개의 원전은 호토가 1831년에 죽은 스승 헤겔을 대신해 자리잡은 베를린대학에서 1833년에 행했던 미학 강의에 관한 것들이다. 호토의 1833년 미학 강의는 헤겔의 막내아들인 임마누엘의 필기 노트를 근거로 편집하여 매우 상세한 내용을 담게 되었다. 호토의 이 강의와 더불어 "시인인 괴테에 대하여(Ueber Goethe als Dichter)"라는 호토의 또 다른 강의 모두에 대해서 프리드리히 테오도르 피셔(Friedrich Friedrich Vischer)는 메모 수준의 필기 노트를 남겨놓았는데, 이것은 피셔가 1832년에 자신의 석사 논문을 마친 후 베를린에서 연구를 위한 체류를 하는 동안에 쓰여진 것이다. 그 다음 해에 출간한 피셔 자신의 학적인 저작들은 호토에 의해 채색된 헤겔 연구에 의해 결정적으로 영향을 받았다. 호토의 1833년 미학 강의에 대한 두 가지 원전들은 독일연구협회의 연구 프로젝트 지원 아래 복원되고 있고 주석이 덧붙여져 올해에 출간될 예정에 있다.[11]

역사철학적으로 편집된 1833년 호토의 미학 강의는 "사변적 예술사"의 증거가 되는데, 이 사변적 예술사는 헤겔의 제자들

---

11) *Ästhetik*. Verlesungen gehalten von Hotho im Sommer 1833. Nachgeschrieben und durchgearbeitet von Immanuel Hegel. Hrsg. und eingeleitet von B. Collenberg-Plotnikov. Stuttgart / Bad Cannstatt, 2002; *Friedrich Theodor Vischer : Hotho : Ästhetik 1833*. Hrsg. und kommentiert von F. Iannelli. - *H. G. Hotho : Ueber Goethe als Dichter*. Hrsg. und kommentiert von F. Iannelli. 이 저작은 "철학과 예술사 사이에서(Zwischen Philosophie und Kunstgeschichte)"라는 주제로 작년 12월에 열린 국제 콜로퀴움의 발제문으로 간행되었다.

이 그의 철학적 미학의 연장선상에서 발전시킨 것이고, 이를 통해 역사적인 탐구를 세밀히 근거지워진(wohlfundierter) 개념적 기초를 토대로 수행하려고 시도했다. (콜렌베르크-플로트니코프의) 체계적인 해명에서 드러나는 것처럼, 이 ["사변적 예술사"라는] 개념은 은폐되고 신성불가침의 것으로 간주되는 철학적인 체계를 통해 역사적인 실재들을 덮어씌우려는(Überformung) — 이 점에서 헤겔은 너무 부당하게 자주 비판된다 — 진정한 헤겔주의적인 프로젝트다. 이 개념은 단시 호토뿐만 아니라 아마데우스 벤트(Amadeus Wendt)에 의해서도 지지되었고, 호토의 제자인 피셔에 의해 적어도 더 넓은 영역 속으로 적용, 확장되었고, 피셔의 제자인 안톤 스프링어(Anton Springer)에 의해 결국 처음으로 [구체적인] 예술사로 적용된 후, 역사적으로 근거지워진 대안적인 개념에 의해 폐기되었다. 우리는 철학적으로 근거지워진 예술사라는 의도를 종종 헤겔 제자로 여겨지지만, 완전히 그렇지는 않은 칼 슈나제(Carl Schnaase)까지도 포함하여 예술의 문화사라는 개념으로 포괄할 수 있다. 이 개념은 진정한 헤겔주의적인 모험(Unterfangen)이다. 이 개념은 헤겔 미학의 근본 개념인 예술 작품의 규정, 즉 (한 민족의 인륜성의) 역사적 의식과 그에 일치하는 행위 지향성을 규정하는 예술 작품의 문화적인 기능으로부터 나온다. 그러나 동시에 이 개념은 헤겔이 베를린에서 행한 예술철학을 인쇄된 『미학』으로 변형시키기 위한 전형적인 왜곡(Verfremdung)을 포함한다. 예술의 문화적 의미에 대한 체계화가 지니는 상대적으로 모험적인 성격은 폐기된다. 개별적인 예술과 형식들의 작품 성격에 대한 헤겔의 물음, 즉 근저에 놓여 있는 각각의 "시대와 문화"에서 보이는 개별적 작품들의 상대성에 대한 헤겔의 물음은 미적인 판단을 위해 폐기되거나 혹은 일반적으로 르네상스의 아름다운 예술과 현재에까지 그것들을 추구하고 모방하는 자들에 의해 근대 예술 작품에 대한 가치 절하를 위해 폐기된다. 특히 여기서 "위대한", 다시 말해 기독교 내용을 담고 있는 아름다운 예술에 대한 호토의 편애는 주목할 만하다.12)

헤겔적 의미에서 사변적 예술사(Kunstgeschichte)라는 개념은 예술사(Kunsthistorie)와 반대되는데, 이것은 자료들의 축적과 종합만을 뜻하며 그것만을 목표로 삼는다. 이러한 예술사(Kunsthistorie)는 경험적인 예술사의 영역에서 예를 들자면 루모어(Karl Friedrich von Rumohr), 빠사방(Johann David Passavant), 쿠글러(Franz Kugler)와 바겐(Gustav Friedrich Waagen)과 같이 미래를 예견하고 구성하려는 권위 있는 지지자들에 의해 수행되었다. 우리가 헤겔에 충실하다면 우리는 "역사(Geschichte)로부터 배운다"는 목적을 위해 역사(Historie)를 해명하는 매우 의미 있고 근거지워진 개념을, 그리고 "실용적인 역사 서술"의 의미에서 헤겔이 자신의 철학 속에서 전개시킨 그러한 역사 해명의 개념을 얻을 수 있다.13) 이를 위해서는 인간의 문화 일반에 대한 예술의 의미를 확고히 밝히는 근본 개념이 필요하다. 이런 근본 개념의 제공자로서 헤겔 미학 강의는 매우 커다란 의미를 얻었다. 이 강의는 틀림없이 소위 "사변적 예술사"를 위한 [헤겔 미학의 잘못된] 변이 속에서 하나의 회복 작업을 떠맡게 되었는데, 이 작업은 사변적 예술사가 예술에 대한 역사적

---

12) 이에 대한 자세한 분석은 다음을 참조. Gethmann-Siefert(권정임 옮김), 「헤겔의 예술 규정 — 미에서 추에 이르기까지 가능한 예술 형상화의 스펙트럼에 대한 고찰」, 『헤겔 연구 10』, 한국헤겔학회 편, 서울, 2002.
13) 이를 이해서는 이미 헤겔의 초기 사유를 비교하라. In: *Dokumente zu Hegels Entwicklung*. Hrsg. von J. Hoffmeister. Stuttgart / Bad Cannstadt ²1974, 9 f. ; "형식적 도야"의 의미에서 근대에 예술이 갖는 문화적 기능의 특수한 성격을 서술하는 "실용적 역사 서술"의 개념의 변형에 대해서는 다음을 참조. J.-I. Kwon : *Hegels Bestimmung der Kunst*, a.a.O. 296, 311 ff.

지식을 근거짓는데 아무런 쓸모가 없게 만든다.

헤겔은 미학 강의에서 예술의 문화적 의미라는 규정을 언급했다. 그러나 거기에는 개념적으로 근저에 놓여 있는 구조화 이외에 고유한 의미에서의 예술사를 전개시키지 않는다. 그는 (개별적인 예술 작품에 대한 논구 속에서) 범례적으로(exemplarisch) 예술의 근본적인 철학적 규정을 밝히고 최종적으로 『철학집성』에서는 체계적으로(systematisch) 근거짓는다. 호토도 또한 그의 "사변적 예술사"에서 예술의 문화적 기능이라는 규정으로부터 시작한다. 틀림없이 그는 그것의 진행을 문화사적인 의도에서 전개시키지 않고, 다만 그에게는 개인의 도야(Bildung)의 완성을 의미하는 개인의 예술 활동(Kunstvollzug)에만 초점을 맞춰 전개시킨다. 호토의 견해에 따르면 "사변적 예술사"에서는 다음과 같은 점이 중요할 수밖에 없다. 즉, 구조화하는 철학적 개념의 기초 위에서 예술을 그것의 의미와 근본적인 요소들과 구별되는 차원들, 그리고 다양한 형식들 속에서 근거짓는 것이다. 이는 이러한 정확한 지식의 근거 위에서 개별적인 예술 활동을 가능케 하기 위함이다. 그러므로 "사변적 예술사"에서는 생동적으로 느껴지는 예술 향유 속에서 예술에 대한 학적인 연구가 완성된다. 그러므로 현재의 예술 세계에서 ─ 호토의 견해에 따르면 ─ 야생적인 자연(Wildwuchs)이 이러한 완성된 예술 활동을 파괴하기 때문에 학문은 반드시 필요하다. 그러므로 "사변적 예술사"는 단지 예술의 문화철학일 뿐만 아니라 동시에 예술 심판자다. 호토는 1833년 미학 강의에서 그러한 "사변적 예술사"라는 포괄적인 개념을 분명히 전개시켰으며, 이러한 개념적인 구조화는 동일한 의미에서 역사(Historie)의 개별적인 영역들에 대한 특수한 예술사 논문들 속에서 재차 발견된다.

헤겔에 근거를 둔 시도, 즉 예술 활동으로부터 예술 일반의 규정을 끌어오려는 시도는 호토의 사유의 근저를 이룬다. 자신의 스승인 헤겔과는 반대로 호토는 이러한 활동을 누림(Genießen) 또는 예술의 향유로 규정짓는다. 물론 이러한 향유는 현재적인 예술 전개에서 확정된 예술의 불운한 파국의 관점에서 볼 때 반성만 얻을 뿐이다. 역사적인 지식과 학문적인 예술 심판(Kunstrichtertum)은 절대적으로 필요한 전제다.

이러한 예술의 의미의 개별화에 방법적인 중요성이 놓여 있다. 예술 향유에 대해 구성적인 기능을 하는 예술에 대한 반성의 형식은 호토 자신의 저작뿐만 아니라 헤겔『미학』이라는 인쇄본 속에서도 정립, 반정립, 종합의 단계로 이루어지는 기계적이고 오성적인 변증법이라는 구성 형식을 보여준다. 호토는 이러한 변증법이라는 표상을 아마도 헤겔의 논리학 강의를 수강했을 때 적은 자신의 필기 노트로부터 끌어올 수 있었다. 그러나 그는 이 변증법을 헤겔의 미학 강의에서는 발견할 수가 없었다. 그럼에도 불구하고 그는 후대에 남긴 체계적인 미학 인쇄본 속에 매우 서투른 솜씨로 변증법을 미학의 논의 진행의 추동력으로 끼워넣었다.[14] 이 인쇄본『미학』에서 본질적인 근본 개념 중의 하나는 상상력(Phantasie)으로부터 예술을 규정하는 것인데 여기서 호토는 헤겔에게는 전형적이지 않은 방식으로 상상력과 느낌(Empfindung)을 결합하고 예술을 모두 느

---

14) 헤겔이 미학에서 강의한 내용과 호토가『미학』에서 편집한 내용간의 차이는 특히 조각에서 회화로 이행하는 대목에서 분명히 드러난다. 헤겔의 강의에서는 공간이 평면으로 환원되는 것과 이 환원 과정 속에 놓여 있는 더 높은 반성성의 획득에 대한 반성이 이루어진다. 여기에 스케치가 색의 유희에 의해 구성되는 것이 갖는 의미에 대한 반성이 덧붙여지는데 이를 통해 객관적으로 반영된 것이 아니라 주관적으로 구성된 실재성으로의 이행이 그림 속에서 이루어지게 된다. 이에 대해서는 1823년 강의에 대한 호토의 필기 노트의 해당 부분 참조, a.a.O. (s.o.Anm.3) 284ff. 마찬가지로 게트만-지페르트가 편집한 강의에 덧붙인 체계적인 서론을 참조, a.a.O., CLIII ff.

낌에 귀속시켜 오히려 미학을 낭만화시키는 근본 개념을 선택하고 말았다. 헤겔처럼 호토는 "사변적 예술사"의 근본 개념을 통해 현재 미학에서 분리되어 있는 수용 미학과 생산 미학의 두 차원을 결합시킨다. 두 가지 근본 활동, 즉 향유와 상상력의 창조적인 형상화는 직관적인 작품들 속에서 자신을 객관화시키는 철학을 펼쳐놓는다. 주관적인 예술 활동의 분석으로부터, 즉 상상력의 근본적인 방식으로부터 호토의 미학 강의에선 하나의 구조화가 전개되는데, 그것은 "시대와 문화"의 차이에 근거하는 헤겔의 세 가지 예술 형식의 규정을 주관적인 활동 방식으로 뒤바꾼다. 말하자면 서사시, 서정시 그리고 극시의 계기가 세 가지 예술 형식의 전개를 규정한다.

이러한 기초적인 방향 설정은 여러 개별적인 정식화 속에서 헤겔의 견해와 비슷하지만 그 근본적인 근거에서는 구별된다. 생산과 수용, 즉 예술을 구성하는 두 가지 활동인 상상력과 향유로써 예술을 규정한다는 호토의 견해는 점점 더 확장되고 있던 예술의 자율성에 대한 요구 때문에 이루어진 것인데, 이 요구는 그의 견해를 헤겔의 사유로부터 분리시켜 근대의 미학적 개념에 더 가까이 가도록 종용했다. 헤겔『미학』속에 있는 이러한 견해의 통합 때문에 점점 확장되고 있던 예술의 자율성은 수많은 현재적인 비교를 통해 헤겔의 고유성이며 진보성으로 칭송되었다. 헤겔 자신은 틀림없이 이러한 의미의 전도에 대해 강의 속에서 명확하게 다음과 같이 주장했다. 예술은 그 자체로가 아니라 항상 그것이 인간과 관련하여 지니는 문화적인 의미로부터 이해되어야 한다.

어떻게 호토가 철학적으로 근거지워진 소위 "사변적" 예술사의 전개와 형상화를 사유했는지는 1833년 호토 미학 강의에 대한 임마누엘 헤겔의 필기 노트가 동일하게 범례적인 방식으로 명확히 밝혀주고 있다. 호토는 예술의 세계로부터 나오는 역사적인 예들을 다루기 전에 (이에 관한 플라톤적인 이념에 근거한) 기본적인 미의 규정을 다룬다. 강의 속에서 특수한 미적인 표현의 질(Qualität)인 미 이외에도 동일하게 타당하고 가능한 다른 범주들을 세웠던 헤겔과는 반대로 호토는 미를 헤겔이 비판했던 "미적인 플라톤주의"라는 의미에서, 다시 말해 형이상학적인 개념의 의미에서 정의를 내리고 있다.15) 형이상학적으로 정의된 미에 대한 변증법적인 대립 항으로 호토는 객관적으로 놓여 있는 미인 자연미의 개념을 전개시켰다. 그는 자연미를 헤겔의 인쇄본 『미학』을 상기시키게끔 넓게 확장시켰다. 그러나 이는 헤겔이 베를린 미학 강의에서 자연미를 매우 적게 다루고 있는 것과 상이하다. 그리고 이 점은 헤겔 『미학』의 자연에 대한 부분이 그 방대함을 고려할 때 적어도 헤겔이 아니

---

15) 이에 대해선 A. Gethmann-Siefert(권정임 옮김), 「헤겔의 예술 규정 ― 미에서 추에 이르기까지 가능한 예술 형상화의 스펙트럼에 대한 고찰」, 『헤겔 연구 10』, 한국헤겔학회 편, 서울 2002 참조. 이 논문에서는 헤겔이 여러 다른 형상화 형식들인 미에서부터 특성적인 것, 흥미로운 것, 심지어는 추라는 형식들의 공존을 어떻게 사유했는지를 보여주고 있다. 추 그리고 더 이상 아름답지 않은 예술의 모든 형식들이 갖는 핵심적인 의미가 일반적으로 헤겔주의자들에게는 간과되었고, 또한 [헤겔에 대한] 비판 속에서도 고려되지 않았는데, 왜냐 하면 헤겔의 인쇄본 『미학』은 이러한 '더 이상 아름답지 않음'이라는 미적인 평가를 강의 노트와 필기 노트들, 『철학집성』의 절대 정신 장에 있는 해당 부분들, 또한 헤겔의 초기 저작들 속에서 살피지 않기 때문이다. 앞서 언급한 이아넬리(F. Iannelli)의 박사 학위 논문(*Hegels Konzeption des Hässlichen bei Hegel und den Hegelianern*)에서는 이 문제가 헤겔 베를린 미학 강의 원전을 토대로 종합적으로 고찰되었는데, 여기서 헤겔주의자들이 가졌던 추에 대한 입장을 고찰함으로써 미에 대한 형이상학적인 미학에 대조적으로 헤겔의 사유가 분명해졌다. 이 논문은 현재 "독일 관념론 미학"에 대한 연구 중점 아래 하겐 방송통신대학의 학위 장학금에 의해 지원되었다. 여기서 소개된 독일연구협회의 연구 프로젝트에서는 특히 헤겔주의자들이 다룬 추의 문제에 대한 연구가 준비되고 있다.

라『미학』의 편집자에 의해 이루어졌다는 점을 알려준다. 마찬가지로 변증법적으로 근거지워진 종합은 예술미를 이념과 결합되어 앞에 놓여 있는 객관성으로, 그래서 미학의 고유한 영역으로 드러나게 했다.

　변증법적으로 근거지워진 체계라는 의미에서 이러한 개념적인 체계화는 헤겔주의자들, 특히 호토가 추구했던 것으로 보이는 사변적 예술사에 대한 동시대인들의 비판에 의해, 여기에 헤겔도 덧붙여져 체계적인 독단론이라는 이름 아래 예술 현상을 [체계로 인해] 과도하게 왜곡(Überfremdung)시켰다고 (매우 정당하게) 비판되었다. 이러한 미의 근본적인 개념에 이어 호토는 강의에서 예술사의 개념의 전개를 시도하는데 여기에서는 서사시, 서정시, 극시의 구별이 근저에 놓이게 된다. 이러한 — 재차 변증법적으로 상호 첨예화된 — "삼분법"을 통해 호토는 모든 예술 현상(Kunstgeschehen)을 자신의 거푸집(Ausprägungen) 속에서 규정짓는다. 임마누엘 헤겔의 필기 노트에서도 볼 수 있듯이, 그리고 피셔 자신의 필기 노트에서는 적지만 결정적인 부분에서 필기가 되어 있듯이 호토는 강의 중에 아마도 시간적인 이유로 짧게 언급한 예술사의 연구 영역의 유일하고 궁극적인 특징 부분에서 그는 자신의 "사변적 예술사"라는 개념을 언급한다. 이 개념을 호토는 매우 많은 예술사의 작품들 속에서, 대개는 기독교 회화를 다루었지만 시문학 또한 다루는 가운데 확장시켜 근거짓는다. 예술 향유를 중심으로 예술사를 실존적으로 확장시키려는 시도는『생과 예술에 대한 선 연구』에서 인간을 완성된 실존으로 인도한다는 형태로 표현되었다. 여기서 호토는 쉴러가 제안했고 헤겔이 "형식적 도야"라는 자신의 개념 속에서 받아들였던 "예술을 통한 도야(Bildung durch Kunst)" 대신에 "예술로의 인도(Erziehung zur Kunst)"

를 요구한다.16)

피셔가 1833년도 호토의 미학 강의에 대해 매우 간략하면서도 개요 수준으로 적은 필기 노트에서는(이 노트는 이아넬리에 의해 편집되고 주석이 붙여졌다) [호토에 대한] 비판과 함께 더욱더 확장시켜 전개하려는 피셔의 의도가 담긴 처방전이 엿보인다. 그가 강의 필기 노트의 난외 주기를 통해, 그리고 자기 저작 속에 그에 해당하는 주석을 통해 통합시킨 비판 속에 호토의 "사변적인", 즉 철학적으로 근거지워진 예술사라는 개념이 어떻게 앞으로 전개될지가 드러나 있다.

피셔가 보기에 호토가 시도한 예술미의 자율화는 충분히 일관성 있게 전개되어 있지 못하기에 그는 호토에 대한 장황한 논구와 비판적인 거리 두기 속에서 예술을 쾌락, 도덕성의 매개뿐만 아니라 특히 종교로부터 해방시키려고 한다. 종교로부터의 이러한 해방을 통해서만이 "사변적 예술사"의 의미에서 (예술을 통해 개인을 고귀한 인간 원형(Humanität)과 선한 국가의 시민으로 도야시키려는 관심 아래) 현재 속에서의 예술의 문화적 역할을 보편적인 예술 심판관으로 보장할 수 있는 것처럼 보인다. 피셔는 자신의 저작 속에서 종교적 내용으로부터의

---

16) 과거의 "시대와 문화"뿐만 아니라 현재적 예술 속에서 예술이 갖는 기능 규정에 대해 도야 개념이 갖는 의미의 탐구는 권정임의 박사 학위 논문 속에서 이루어졌다. 여기서는 도야 개념이 우리의 현재까지를 포함한 근대 세계에서 예술이 갖는 의미 규정의 핵심으로 규정되었다. 미학 강의뿐만 아니라 종교철학, 특히 역사철학으로부터 나오는 통일적 사유 속에서 헤겔의 "형식적 도야" 개념은 비판적으로 반성하는 근대적 자기 의식을 위해 예술을 통한 도야의 형식을 계획하려는 시도로 특징지워지는데 여기서 이 개념은 예술의 내용을 통한 도야를 요구하는 것이 아니다 (그러므로 이데올로기적인 의미에서 어떤 특정 세계관을 [예술의 내용으로] 규정하지 않는다). 오히려 "형식적 도야" 개념은 예술을 통해 비판(사회 비판)을 할 수 있도록 하는 현실적인 개념이다. Kwon Jeong-Im : *Hegels Bestimmung der Kunst.* bes. 296ff.

예술의 해방을 예술의 참된 해방, 예술의 미래로 특징짓고 그 안에서 (괴테가 요구했고, 헤겔이 그에 동조했던) 세계시민으로의 도야가 아니라 국가 시민으로의 도야, 그것도 "낭만적인" 문화 유산이 아니라 "게르만" 문화 유산의 정신으로부터 이루어지는 국가 시민의 도야가 요구되는 것으로 보았다. 헤겔에게 매우 중심적인 개념인 "형식적인 도야"가 여기서는 호토의 "사변적 예술사"에서처럼 비슷한 방식으로 폐기된다. 예술은 이데올로기적인 도야의 매개체가 된다. 즉, "게르만의 정신 세계"가 예술이 매개할 만한 유일한 내용으로 과대평가되고 아름다운 형식이 그에 일치하는 표현으로 규정된다.17)

　1833년도 호토의 미학 강의를 필기한 노트 속에서 피셔는 특히 호토 강의 또는 "사변적 예술사" 속에 내재해 있는 고전주의적인 근본 경향에 반대하고 추뿐만 아니라—추를 근거짓는—숭고함(Erhabenen)과 우스움(Komischen)에 대해 선입견이 배제된 풍부한 반성을 요구하고 있다. 물론 피셔는 그의 후기의 사유 속에서 추에 대한 작업을 전면에 내세우지는 않는다. 그럼에도 불구하고 1833년도 강의와의 연계와 비판적인 반성 속에서 그의 첫 번째 미학적인 저작이면서 교수 취임 논문인『숭고함과 우스움에 대하여(Über das Erhabene und Komische)』가 탄생하게 된다. 호토를 거쳐 매개된 헤겔 사유의 유산과의 이러한 비판적인 대결의 흔적들은 의심의 여지없이 그의 후기

---

17) A. Gethmann-Siefert : *Friedrich Theodor Vischer : "Der große Repetent deutscher Nation für alles Schöne und Gute, Rechte und Wahre."* In : "*O Fürstin der Heimat! Glükliches Stuttgart.*" Politik, Kultur und Gesellschaft im deutschen Südwesten um 1800. Hrsg. von C. Jamme und O. Pöggeler. Stuttgart 1988, 329 ff. 호토의 1833년도 미학 강의의 비판적인 숙고 속에서 시작하는 피셔 미학의 전단계에 대해서는 이아넬리가 피셔의 강의 필기 노트의 편집 속에서 서술했다.

에 발간된 거대한 여섯 권짜리 『미학』 속에서도 간직되어 있다. 피셔는 물론 그의 제자인 스프링어처럼 철학적으로 근거된 예술사의 가능성과 결별하긴 했지만 이러한 예술사 서술의 시작을 다양한 방식으로 뚜렷이 남겨놓게 된다. 피셔가 자신의 작업을 철학적 미학에 한정시킨 데 반해 스프링어는 반대로 순수한 예술사, 말하자면 경험적으로 근거지워진 예술사에 집중한다. 그러나 적어도 헤겔에 의해 영향을 받은 예술의 문화사라는 기초 개념은 그에게도 오랫동안 지배했던 필수불가결한 개념이었다.

헤겔 미학이 예술사에 미친 영향에 대한 연구 프로젝트를 제외하고 철학적으로 근거지워진 예술의 문화사 개념에 대한 콜렌베르크-플로트니코프의 체계적인 연구[18] 속에서는 헤겔적 의미에서 잘못 오해되어 개념화된 "사변적 예술사"의 유효 범위와 한계가 다루어진다. 이러한 "사변적 예술사"의 역사적인 뿌리들은 소위 독일연구협회의 프로젝트 속에서 해명된 원전들로 인해 최소한 범례적으로 서술이 가능하다. 철학적으로 근거지워진 예술사의 서술이 갖는 약점은 그것이 헤겔에 기원을 두고 있기 때문이 아니라 헤겔적 개념을 특수하게 변형시켰기 때문에 발생한다. 역사, 특히 근대 세계에서 "형식적인 도야"의 의미에서 예술의 기능에 대한 헤겔의 규정에 의해 우리는 근대인을 예술로 인도(Bildung)하고 근대 국가의 시민으로 이끄는 [특정한] 예술적 내용을 넘어서게 된다. 헤겔 미학의 비판적인 추동력은 그러한 개념의 변형에 의해 상실되었으며, 이러한 상실의 근거는 명확하게 "사변적 예술사"라는 개념 속에 있는 헤

---

18) 콜렌베르크-플로트니코프는 1833년 임마누엘 헤겔의 필기 노트의 편집을 보충하면서 호토의 『생과 예술에 대한 선연구』의 새로운 편집의 결과에 대한 숙고를 바탕으로 이 연구(아직 제목은 준비중에 있다)를 전개시키고 있다.

겔 미학에 반대되는 의미의 변화에 있다. 반대로 "사변적 예술사"를 근거짓는 데에서 발생하는 약점들은 이 예술사가 헤겔에 기원을 두고 있기 때문에 일어난 결과다. 우리는 잘못된 추정으로(vermeintlich) 헤겔 미학을 통해 역사적인 해명에 근저를 이루는 예술의 문화적 의미에 대한 포괄적인 규정을 가질 수 있다. 그러나 그렇게 된다면 틀림없이 헤겔의 개념은 왜곡되어, 헤겔 자신에 의해 제시된 논의가 그것[역사적인 해명]의 근거지움에 대해 더 이상 타당하지 않게 된다.

호토는 주관적인 활동, 말하자면 상상력과 활동에 대한 예술의 의미를 규정했기 때문에 그는 "사변적 예술사"가 요구하는 것, 말하자면 예술의 문화사를 근거지울 수 없다. 예술과의 관련 속에서 개인이 맺는 풍부한 결실에 집중함으로써 호토는 철학적인 개념과 예술사를 결합하여 개별적인 의미성을 넘어서는 예술의 문화이론을 전개하기에는 분명히 난점을 갖고 있다.

그 대신 호토에게는 (향유의 관점에서) 개별적으로 근거지워진 미적인 개념이 발견되는데, 이는 왜곡된 헤겔의 관점에서 파악된 변증법, 그리고 그에 상응하는 기계적으로 구성된 미의 규정과 동시에 변증법적으로 구성된 역사적인 근본 개념들(서사시, 서정시 그리고 극시라는 개념들)에 의해 드러나게 된다. 이러한 "사변적 예술사"는 현상을 독단적인 체계에 의해 왜곡시킨 데에 대한 모든 간접적인 증거들을 보여준다. 그러므로 이미 "사변적 예술사"의 개념이 생성되던 시기에 (적어도 인쇄본) 헤겔 미학에 대해 정당하게 제기된 비판은 사실상 호토의 고유한 의견과 그가 명확히 헤겔 『미학』에 끼워넣었던 체계적인 근거지움과 관련이 있다. 1833년 호토의 『미학』속에 있는 예술 작품, 예술 정신과 예술사에 대한 독단적인 규정은 마찬가지로 다음과 같은 점을 뚜렷이 보여준다. "사변적 예술사"의 개념은 여러 측면에서 자세히 논구되지 않는데, 왜냐 하면 사람들은 생각하기를 헤겔의 경우에 요구되는 근거지움이란 이미 [전 단계에서] 완결된 것으로 보기 때문이다. 이러한 근거 설정에서의 약점은 특히 플라톤에 근거를 둔 미 개념의 구성에서 드러나는데, 왜냐 하면 이 미 개념은 역사적인 반성에 앞서 있는데 반해 [실제로는] 역사적인 반성을 근거로 개별적인 작품들 속에서 전개된 근본 개념이기 때문이다.

헤겔주의화시키는 "사변적 예술사"라는 개념에 대한 체계적인 분석은 이 개념에 대한 구성적인 비판으로써, 철학을 통해 예술사를 개념적이고 이론 학문적으로 원래대로 복원시키는 대안을 전개시켜야 한다.19) 동시에 발전하고 있는 경험적으로 근지지워진 예술사(Kunsthistorie)가 개념적이고 이론 학문적으로 반성된 역사 서술 형식을 쉽게 대체할 수는 없다. 예술사(Kunstgeschichte)에서는 역사 서술의 다른 모든 형식에서처럼 가설적으로 선입견이 배제된 자료 수집을 방법론적인 근본 개념으로 채택하는 것이 별 의미를 지니지 못한다. 물론 예술사를 헤겔주의화시키는 견해가 가지는 철학적인 개념과 방법적인 정당화 그리고 내용적인 완결성의 결합은 근거지움의 약점에서, 또는 무반성적인 (잘못된 추정에 따르면 헤겔에 의해 정당화된) 근거 가정 때문에 실패할 것임에 틀림없다. 그러나 대안은 경험적으로 나아가는 역사 서술일 수 없다. 우리가 개념적으로 반성된 이론을 경험적으로 시작하는 역사(Historie)와 비교해서 고찰해본다면, 최소한 이론 학문의 장점이 더 좋은 결과를 낳게 될 것이다. 철학적으로 근거지워진 예술사는 반성적으로 자신의 고유한 약점, 그리고 선입견과 대립하여 분투하

---

19) 이것이 콜렌베르크-플로트니코프가 독일연구협회 프로젝트의 범위 안에서 그녀의 연구에서 연계시켜 확장시키려는 연구의 목표다.

게 된다. 경험적 자료 수집 그리고 역사적 사실의 구성을 위한 실마리를 갖고 있는 추론적인(erschließende) 개념은 역사 일반이라는 개념의 맥락에서 얻을 수 있다. 이 개념은 헤겔의 "미학 또는 예술철학에 대한 강의"에 다시 근거를 둠으로써 충분한 토대를 마련할 수 있다. 말하자면 시대 정신의 경향 속에 놓여 있는 귀결, 즉 경험적으로 전개시켜나가는 역사(Historie)를 사실 수집의 의미에서 상응하는 실증적인 학문 이론으로 근거짓고, 이를 통해 철학적 반성을 대체하려는 이러한 귀결이 결코 유일하며 추론적인 귀결은 아니다. 물론 이미 19세기 중엽에 그렇게 실증적으로 근거지워지고 현재까지 커다란 영향을 미치고 있는 예술사가 헤겔주의적인 개념들을 대체했다. 그러나 사실적인 영향력이 궁극적으로 이 개념에 대한 정당화를 보증하는 것은 아니다. 대안적으로 예술사 또는 역사에 대한 반성을 철학적으로 근거지우려는 시도는 여기서 역사적인(historische) 학문들 자체 속에서 벌어지고 있는 현재적인 학문 비판적인 토론과 연계될 수 있다.

헤겔적 의미에서 파악된 예술의 역사성에 대한 철학적인 근거지움을 예술사의 토대로 삼으려는 시도는 앞에서 언급한 독일연구협회의 연구 프로젝트 속에서는 몇몇의 연구에서만 진행되고 있다. 선행했던 연구와의 연속선상에서 그리고 연구 중점인 "독일 관념론 미학" 속에서 이루어진 학문적인 작업들의 통합 속에서 앞에서 언급한 새로운 근거지움에 관한 몇몇의 관점들이 전개되었다. 예를 들면 강의 필기 노트들과 강의 노트를 통해 밝혀진 헤겔의 베를린 미학 또는 예술철학 강의를 『생과 예술에 대한 선 연구』와 1833년도 미학 강의에서 이루어진 호토의 "사변적 예술사"와 비교하는 것이 가능해졌는데, 이 비교는 헤겔이 베를린 미학 강의의 언어가 그의 사후 간행된 세 권짜리 『미학』에서 어떻게 변형되었는지에 대한 분석을 가능케 해준다. 『생과 예술에 대한 선 연구』와 연구 프로젝트에서 간행된 1833년도 호토 미학 강의의 원전들은 말하자면 지금까지 헤겔 베를린 미학과 인쇄본 『미학』 사이의 메울 수 없었던 간극을 채울 수 있게 해주었다. 헤겔 『미학』의 인쇄본이 "사변적 예술사"라는 개념을 확장시킨 호토 미학 강의의 완성이라는 추정은 새롭게 밝혀지는 근거들을 토대로 볼 때 동의를 얻을 수 있을 뿐만 아니라(plausibel) 최고로 그럴 듯하다(höchst wahrscheinlich)는 것을 보여주고 있다.

헤겔의 인쇄본 『미학』 속에는 베를린 미학과 비교해볼 때 일련의 내용적인 변형과 수정이 발견되기 때문에 "잃어버린 고리"에 대한 이러한 질문은 원전에 대한 역사 비판적인 편집 작업의 시작으로 인해 더욱더 탄력을 받고 있다. 틀림없이 사람들은 — 1931년 게오르크 라손(Georg Lasson)이 인쇄본 미학의 제1부["예술미의 이념 또는 이상" 부분]를 강의 필기 노트들과의 비교를 통해 비판적인 편집본을 출간한 이후에도 오랜 시간 동안 — 이러한 [호토의] 변형을 헤겔의 탓으로 돌리려고 노력했다. 그동안에 [『미학』 속에 있는 모순된 부분 때문에] 더 이상 이해할 수 없었던 헤겔 자신의 사유들은 강의의 언어와 인쇄된 미학 사이의 심각한 차이를 제거할 수 없었는데, 왜냐 하면 사람들은 그러한 차이를 통해 변형이 헤겔 자신에 의해 일어난 것임을 증명할 수 있었기 때문이다.[20] 헤겔이 베를린 미

---

20) 이에 대해선 다음을 참조. Georg Lasson : *Die Idee und das Ideal*. Nach den erhaltenden Quellen neu hrsg. von G. Lasson. Leipzig 1931. 라손은 1823년과 1826년도 강의의 필기 노트들에 대한 지식을 바탕으로 강의 원전에서 다시 발견되는 사유와 인쇄된 『미학』 속에만 발견되는 내용 사이에 있는 구별을 정확히 파악했다. 틀림없이 처음에 사람들은 헤겔로부터 온 것이라고 증명할 수 없는 구절들이 편집상의 문제 때문이 아니라 헤겔 자신이 마지막

학 강의를 위해 적어놓았던 노트는 단지 몇 장의 낱장 속에서만 보존되어있기 때문에 이러한 생각은 처음에는 동의를 얻을 만한 것으로 보였다.21) 인쇄로 인해 접근이 가능해진 『생과 예술에 대한 선 연구』에 대한 연구와 호토 자신이 1835년도 헤겔 『미학』 초판의 머리말에서 한 중요한 언급, 그리고 헤겔 자신의 출간본들에 대한 연구까지도 틀림없이 처음부터 더 나은 무언가를 밝혀줄 수 있다. 헤겔은 『철학집성』의 개정 속에서 예술 규정을 결정적으로 수정했을 뿐만 아니라 아니라 이러한 체계를 미학 강의에서 전제했다. 그는 1827년과 1830년도 『철학집성』의 각각의 수정을 1826년과 1828 / 29년도 미학 강의 속에서 준비했다. 마지막 미학 강의에서 특히 그는 『철학집성』 "절대 정신" 장의 첫 번째 절을 수정하는데, 이 수정은 철학의 체계 속에서의 예술의 위치를 확정짓는 것과 관련이 있다.22)

그러므로 연구 프로젝트의 작업을 통해 얻어진 변형 과정에 대한 지식은 반대되는 가정, 즉 다음과 같은 생각으로 우리를 이끈다. 호토는 헤겔 사후 그의 베를린대학 교수 자리에 취임한 후 행한 미학 강의를 통해 헤겔의 예술철학에서 인쇄본 『미학』으로의 변형에 대해 충분치 못한 연결 고리를 남겼다. 이렇게 새롭게 밝혀지는 원전들 속에서 헤겔의 『미학』(즉, 세 권짜리 인쇄본 텍스트)은 오히려 "사변적 예술사"의 확장된 판본으

_____

강의에서 스스로 수정을 했기 때문이라고 추정했다. 이러한 추정은 네 강의의 원전들에 대한 연구의 결과를 토대로 볼 때 거짓으로 판명되었다.

21) 예를 들면 슈나이더(H. Schneider)는 헤겔 미학 강의 노트 중 남아 있는 소수의 낱장 편집 작업에서 이러한 추정으로부터 진행하고 있다. H. Schneider : *Eine Nachschrift der Vorlesung Hegels über Ästhetik im Wintersemester 1820 / 21*, In : Hegel-Studien 26. (1991)

22) 이에 대해서는 1830년도 『철학집성』 §526-563에 대한 게트만-지페르트의 분석을 참조할 것. In : *Hegels "Enzyklopädie der philosophischen Wissenschaften" (1830).*

로, 그리고 호토 자신의 미학 강의 속에 있는 그의 생각을 충실히 재생한 것으로 드러나게 된다.

이 논문에서 기술한 것은 세세히 밝혀진 원전들을 토대로 새롭게 얻어진 통찰 속에서 헤겔 미학에 관한 지금까지의 연구 결과를 종합한 것인데, 이 결과는 본질적으로 두 가지 연구 속에서 이루어진 것이다. 하나는 이아넬리(F. Iannelli, 하겐 / 로마)의 박사 학위 논문인 『헤겔과 헤겔주의자들에게 추가 갖는 의미(Die Bedeutung des Hässlichen bei Hegel und den Hegelianern)』이고, 다른 하나는 연구 프로젝트가 진행되는 시기에 하겐의 철학연구소의 연구 중점 아래 이루어진 풍경화의 규정에 대한 석사 논문과 거기로부터 나온 카스텐 베르(Karsten Berr, 하겐)의 작업인 『관념론 미학에서 자연미의 의미(Die Bedeutung des Naturschönen in der idealistischen Ästhetik)』다. 두 작업은 작년에 출간된 권정임의 상징적 예술 형식에 관한 논문으로 소급된다. 이 논문에서는 숭고함의 근본적인 의미와 헤겔이 신의 자연 형태에 대해 펼친 다양한 반성이 전개되고 있다. 이 논문에서 보여주는 결론들은 추의 복권을 위한 기초와 헤겔이 예술에서 자연을 표현하는 방식에 대한 반성들, 즉 그가 자연미를 "풍경", 즉 반성적으로 이루어진, 그래서 이러한 의미에서 표현된 자연의 아름다움에 대한 개념의 기초를 마련했다.

이렇게 확장된 연구들은 헤겔이 "미학 또는 예술철학"에 대해 베를린에서 행한 강의에서 펼친 사유와 인쇄된 『미학』사이의 현저한 차이를 새롭게 보여주었다. 항상 과정 중에 있었고, 지속적으로 확장시켜 전개했던 [헤겔의] 사유로부터 [호토의] 예술, 완성된 체계로의 변형은 비판 속에서도 오래 기간 동안 [예술사 논의의] 중심에 있게 한 긍정적인 결과, 즉 우리가 헤겔 미학을 완성된 형식 속에서 후대에 물려준다는 그러한 결과만을 갖는 것이 아니라 그에 따르는 부정적인 결과도 갖는다. 즉, 헤겔 자신에게서 나오지 않은 수많은 내용적인 확정들은 그의 미학의 다른 부분들과 상충된다는 점이다. 모든 경우에서 헤겔의 예술철학은 선입견에서 자유로운 예술 현상들에 대한 탐구에 의해 이루어지는데, 이 현상들을 그는 — 사람들이 일반적인 해석과 비판에 따른다면 [그러하듯이] — 결코 자신의 체계적인 선입견을 근거로 평가할 수 없었다. 그래서 매우 일반적인 헤겔 해석의 경향에 대하여 추라는 매우 논쟁적인 개념이 등장하게 된다. 그는 말하자면 자신의 제자와는 달리 "미의 이념"의 규정을 사변적으로 구성하지 않고 이념의 실재화인 여러 구별된 형식들을 근거로 각각을 현상 **논리**적으로(phänomeno-logisch) 논구한다. 그러므로 헤겔은 "낭만적 예술 형식" 속에서 실현된 이념상(Ideal)에 대해 미에서부터 특성적인 것, 흥미로운 것을 거쳐 추에 이르는 가능한 형상화 방식의 전체 스펙트럼을 전개시킨다.23) 이러한 철학적 기초로부터는 예를 들면 헤겔주의자들이 했던 것처럼 예술사를 예술 심판관으로 파악하여 아름다운 예술이 '더 이상 아름답지 않은' 예술들에 대해 유일하게 가능한 예술로 간주되거나 예술의 특정한 내용이 다른 내용보다 우선시되는 것은 가능치 않다.

이와 비슷한 면모가 자연미의 규정 속에서도 드러난다. 헤겔주의자들에게 자연미는 형이상학적으로 구성된 이념의 객관적인 반대항[예술미에 반하는]인 데 반해, 헤겔의 미학 강의에서

---

23) 이러한 사유는 미학 강의에서만 나타나는 것이 아니라 이미 예나 시절의 반성들 속에도 나타나는데, 이 반성들은 『철학집성』 속에 있는 최종적이며 체계적인 개념들을 내용적으로 그리고 형식적으로 준비하고 있다. 예술의 이러한 규정의 전개는 앞에서 언급한 『헤겔 미학 입문(*Einführung in Hegels Ästhetik*)』(주석 6번)에서 분석되었다.

는 미의 하나의 전형적인 활동 방식으로 드러나기 때문에, 그
것은 예술미처럼 인간의 활동에 의해 재구성되어야 한다. 이러
한 활동은 예술 작품의 규정을 근거로 하고 있고, 이 예술 작품
규정은 다시 예술의 역사적 기능의 특징으로부터 도출된다. 말
하자면 인간의 문화 일반 속에서 예술이 갖는 기능의 규정으로
부터 예술 작품 규정이 도출된다. 헤겔 미학 강의와 완성된 세
권짜리 『미학』 사이에 있는 간극에서부터 새롭게 밝혀지는 원
전을 통해 헤겔이 예술미와 거리를 두고 내린 자연미에 대한
규정과 호토가 1833년 미학 강의에서 그리고 헤겔 『미학』을 완
성하면서 내린 미에 대한 사변적 규정 사이의 비교가 가능해진
다. 또한 자연미의 의미 규정의 측면에서는 다음과 같은 점이
드러난다. 헤겔의 『미학』에서 이루어지는 "사변적 예술사"의
개별적인 전개는 호토가 전개시킨 『미학』의 방법, 다시 말해
헤겔의 사유를 변증법을 통해 체계화했기 때문에 나오는 결과
라는 점이다. 베르(K. Berr)가 자신의 연구에서 보여주었듯이
헤겔은 자연미의 개념을 예술미의 역사적인 의미의 규정으로
부터, 말하자면 예술을 통해 자연을 표현하는 이념상의 한 형
태로 파악한 데 반해 호토의 1833년 미학 강의 속에서 자연미
부분은 (플라톤적인 의미에서) 미의 이념에 대한 반정립으로,
말하자면 객관성 속에 있는 미의 이념으로 구성되어 있다. 또
한 여기서는 의존 관계가 거꾸로 되어 있음을 알 수 있다. 헤겔
주의자들이 가정하듯이, 인쇄본 『미학』이 [누군가에 의한] 선
행적인 영향 없이 전개되었고, 선입견으로부터 자유로우며 예
술에 대한 근본적인 철학적 규정을 보여준다는 것은 사실이 아
니다. 이들은 이러한 헤겔의 순수한 규정으로부터 예술에 대한
역사적인 연구가 보편적으로 타당한 내용을 가진 이론 학문적
인 범위를 가지게 되었다고 가정한다. 하지만 이것은 사실상

반대다. 예술의 역사적 기능이라는 규정을 위해 헤겔의 사유를 체계화시킨 "사변적 예술사"의 보편적이고 이론 학문적인 시도가 오히려 헤겔 『미학』을 탄생시킨 것이다.

"사변적 예술사"를 근거짓기 위해 헤겔의 사유를 사용한 것은 전통적인 의미에서 오류적 순환이다. 그럴 듯하게 근거지워진 기초, 즉 헤겔의 『미학』은 "사변적 예술사"라는 개념에 의해 이미 더 이상 헤겔 자신의 것이 아닌 개념 속에서 변형되었다. "사변적 예술사"는 다음을 의미한다. 그것은 근본적인 이론 속에 이식된 "사변"이라는 개념, 즉 기계적으로 이해된 변증법이라는 개념에 의해 근거지워진다. 여기에 바로 역사적으로 의미 없는 예술에 대비되는 의미 있는 예술에 일치하는 개념, 즉 아름다운 예술에 대한 고전주의적인 강조가 속하게 된다. 특권화된 (아름다운) 형식 옆에는 마찬가지로 예술을 비예술과 구분 짓는 특권화된 "위대한" 내용이 등장한다. 이것은 호토에게는 종교적인 내용이고, 피셔에게는 국가 시민적인 내용이다. 이러한 종류의 선(先) 결정은 헤겔의 베를린 미학 강의에서 나타나지 않는다. 여기서는 오히려 현상 논리적으로 역사의 개념이 전개되며, 이 개념 속에서 예술은 ― 헤겔 자신이 이미 뉘른베르크 저작들에서 정식화했듯이 ― "우리에게", 다시 말해 인간과 인간의 문화 일반에 대해 그것이 갖는 의미는 무엇인가의 관점에서 파악된다. 여기서 헤겔은 의심의 여지없이 인간이 예술과 역사적으로 맺었던 관계 방식에 대한 근거지움(eine Begründung des geschichtlichen Umgangs mit der Kunst)을 생각하고 있다. 오로지 인쇄본 『미학』에만 의지하는 것이 아니라, 예술에 대한 헤겔 사유의 [초기부터 후기까지의] 발전에 관심을 기울이는 이러한 헤겔 미학에 대한 해석은 이미 오래 전부터 제기된 것이다.24)

지금까지의 헤겔 미학 강의에 대한 연구들이 일련의 개별적인 연구[25]나 발전사적인 서술로 이루어졌다면 헤겔 미학과 헤겔주의자들의 예술사간의 관계에 대한 마지막 연구는 헤겔 미학에 대한 일반적인 입문에서 전개되었는데, 이 입문은 **역사와 문화 속에서 갖는 예술의 역할**에 대한 헤겔의 개념을 서술하고 있다. 이 입문은 헤겔의 미학 또는 예술철학 강의와 관련하여 "사변적 예술사"에 의한 왜곡에 대비되는 헤겔 미학의 근본적인 개념을 분석하고 있다. 강의의 사유들은 (초기 저작, 예나 시대 저작에서 시작하여 『철학집성』에 있는 최종적인 체계적 토대까지의) 발전사의 분석을 통해 밝혀진다. 앞에서 언급한 독일연구협회 프로젝트의 학문적인 작업과 "독일 관념론 미학"이라는 연구 중점에서 이루어지는 작업에 더 넓은 공감을 얻기 위해 이 입문서는 의식적으로 연구 자료 형태로 쓰여졌고, 그에 상응하는 형태로 출간되었다.[26]

계속 이어질 연구를 위해 지금까지의 헤겔의 예술철학 강의에 관한 연구 결과들은 이와 같은 방식으로 누구나 참조할 수

---

24) 예를 들면 다음의 논문이 그렇다. Otto Pöggeler: *Hegels Bildungskonzeption im geschichtlichen Zusammenhang*. In: Hegel-Studien. 15 (1980), 241-269; ders., *Die Entstehung von Hegels Ästhetik in Jena*. In: *Hegel in Jena*. Die Entwicklung des Systems und die Zusammenarbeit mit Schelling. Hrsg. von D. Henrich und K. Düsing. Bonn 1980, 249-270 (Hegel-Studien. Beiheft 20). "형식적 도야"라는 예술의 도야의 특징 속에서 이러한 사유는 헤겔의 미학 강의와 더 나아가 역사철학 강의에 대한 반성에 의해 정확히 증명되고 있다. 이에 대해선 다음을 참조. J-I. Kwon: Hegels Bestimmung der Kunst, 296 ff. 특히 319쪽에서는 이러한 사유를 헤겔 미학의 현재성에 대한 물음에 적용시키고 있다.
25) 예외가 있다면 그것은 헤겔 미학의 발전사적인 분석을 다루는 연구다. A. Gethmann-Siefert: *Die Funktion der Kunst in der Geschichte*. Untersuchungen zu Hegels Ästhetik. Bonn 1984 (Hegel-Studien. Beiheft 25).
26) A. Gethmann-Siefert: *Die Rolle der Kunst in Geschichte und Kultur*. Eine Einführung in Hegels Ästhetik (s.o. Anm. 6).

있도록 해야 한다. 아마도 사람들은 이러한 토대 위에서 적어도 역사적으로 매우 까다로운 헤겔의 예술철학의 개념들에 대해 더욱더 나은 이해를 얻을 수 있을 것이다. 동시에 앞에서 언급한 추 또는 자연미와 풍경의 의미에 대한 연구 결과물에서 이미 시작된 더 확장된 연구 영역들이 이어지게 된다. 더욱더 확장된 중요한 연구들은 "사변적 예술사"의 개념 대신에 진정한 헤겔의 개념을 통해 예술사 연구의 개념적인 기초를 마련하려는 시도처럼 필수적이지만 또한 가능한 것으로 보인다.

헤겔과 칸트에게서 진리 문제

··· 이 정 일

진리는 주관화의 위험에 저항한다. 따라서 진리는 대상 세계로 부터 고립되지 않기 위해서는 우리의 개념 틀이 실제 세계의 실질 구조가 되어야만 한다. 칸트는 형식논리학이 사고 법칙의 대상에 대한 무관련 때문에 진리에 적합한 기준이 될 수 없다고 한다. 따라서 칸트는 범주의 객체 연관과 객체 규정을 통해 사고 법칙의 대상에 대한 관련과 규정을 진리로 여긴다. 그러나 칸트가 말한 객관성은 여전히 주관 안에서의 객관성이기 때문에 실질 세계의 실질 구조인가라는 물음이 남아 있다. 따라서 진리 차이의 가능성 앞에 노출된 칸트의 범주는 진리의 가능성과 비진리의 가능성을 다 함축하고 있다.

셸링은 칸트와 피히테가 빠지기 쉬운 일면성을 보충하기 위해 주관 안에서의 주체-객체-통일과 주체가 생략된 객체 안에서의 주체-객체-동일성을 극복하기 위해 주체-객체-동근원성을 진리 의 근본 모델로 제시한다. 이것은 이미 아리스토텔레스가 말한 진 리의 고전적 정의를 근대성의 지평에서 다르게 해석한 것에 지나 지 않는다. 여전히 셸링의 근본 문제는 이 근원 동일성이 어떻게 전개되는가에 대한 상세한 구조 분석이 없고 다만 이것을 미학적 진리로 대체하는 데서 그 취약성이 노출된다.

혜겔은 칸트적인 물음의 지평에서 칸트가 말한 주관 안에서의 객관성이 아니라 있는 그대로의 지평에서 사고할 것을 요구한다. 헤겔은 플라톤과의 친화성 속에서 진리는 이념에 기초한다고 말한다. 이때 이념은 플라톤처럼 마음에 독립한 객관적 실재로서가 아니라 마음 안에서 일어나기 때문에 주관 독립적이 아니라 주관 내재적이다. 칸트가 말한 주관 안에서의 객관성을 있는 그대로 전개시키는 것을 헤겔은 자기 전개로서의 진리(Wahrheit-als-Transparenz)라고 규정한다.

경험론은 정확성으로서의 진리(Wahrheit-als-Richtigkeit)를 전개하지만 회의주의로 끝난다. 헤겔은 회의주의가 아니라 자기 자신을 완성하는 회의주의로서 회의주의를 극복하려고 한다. 칸트가 말한 선험적 진리는 주관 안에서의 객관성으로서의 진리(Wahrheit-als-Objektivität)에 해당한다. 그러나 주관 안에서의 사고의 객관 규정이 있는 그대로의 질서라는 보장을 선험적 범주는 약속할 수가 없다. 따라서 범주는 실제 세계의 실질 구조라는 보장이 없기 때문에 주관 안에서의 객관성은 항상 있는 그대로의 객관성을 통해 다시 한 번 검증되어야만 한다. 헤겔은 칸트의 진리 개념이 지는 한계를 있는 그대로의 지평에서 전개하려고 하지만 여전히 헤겔이 말한 있는 그대로는 개념 운동으로서의 사변적 구조로만 머물러 있다. 따라서 칸트는 헤겔이 말한 개념의 실재에 대한 지배를 독단의 형이상학으로 후퇴할 위험이 있다고 비판할 것이다.

칸트와 헤겔은 분명히 관념론의 지평에 있다. 따라서 그들은 실재론자가 아니다. 그러나 진리는 현대에 와서 타르스키에 의해 의미론적으로 부활되고 데이비슨에 의해 실재론이 요구되기까지 끊임없이 실재론을 떠나서는 불가능하다는 공통된 결론에 도달한다. 이 점에서 보면 헤겔이 말한 개념 운동의 사변적 구조로서 칸트가 요구한 진리를 대체하려는 헤겔의 시도는 분명히 그 역사적 한계가 드러나고 있다. 존재를 개념화하려는 헤겔의 시도와 존재가 판단을 통해 알려진다는 실재론의 싸움이 끝나지 않는 한 헤겔의 진리 개념은 계속해서 그 해법이 의문에 노출되게 된다.

존재는 존재한다와 존재는 판단을 통해 우리에게 알려진다는 근본 토대가 변하지 않는 한 헤겔이 존재를 개념 운동의 사변적 전개 안에 해소하려는 시도는 오늘날 정반대로 실재의 구조를 통해 개념을 심판하려는 운동에서 쓰라린 좌절을 맛보고 있다. 이런 팽팽한 긴장을 보여주는 것이 이 논문이 의도한 바다.

▶주요 검색어 : 범주, 실재성, 주관 안에서의 객관성, 일치, 동근원성, 정확성으로서의 일치, 주관 안에서의 객관성으로서의 일치, 사변적 자기 전개로서의 일치, 회의주의, 자기를 완성해가는 회의주의, 범주의 객관실재성, 범주의 보편타당성, 일치 요구, 인식의 대상과의 일치.

1. 긴 장

칸트가 선험철학을 통해서 밝히려고 한 것은 범주 사용의 객관적 정당화(Rechtfertigung)[1]다. 이에 반해 헤겔은 칸트의 형식과 내용의 이분법을 비판하면서 스스로를 전개하는 개념의 자기 운동을 진리로 개진(Darstellung)하고자 했다. 『지식과 신앙』, 『정신현상학』, 『대논리학』, 『엔치클로페디』를 통해서 헤겔은 칸트가 설정한 이원론의 근본 틀을 개념 운동의 자기 운동으로 지양하고자 했다. 개념의 정당화와 개념을 자기 운동으로서 펼쳐 전개하는 것(Darstellung)은 칸트와 헤겔의 철학을 차별화하는 근본 개념에 속한다.

이 짧은 지면을 통해서 헤겔과 칸트에 의해 주장된 진리 개념을 자세하게 소개하는 것은 어렵기 때문에 일차적으로 칸트의 진리 개념을 논한 다음 헤겔이 어떻게 칸트를 비판적으로 재구성 내지는 극복하는지(만약에 이런 표현이 가능하고 적합

---

1) A84f / B116f (이하 칸트 인용은 Berlin Akademie-Ausgabe 판을 로마자와 페이지 번호로 표시한다).

한 것으로 말해질 수 있다면)를 따라가고자 한다. 헤겔 자신이 진리를 독립된 테마로 다루는 것은 아마도 『대논리학』에서의 이념장 비교2)일 것이다.

1981년 슈튜트가르트에서 열린 국제 헤겔 세미나에서의 주된 테마는3) '칸트냐 헤겔이냐?'라는 제목으로 진행되었다. 칸트를 원형으로 여기면서 피히테, 셸링, 헤겔을 칸트에 대한 오해로 보는 환원론적 입장과, 칸트, 피히테, 셸링을 헤겔에 이르는 한 과정으로 보는 종말론적 입장을 비판하면서 이들 사이에 있는 긴장을 헨리히는 성좌(Konstellation)4)라는 메타포로 잘 요약하고 있다. 아직도 이것의 적합한 규정을 놓고 진행되는 이 싸움에서 섣불리 어떤 결론을 마감한다면 이것은 독일 고전 철학이 지니는 생생한 현재성을 테러화하는 오류를 저지르기 때문에 이들 사이에 내재하는 근본 문제점을 밝히는 것이 요구된다. 문제는 그렇기 때문에 헤겔이냐 칸트냐가 아니라 그들에 의해 개진된 입장의 타당성을 비판적으로 재구성하는 일일 것이다.

데카르트가 설정한 물음, 즉 우리는 어떻게 해서 의식 바깥의 세계를 알 수 있단 말인가라는 물음을 통해서 진리는 확실성과 등가로 여겨졌다. 칸트는 이런 물음을 수정하면서 어떻게 범주를 통한 선험적 종합 판단이 가능한가라고 묻는다. 칸트는 데카르트가 빠진 심리적 확실성의 추구 대신에 지식 조건의 정당화를 통해서 진리를 철학적 최후 근거에 대한 요구로부터 정당화의 해명으로 변형시킬 것을 요구한다. 헤겔은 진리 = 확실성을 비판하면서 "진리로 높아진 확실성(die zur Wahrheit erhobene

2) Wissenschaft der LogikII (이하 II로 약칭), 213-237, 407-413, 429-477.
3) Kant oder Hegel? Über Formen der Begründung in der Philosophie, Klett-Cotta 1983.
4) Henrich, Selbstverhältnisse, Reclam 1982.

Gewißheit)"을 대안으로 제시한다. 하이데거는 진리를 확실성으로 고정하는 근대 주관성 철학을 비판하면서 진리는 존재의 비은폐성에 기초한다고 주장한다. 그의 근대 주관성 비판은 진리를 확실성으로 좁게 해석하는 것에 대해 단호하게 비판적이며 동시에 객관성에 대한 요구를 단지 명제적 진리로 환원시키는 것에 대한 철저한 해체5)로 전개된다.

칸트는 데카르트가 설정한 지식 설명의 근거를 심리학적 차원에서 논리적 정당화로 옮겨놓는다. 자기 의식에게 존재론적 제일 근거를 귀속시키는 그런 최후 근거의 요구로부터 칸트는 자기 의식을 구제한다. 탈실체화(Entsubstantivierung)6)의 지반 위에서 이해되는 칸트의 논리적 자아는 단지 모든 결합의 가능 근거로서만 작용한다. 이것은 자기의 철학을 자기일원론(Ich-

---

5) 하이데거는 존재 이해에 기초한 진리, 즉 해석학적 Als를 명제적 Als의 토대로 본다. 그렇기 때문에 명제적 진리는 존재 이해라는 근원적 진리에 비교해보면 파생적 진리에 지나지 않는다. 진리를 확실성으로 고착시키고 객관성에 대한 요구가 단지 명제의 검증에서 마감된다면 필연적으로 이런 것을 가능하게 하는 근원적인 존재 진리는 감추어져(verborgen) 있거나 위장될(verstellt) 수밖에 없다. 그렇기 때문에 진리는 이런 이중의 위험에 거리를 두면서 존재 이해에 대한 자각의 심화를 통해 진행되어야만 한다. 그의 근대 주관성 철학에 대한 비판은 한편에서는 의식철학적 입장으로부터의 결별이지만 동시에 그는 이런 전통으로부터 완전히 발을 떼고 있지 못하다는 이중의 긴장에 의해 특징지워진다 (Vom Wesen der Wahrheit Bd 34). 문제는 존재 이해가 진리의 본래적 근원이라는 데 있는 것이 아니라 존재가 어떻게 정당화를 충족시키는가에 있다. 말할 것도 없이 이 점에서 하이데거의 진리는 정당화의 타당성 요구를 충족할 수 없는 취약성에 노출되어 있다. 비록 그의 근대 주관성 비판이 적합한 측면을 지니고 있지만 그의 진리론은 정당화에 대한 타당성 요구 검증에 대한 철저한 몰이해 때문에 동시에 비판되기도 한다.
6) 칸트는 순수 영혼의 오류 추리에서 종합을 수행하는 자기 의식의 종합적 활동을 사고하는 실체로 추론하는 데카르트를 비판한다. 칸트에게서 내가 사고한다는 것은 내가 표상들의 결합을 완성하는 것이기 때문에 사고하는 자아를 실체로 만드는 것이 절대 아니다. 이런 두 기능의 혼동을 칸트는 순수 영혼의 오류 추리로 비판한다.

Monismus)으로 변형한 피히테에 대한 칸트의 비판을 분명히 반영한다. 칸트는 자신의 선험철학(Transzendentalphilosophie)을 최후 근거로 이해하려는 모든 시도를 비판한다. 비판이라는 말이 암시하듯이 칸트는 선험철학을 통해서 범주를 통해 인식 가능한·조건의 한계를 분명히 설정함에 의해서 범주가 할 수 없는 것의 한계 역시 분명하게 설정한다. 형이상학이 인식론의 차원에서 불가능하다는 것을 비판하고 단지 자유의 형이상학을 소질로서 전개하려는 칸트의 시도에 대해 헤겔은 칸트가 철학의 근본 문제를 지각의 차원으로 떨어뜨리고 있다고 비판[7]한다.

명제의 의미는 명제의 진리 검증가능성에 있다는 비엔나 그룹의 논리실증주의적 입장은 칸트가 말한 선험적 종합 판단의 가능성조차 철저하게 부정한다. 칸트의 물음은 철저하게 이런 입장에 따르면 선험적 종합 판단의 성립 불가능성으로 이어진다. 그러나 이런 입장은 순수 오성의 근본 원칙을 명제로 잘못 이해한 데서 비롯된다. 후기 언어분석철학을 대변하는 데이비슨은 다시금 칸트적 문제로 돌아가서 형식과 내용의 이분법을 고착하는 모든 시도를 제3의 독단[8]으로 비판한다. 스트로슨은 기술형이상학을 "세계에 대한 우리 사고의 현실적 구조를 기술하는 것[9]"으로 정의한다.

언어적 전회(linguistische Wende)를 통해 칸트적인 의식철학의 문제를 근본적으로 대체하고 비판하는 후기 비트겐슈타인, 아펠과 로티, 하버마스와 퍼트남은 근본적으로 선험철학에 대한 오해를 보이고 있다. 칸트는 자신의 선험철학[10]을 범주의

---

7) Enz §415, §420.
8) D. Davidson, Truth and Interpretation, Oxford1984, 183-194.
9) P. F. Strawson, Individuals. An Essay in Descriptive Metaphysics, London / New York 1959, 9쪽.

대상 관련 가능성을 정당화하는 것으로 정의하고 있다. 언어
전회는 콰인이 잘 정의한 것과 같이 언어의 세계에 대한 존재
론적 개입(ontological commitment)을 통해 언어의 대상 관련
을 다루고자 한다. 언어 전향과 코페르니쿠스적 전회 사이에
차이가 있다면 후기 비트겐슈타인에 의해 도입된 말놀이 게임
의 다양성을 통해 칸트가 주장한 범주의 불변성, 충분성, 완전
성을 하나의 과정으로 여긴다는 점이다. 놀랍게도 현대 언어분
석철학에 의해 도달한 결론은 그들이 그렇게도 비판하고 극복
하려고 했던 헤겔의 입장을 다시 한 번 확인하게 되었다. 로티
가 다시금 헤겔과의 친화성을 통해서 칸트를 비판하는 것은 결
코 우연이 아니다.11) 퍼트남은 칸트와의 놀라운 유사성에도 불
구하고 여전히 헤겔적으로 사고12)한다.

2. 범주의 진리 연관

칸트는 『순수이성비판』에서 논리학자들이 진리를 충분히 다

---

10) "Ich nenne daher die Erklärung der Art, wie sich Begriffe a priori auf
Gegenstände beziehen können, die transzendentale Deduktion derselben"
(A85 / B117).
11) Rorty, R. Der Spiegel der Natur. Eine Kritik der Philosophie, Suhrkamp
1981, 326f.
12) 퍼트남은 초기에 형이상학적 실재론을 주장한다. 그러나 이것은 우리와
무관한 것을 인식의 객관성 요구로 설정하기 때문에 우리에게는 전혀 알려지
지 않는다. 이해 불가능성 때문에 그는 자신의 형이상학적 실재론을 포기한
다. 내재적 실재론은 개념 틀을 통한 우리 인식의 조직적 개입을 대상의 본질
로 본다. 그러나 개념틀은 칸트처럼 고정 불변하는 질서가 아니기 때문에 역
사적인 변화에 종속한다. 이런 이유 때문에 그는 개념의 역동적 진행으로 이
해되는 실용주의적 실재론으로 방향을 돌린다. 개념의 실용주의적 역사 때문
에 그는 칸트의 내재적 실재론과 또한 결별한다.

룰 수 없다13)고 주장한다. 논리학자들은 사고 법칙의 타당성을 대상과의 연관이 아니라 그 자체 사고 법칙의 타당성에서 고찰하기 때문에 일차적으로 진리의 대상 관련(Objektreferenz)을 충족시킬 수가 없다. 칸트는 형식논리학이 진리 문제를 밝힐 수 없다는 불가능성과 부적합함을 매우 분명하게 보여준다. 형식논리학의 진리 기준은 모순율에 위배될 수 없다는 점에서 진리의 부정적 조건(conditio sine qua non = die negative Bedingung aller Wahrheit A59f / B84)만을 보여준다.

칸트에 따르면 선험 논리는 형식 논리가 할 수 없는 것을 보여줌에 의해서 사고 법칙의 대상 관련을 그냥 관련이 아니라 관련의 객관 타당성과 보편성을 증명하고자 한다. 선험적 진리는 형식 논리가 할 수 없는 불가능성과 부적합성, 즉 사고의 대상 관련(Beziehung des Gedankengesetzes mit ihrem Gegenstand)을 통해서 형식논리학에 의해 설정된 진리 문제가 순환(Diallele)에 빠질 수밖에 없다는 필연성을 보여준다.14) 왜냐 하면 형식논리학은 사고 법칙의 자기 자신에 대한 관계(Beziehung des Gedankengesetzes mit sich selbst)를 통해서 추론의 논리적 정합성과 무모순성만을 밝힐 수 있을 뿐 사고 법칙의 대상 관련을 해명할 수 없기 때문이다. 형식논리학은 진리에 대해 일반적이고 충분한 진리 기준(das allgemeine und ausreichende Wahrheitskriterium)을 제시하고자 한다. 일반 논리학의 진리 기준이 일반적이고자 한다면 이런 일반성은 범주의 대상에 대한 특정한 관련을 설명할 수 없다는 한계에 부딪힌다. 마찬가지로 형식논리학이 대상에 대한 관련을 충족시키고자 한다면 형식논리학은 진리의 일반 기준을 수정하거나 포기해야만 한

---

13) A58–64 / B82–88.
14) Thomas Nenon, Objektivität und endliche Erkenntnis, Alber 1986, 19–63.

다. 칸트는 형식논리학이 빠질 수밖에 없는 순환을 보여줌에 의해 형식논리학이 진리를 위해서 적합하지 못하거나 불충분하다는 것을 보여준다. 진리 문제가 형식논리학의 지반을 떠나서 선험 논리로 옮기는 것은 칸트 문맥 안에서는 필연적이다.

선험 논리는 사고 법칙을 대상과의 연관 아래서 정당화하기 때문에 "진리의 논리학(Logik von der Wahrheit)"(B87)이다. 형식논리학은 일반적이고 형식적인 진리 기준을 제시하지만 이런 일반성은 무관련성 때문에 충분하지 않다. 따라서 선험 논리는 사고 법칙의 대상과의 연관을 통해서 사태에 대한 객관적 규정을 근거[15]짓고자 한다. 따라서 칸트는 대상 관련과 규정 수행을 동시에 충족[16]시키는 선험 논리의 지반 위에서 진리를 다룬다.

헨리히는 매우 정당하게도 칸트가 주장한 35쪽 분량의 연역을 제대로 이해한 사람은 칸트 철학 전체를 이해하는 열쇠를 지니게 된다고 주장[17]한다. 연역의 핵심은 범주의 대상 관련을 객관 타당성(objektive Gültigkeit = 보편 타당성)과 객관 실재성(objektive Realität = objektive Sachheit)으로 정당화하는 것이

---

15) "순수한 오성 인식의 요소들을 강의하고 있는 선험논리학의 부분과 원리들은 — 이런 원리들이 없다면 대상은 도대체 사고될 수가 없을 것이다 — 선험적 분석론이며 동시에 진리의 논리학이다"(B87). 여기서 칸트는 대상이 인식되기 위해서는 이것이 범주라는 사고 규정에 의존한다는 것을 분명히 밝힌다. 그렇지 않을 경우 대상에 대한 어떤 인식도 성립할 수가 없다. 따라서 범주의 대상 관련과 대상 규정은 진리를 위해 필수적이다.

16) 칸트에게서 선험적 진리는 항상 의미론적으로 범주들의 객관실재성과 같다(B269). 칸트에 따르면 범주들은 선험적으로 참이며 모든 진리의 원천, 즉 우리 인식의 대상과의 일치다. "a priori wahr ……, sondern sogar der Quell aller Wahrheit, d.i. der Übereinstimmung unserer Erkenntnis mit Objekten"(B296).

17) Henrich, Beweisstruktur von Kants transzendentaler Deduktion, in: Kant, (hrsg.von Prauss), Köln 1973, 90쪽.

다. 엘리슨이 적절히 비판[18]하는 것처럼 헨리히는 모든 대상 영역 안에서 타당한 것으로 작용하는(in allem Gegenstandsbereich operativ wirksam) 범주의 진리 검증 요구를 충분히 다루지는 못하고 있다. 범주의 핵심은 이것을 통해(wodurch) 경험 가능성, 판단 가능성, 진리 가능성[19]의 토대를 마련하는 데 있다. 칸트는 범주의 객관 타당성을 그렇기 때문에 진리의 검증을 위한 예비적 가능 조건으로 삼는다.

『순수이성비판』에서의 핵심 물음은 하이데거가 잘못 오해[20]하는 것처럼 시간 분석이나 구상력(= 오성과 감성의 두 뿌리

---

18) Henry E. Allison, Kants transcendental Idealism. An Interpretation and Defense, Yale 1983, 68-73 ("모든 판단이 객관적으로 타당하다는 것은 모든 판단이 진리가를 지니고 있다는 것과 같다." 73쪽).

19) "die transzendentale Wahrheit, die vor aller empirischen vorhergeht, und sie möglich macht"(A146 / B187).

20) 칸트는 오성과 감성을 연결하는 고리를 구상력에서 일원화시키려고 하지 않는다. 칸트에게서 정당화는 범주의 감성에 대한 관련을 말하는 것이지 오성과 감성을 연결하는 근원 중심을 설정하는 문제가 아니다. 다시 말해서 정당화의 요구는 범주의 감성에 대한 규정 연관의 가능성을 증명하는 것이지 이 둘의 매개 고리를 설정하는 문제가 아니다. 따라서 칸트에게서 정당화 요구는 범주 사용의 타당성 요구에 대한 증명 이외에는 아무것도 아니다. 이런 문제를 구상력을 통한 최후 근거의 문제로 보는 것은 더 이상 칸트에게 타당한 해석이 못 된다. 만프레드 바움(Deduktion und Beweis in Kants Transzendental-philosophiehain 1986, 8쪽)은 이런 점에서 하이데거의 칸트 해석이 거의 폭력(Gewaltsamkeit)에 가깝다고 정당하게 비판한다. 정당화의 문제는 최후 근거의 문제하고 혼동되어서는 안 된다. 그렇기 때문에 칸트의 본래 물음은 종합의 정당화에 있다고 주장할 때만 타당성이 있다. 시간이나 구상력의 문제는 칸트의 문맥 안에서 본질적인 문제에 속하는 것이 아니다. 범주가 대상과 연관을 맺을 때 범주는 선험적 시간 규정에 따라 스스로를 시간화하는 것은 이미 쉐마에서 충분히 다루어져 있다. 범주를 선험적 시간 규정에 따라 시간화하는 것은 범주를 감성화하는 능력에 속한다. 그러나 이것은 범주가 대상과 연결지을 때 범주를 감성적으로 파악하는 방식에 불과한 것이지 종합의 문제를 대체하는 것이 아니다. 그렇기 때문에 하이데거는 선결 문제 요구 오류(petitio principii)에 걸려든다 (Kant und das Problem der Metaphysik).

를 중재하는 것)의 분석이 아니라 범주의 경험적 사용을 객관적으로 증명하는 데 있다. 여기서 칸트는 핵심 물음을 "어떻게 선험적 종합 판단이 가능한가?"라고 묻는다. 『프롤레고메나』에서 이 물음은 "어떻게 경험이 가능한가?"(Wie ist Erfahrung möglich?)로 된다. 이런 물음을 확장할 때 칸트는 어떻게 진리는 가능한가라는 물음을 정식화한 적은 없다. 왜냐 하면 진리가 무엇인가라는 물음은 이미 범주를 통한 판단의 성립 가능성과 범주를 매개로 한 경험의 가능성 안에 포함되어 있기 때문이다. 칸트가 『프롤레고메나』에서 학문의 사실(Faktum der Wissenschaft)로 제시하는 것은 순수 수학의 성립 가능성과 순수 자연과학의 성립 가능성이다. 칸트는 학문의 사실로부터 이것을 가능하게 했던 범주의 지위로 배진적으로 역추리해간다. 그러나 『순수이성비판』에서는 범주를 통해 경험의 가능성으로 전진적으로 진행한다. 범주의 타당성이 증명된 것을 전제로 해서만 칸트는 순수 오성의 근본 원칙에서 범주의 사용을 종합 판단의 규정하는 술어로 만든다. 그러나 이 두 저서에서 방향은 다르게 설정되어 있다고 하더라도 근본 핵심은 같다.

연역에서 핵심적인 증명은 이미 §20에서 세 개의 전제와 두 개의 결론으로 다 드러나 있다. 그리고 연역의 결론에 해당하는 §26에서는 범주가 가장 형식적인 의미에서 자연의 입법 근거(forma dat esse rei)로 마감된다. §26에서 증명된 범주 = 자연 입법의 형식적 가능성은 『프롤레고메나』에서 자연과학의 형식적 성립 가능성으로 전개된다.

P₁) 감성적 직관 속에서 주어지고 있는 모든 다양성은 필연적으로 자기 의식의 종합하는 통일을 통해서만 하나의 인식 가능한 객체가 된다. 칸트는 이미 §16-19에서 자기 의식을 모든 결합의 최상의 원칙으로 증명한다. 즉, 내가 사고한다 = 내가 결

합한다 = 내가 무엇을 결합한다는 것으로 진행되는 자기 의식의 종합은 피히테의 자기와는 다르게 항상 표상들을 대상으로 만드는 것을 통해서만 드러난다. 표상들을 결합해서 대상이 성립하는 곳이면 필연적으로 이런 이행을 가능하게 한 자기 의식의 종합 활동이 드러난다. 그 반대 역시 마찬가지다.

P₂) 자기 의식의 종합하는 통일에 속하는 것은 예외 없이 판단할 수 있는 논리적 기능으로 작용하는 범주의 규정 조건 아래 있다.

K₁) 그러므로 감성적 직관 속에서 주어지고 있는 모든 다양성은 판단할 수 있는 논리적 기능을 통해서만 통일된 객체로 규정된다. 스트로슨은 정당하게도 판단이나 객체를 종합 활동의 결과[21]로 설명한다.

P₃) 판단할 수 있는 논리적 기능을 통해 규정되는 모든 것은 범주라는 사고 규정 아래 종속한다.

K₂) 그러므로 감성적 직관 속에서 주어지는 모든 것은 예외 없이 범주의 규정을 통해서 하나의 인식 가능한 객체로 된다.

나의 표상(meine Vorstellung = die von mir verbundene Vorstellung = Objekt)[22]은 주어진 표상들의 무규정성을 종합하는 활동에 의해 통일된(= 규정된) 객체로 만드는 것을 말한다. 자기 의식은 표상들을 경험론과 같이 단순히 의식 안에서 재생산 가능하게 하는 것이 아니라 의식에게 이해 가능하고 인식 가능한 것으로 다시 내어준다(re-präsentieren). 자기 의식은 범주를 통해서 주어진 직관의 규정되지 않은 잡다함을 인식 가능한 것으로 질서화한다. Y = F(x)에서 =는 항상 칸트에 따

---

21) Strawson, The Bounds of Sense, 96쪽.
22) "Das Denken ist die Handlung, gegebene Anschauung auf einen Gegenstand zu beziehen"(B304).

르면 주어진 것이 아니라 만들어진 것이다. 즉, =가 성립하면 이런 성립을 가능하게 하는 것이 있어야만 한다. 칸트는 이것을 자기 의식의 종합 활동이라고 한다. 자기 의식은 단지 종합 활동을 통해서 결합의 근거로만 작용한다. 그 이상도 그 이하도 아니다. 그렇기 때문에 칸트는 자기 의식을 진리가 검증되는 장소로 보았지 진리의 근거라고 보지 않았다. 진리는 데카르트나 피히테처럼 과도하게 설정된 자기 의식으로부터 연역되는 것이 아니다. 일차적으로 칸트에게서 진리는 자기 의식으로부터 연역되는 것이 아니라 범주의 대상 관련과 검증을 통해서만 밝혀진다. 그렇기 때문에 칸트는 진리를 최후 근거로 설정하는 시도를 유지할 수 없는 것으로 비판할 수 있었고 진리의 문제는 심리적 확실성이나 논리적 문제가 아니라 정당화 문제로 제시한다.

앞서 말한 것과 같이 형식논리학은 진리의 문제에 대해 충분하지 못하고 자기 의식의 문제는 지식 성립의 타당성 요구 증명을 계통적 발생과 도출로 이해하는 잘못된 토대 위에 기초해 있다. 칸트는 진리의 검증을 위해서 이런 두 지반을 떠날 것을 요구한다. 데카르트의 확실성은 단지 데카르트의 불안을 반영한다. 진리는 칸트가 보기에 보험 회사가 아니다. 칸트의 자기 의식은 아펠이 잘못 비판하는 것처럼 유아론이라는 비판에 노출되어 있지 않다. 왜냐 하면 나의 사고는 구조상 Ich denke + Vorstellungen이라는 이중 구조23)를 통해서만 이해되기 때문이다. 칸트의 자기 의식은 유아론의 피안에서 (표상과 관계하면서 표상을 대상으로 성립시키기 때문에) 그리고 진리의 피안에서 (왜냐 하면 자기 의식은 결합의 성립 가능 근거지 진리 연역의 최후 근거가 아니기 때문에) 다루어져야만 한다.

---

23) "alles Denken, als zum Bewußtsein gehörig aufzuführen"(A341f / B400f).

칸트는 진리를 인식의 대상에 대한 일치(Übereinstimmung der Erkenntnis mit ihrem Gegenstand)(B82/3)로 정의24)한다. 일차적으로 이것은 범주의 대상 관련과 규정 관련을 충족시켜야만 한다. 칸트는 범주의 객관 실재성을 범주의 대상 관련과 규정으로 본다. 그리고 범주의 객관 타당성은 이 연관을 정당화하는 검증으로 본다. 감성은 범주 밑(unter)에 주어질 수 있는 감성의 조건을 제약한다. 범주 밑에 주어지는 것은 칸트에 따르면 시간과 공간을 통해서 주어질 수 있는 것에만 제한된다. 칸트는 이것을 범주 적용(Anwendung)의 외연(Extension = Umfang)을 확정하는 문제로 본다. 범주의 타당성은 시간과 공간을 통해서 제약된 한계 안에서만 무제약적 타당성을 누린다. 범주 적용의 외연이 시간과 공간을 통해 개념 밑에 주어질 수

---

24) 칸트의 진리에 대한 정의는 전통적으로 성 토마스 아퀴나스가 말한 진리 정의와 아주 유사하다. adaequatio rei et intellectus (Quaestiones disputtae de veritate, art.I, resp.). 아퀴나스는 이것을 사태와 인식 능력의 correspondentia 혹은 conformitas로 이해한다. 그러나 성 토마스의 진리에 의하면 진리는 칸트처럼 우리 마음의 법칙에 따르는 것이 아니라 우리 마음의 법칙이면서 동시에 실재의 질서에 따른다(in mente et in re). 성 토마스 아퀴나스에 따르면 우리의 마음이 자연에 미리 준 법칙에 따라서 진리 검증은 진행된다. forma dat esse rei. 그러나 이것은 마음이 절대 척도가 아니라 항상 실재의 질서에 의해 측정된다는 것을 전제로 할 때만 의미가 있다. 그의 주장에 따르면 진리는 항상 사물의 esse를 따라가야만 한다. 그렇기 때문에 성 토마스 아퀴나스는 일치를 칸트처럼 우리 주관의 질서에 따르는 일치 요청이 아니라 항상 주관의 질서가 실재의 질서에 의해 측정된 일치로 검증할 것을 요구한다. 판단의 진리는 필연적으로 실재의 질서에 비추어서 그 타당성이 다시 한 번 측정되고 매개되어야만 한다. 그렇기 때문에 진리는 주관화의 위험에 저항하고 동시에 그 실현은 실재의 질서에 의해 다시 한 번 측정되어야만 한다. 칸트는 신에 의해 미리 심어진 자연의 질서와 지성의 질서 사이에 존재하는 일치를 진리대응성의 모델로 받아들이지 않는다. 그러나 그에 의해 개진된 코페르니쿠스적 전회가 이런 설명 모델에 비해 정당하다는 주장 역시 칸트에게서는 확인되고 있지 않다.

있는 것이기 때문에 범주는 이것의 형식적 규정 가능 근거 (principium essendi, causa essendi)다. 범주가 한계 너머로 작용될 때 필연적으로 이율배반이 발생한다. 시간과 공간은 적용의 외연이 확정되는 한계다. 따라서 물 자체는 애초부터 인식의 규정 연관 안에 들어올 수가 없다.25)

현상한다는 것은 항상 의식에게 현상한다는 것을 말하고 이것은 인식되기 위해서는 예외 없이 범주라는 사고 규정 밑에 종속해야만 한다. 그런 한에서만 범주는 주어진 자료를 인식 가능한 것으로 질서화 내지는 구조화할 수가 있다. 자연은 칸트에게서 항상 경험 가능한 자연 = 규정 가능한 자연으로 이해된다. 경험 가능하다(das Erfahrbare)는 것은 규정 가능하다(das Bestimmbare)는 것이고 이것은 범주가 자연을 소재에서가 아니라 인식 가능성에서 인식 가능한 것으로 규정하는 것과 같다. 이런 맥락에서만 칸트가 말한 오성은 자연에 대해 법칙을 준다는 주장이 이해된다. 오성은 말할 것도 없이 자연의 입법자다. 그런 한에서만 오성은 자연을 인식 가능하게 하는 근본 창시자 (Urheber)다. 칸트는 항상 객관성을 주관 안에서의 객관성 (Objektivität in Subjektivität)으로 이해한다. 이것은 사고의 주관적 가능 조건이 동시에26) 형식적인 의미에서 인식될 대상의 규정 조건이라는 것과 같다.

---

25) 범주가 모든 규정의 형식적 가능 근거라면 물 자체는 애초부터 이런 범주적 규정의 연관 밖에 있다. 따라서 집합의 분류 개념에 따르면 물 자체는 규정의 밖에(Un-Bestimmtheit) 있다. 이것은 개념의 접근이나 도움을 거부한다는 의미에서 직접적이고(unmittelbar) 규정의 피안에 있기 때문에 개념 초월적이고 단지 사고될 수 있고 인식될 수 없기 때문에 초월적 X로 남아 있다.
26) 칸트는 M. Herz에게 보낸 편지(XXVII 239, X130)에서 이 점을 매우 분명하게 밝힌다. 범주는 "모든 경험을 가능하게 하는 근거"(XXVII 550)며 동시에 "사물을 가능하게 하는 근거"(XVIII §5761).

3. 진리 차이의 가능성

칸트의 선험적 진리를 괴롭히는 가장 근본적인 문제는 범주를 통한 진리의 형성이 아니라 범주의 진리 실현이다. 객체의 객체성에 대한 형식적 성립 가능성은 범주를 통해서만 가능하기 때문에 범주는 진리의 필요 조건이다. 그렇지 않다면 우리는 대상에 대한 하등의 규정된 인식도 지닐 수가 없기 때문이다. 그러나 이런 필요성이 진리의 최소 조건(Minimalbedingung)으로서 필요하기는 해도 진리 실현의 충분 조건이 된다는 보장이 없다.

칸트는 진리를 "인식의 대상과의 일치"로 정의한다. 이때 일치는 대상의 대상성에 대한 성립 가능 근거로서의 범주의 틀 안에서 확보된다. 따라서 경험론을 괴롭히는 문제, 즉 전혀 다른 두 차원이 일치해야만 한다는 것으로부터 칸트는 벗어날 수 있었다. 일치는 칸트에 따르면 코페르니쿠스 전회(BXVI)라는 문맥 안에서 이해 가능하다. 범주가 관련하는 것으로부터 통일이나 일치가 확보되지 않기 때문에 칸트는 모든 일치의 근거를 범주 규정에 귀속시킨다.

칸트는 범주 하나만으로는 인식이 성립할 수 없다고 주장[27] 한다. 왜냐 하면 인식은 칸트에 따르면 언제나 범주와 감성의 결합을 전제하기 때문이다. 범주는 자신이 관련하는 것으로부터 고립될 때 아무런 인식도 발생시킬 수가 없다. 그러나 관련한다는 것으로부터 일치의 가능 근거가 확보되는 것은 아니기 때문에 칸트는 범주의 대상 관련을 보편타당하고 객관적으로 증명함에 의해서만 범주를 모든 인식의 근원으로 설정한다. 흄의 회의주의에 맞서서 인식의 객관성과 보편타당성을 확보하고 선험적 독단에 맞서서 칸트는 개념 사용을 실재의 근거나

---

27) A51 / B75f.

도출이 아니라 실재의 규정 근거로 해석한다. 이런 맥락에서만 칸트는 범주를 모든 경험적 진리의 토대로 만들 수 있었다.

형식논리학의 사고 기준이 무모순성에 기초한다면 분석 명제 역시 이것에 기초한다. 선험적 분석 판단은 인식의 확장과 관련이 있는 것이 아니다.[28] 그렇기 때문에 주어 안에 있는 것을 단지 풀어내는 것에 불과한 분석 진리는 모순율에 위배되지 않는다는 원칙에 따를 때만 경험과의 비교 없이 진리 검증이 가능하다. 그러나 종합 명제는 논리적 분석이 아니라 경험과의 비교나 충족을 통해서 그 진리치가 결정된다. 범주는 작용이나 기능으로부터 고립될 때는 그 자체 참과 거짓의 대상이 될 수가 없다. 오직 판단 안에서 규정하는 술어로 작용할 때만 범주는 진리 검증의 대상이 될 수가 있다. 판단 내지 명제만이 진리 검증의 참과 거짓의 대상이 될 수 있다. 이 점에서 칸트와 현대 언어분석철학과의 차이는 없다. 문제는 칸트가 선험적 종합 판단의 가능성을 이들과는 다르게 명제가 아니라 근본 원칙으로서 증명 가능한 것으로 보았다는 데 있다.

칸트는 분명하게 진리가 논리의 문제가 아니라고 주장[29]했다. 칸트는 동시에 진리는 단순히 감각 자료로 환원할 수 없다고 보았다. 경험론의 독단은 우리의 사고 질서에 의해 전혀 해석되지 않은 자료를 진리의 기준으로 설정하는 데 있다. 개념철학의 독단은 범주의 진리를 경험과의 비교가 아니라 경험과 무관하게 설정하는 데 있다. 콰인은 분석 판단과 종합 판단의 구별이 그렇게 명확하게 설정될 수 없다[30]는 이유 때문에 칸트

---

28) Pro §2.

29) 오성의 모든 행위는 판단으로 귀속된다. 왜냐 하면 범주들은 "가능한 모든 판단들의 술어들"(Prädikate möglicher UrteileB94)이기 때문이다. 우리 인식의 참과 거짓은 그렇기 때문에 범주에서가 아니라 판단을 통해서 결정된다.

의 엄격한 이분법을 비판한다. 이 주장의 타당성이 어떻게 평가되는가를 제외하더라도 칸트의 진리 문제를 괴롭히는 또 다른 문제는 일치의 실질 보장이 일치의 형식 보장인 범주로부터 만족할 만하게 증명되지 않는다는 사실이다.

칸트의 진리론은 진리대응성을 설명하기 위해 코페르니쿠스적 전회에 입각해서 이런 대응성을 기초지운다. 범주의 선험적 연역이 증명하고자 하는 문제는 단지 이 하나의 문제로 귀착한다. 칸트는 인식의 대상과의 일치에서 일치를 두 사물의 비교로 이해하는 것 자체를 금지시킨다. 그렇다면 우리는 다시금 원점으로 퇴락할 것이다. 일치는 두 사물의 외적인 비교의 방식으로 검증될 수가 없다. 모든 환원론은 그렇기 때문에 실패할 수밖에 없다. 일치는 수학에서 두 삼각형이 일치하듯이 그런 일치가 아니다. 객체란 범주에 의해 통일된 것이기 때문에 범주 의존적이다. 그러나 객체가 범주에 의해 전혀 개입되지 않은 순수 소여(die reine Gegebenheit)로 볼 경우 범주와 객체를 비교하는 것은 애초부터 불가능[31]하다. 칸트는 일치의 이해를 위해서 이런 경우 모두를 다 배제한다. 일치는 두 사물의 비교도 아니고, 합동 조건도 아니고, 범주에 의해 각인된 객체를 범주와 무관한 객체와 비교하는 방식으로는 전혀 검증될 수가 없다.

부정과 비판의 철학자 칸트는 무엇이 아니다라는 것만 주장하지 이것의 명백한 진리 주장을 설명하고 있지 못하다.[32] 프

---

30) Quine, From a logical point of view, Harper&Row1963, 20-24.
31) 우리에게 전혀 알려지지 않는 대상을 진리의 척도로 삼을 수는 없다. 그렇기 때문에 칸트는 객체 그 자체(Objekt an sich)는 이것이 우리에 의해 규정되지 않는 한 전혀 알려질 수가 없고 알려질 수 없다는 이유 때문에 진리의 척도로서 부적합하다고 여긴다. 퍼트남이 형이상학적 실재론을 포기하는 이유가 바로 이런 불가지성 때문이다.

라우스는 논리적으로 번지점프를 하면서 칸트의 진리 검증을 진리 차이의 가능성으로 설명한다. 타르스키는 대응성에 대한 의미론적 문제만을 정식화했지 일치가 성립하는 검증 조건에 대해서는 말하지 못하고 있다. 프라우스는 이 점을 지적하면서 칸트의 진리 검증은 대상에 적용된 범주의 타당성 실현으로 일치를 이해할 것을 요구한다. 이것은 명제의 의미가 명제의 검

---

32) "Ich frug mich nemlich selbst : auf welchem Grunde beruhet die Beziehung desjenigen, was man in uns Vorstellung nennt, auf den Gegenstand? …… Ebenso : wenn das, was in uns Vorstellung heißt, in Ansehung des Objekts aktiv wäre, d.i. wenn dadurch selbst der Gegenstand hervorgebracht würde, wie wenn sich die göttlichen Erkenntnisse als die Urbilder der Sachen vorstellt, so würde auch die Conförmität derselben mit den Objekten verstanden werden können.…… Allein unser Verstand ist durch seine Vorstellungen weder die Ursache des Gegenstandes, …… noch der Gegenstand die Ursache der Verstandes- vorstellungen …… Wenn solche intellectualen Vorstellungen auf unserer inneren Tätigkeit beruhen, woher kommt die Übereinstimmung, die sie mit Gegenständen haben sollen?"(X130f) 칸트는 분명히 진리대응성의 일치 검증이 어렵다는 것을 시인한다. 그러나 그는 토마스 아퀴나스처럼 신이 우리의 지성과 사물 안에 심어준 일치를 진리의 실현으로 보지는 않는다. 그는 진리의 일치 가능 근거를 이런 모델이 아니라 코페르니쿠스적 전회에 의해 설명한다. 그러나 이런 전회는 일치의 형식적 가능 근거가 범주에서 기초한다는 것만 보장하지 충족의 실현을 보장하는 것은 아니다. 그렇다면 칸트가 범주와 대상의 일치 충족 근거로 작용하는 confirmatis의 근거인 신을 거부할 아무런 이유가 없다. 그러나 칸트는 일치를 이런 모델에 입각해서 보는 것을 더 이상 추구하지 않는다. 오성의 범주 질서와 대상의 사물 질서를 충족시키는 일치의 실현은 그렇기 때문에 칸트에게서는 결정되지 않고 남아 있다. 성 토마스 아퀴나스는 이런 일치의 근원을 신에게 귀속시키기 때문에 진리의 척도를 우리의 오성에 두는 칸트에 대해 비판적이다. 그렇기 때문에 그는 일치를 우리 사고 질서의 인식될 대상에 대한 동화라고 규정할 수 있었다. 즉, 오성에 의해 제공된 척도가 절대 척도가 아니라 항상 사물의 질서에 의해 측정된 것으로서만 진리의 근거가 된다. 그는 그렇기 때문에 인식의 규정 근거인 범주가 다시 한 번 사물의 질서에 의해 측정되어서 검증될 것을 요구한다. 진리는 사물과의 일치가 아니라 사물로 동화하는(zum Dinge) 일치다.

중에 있다는 카르납의 견해를 선험적 차원에서 확장해서 해석한 것이다. 칸트가 말한 오성의 근본 원칙은 분명히 자연과학의 명제가 아니기 때문에 경험적 사실과의 비교를 통해서 검증되는 그런 성질의 것이 아니다. 그러나 그렇다고 해서 칸트가 말한 범주의 진리 실현 요구가 진리 검증으로부터 제외된 것은 아니다. 다만 범주의 진리 검증이 명제의 사실과의 비교라는 방식으로 진행될 수 없다는 것을 주목해야만 한다.

칸트가 선험적 종합 판단의 예로 제시하는 것 "자연 안에서 일어나는 모든 사건은 원인과 작용의 법칙을 따른다"는 순수 오성의 근본 원칙은 명제가 아니라 근본 원칙이다. 따라서 이런 근본 원칙의 진리 검증은 단순히 하나의 사례를 제시하는 것과 비교해서 그 타당성 검증이 증명되지는 않는다. 영미 언어분석철학은 버릇없게도 칸트가 말한 근본 원칙의 타당성 검증을 명제 검증으로 좁게 오해하는 경향이 있다. 칸트가 이런 무지와 혼란스러움을 책임질 필요는 없다. 관찰이 이론에 의해 인도되고 이론이 하나의 패러다임 안에서 작동한다면 근본 원칙은 하나의 명제가 아니라 명제가 성립하는 근본 토대에 해당한다. 이 토대를 통해서 검증의 가능 조건이 형성되는 것이지 이 토대 자체가 명제처럼 검증의 대상이 되는 것이 아니다. 범주 적용의 실패를 피한다면 칸트의 근본 정식, 즉 어떻게 선험적 종합 판단이 가능한가라는 문제의 진리 검증이 어떤 차원에서 이루어지는가가 분명해질 것이다.

칸트는 일치의 형식 가능 근거로서 범주의 경험 개입을 필연적인 사실로 본다. 그렇지 않을 경우 경험의 체계적 통일은 불가능할 것이기 때문이다. 칸트는 자연 일반에 대해서 우리는 어떻게 해서 이것을 인식 가능한 것으로 만들 수 있을까라는 물음을 제기한다. 코페르니쿠스적 전회는 여기에 대한 대답이다. 그러나 칸트는 헤겔이 잘 지적하는 것과 같이 칸트는 인식 조건의 도구적 차원에만 매달리면서 도구의 궁극성(Worumwillen)이 어디로 향해 있는지 물어보지 못한다. 칸트의 물음은 항상 우리는 어떻게 해서 의식 바깥의 대상을 알 수 있을까라는 도구적 질문의 차원에만 매달려 있다. 따라서 칸트가 말하는 객관성은 사태의 객관성이 아니라 항상 주관 안에서의 객관성(Objektivität in Subjektivität = Objektivität für uns)으로서만 이해되고 정당화 된다. 무엇이 있고 이것이 우리에게 알려지는가의 문제를 그는 제시하지 않는다. 따라서 칸트는 항상 진리 기준의 궁극적 척도(Maßstab)를 항상 오성이 자연에 대해 법칙을 주는 것으로서만 고정시킨다. 자연이 척도가 되어서 주관이 자연의 척도를 존중하고 귀담아 듣는 것이 아니라 주관이 객체에 대해 절대 척도를 주는 것이다. 객체의 우위(Vorrang des Objektes)는 코페르니쿠스적 전회에서는 발견되지 않는다. 오성은 오성보다 열등한 감성에 대해 질서를 주는 척도다. 그러나 그 반대는 아니다. 칸트는 반사실적 가정 위에서 보다 높은 능력은 보다 하위의 능력으로부터 나오지 않는다는 것만 강조했지 이것이 어떻게 통일될 수 있는지를 밝히지는 못하고 있다. 그렇기 때문에 오성의 감성에 대한 척도 부여가 경험을 통해서 얼마나 타당한 것으로 검증될 수 있는가는 칸트에게서는 결정되지 않는 채 남아 있다. 그렇기 때문에 일치의 형식적 가능 근거에 대한 칸트의 물음은 헤겔에게서는 항상 차이의 가능성을 통해 재구성될 수밖에 없다.

감성, 오성, 이성 사이에는 비대칭적인 위계화가 존재한다. 반대로 이런 비대칭성은 영향을 주지 않는다는 방식으로 설명될 뿐 이것의 통일 가능성은 해결되지 않은 채 남아 있다. 그렇기 때문에 선험적 종합 판단의 가능성 근거인 범주는 경험을 통해서 설명되지 않는 반사실적 경험으로만 남아 있다. 경험과 무관하고(unabhängig von der Erfahrung) 경험에 원리상 앞서서(vor der Erfahrung) 동시에 경험을 원리상 가능하게 하는 것(Erfahrung möglich zu machen)으로 작용하는 범주가 바로 경험을 통해서 검증되어야만 하는 이상한 역설에 칸트는 빠진다. 그렇지 않을 경우 진리는 논리의 문제로 환원되어버리기 때문이다. 칸트는 그렇기 때문에 이런 순환을 피하기 위해서 진리대응성을 진리정합설로 환원하는 것에 반대한다. 코페르니쿠스적 전회는 두 차원을 다 지니고 있다. 그러나 칸트는 경험적 실재론자이고 선험적 관념론자이기 때문에 진리를 단지 선험적 지평 안에서 마감하려고 하지는 않는다. 그렇기 때문에 칸트는 대응성의 실현을 위해 경험적 맥락을 진리 기준의 검증 요건으로 삼는다.

일치의 범주 의존은 아주 분명하다. 그러나 일치의 실현은 선험적 문맥 안에서가 아니라 경험과의 비교를 통해서만 확인 가능하다. 칸트는 이런 이율배반을 선험적 진리가 자리잡은 장소로 본다. 일치를 실현시키거나 보장하는 그런 선험적 규칙은 없다. 그렇지 않을 경우 논리의 논리를 보장하는 근거를 계속 추구하는 악무한에 우리는 걸려들기 때문이다. 일치는 개념 틀과 무관한 것에 의존해서 이루어질 수가 없다. 왜냐 하면 인식은 대상에 대한 규정된 앎이지 인식 규정과 무관한 것에 대한 귀의가 아니기 때문이다. 이렇게 해서 칸트는 선험론의 개념 위주의 독단과 경험론의 환원주의적 독단을 유지 불가능한 것으로 비판한다. 칸트의 선험철학이 부딪히는 근본 딜레마는 개념이라는 독단의 암초와 무규정이라는 경험론의 늪을 피하면서 진리를 실현된 것으로 증명하는 데 있다.

"**모든 진리**라는 표현은 우선은 모든 진리 **가능성**에 대한 생략된 표현에 불과하다. 진리가능성은 **오류** 가능성이다. 모든 진리는 여기서 그러므로 모든 진리 **차이**를 말한다. 칸트는 이 말을 사용하지 않았다."33)

프라우스는 칸트에게서 진리 차이의 가능성이 어디서 생기는지를 설명하지 못하고 있다. 말할 필요도 없이 진리 차이의 가능성은 범주의 적용에서 일치의 실패에 있다. 이 문제는 그렇기 때문에 범주가 일치의 형식 근거면서 일치의 충족 근거가 될 수 없다는 선험철학의 이율배반에서 찾을 수 있다. 칸트는 범주가 아주 형식적인 의미에서 모든 진리의 가능성이라고 말한다. 왜냐 하면 범주의 개입을 통해서만 일치가 성립하기 때문이다. 칸트는 선험적 규칙을 그렇기 때문에 경험적 진리 성립의 형식적 가능 근거로 본다. 그러나 문제는 이런 규칙을 경험을 통해 실현할 때 규칙의 실현에 대한 충분한 보장이 있는가에 있다. 프라우스는 정당하게도 칸트가 진리 차이라는 표현을 사용하지 않는다고 말한다. 그러나 더 엄밀히 말해서 이것은 칸트가 범주의 진리 형성 조건을 형식적인 의미에서 절대화했고 이런 최소 조건을 충분 조건으로 증명하지 않았다는 것을 반영한다. 진리 실현의 과정에서 선험적 규칙이 오류의 가능성 앞에 노출되어 있다는 것을 프라우스는 진리 차이의 가능성으로 인정한다. 정확히 이것이 칸트의 진리가 지니는 근본 딜레마다.

범주 없이 진리의 최소 조건은 마련되지 않는다. 그러나 진리는 범주 안에서 충분하고 자기 완결된 방식으로 결정되지 않는다. 그렇기 때문에 진리 문제에 직면해서 칸트가 말하는 선험적 규칙으로서의 범주의 충분성, 완전성, 불변성에 대한 회의가 일어난다. 이런 회의의 한 현대적 표현으로서 과연 칸트가

---

33) Prauss, Zum Wahrheit bei Kant, in : Kant 1973, 84쪽.

흄의 회의주의를 진정으로 극복했는가가 제기된다.

칸트는 오성과 감성의 어느 하나로 환원될 수 없는 두 개의 동등한 인식의 권리 원천을 인정한다. 그렇기 때문에 이런 이원론적 대립은 칸트에게서 어느 하나로 해소되지 않는 긴장을 지닌다. 다만 칸트의 인식론은 이것의 연결을 범주의 감성에 대한 관련으로 해결한다. 그렇기 때문에 범주는 항상 자신의 개념 사용에서 이런 사용의 정당성을 증명해야만 하는 증명의 짐(Beweislast)을 지고 있다. 이런 짐은 칸트의 진리 안에서 해소되거나 해결되는 것이 아니라 실현되지 않은 채 남아 있다. 칸트의 진리 문제는 범주의 대상 관련을 실현이나 충족에서 증명하는 것이 아니라 관련의 비관련성이 확인되는 장소를 제공한다. 오성과 감성을 연결시키는 일치의 가능성은 칸트의 진리 검증에서 일치의 불가능성에 의해 동시에 측정되고 있다. 헤겔의 표현에 따르면 칸트의 선험적 진리는 "일치와 불일치의 일치"라는 것을 통해 분명하게 측정된다. 헤겔은 매우 정당하게도 칸트의 선험철학에 내재한 근본 이율배반을 차이의 가능성으로 측정한다. 그렇기 때문에 그는 선험 진리가 아니라 사변적 진리로서 개념 운동을 진리로 볼 수가 있었다.

헤겔과는 다른 맥락이지만 칸트의 물음 설정은 오늘날 선험 논증에서 다르게 변형된다. 즉, 어떻게 해서 선험적 종합 판단은 유지될 수 있는가?(Wie sind synthetische Urteile a priori erhaltbar?) 가능성의 조건으로 작용하는 칸트적 물음은 범주의 완전성, 불변성, 충분성에 대한 요구가 의심[34]스러워지면서 어떻게 생존할 수 있을까라는 물음으로 축소된다. 실재에 대한 개념의 자기 진화로 현대의 선험 논증은 칸트적인 문제를 변형

---

34) Körner, Stephan, The Impossibility of Transcendental Deductions, in : Kant Studies today L. W. Beck(ed.), Illinois 1969.

시킨다. 중요한 것은 헤겔과는 다른 맥락에서 칸트가 제기한 선험철학의 가능성 물음은 선험철학의 자기 생존 가능성 앞에 철저하게 노출되어 있다는 사실을 우리가 직면하고 간과할 수 없다는 데 있다.

마부르크 신칸트학파는 칸트의 철학을 현재화하는 과정에서 칸트를 자연과학의 기초 제공으로 삼을 수 있다는 가정에서부터 출발했다. 하이델베르크 서남학파는 이와는 반대로 인식론에 기초지우려는 칸트의 시도를 시대에 부합하지 못한 것으로 비판하면서 칸트를 문화철학으로 현재화한다. 신칸트학파가 영향력을 상실한 시점에서 역설적이게도 하이델베르크에서 신헤겔주의가 태동한 것은 결코 역사적 우연만은 아니다.

명제의 의미를 명제의 검증 가능성으로 독점하는 현대 영미 언어분석철학은 스스로 자신의 전제를 거부하는 방향으로 전개해간다. 경험의 이론 의존성과 이론의 경험 관련성은 경험론의 독단을 부정한다. 비트겐슈타인에 의해 변형된 칸트적인 물음은 어떻게 해서 언어를 통한 세계 해석과 관련이 가능한가라는 선험적 의미론으로 변형되었다. 그러나 이런 변형은 변형이지 극복이 아니다. 아펠이 아무 정당화도 제공함이 없이 언어 전회가 의식철학에 내재한 이율배반을 해결할 수 있다고 주장하는 것은 하나의 검증 안 된 가설에 지나지 않는다. 선험적 의미론은 다시 한 번 칸트가 부딪힌 문제를 현대적으로 확인한 것에 지나지 않지 근본적으로 해결한 것은 아니다. 진리의 문제가 의미의 문제로 해결될 수 없다는 문제가 제기된 이래 언어를 하나의 규칙 생성의 동력학으로 규정하려는 시도가 지배하게 되었다. 이것은 범주를 선험적으로 불변하는 틀로 바라보려는 칸트의 시도 자체에 대한 현대적 비판을 반영한다. 인식 조건의 유한성을 철저하게 고수하는 현대 철학은 칸트와의 친화성 속에서 인식 조건의 실재에 대한 동화를 역사적 생성으로 변형시키지 않고 가능성의 조건에 매달리고 있다. 헤겔은 이런 칸트의 이분법을 비판하면서 칸트가 말한 범주를 역사적 생성으로 파악한 최초의 사람으로서 우리에게 현재화된다. 진리는 그렇기 때문에 헤겔에게서는 개념의 자기 운동을 떠나서 설명될 수는 없다. 개념의 자기 운동이 바로 칸트의 이율배반에 대한 헤겔 식의 답변이다.

(1) Die apriorische Bedingung : die apriorische Semantik der Weltbeziehung.

(2) Die Erkenntnis des Apriori : 개념 틀의 실재에 대한 동화 = Im Anderssein bei sich selbst zu bleiben.

4. 헤겔의 칸트 이원론 비판

헤겔은 칸트가 설정한 이분법, 즉 오성과 감성의 대립을 지양하는 것을 진리라고 보았다. 칸트가 제시한 해법은 이미 『지식과 신앙』에서 비판되었다. 여기서 헤겔은 이행적 개념(der diskursive Begriff)과 수용적 직관(die intuitive Anschauung) 사이에 있는 칸트적 대립을 대립의 절대화에서가 아니라 대립의 통일(die ursprüngliche Identität des Subjektiven und des Objektiven)이라는 측면에서 비판하고 있다. 헤겔은 여기서 칸트와는 다르게 선험적 통각을 주관과 객관의 근원적인 통일로 규정35)한다. 헤겔은 대립의 근원적인 통일을 절대자(das Absolute)

---

35) "aus welcher, als ursprünglicher Synthesis, das Ich, als denkedes Subjekt, und das Mannigfaltige, als Leib und Welt, sich erst abscheiden" (GW4. 328).

로 규정하면서 칸트가 설정한 형식과 내용의 이분법을 비판한다.

칸트는 직관과 사고의 일치 가능성을 이론 이성에서가 아니라 『판단력비판』에서 생산적 구상력(die produktive Einbildungskraft)과 신의 직관하는 오성(der intuitive Verstand Gottes)으로 표현[36]하고 있다. 하지만 이것은 마치 가상(Als-ob Schein)으로서 규정하는 판단력이 아니라 반성하는 판단력의 요청으로서 제시되기 때문에 헤겔이 말한 대립의 근원적인 통일로 전개되지는 못했다. 내용과 형식의 이분법에 고착되어 있는 한 칸트의 진리는 개념을 자기 바깥에 있는 직관에 적용할 수밖에 없고 진리의 실현은 항상 직관을 통해서만 이루어진다. 이미 말한 것과 같이 범주를 통한 현상의 통일과 현상 속에서 범주가 실현되는 것 사이에는 진리 차이가 있을 수 있는 가능성 때문에 범주는 진리의 형식적 요건만 만족시킨다. 이런 진리 차이 가능성은 범주 안에서 해소되지 않는다. 선험적 관념론의 형식성과 경험적 실재론의 무규정성 사이에는 정당화를 통한 연관의 필연성과 정당화의 실현 불가능성이라는 이중의 차이에 의해 측정된다. 이런 진리 차이는 개념 안에서 해소되지 않기 때문에 칸트의 진리 문제는 해결되지 않은 채 남아 있다. 범주라는 사고 형식의 공허함과 직관의 다양성이 간직한 규정 없음 사이의 대립은 단지 범주를 통한 대상 관련의 정당화라는 것에 의해 메워질 뿐이다. 오성과 감성 사이의 대립이 절대화되어서 이 둘 사이에 아무런 연결의 가능성이 없을 때 이런 대립을 근원적으로 통일하는 데서 사변적 진리는 시작된다. 헤겔은 사변적 진리를 통해서 칸트적 선험 진리가 지니는 이원론의 대립을 극복하려고 한다.

"표상(주관적인)들의 연관과 질서는 사물(객관적인)들의 질

---

36) Kritik der Urteilskraft (V402, 405-409).

서와 연관과 같다"(GW4. 71). 헤겔이 스피노자를 통해 인용하고 있는 이런 구절은 분명히 칸트가 연역에서 정식화한 것이다. 그러나 이런 동일성을 통해서 칸트가 단지 사고 규정을 통해서 현상을 질서지우는 것만 강조했다면 헤겔은 대립의 근원적인 통일을 궁극적인 의미에서 선험적 진리의 완성, 즉 사변적 진리로 전개하게끔 했다. 칸트가 선험철학에서 요구한 범주 사용의 타당성 요구 증명은 헤겔에 의해서는 대립의 근원적인 통일이라는 사변적 개진(Darstellung)으로 변형되었다. 이런 변형과 극복이 타당한지를 논하는 것은 분명히 헤겔이 칸트를 작품 내재적으로 극복하고 있는가 아니면 단지 다른 가정 위에서 극복하고 있는가를 판가름하는 열쇠를 제공한다.

5. "진리로 높여진 확실성(die zur Wahrheit erhobene Gewißheit)"

헤겔은 『정신현상학』에서 진리를 전체[37]로서 특징짓는다. 이런 주장은 헤겔 철학 전체를 지탱하는 근본 동력으로서 참 = 절대자 = 있는 그대로서의 진리[38]로 전개된다. 헤겔은 이런 요구를 통해서 진리의 해명에서 도구(Instrument)를 선행적 가능 조건으로 만드는 칸트의 인식론을 비판[39]한다. 우리 앎의 일차적 그리고 궁극적 목표는 사태를 있는 그대로 파악[40]하는

---

37) Phänomenologie des Geistes (이하 Phä로 약칭) (Das Wahre ist das Ganze. Das Ganze aber ist nur das durch seine Entwicklung sich vollendende Wesen. 21쪽).
38) "Diese Konseqenz ergibt sich daraus, daß das Absolute allein wahr, oder das Wahre allein absolut ist"(Phä 65).
39) Enz §10.

것이지 실재를 파악하는 우리 범주의 필수성에 있지 않다. 헤겔은 그렇기 때문에 도구를 사태의 진행에 종속시킬 것을 요구한다. 칸트처럼 범주가 아니라 "개념의 긴장(Anstrengung des Begriffs)"(Phä48)을 통해 개념이 자기 전개하는 운동의 전 과정이 개념의 자기 내용으로 증명되어야만 한다.

"의식은 자신이 관련하는 것으로부터 동시에 스스로를 분리한다"(Phä70). 헤겔은 이미 의식의 지향적 구조41)를 통해서 대상을 의식과 무관한 것이 아니라 의식에 규정된 측면으로 이해한다. 헤겔은 칸트에게서 빌려온 개념인 즉자(Ansich)를 칸트와는 다르게 생각한다. 칸트에게서 An sich = unabhängig von uns가 성립한다. 그러나 헤겔은 칸트적인 어법을 사용함에도 불구하고 이런 논리를 따르지 않는다. 즉자는 우리와 무관한 의식 독립적인 대상의 자립성이나 저항성이 아니라 진리적인 측면이다. 의식이 관련하는 것은 의식의 규정하는 척도에 의해 지(知)의 모습으로 된다. 지란 의식의 규정하는 척도에 의해 대상에 대해 진리적인 모습을 준 것이다. 의식이 관련하는 대상이 의식에 의해 규정된 지의 측면을 결여하고 있다면 우리는 대상에 대해서 아무런 규정된 인식을 지닐 수가 없다. 지란 의식이 스스로 척도를 줌에 의해서 진리를 규정하는 측면이다. 이에 반해 즉자란 진리적인 측면인데 이것은 의식의 척도 바깥에 있는 것이 아니라 의식의 척도를 검증하는 측면을 가리킨다.

---

40) 헤겔은 일치를 항상 "내용의 자기 자신과의 일치"(Übereinstimmung des Inhalts mit sich selbst Enz §24Z)로 파악한다.
41) 예나 칸트주의자인 라인홀드는 헤겔과의 연관성에서 "의식의 세계성 (Weltlichkeit des Bewußtseins)"을 다음과 같이 서술한다. "Im Bewußtsein wird die Vorstellung durch das Subjekt vom Objekt und Subjekt unterschieden und auf beide bezogen" (Reinhold, K.R, Neue Darstellung der Hauptmomente der Elementarphilosophie, in : Beiträge zur Berichtigung bisheriger Mißverständnisse der Philosophen, Jena 1790, 167쪽).

이런 이중성 때문에 지는 의식에 의해 주어졌다는 것에 의해서가 아니라 의식을 통해 검증된다는 것을 통해서 그 타당성이 비로소 증명될 수 있다.

"우리가 지식을 개념이라 부르고, 본질 혹은 참을 존재자 혹은 대상으로 부른다면 검사는 개념이 대상에 일치하는가를 살피는 데 있다. 하지만 우리가 본질 혹은 대상의 즉자를 개념이라 부르고 대상이라는 것을 통해서 의식을 위한 대상으로 이해할 때 검사는 대상이 자신의 개념에 일치하는 것을 살피는 데 있다"(Phä71).

헤겔에 따르면 분명히 이 둘은 한 사태를 상이한 관점과 뉘앙스에서 표현하는 것이다. 전자는 분명히 헤겔이 칸트적인 진리를 재구성하는 것처럼 보인다. 그러나 헤겔은 대상이 자신의 개념에 일치함을 통해서 칸트가 의도했던 것과는 다른 것을 겨냥하고 추구한다. 칸트의 코페르니쿠스적 전회는 대상이 인식을 위해 범주라는 사고 규정 조건에 일치하는 것을 말한다. 헤겔은 대상의 자신의 개념에 대한 일치를 통해서 칸트가 의도했던 것을 추구하는 것이 아니라 즉자 대자적으로 규정되는 진리를 강조하기 위해서다. 그렇기 때문에 진리의 척도는 의식 안에서 일어나고 의식 안에서 발생하지만 의식 안에서 마감될 수가 없다. 헤겔은 지의 진리 규정이 진리라는 연관과 진리라는 연관 바깥에 있다는 것을 통해 지의 이중성을 검증하고자 한다. 따라서 의식의 진리 척도는 필요불가결하지만 그러나 충분한 것은 아니다. 바로 이런 이유 때문에 헤겔은 대상을 자신의 개념에 일치해가는 역동적인 운동으로 이해할 수 있었다.

진리는 항상 의식의 지반에서는 의식에 대해서 진리라는 모습으로 현존한다. 이것은 헤겔이 진리를 주관화시켰다는 것을 말하는 것이 아니다. 정반대로 헤겔은 진리를 주관화하는 위험으로부터 구하기 위해 의식의 진리 척도 설정을 검증할 것을 요구한다. 진리 = 즉자는 그 자체로서가 아니라 다만 의식에 대해서만 진리였다는 것이 반성을 통해 드러난다. 진리는 단지 의식에 대해서만 그러했다는 것을 통해서 진리는 의식의 진리 설정 기준을 벗어나버린다. 이런 이중성 때문에 진리의 척도 제공자로서의 의식의 척도 부여는 항상 절대적인 것이 아니라 측정된 측정에 지나지 않는다. "의식은 한편에서는 대상을 의식하는 것이고 다른 한편에서는 자기 자신을 의식하는 것이다"(Phä72).

이미 말했듯이 대상은 의식 독립적인 것이 아니라 의식에 의해 진리로 규정된 것이다. 따라서 대상이 의식에 대해 불일치로 드러나면 의식 역시 대상에 대해 불일치로 드러날 수밖에 없다. "부정적인 것이 자아의 대상에 대한 불일치로 드러난다면 자아는 마찬가지로 자기 스스로에게 불일치하게 된다"((Phä32). 의식의 진리 비교는 외적인 비교가 아니라 항상 자기 비교다. 그렇기 때문에 대상을 진리로 규정하는 지의 자기 불일치는 동시에 지의 대상에 대한 불일치이기도 하다. 헤겔은 여기서 의식이 진리로 설정한 것과 이것이 참으로 증명되지 않는 내적인 불일치를 밝힌다. 그러나 지와 진리는 서로 다른 외적인 대립이 아니라 한 사태의 상이한 측면이다. 그렇기 때문에 대상에 대한 의식의 지(知) 변경은 지를 통해 규정된 모습의 변경으로 전개될 수밖에 없다. 왜냐 하면 대상은 의식의 진리 규정을 통해 규정된 것이기 때문이다. 지의 척도 변경은 필연적으로 대상의 변경을 동반한다. 여기서 일치나 검증은 정적인 일치가 아니라 맞아 들어가는 동적인 행위를 말한다. 의식의 반성을 통해서 새로 경험되는 것은 "즉자가 항상 의식에 대한 존재(das Für-es-sein dieses Ansich)"(Phä73)라는 사실이다.

"의식이 그 자체에서 자기의 지와 자기의 대상에 가하는 변증법적 운동은 새로운 대상이 의식에게 발생하는 한에서 경험이라 불리는 것이다"(Phä73). 대상은 의식 독립적으로 고정된 것이 아니라 항상 지의 규정 변경과 함께 움직인다. 그렇기 때문에 지의 변경은 새로운 척도에서 대상의 규정을 가능하게 한다. 칸트적인 진리 검증에서는 범주의 사고 규정이 대상에 일치하는가를 정적으로 비교하는 것으로 되어 있다. 그리고 칸트가 말하는 일치 비교는 외적인 비교로 측정된다. 헤겔은 이런 외적인 비교를 의식이 자기의 진리 검증을 수행하는 내적 반성으로 규정한다. 그렇기 때문에 지와 진리는 항상 의식의 진리 검증을 통해서 일치와 불일치의 일치화라는 긴장 관계에 있게 된다. 헤겔은 이런 내적인 긴장과 대립을 계기들(Momente)이라는 것을 통해 표현한다.

지 = 진리는 의식의 척도 설정 안에서 무매개적으로 통일되어 있다. 의식은 자기 반성을 통해서 이런 일치가 참으로 그러한지를 검증한다. 의식은 자기 반성의 결과 자기 안에서 지 ≠ 진리라는 것을 발견하게 된다. 이런 불일치[42]를 매개로 해서 의식은 자신의 진리에 대한 척도를 변경함에 의해 대상을 새로운 지평에서 규정하게 된다. 토이니센은 이것을 지평과 주체화가 일치할 때까지 계속되는 역동적인 운동[43]으로 본다. 의식은 자기가 진리로 설정한 진리 기준을 사태의 그러함을 통해서 변경하도록 강제당한다. 이런 강제는 칸트처럼 외적인 비교에 의한 강제가 아니라 내적인 불일치를 극복하려는 의식 자체의 자

---

42) "Diese Unangemessenheit des Begriffs und der Realität, die in seinem Wesen liegt, erfährt das Bewußtsein in seinem Werke"(Phä292).
43) Theunissen, Begriff und Realiät. Hegels Aufhebung des metaphysischen Wahrheitsbegriffs, in : Dialektik in der Philosophie Hegels, Suhrkamp 1978, 327쪽.

기 운동으로 나타난다. "의식이 스스로를 뒤집는 것을 통해서 (durch Umkehrung des Bewußtseins selbst)"(Phä74) 의식은 자기 스스로를 수정하고 교정해간다.

여기서 헤겔은 진리의 척도를 주관 안에서 설정하는 칸트적인 범주를 역동적인 자기 운동으로 파악할 것을 요구한다. 칸트의 선험철학에 내재한 근본 이율배반은 진리의 척도가 우리 의식을 통해서 마련된다는 데 있다. 헤겔은 이것을 궁극적으로가 아니라 사태 자체(Sache selbst)를 통해서 참으로 증명할 것을 요구한다. 진리의 가능 조건을 진리로 여기는 것이 아니라 참된 사태로 실현하라는 요구를 통해서 헤겔은 진리를 주관성의 가능 조건에 묶어두는 칸트를 비판할 수 있었다. "대상 일반에 대한 가능 조건이 동시에 대상 일반을 가능하게 하는 경험의 가능 조건"(B197)이라는 칸트의 요구는 단지 형식적 가능성에서만 그 의미가 있다. 헤겔은 이런 가능성 조건을 가능성 조건에서가 아니라 의식의 진리 실현으로서 의식이 일치와 불일치의 일치화 속에서 진행되는 것으로 생성시킨다. 그렇기 때문에 칸트적인 가능성 조건에 대한 형식적 요구는 헤겔에 의해서 가능성의 실질적 실현으로서 전개(Darstellung)될 수밖에 없다. 헤겔은 그렇기 때문에 칸트적인 범주를 고정된 불변의 형식이 아니라 자기 실현의 계기들(Momente)로 역동화시킬 수 있었다. 일치를 정적인 일치가 아니라 생성되어가는 일치로 파악하기 때문에 헤겔은 칸트의 범주를 역사화할 수 있었던 것이다. 헤겔은 이것을 "의식의 경험에 관한 학"으로서 의식의 실용주의적 역사로 규정한다. 감성적 확신, 지각, 오성과 자기 의식 그리고 이성을 거치면서 절대 지에서 정점에 달하는 운동 전체가 헤겔이 말하는 사태 자체의 모습이다. 이런 사태 자체는 개념 운동의 전 과정에 대한 인내력 있는 전개를 통해서만 그려질 수 있다. 이런 맥락에서만 헤겔은 진리를 주관화에 저항하면서 전체로서 그릴 것을 요구한다. 개념 운동의 총체성을 이것의 규정된 부정을 통해 전개하는 것이 진리다.

『정신현상학』이 확실성과 진리의 대립과 대립의 해소라는 측면에서 이해되는 의식의 경험에 관한 학문적 전개라면 『대논리학』은 순수 Form으로서 개념의 자기 서술에 대한 전개다. 관점과 서술의 방법은 다르지만 이 두 저서는 상보적으로 서로를 전제[44]한다. "왜냐 하면 방법은 자기 내용의 내적 운동의 형식에 대한 의식이기 때문이다"(I 35). 헤겔은 그렇기 때문에 아무 모순 없이 모든 결합의 최상의 일반 원칙인 자기 의식의 종합하는 활동과 범주의 사고 형식을 개념 운동의 역동성 안에 편입시킬 수 있었다.

6. 있는 그대로서의 진리

헤겔은 진리를 세 가지 차원으로 구별하면서 설명한다: (1) Wahrheit-als-Richtigkeit, (2) Wahrheit-als-Objektivität, (3) Wahrheit-als-Transparenz. 칸트와 헤겔은 경험적 지반 위에서의 진리(방향의 일치)에 대해서는 더 이상 탐구하지 않는다. 칸트는 자신의 선험적 진리를 주관 안에서의 객관성(Objektivität in Subjektivität) 정당화로 본다. 그러나 이런 객관성은 사고 규정의 객관성으로서 여전히 내용은 외적인 현실에 대립한다. 규정의 질서만을 대표하는 사고 규정의 보편성은 실질적인 내용에 직면해서는 단지 형식적인 보장만 한다. 그렇기 때문에 칸트에게서 현상과 물 자체의 대립은 필연적으로 오성의

---

44) Wissenschaft der Logik I (7, 45).

범주가 물 자체에 대해 알 수가 없고 단지 현상의 질서만을 대변하는 방식으로 전개된다. 이런 이원론의 대립은 칸트의 선험진리 안에서 해소되는 것이 아니라 유지된다.

헤겔은 사변으로서의 진리를 주장하면서 개념과 형식의 낡은 이분법을 절대 Form의 운동으로 해소하려고 한다. "통각의 근원적인 종합은 사변적 전개를 위한 가장 깊은 원리들 중의 하나다"(II 227). 헤겔은 칸트가 선험적 통각의 종합적 통일을 통해서 주체-객체-동일성에 대한 사변적 단초를 마련했다고 본다. 그러나 칸트는 여전히 통일하는 주체와 통일되는 객체의 이분법에 고착되어 있기 때문에 대립을 지양하거나 해소할 수 없다고 비판[45]한다. 동시에 칸트는 동일성을 가능하게 하는 주체의 역동성을 차이라는 가능성을 통해 재구성할 수 없었기 때문에 "동일과 비동일의 동일"이라는 개념 운동의 자기 전개를 충분히 밝힐 수 없다고 비판[46]한다. 칸트는 인식론을 심리주의로 설명하는 것에 비판적이지만 동시에 스스로를 심리적[47]으로 빠뜨리고 만다.

"절대 Form의 논리만이 그 자체 총체성이며 진리 자체의 이념을 간직하고 있다. 절대 Form만이 그 자체로서 자신의 내용과 실재를 지니고 있다. 개념은 사소하고 공허한 동일성이라는 것을 통해서만 자기 부정성 혹은 절대 규정의 계기 안에서 구별된 규정들을 지닌다. 그러므로 내용은 다름아니라 절대 Form의 규정들이다. 다시 말해서 자기 스스로를 통해서 정립된 그렇기

---

45) "Form als Inhalt, ein für Kant unmöglicher Gedanke" (Fleischmann, Hegels Umgestaltung der Kantischen Logik, in : Hegel. In der Sicht der neueren Forschung, Darmstadt 1973, 150쪽).
46) 헤겔은 선험적 동일성 안에 내재한 차이를 "통일성 안에서의 이원성" (Zweiheit in der Einheit II 233)으로 묘사한다.
47) II 227.

때문에 절대 Form에 적합한 내용이다. 이런 Form이 일상적인 논리학에서 수용되는 그런 것과는 전혀 다른 종류의 것이다. 내용이 자신의 Form에 혹은 실재가 자신의 개념에 적합한 것을 통해서만 절대 Form은 그 자체로서 진리가 된다. 개념의 규정들이 절대 타자성이나 직접성의 형식을 지니지 않기 때문에 절대 Form은 순수 진리다"(II 227).

칸트에게서 개념의 내용은 개념이 직관으로부터 외적으로 수용해야만 한다. 주어진 직관의 자료가 없을 때 개념은 하등의 작용을 할 수가 없다. 즉 공허하다. 그러나 주어진 직관의 다양성은 개념의 규정하는 통일이 없을 때 혼돈(Chaos)에 지나지 않는다. 주관적 형식과 외적 내용이라는 이분법의 결합에 의해서만 인식은 비로소 발생된다. 그러나 이렇게 주관 안에서 확보된 객관성 역시 진리 실현에 대한 보증을 할 수가 없기 때문에 선험적 진리는 진리 차이의 가능성 앞에 노출된다. 이런 차이의 가능성을 칸트는 물어보지 않았기 때문에 칸트는 헤겔처럼 "동일과 비동일의 동일"이 아니라 주체-객체-동일성의 관점에서만 물음을 고정시켰다. 칸트에게서 개념의 타자는 개념으로 환원될 수 없는 질료적 자립성이다. 질료는 개념에 의해 산출되거나 만들어진 것이 아니기 때문에 개념이 어찌할 수 없이 수동적으로 받아들여야만 하는 것이다. 칸트에게서 인식의 자발성은 피히테의 절대 관통처럼 무제약적 자발성이 아니라 항상 감성의 수용 조건에 제약을 받는 제약된 자발성에 불과하다. 헤겔은 칸트와 피히테의 주체성 모델 안에 자리잡은 이런 해결할 수 없는 대립에 빠지는 것을 피하기 위해 절대 Form의 운동을 제시한다. 그렇다면 이제 Form은 자기에게 외적으로 대립하는 실재의 자립성을 자기의 운동 안에 포함시켜야만 한다. 이런 운동이 가능하려면 일차적으로 Form에 맞서는 실재의 자립성과 저항성이 극복되지 않으면 안 된다.

헤겔은 직관하는 오성(der intuitive Verstand)의 가능성을 부정하는 칸트를 비판한다.[48] 왜냐 하면 칸트는 직관하는 오성의 부정을 통해서 개념을 단지 der diskursive Begriff, 즉 질료를 매개로 할 수밖에 없는 것으로 고정시키기 때문이다. 직관의 직접적 수용에 비해서 개념적 사고는 칸트에게서 반드시 개념이 아닌 것으로부터 자료를 수용해야만 한다. 그렇기 때문에 개념의 규정은 동시에 규정의 적용 대상이 되는 질료에 묶여 있을 수밖에 없다. 그렇기 때문에 스스로 자기 자신을 내용으로 만들어가는 개념의 직관을 칸트는 인정할 수가 없었다. 칸트의 모델에 사로잡히는 한 우리는 이원론의 대립으로부터 헤어나올 길이 없다.

자기의 활동을 자기의 내용으로 만드는 것이 바로 개념의 자기 규정이다. 헤겔은 그렇기 때문에 개념의 내용은 칸트에게서처럼 직관으로부터 수용하는 것을 비판하면서 자기의 활동성을 자기의 내용으로 삼을 수 있었다. 우리의 개념은 외적인 질료에 대한 수용이 아니라 외적인 질료를 개념 운동의 한 계기 안에 포함되는 것으로 변형시킬 수가 있다. 이런 맥락에서만 헤겔은 칸트를 비판하면서 개념의 자기 직관을 사변적 진리로 전개시킨다.

칸트의 자기 의식은 종합을 통해서 자기 의식을 종합하는 활동으로 정당화한다. 종합이 자기 의식의 성립에 대한 충분 조건이다. 반대로 피히테는 자기의 지적 직관을 능력을 토대로 해서 대상 연관을 설명하고자 한다. 문제는 이런 방향의 차이

---

48) "Wenn Kant die Idee eines anschauenden Verstandes an jene Definition der Wahrheit gehalten hätte, so würde er diese Idee, welche die geforderte Übereinstimmung ausdrükt, nicht als ein Gedankending, sondern vielmehr als Wahrheit behandelt haben" (II 232).

에 있는 것이 아니라 이런 설명의 궁극성이 얼마나 성공적인가를 측정하는 데 있다. 칸트와 피히테가 걸려든 근본 이율배반은 주체-객체-동일성의 성립을 설명하는 입장의 차이가 아니라 이런 동일성을 차이의 가능성으로 재구성하는 데 실패했다는 데 있다. 셸링은 다시금 토마스 아퀴나스의 입장으로 뒤돌아가면서 주체-객체-근원적 동근원성에 호소한다. 따라서 진리는 주체적인 주체-객체-동일성도 아니고 객체적인-주체-객체-동일성도 아니며 오히려 이 둘의 매개된 통일이다. 다만 셸링은 이런 동근원성을 지적 직관에 호소함에 의해서 이런 동일성을 동일과 비동일의 동일로 전개시키지 못했다. 헤겔이 『정신현상학』에서 비판하는 것처럼 셸링은 지적 지관에 과도하게 경도됨에 의해서 동일과 비동일의 동일이라는 생성된 동일성을 개념 운동의 역동적 진행으로 풀어가지 못했다.

칸트는 진리가 무엇인가라는 질문에 대해 정의(Definition)를 주려는 모든 시도는 잘못된 물음 제기와 대답 때문에 실패할 수밖에 없다고 주장한다. 진리는 정의나 의미론적 정교화에 있지 않다.[49] 그렇기 때문에 칸트는 일치의 가능 근거를 설명하기 위해 범주의 객관성에 기초지우려고 했다. 이것을 통해서 일치의 형식적 가능 근거는 마련되었지만 일치의 실질 충족은 실현되지 않은 채 남아 있다. 여전히 칸트에게서 진리는 우리에게와 있는 그대로의 대립을 통해 측정된다. 우리가 알 수 있는 세계는 물 자체로서의 있는 그대로의 세계(wie es an und für sich ist)가 아니라 우리에게 현상하는 바로서의 현상 세계(Erscheinungswelt)다.[50] 우리의 오성이 할 수 있는 것은 주어진 현상의 세계를 오성의 사고 법칙에 따라 규정하는 것이다.

---

49) II 232.
50) II 229.

칸트의 코페르니쿠스적 전회는 우리의 오성이 자연의 법칙을 받아들이는 것이 아니라 자연에 대해 미리 법칙을 준다는 데 있다. 일치는 그렇기 때문에 칸트에게서는 자연의 대상이 우리의 사고 법칙에 종속하는 것을 말한다. 범주 전향(kategorische Wende)을 통해서 인식될 대상은 예외 없이 우리의 사고 조건에 종속해야만 한다. 그렇다면 즉각적으로 물음이 제기된다. 우리의 사고 법칙에 의해 자연에 투사된 오성의 입법이 자연의 모습 그 자체라는 것을 칸트는 어떻게 보증할 수 있을까? 칸트가 제기한 물음은 여기서 우리를 막다른 골목으로 이끌고 간다.

헤겔에게서 개념의 타자는 외적인 질료가 아니라 실현되지 못한 자신의 추상성이다. 개념은 자신에 맞서 있는 타자의 자립성을 인정하지 않는다. 그랬다가는 개념은 절대 Form을 유지할 수가 없기 때문이다. 개념은 그렇기 때문에 실재에 관계하지만 동시에 실재를 자기의 운동 밑에 종속시켜야만 한다. 헤겔은 개념의 실재에 대한 관계를 칸트처럼 동등한 권리(gleichberechtigt)를 지니는 관계가 아니라 개념이 실재를 지배하는 지배 모델[51]로 본다. 칸트에게서 현상은 항상 있는 그대로가 아니라 우리에게 현상하는 바로서의 세계다. 그렇기 때

---

51) M. Theunissen, Begriff und Realität. Hegels Aufhebung des metaphy-sischen Wahrheitsbegriffs, in : Dialektik in der Philosophie Hegels, Suhrkamp 1978, 324-359. 토이니센은 개념의 실재에 대한 지배(Herrschaft)를 두 가지 측면으로 해석한다. 한편으로는 개념은 실재에 관계하면서 실재의 자립성을 규정하는 것(übergreifende auf Realität)이며 다른 하나는 개념이 실재를 자기 밑에 포괄하는 지배(übergreifende über Realität)로 본다. 개념은 실재에 대한 폭력(Gewaltsamkeit)이 아니라 실재의 자립성에 대한 투명한 인식을 말한다. 실재의 자립성과 저항성을 자기의 투명한 인식에 이르는 하나의 과정적 계기로 삼고 지배한다는 점에서 헤겔은 개념을 실재를 지배하는 것으로 규정한다. 진리는 그렇기 때문에 이 개념 운동 전체를 말한다.

문에 개념에 의해 구조화된 세계는 우리 인식에 의해 자연에 미리 투사된 주관적 질서만을 반영한다. 헤겔은 진리를 주관화의 위험에서부터 구해내고자 한다. 칸트는 주관을 언제나 모든 의식 일반에게 타당한 보편적 자아로 이해하고 있음에도 불구하고 진리를 인간화의 지평으로부터 벗어나게 하지 못했다. 우리에게와 있는 그대로가 대립하기 때문에 우리는 있는 그대로의 질서에 대한 객관성을 알 길이 없다. 사물 자체는 철저하게 우리의 개념적 접근을 차단[52]하고 있다. 우리가 아는 바로서의 진리는 우리에게 알려진 바로서의 현상의 세계며 이것이 우리의 사고 법칙에 따르는 한에서 만큼의 진리다.

"칸트 철학이 범주를 즉자 대자적으로 통찰하지 못하고, 범주를 단지 자기 의식의 형식성이기 때문에 잘못되었다는 이유로 참을 간직할 수 없는 유한한 규정들로 설명한 것처럼 그의 철학은 일상적인 논리의 내용인 개념의 형식들을 비판에 종속시켰다"(II 234). 범주는 실재에 대한 진리면서 동시에 실재에 대한 비진리라는 이율배반 때문에 칸트의 진리는 있는 그대로의 세계를 충분히 설명할 수가 없다. 범주 없이는 대상은 우리에게 인식되지 않는다. 대상이 인식되려면 대상은 필연적으로 범주라는 규정에 따라 인식되어야만 한다. 범주의 대상 개입은 필연적이다. 그러나 충분하지 못하다. 왜냐 하면 세계는 여전히

---

52) "Menschliche Erkenntnis von Gegenständen ist nach Kant Erkenntnis von Erscheinungen, aber sie ist deshalb kein Schein, denn die Dinge an sich selbst sind 'Ursache 'der Erscheinungen. Dieser Rückgriff Kants auf die Dinge an sich selbst ist eine Annahme, kein Beweis und überhaupt keine Erkenntnis, die mit ihrem Gegenstand übereinstimmt. Wer den Wahrheitsbegriff der Übereinstimmung von Erkenntnis und Gegenstand als einzigen gelten lassen und zum Maßstab machen wollte, müßte Kants Problem des Scheins für ungelöst, ja unlösbar halten" (Margot Fleischer, Wahrheit und Wahrheitsgrund, de Gruyter 1984, 132).

범주에 의해 규정된 모습과 그렇지 못한 모습으로 갈라질 수 있기 때문이다. 이런 차이는 칸트의 선험적 진리 안에서 해소되는 것이 아니라 지속된다. 그렇기 때문에 역설적으로 진리의 척도는 있는 그대로가 아니라 우리에게 알려지는 바로서의 유한한 인간 이해의 지평이 된다.

헤겔은 진리를 이념에 기초[53]지운다. "이념이란 충족된 개념, 객관적으로 참이거나 참 그 자체다. 어떤 것이 진리를 지니고 있다고 한다면 이것은 자신의 이념을 통해서만 그렇다. 혹은 어떤 것은 단지 이것이 이념인 한에서만 진리를 지닌다"(Ⅱ 407). 헤겔은 『엔치클로페디』에서 이것을 다음과 같이 표현한다. "이념은 즉자 대자적으로 참이다. 개념과 객관성의 절대 통일이다"(§213). 이런 입장은 분명히 플라톤과의 유사성을 확인시킨다. 그러나 헤겔은 이념 = 진리를 통해서 플라톤의 입장으로 되돌아간 것이 아니라 진리를 개념의 활동으로서 현실화한 것으로 이해한다. 칸트에게서 개념은 "추상적인 일반성의 형식(Form der abstrakten Allgemeinheit)"에 지나지 않는다. 그러나 헤겔은 개념을 보편적 활동, 즉 개념, 개념의 자기 분열(Ur-teilung = Entzweiung), 추론(Zusammen-Schluß)의 전 과정을 말한다.

풀다(Fulda)는 헤겔의 진리 개념을 명제 진리의 검증으로 비판하는 튀겐타트의 헤겔 비판[54]을 다시 비판하면서 헤겔의 진

---

53) "Die Vernunft, welche die Sphäre der Idee ist, ist die sich selbst erfüllte Wahrheit" (Ⅱ 237).
54) Tugendtat, Selbstbewußtsein und Selbstbestimmung, Suhrkamp 1979, 293-357. 튀겐타트는 세 가지 점에서 헤겔을 오해하고 있다. 첫째, 헤겔이 말하는 부정의 자기 관련은 개별자의 부정이 아니다. 헤겔은 부정을 언제나 자기 관련하는 부정성, 이중 부정, 자기 관계하는 타자성으로 이해한다. 둘째, 헤겔이 진리를 전체라고 주장할 때 이것은 명제적 차원에서 말하는 것이 아니다. 개념 운동의 전체가 진리이기 때문에 전체는 개념이 스스로를 분절화

리는 지평이 명제 분석이 아니라 참으로 있는 것(ontos on = really real)[55]의 밝힘이라고 분명히 말한다. 개념의 진리 검증은 개념이 스스로를 개별성 = 추상적 일반성을 부정하여서 자기 안에 분열된 보편성 = 특수성을 거쳐서 활동하는 일반자 = 매개된 개별성을 거쳐서만 실현된다. 진리는 칸트처럼 개념의 대상에 대한 외적 적용과 실현이 아니라 이것을 포함하면서 개념이 자기에 맞서 있는 타자의 자립성을 자기 밑에 지배하는 것을 통해서 증명된다. 개념의 비진리는 개념 자신의 실현되지 못한 추상적 일반성이다. 따라서 개념은 실재와 고립된 자신의 추상성을 극복하기 위해 자기 자신을 자기 자신으로부터 분리해낸다. 이런 내적 대립은 개념의 자기 대립이기 때문에 개념은 이런 대립을 계기로 해서 자기 자신을 사변적으로 종합한다. "이성적인 것은 모두 결론이다"(II 308) 또는 "결론은 이성적이고 전적으로 이성적인 것이다"(Enz §181).

개념의 자기 관련(Beziehung auf sich)은 동시에 개념의 타자 관련(Beziehung auf Anderes)을 자기 안에 내재화하면서 동시에 지양하고 있다. 그렇지 않다고 한다면 헤겔의 사변 변증법은 칸트의 선험 논리에 빠져버리고 말 것이다. 개념은 자기 안에 모든 실재를 자기 안에 포함하는 전체로서만 전개된다.

해서 지양해가는 매개의 과정이 없다면 절대로 그려질 수 없다. "개념의 쓰라린 긴장(Anstrengung des Begriffs)"에 대한 열거가 없다면 전체는 절대로 그려질 수가 없다. 끝으로 헤겔이 진리를 그 자체로서 참이라고 주장할 때 이것은 스스로를 원환 운동 속에서 자기 도달에 이르는 전과정에 대한 자기 매개를 지니고 있다. 자기 자신에 도달하는 이념의 활동 속에 타자가 내재해 있고 계기로서 지양되어 있기 때문에 이념은 칸트에게서처럼 도달할 수 없는 공허한 피안이 아니라 최고의 현실성 자체다. 이념=진리라는 것은 그렇기 때문에 이념=최고의 현실성이라는 것과 같다.

55) Hans Friedlich Fulda, Spekulatives Denken und Selbstbewußtsein, in : Theorie der Subjektivität, Suhrkamp 1990, 444-479 (여기서는 448쪽).

개념의 진리는 개념의 자기 전개다. 이 전개의 가장 추상적인 단계에서 개념의 보편성은 규정되지 않는 개별성과 같다. 따라서 개념의 실재에 대한 모순은 개념의 자기 자신에 대한 모순이다. 이런 내적 대립을 통해서 내적 대립을 지양하는 것이 가능하게 된다. 개념은 자기 안에 내적인 대립을 통해서 스스로를 분절화한다. 그리고 이런 내적인 대립을 사변적 종합으로 완성한다. 개별성과 특수성을 통해서 매개된, 자기 안에서 자기를 분리해서 매개된 구체적 내용의 사변적 종합이 헤겔이 말하는 구체적 보편자의 모습이다. 구체적 보편성은 자기 안에 대립된 개별성과 특수성의 계기를 간직하고 지양했기 때문에 자기의 활동을 자기의 내용으로 내면화할 수가 있다.

E - B - A
B - E - A
B - A - E (= die konkrete Allgemeinheit)

칸트에게서 판단은 "범주를 통해서 대상의 표상을 표상하는 것"이다. 헤겔은 판단을 개념의 근원적인 자기 분열로 본다. 이 둘 사이에는 하늘과 땅만큼의 일치할 수 없는 차이가 있다. 헤겔의 사변적 연결 개념은 자기 안에 자기를 분리하는 근원적인 내적 대립(der innere Gegensatz)이 있다. 개념은 자기 안에서 자기를 매개하는 힘에 의해 자기의 대립을 보다 높은 현실성으로 종합해간다. 그러나 칸트에게서 개념의 불일치는 개념의 대상에 대한 외적 적용의 실패에 있다. 헤겔의 사변적 논리 안에서 개념은 외부가 아니라 자기를 매개로 해서 자기가 자기를 스스로 가른다. 개념은 이념에 일치할 때만 자기 안에 실재와 통일을 이룬다.[56] 칸트에게서 개념은 오성의 차원에서, 그리고 이성은 개념 초월적인 원리로서 서로 대립한다. 이 둘의 혼합은 바로 이율배반의 근원이기 때문에 이율배반은 개념 적용의 한계를 통해서 분명하게 해소(auflösen)된다. 헤겔은 개념을 이념의 현실성에 기초지우기 때문에 개념이 자기 일치를 위해서 실재를 포괄하는 운동 전체를 개념의 진리로 그린다. 그렇기 때문에 개념은 자기 안에 자기 자신과 자기 자신이 아니라는(es selbst und das Andere seiner selbst) 내적 대립을 계기로 해서 차이를 지양하고 종합해가는 사변적 활동으로 전개된다. 자기를 매개로 해서 자기를 원환 운동(der sich kreisende Kreis) 속에서 구체화해가는 운동이 바로 개념의 자기 실현, 즉 이념이다.

진리는 헤겔에 따르면 이념, 즉 개념과 실재의 통일에 기초한다. 이념은 칸트처럼 쉐마가 불가능한 Als-ob 요청이 아니라 자기 활동을 통해서 스스로를 보이고 전개한다. 이런 이념의 활동성에 기초할 때만 존재하는 모든 것은 진리로 된다. 헤겔이 "모든 것은 자기 모순이다(Alle Dinge sind an sich selbst widersprechend)"(II 58)라고 주장할 때 이때 모순은 존재하는 것이 자기 관계에서 내적인 불일치를 통해 측정된다는 것을 말한다. 이런 차이는 분명히 이념과의 차이를 통해 측정된다. 국가가 국가라는 이념에 일치하지 않을 때 국가는 비진리[57]가 된다. 왜냐 하면 이념만이 참으로(ontos on = really real) 존재하는 것이기 때문이다. 개념은 작용의 완성인 한에서 대상에 대한 사태적 규정이 아니라 이런 규정의 현실화(Wirklichkeit =

---

56) "Die Identität des Begriffes aber, die eben das innere oder subjektive Wesen derselben ist, setzt sie in dialektischer Bewegung, durch welche sich ihre Vereinzelung und damit die Trennung des Begriffs von der Sache aufhebt und als ihre Wahrheit die Totalität hervorgeht, welche der objektive Begriff" (II 236).
57) II 409.

Vollzug des tätigen Begriffs)다. 개념은 그렇기 때문에 자기의 활동을 통해서만 자신의 진리를 "개념의 총체성(Totalität des Begriffs)"(II 408)으로 증명할 수 있다.

□ 참고 문헌

▷ 칸트 원전

AA   Akademie-Ausgabe (Hg. von der Königlich Preußischen Akademie der Wissenschaften Bd.I-XXII, und von der Deutschen Akademie der Wissenschaften Bd.XXII-XXIV. Berlin 1910-60).
(*로마자는 책의 권수를 그리고 아라비아 숫자는 책의 페이지를 가리킴)
A   Kritik der reinen Vernunft. 1.Auflage.
B   Kritik der reinen Vernunft, 2.Auflage.
KU   Kritik der Urteilskraft.
MA   Metaphysische Anfangsgründe der Naturwissenschaft.
Pro   Prolegomena zu einer jeden künftigen Metaphysik, die als Wisenschaft wird auftreten können.

▷ 칸트 이외의 저서

BD   Bedingungen der Möglichkeit. Transcendental Arguments und transzendentales Denken, (Hg.) Schaper, Eva / Vossenkuhl, Stuttgart 1984.

PKdrV   Problem der "Kritik der reinen Vernunft." Kant-Tagung
Marburg1981, (Hg) Burkhard Tuschling, Berlin. New York
1984.

K   Kant. Zur Deutung seiner Theorie von Erkennen
und Handeln, (Hg) Gerold Prauss, Köln 1973.

KD   Kants transzendentale Deduktion und die Möglichkeit
von Transzendentalphilosophie, (Hg) Forum für Philosophie
Bad Homburg, Suhrkamp 1988.

KH   Kant oder Hegel?, (Hg) D.Henrich, Klett-Cotta 1983.

KL   Kant Lexikon, Rudolf Eisler, Berlin 1930[7].

KR   Kommunikation und Reflexion. Zur Diskussion der
Transzendentalpragmatik Antworten auf Karl-Otto Apel,
Suhrkamp 1982.

KS   Kant - Studien, (Hg) Gehard Funke / Rudolf Malter,
Berlin.New York.

PU   Philosophische Untersuchungen, Wittgenstein, Suhrkamp
1960.

TAS   Transcendental Arguments and Science. Essay in
Epistemology, (ed) P. Biery / P. Horstamann / L. Krüger,
Dordrecht 1979.

TDS   Theorie der Subjektivität, (Hg) K. Cramer / H. F.
Fulda / R-P. Horstmann / U. Pothast, Suhrkamp 1990.

TP   Transzendentalpragmatik, (Hg) A. Dorschel / M. Kettner
/ W. Kuhlmann / M. Niquet, Suhrkamp 1993.

TS   Theorie des Selbstbewußtseins, (Hg) M. Frank, Suhr-
kamp 1994.

▷ 2차 문헌

Allison, Henry E, Transcendental idealism and Descriptive Metaphysics, in : Kant-Studien 60 (1969).

Kant's Transcendental Idealism. An Intrepretation and Defense, New Haven and London 1983.

Ameriks, Karl, Kant's transcendental deductions as a regressive argument, in : Kant-Studien 69 (1978).

Apel, K.-O, Transformation der Philosophie (Bd.1-2), Frankfurt a. M 1973.

Das Problem der philosophischen Letztbegründung im Lichte einer transzendentalen Sprachpragmatik. Versuch einer Metakritik des "Kritischen Rationalismus", in : Sprache und Erkenntnisse. Festschrift für G. Frey, Innsbruck 1976, S.55-82

Ascenberg, R, Der transzendentale Argumente. Orientierung in einer Diskussion zu Kant und Strawson, in : Philosophisches Jahrbuch 85 (1978), S.331-358.

Sprachanalyse und Transzendentalphilosophie, Stuttgart 1982 Baum, M, Deduktion und Beweis in Kants Transzendentalphilosophie. Untersuchungen zur Kritik der reinen Vernunft, Hain 1986.

Bennett, Jonathan, Kant's analytic, Cambridge 1966.

Strawson on Kant, in : Philosophical Review 77 (1968), 340-349.

Benton, Robert J, Kant's Second Critique and the Problem of Transcendental Arguments, The Hague 1977.

Bossart, W. H, Kant's Transcendental Deduction, in : Kant-
Studien 68 (1977).

Bubner, Rüdiger, Zur Struktur eines transzendentalen Arguments,
in : Kant-Studien. Akten des 4. Internationalen Kant-
Kongresses, Mainz 1974.

Kant, transcendental arguments and the problem of deductions,
in : The Review of Metaphysics 28 (1975).

Selbstbezüglichkeit als Struktur transzendentaler Argumente,
in : RK, 304-332.

Davidson, D, Inquries into Truth and Interpretation, Oxford
1984.

Der Mythos des Subjektiven (übersetzt von Jochaim Schulte),
Reclam 1993.

Dummett, Michael, Truth and other enigmas, London 1978.

Ewing, A. C, Idealism. A critical Survey, London 1974.

Fichte, J. G, Fichtes Werke, (Hg.) I. H. Fichte, (ND) Berlin
1971 (Abk : FW).

Förster, E, Kant's Transcendental Deductions, Stanford 1989.

Frederick, N, Fichte's Theory of Subjectivity, Cambridge 1990.

Frege, G, Funktion, Begriff, Bedeutung, (Hg.) G. Patzig,
Göttingen 1986.

Fromm, S, Wittgenstiens Erkenntnispiele contra Kants
Erkenntnislehre, Alber 1979.

Grundmann, Thomas, Analytische Transzendentalphilosophie,
Ferdinand Schningh 1994.

Heidegger, M, Die Frage nach dem Ding, Tübingen 1962.

Kant und das Problem der Metaphysik, Frankfurt a.M 1965.

Henrich, D, Fichtes ursprüngliche Einsicht, Frankfurt a. M 1967.

_____, Die Deduktion des Sittengesetzes. Über die Gründe der Dunkelheit des letzten Abschnittes von Kants 'Grundlegung zur Metaphysik der Sitten', in : Denken im Schatten des Nihilismus. Festschrift fr W. Weischedel, Darmstadt 1976, S.55-112.

_____, Identität und Objektivität. Eine Untersuchung bei Kants transzendentale Deduktion, Heidelberg 1976.

_____, Selbstverhältnisse, Stuttgart 1982.

Hume, D, A treaties of Human Nature, Oxford 1985.

Körner, Staphan, Kant, Göttingen 1967.

_____, The Impossibility of Transcendental Deductions, in : L. W. Beck(ed) : Kant Studies today, Open Court, la sale, Illinois 1969.

_____, Categorial frameworks, Oxford 1974.

Kripke, Saul, Wittgenstein on rules and private language, Oxford 1982.

Kuhlmann, W, Reflexive Letztbegründung. Zur These von der Unhintergehbarkeit der Argumentationssituation, in : Zeitschrift für philosophische Forschung 35, S.3-26.

_____, Reflexive Letztbegründung. Untersuchungen zur Transzendentalphilosophie, Alber 1985.

Mohanty, J. N, The possibility of Transcendental philosophy, Dordrecht 1985.

Niquet, Marcel, Transzendentale Argumente. Kant, Strawson und die Aporetik der Detranszendentalisierung, Suhrkamp 1991.

Paton, H. J, Kants Metaphysic of Experience(Bd I / II), London / New York 1979.

Pears, D, Ludwig Wittgenstein, München 1971.

Prauss, G, Erscheinung bei Kant. Ein Problem der Kritik der reinen Vernunft, Berlin 1971.

_____, Kant und das Problem der Dinge an sich, Bonn 1974.

_____, Einführung in die Erkenntnistheorie, Darmstadt 1980.

Putnam, H, Language and Reality, Cambridge 1975.

_____, Meaning and moral sciences, London 1978.

_____, Reason, Truth, and History, Cambridge 1981.

_____, The many Faces of Realism, Open Court 1987.

_____, Renewing Philosophy, Cambridge 1992.

Quine, W. V. O, From a logical Point of view, Cambridge 1953.

_____, Word and Object, Cambridge1960 : Schulte, J (Deutsch üersetzer), Wort und Gegenstand, Stuttgart 1980.

Ontological Relativity and other Essays, New York 1969.

_____, Die Würzeln der Referenz, Suhrkamp 1974.

Rademacher, H, Zum Problem der transzendentalen Apperzeption bei Kant, in : Zeitschrift für philosophische Forschung 24 (1970), S.28-49.

Reich, K, Die Vollständigkeit der Kantischen Urteilstafel, Berlin 1948.

Reisinger, P, Idealismus als Bildtheorie. Untersuchungen zur Grundlegung einer Zeichenphilosophie, Klett-Cotta 1979.

Rescher, N, The Coherence Theory of Truth, Oxford 1979.

Rorty, Richard, Strawson's Objectivity Argument, in : Review of Metaphysics 24 (1970).

_____, Verificationism and transcendental arguments, in : Nous 5 (1971).

_____, The World Well Lost, in : Journal of Philosophy 96 (1972).

_____, Transcendental arguments, Self-Reference, and Pragmatism, in : TAS, 77-103.

_____, Philosophy and the Mirror of Nature, Oxford 1980, in : der Spiegel der Natur. Eine Kritik der Philosophie, (Übersetzer, von Michael Gebauer), Suhrkamp 1987.

Schönrich, G, Kategorien und transzendentale Argumentation. Kant und Idee einer transzendentalen Semiotik, Suhrkamp 1981.

Sellas, W, Science, Perception and Reality, London 1963.

Stegmüller, Wolfgang, Aufsätze zu Kant und Wittgenstein, Darmstadt 1972.

Strawson, P. F, Individuals. An Essay in Descriptive Metaphysics, London 1959.

_____, The Bounds of Sense. An Essay on Kant's Critique of Pure Reason, London 1966.

_____, Subject and Predicate in Logic and Grammer, London 1974.

_____, Skepticism and Naturalism, London 1985.

Stroud, Barry, Transcendental arguments, in : Journal of Philosophy 65 (1968).

_____, Transcendental arguments and Epistemological naturalism, in : Philosophical Studies 31 (1977).

_____, The Significance of Philosophical Scepticism, in : TAS, 277-298.

_____, The Significance of Philosophical Scepticism, Oxford 1984.

Tarski, A, Die semantische Konzeption der Wahrheit als die Grundlagen der Semantik, in : Sinnreich, J (Hrsg.) : Zur Philosophie der idealen Sprache, München 1972, S.53-100.

Thöle, B, Die Beweisstruktur der transzendentalen Deduktion in der zweiten Auflage der Kritik der reinen Vernunft, in : G. Funke (Hrsg.) : Akten des 5 Internationalen Kant-Kongresses, Bonn 1981, Teil 1, S.302-312.

Toulmin, St, The Uses of Argument, Cambridge 1969.

Tugendhat, E, Vorlesungen zur Einführung in die sprach-analytische Philosophie, Suhrkamp 1976.

_____, Selbstbewußtsein und Selbstbestimmung. Sprach-analytische Interpretationen, Suhrkamp 1979.

Vahinger, H, Kommentar zu Kants Kritik der reinen Vernunft, 2, Bd, Stuttgart 1881 / 1892.

Vossenkuhl, W, Transzendentale Argumentation und transzen-dentale Argumente, in : Philosophisches Jahrbuch 89, 10-24.

Wagner, Hans, Der Argumentationsgang in Kants Deduktion der Kategorien, in : KS 71 (1980), 352-366.

Wilkerson, T. E, Transcendental Arguments, in : The Philosophical Quarterly (20), pp. 200-212.

Wolff, R. P, Kant's Theory of Mental Activity. A Commentary on the Transcendental analytic of the Critique of Pure Reason, Cambridge 1963.

Zemach, E. M, Strawson's Transcendental Deduction, in : The Philosophical Quarterly (25), S.114-125.

노자 철학과 변증법적 사유

[요약문]

「노자 철학과 변증법적 사유」는 노자 철학에 대한 서양철학적 이해를 목표로 한다. 지금까지 노자서를 해석할 때 유(有)와 무(無)를 있음과 없음으로 해석하였다. 그 결과 노자서의 40장 천하지물 생어유 유생어무(天下之物 生於有 有生於無)의 경우 어떻게 무에서 유가 생겨나는지를 설명할 수 없다. 따라서 본 논문에서는 노자의 유를 유한자로 무를 무한자로 돌려 이해한다. 무한자에서 유한자가 생겨난다는 것은 서양철학적으로 보아 타당한 논리다. 이를 해명하기 위해 스피노자의 실체의 형이상학과 헤겔의 변증법적 사유가 필요함을 본 논문은 밝힌다. 이런 맥락에서 더욱 중요한 문제는 『도덕경』 1장 해석의 문제다. 종래에는 도가도비상도(道可道非常道)를 '도를 도라고 말할 수 있으면 그것은 진정한 도가 아니다'라는 방식으로 해석했다. 그러나 그것은 노자서 전체의 구조와 맞지 않는 이야기다. 왜냐 하면 노자서 5000자는 일관적으로 도에 대해서 서술하기 때문이다. 따라서 본인은 '도는 도라고 할 수 있다. 그러나 그것은 고정된 도가 아니다'라고 해석한다. 더 나아가 1장은 대립자의 종합이라는 변증법적 사유를 보여준다. 그리고 도가 철학의 발전사적 연구가 미흡한데 본 논문은 양주-장자-노자의 발전을 확인하고 있다. 이는 종래의 노자가 장자보다 선행한다는 통설을 비판하는 것이다.
▶주요 검색어 : 노자, 장자, 무위, 위무위, 유한자, 무한자, 도, 변증법,
  스피노자, 헤겔.

1. 도가철학의 발전사적 이해

　고래로부터 한국의 정신과 민간의 생활을 형성하는 데 많은
기여를 해온 노장(老莊) 사상은 조선시대에 많은 탄압을 받다
가 최근 다시 각광을 받고 있다. 여기에는 텔레비전에서『노자
와 21세기』를 강의한 김용옥 씨의 업적이 크다고 할 것이다. 필
자 역시 김용옥 열광이 없었더라면 노자 사상에 큰 관심을 가
지지 않았을지도 모른다. 그 후에도 숱한『노자도덕경』에 관한
번역과 주석이 쏟아졌다. 필자는 그런 책들을 두루 섭렵했고
또 대학 교양철학 내지 철학 개론에서 도가철학을 빠뜨릴 수가
없어서 비록 동양철학의 문외한으로서 감히 도가철학의 연구
에 들어갔다. 그런데 주로 노자 연구서를 중심으로 열심히 공
부한 결과 의외의 큰 소득을 올리게 되었었다. 필자가 공부한
독일철학 내지 헤겔의 변증법 철학 그리고 스피노자의 철학이
노자 해석의 필수 지식이라는 것을 인식하게 되었다. 다시 말
해 노장 철학을 이해하는 데 한문 실력만큼 중요한 것이 서양
철학에 대한 지식이라는 것을 깨닫게 되었다. 왜냐 하면 서양
철학에 대한 상세한 지식 없이는 노자서(老子書) 오천 자에 대
한 체계적이고 원리적인 해석을 할 수 없다는 것을 깨달았기
때문이다. 왕필(王弼) 이래의 전통적인 노자 해석가들은 대부
분 단편적인 구절 풀이에 만족하고 있었다. 앞으로 상세히 논
하겠지만 노자의 철학은 서양의 전통적 개념인 무한자(無限者)

와 유한자(有限者)의 이해 없이는 제대로 해석이 어렵다는 것이 필자의 핵심적인 주장의 하나다. 그리고 또 다른 중요한 문제는 도가(道家) 철학의 옹호자인 양주(楊朱), 장자 그리고 노자 등의 사상에 대한 영향사(Wirkungsgeschichte)적, 발전사(Entwicklungsgeschichte)적 해명의 노력이 부족하다는 점이다. 필자의 연구 성과의 하나는 장자서, 특히 그 중 내편(內篇)의 사상이 노자서에 선행한다는 것이다. 노자서와 장자서를 비교할 때, 노자서가 장자서보다 뒤에 오는 이유는 ㉠ 후자의 내용이 주로 일화나 우화 혹은 사건, 역사 등이 구체적이고 단편적인 데 비하여, 전자는 철저히 개념적이고 논리적이고 추상적이며 그 구성이 체계적이다.

㉡ 후자가 말하는 도란 주로 인간적, 윤리적 그리고 자연적인 데 비하여 전자는 우주론적이고 형이상학적이다. ㉢ 전목(錢穆)의 지적처럼, "노자서의 허다하게 많은 중요한 논점은 거의가 장자 가운데서 가려 뽑아낸 것"이기 때문이다.[1]

㉣ 그리고 장자에서 노자로의 사상적 발전을 볼 수 있는 대표적인 것은 '무위(無爲)' 혹은 '위무위(爲無爲)'의 개념이다 : 장자는 "무위(無爲)"를 말하나 노자는 "위무위(爲無爲)"를 말한다 ; 다시 말해 노자서가 장자서보다 한 단계 높은 발전을 보여 준다. "위무위(爲無爲)" 개념은 노자서의 독창적인 면이다. 그리고 양주의 사상이 장자서의 그것보다 더 빠르다.

이런 점들이 종래의 노장 철학 이해와는 다른 점이다.[2] 그리

---

1) 김경탁 번역, 『노자』, 광문출판사, 서울 1965, 40쪽 참조.
2) 필자가 노자 해석의 주요 참고서로 삼은 『중국철학사』(풍우란 지음, 정인재 역, 형설출판사, 서울 1982)에서 양주의 생명 중시의 사상이 장자서와 노자서에 영향을 주었음이 적절히 기술되어 있다 ; 그런데 풍우란의 하나의 약점은 장자-노자의 사상적 수수(收受) 관계가 기존의 그것을 따르고 있다는

고 근래의 노자 철학 해석의 하나의 유행인 포스트모던적 해석을 필자는 거부한다. 왜냐 하면 노자의 사상은 서양의 전 사상사로 풀어야 하는 심오한 체계이지만, 그래도 이와 가장 유사한 서양의 체계는 스피노자의 그것이기 때문이다. 또 유한자, 무한자의 변증법은 스피노자에 대한 헤겔의 해석에서 가장 적절하게 구사된다. 그러한 철학적 고뇌를 바로 노자의 사상에서 볼 수 있다는 것이다. 따라서 필자의 노자 해석의 기본 방향은 포스트모던이 아니라 모던의 관점이다. 또한 철학사적으로 노자의 철학이 공자의 그것보다 앞선다는 주장은 당연히 거부된다.3)

풍우란과 노사광의 학설을 따르면 도가(道家)의 기원을 노자 이전의 양주(楊株) 철학, 곧 "천하를 위해 정강이 털 한 올 뽑지 않는다"는 극도의 개인주의 내지 생명주의 철학이라고 한다.4)
더 나아가서 이런 양주(楊株)의 (개체) 생명중심주의 윤리학이 더욱 발전하여 장자의 자연주의의 윤리학으로 승화되었고 이런 장자의 자연주의 윤리학, 인간학은 노자에게 와서 우주론적, 형이상학적인 체계로 발전한다.

그러므로 노자 철학의 형성 계보를 알아본다면 양주의 개체

것이다. 풍우란이 언급하는『장자』의 천하편은 잡편(雜篇)에 속하고 이는 후세인들의 편집이다. 장자서 중에 내편의 사상만이 원초적인 장자의 사상이다.『중국철학사』, 139쪽 참고.
3) 풍우란 :『중국철학사』, 풍우란은 노자의 사상이 공자의 그것보다 후에 온다고 주장한다. 유명한 중국철학 연구자들이 이를 밝혔고, 또한 필자도 거기 동조하며 앞으로의 논지의 전개에서 노자의 사상이 공자의 그것보다 후대의 것임을 밝히겠다.
4) 풍우란 :『중국철학사』, 96-97쪽 참조. 노사광 :『중국철학사』고대편, 176쪽 이하 참조.

생명주의 — 장자의 (무위)자연주의 — 노자의 도의 형이상학의
순서로 발전했다고 결론된다. 그리고 시기적으로 볼 때 양주
(楊株)는 맹자(BC : 372~289)와 비슷한 시대의 인물이고 장자
역시 비슷한 시기이나 양주보다는 후에 오고, 노자는 장자 뒤
순자(BC : 264~221)보다는 좀 앞선다고 정리할 수 있겠다.5)

2. 노자서의 체계와 스피노자의 체계 비교

근래 중국철학 서적 중에서도 특히 노자의 연구서들이 많이
쏟아져나왔다. 필자는 그런 대부분의 책들을 잃어보아도 어딘
지 미흡한 면이 있었다 : 한마디로 말해 해석의 단편성과 산만
성 때문이었다.

또한 문제는 많은 경우 노자 철학을 통해 동양 정신의 특수
성을 강조하는 나머지 그 철학이 지니는 현실적 의미를 잃어버
리고 있다는 점이었다. 김용옥의 경우 노자를 서양철학과 지나
치게 분리시킴으로써 노자 철학의 알찬 열매들을 도리어 고사
(枯死)시켜버리는 위험이 있다는 것이다.6)

---

5) 이런 관점에서 볼 때 양주와 장자의 사상사적 발전 관계를 추론할 수 있
다. 이 작업은 다음의 기회로 미룬다.
6) 대표적인 것이 노자의 자연 개념에 대한 김용옥의 고집이다. 그는 노자가
한번도 自然 개념을 명사로 쓴 적이 없다고 해서 노자의 자연 개념을 서양철
학의 자연 개념과 비교하기를 거부한다. 그러나 필자의 관점에서는 명사와
형용사의 구별이 철학에서 그렇게 중요한 것이 아니다. 왜냐 하면 철학의 발
전상 항상 일상 언어로 쓰인 형용사나 동사 등이 주제화될 때 명사로 바뀌었
다. 또한 서양 언어의 문법 구조상 형용사나 동사 등이 쉽게 명사로 바뀔 수
있고 그 반대도 가능하다. 형용사에 정관사 하나만 붙이면 명사로 변하는 것
이 서구 언어의 특징이다. 다른 이야기이지만 이런 품사 전용의 용이성이 사
상 발전을 촉진시킨다. 따라서 한국어도 영어를 공용어로 인정하는 수모를
당하지 않고 정보화, 국제화하는 시대적 요구에 부응하여 그 생명력을 연장,

필자의 견해는 도리어 그 반대로, 노자의 사상을 그와 비슷한 서구의 철학 사상과 비교함으로써, 만약 그런 적합한 것이 있다면 노자 철학의 보편적인 가치를 더욱 잘 이해할 수 있다는 것이다. 그런 것이 바로 스피노자의 철학이다. 노자는 BC 4세기 이전의 인물이고 스피노자는 17세기의 네덜란드의 철학자다. 따라서 두 인물 혹은 두 사상의 성립 연대는 2000년 이상 차이가 난다. 그러나 필자의 생각에 의하면 이 둘은 충분히 서로 비교할 가치가 있다. 바로 이런 것이 노자 철학의 시대와 장소를 초월한 보편성이다. 필자가 강조하고 싶은 것은 동양 정신의 지역적 특수성이 아니라 도리어 이성적 보편성이다. 거듭 말하지만, 철학이나 사상의 가치는 그 보편성에 있다. 노자의 사유를 맛보기 전에 우리는 스피노자의 존재, 윤리학의 체계를 간단히 살펴보자.[7]

스피노자의 대표적인 저술 『윤리학(*Ethik*)』은 구성상 크게 두 부분, 곧 실체인 신(神)을 다루는 1부와, 인간의 영혼과 신

발전하기 위해서는 과감한 문법 구조의 변화가 요구된다. 한국말 한글이 아니라- 개혁에 관한 필자의 구상을 다음 기회에 밝히겠다.

노자의 자연 개념으로 돌아가자. 서구의 자연(nature, Natur, Physis) 개념 역시 어원상 탄생, 자라남, 생성 등을 뜻하므로 노자의 자연 개념과 통할 수 있다. 필자의 견해에 따르면 nature, Natur, Physis 등을 노자 철학에 의지하여 자연이라고 번역한 것은 잘한 일이다 아마 그것은 일본 사람일 것이다-. 더욱이 주지하다시피 그리스의 자연(Physis) 개념이 인위적인 기술(Technik)이나 예술(Kunst)의 대립 개념임을 인식한다면 노자의 자연과 서양철학의 자연이 얼마나 가까운 것인지 알 수 있다. 단, 근세 이후에는 자연을 정신과 대립시키는 이원론적 풍조 때문에 자연의 표상이 외부적 자연, 곧 푸른 숲이나 산과 동일시되기도 한다. 그러나 이 역시 노자적 의미의 자연과 그렇게 동떨어진 것이 아니다. 김용옥 : 『노자와 21세기(상)』, 225쪽 이하. 『노자와 21세기(하)』, 226쪽, 272쪽 이하 참조.

7) 존재-윤리학(Onto-Ethik)이란 존재론 내지 형이상학에 기초를 두는 윤리학이란 뜻으로 필자가 고안한 말이다. 스피노자와 노자서의 철학은 이런 범주에 속한다.

체, 정열 그리고 자유 등을 다루는 2, 3, 4, 5부로 나눌 수 있다. 이런 면에서 도(道) 개념과 덕(德) 개념의 2부로 구성된 『노자 도덕경』과 서로 상응한다.[8]

스피노자의 형이상학에서 가장 중요한 개념의 하나는 '자기 원인(causa sui)'이다. 이는 스피노자에 따르면 "그 본질이 존재를 포함하는 것"이다.[9] 스피노자는 또 자기 원인 개념을 무한자에 적용시킨다.[10]

실체를 다루는 스피노자 『윤리학』의 1부는 실체 = 자연 = 신이라는 등식으로 간략히 정리된다. 그리고 이들은 스피노자에 따르면 무한자다. 실체는 스스로 존재한다. 즉, 존재의 근거를 타자에서 찾지 않는 것이 스피노자의 무한자다. 거기에 비해 유한자는 타자의 근거 위에서만 존재한다. 우리가 보통 말하는 존재나 만물 등은 실은 유한자의 집합이다. 유한자는 또한 양태(modus)라고 불린다. 스피노자는 실체 또는 무한자를 자기 원인(causa sui)이라고 규정했다. 또한 그는 무한자를 '능산적 자연(natura naturans)', 그리고 유한자를 '소산적 자연(natura naturata)'이라고 기술한다. 즉, 무한한 자연으로써 실체(substans)

---

8) 노자서의 구성 문제에 대해서 김용옥 : 『노자와 21세기(상)』, 85쪽. 거기에 이렇게 쓰여 있다 :

"<老子道德經>이라는 것이 이 책의 원래의 이름은 아니다. 老子라는 사람이 지었다고 해서 옛날에는 그냥 <老子>라고 불렀다. 그러니 <老子>라는 이름이 아마도 가장 오래된 이름일 것이다. 그런데 이 <老子>는 두 篇으로 이루어져 있는데, 한 편은 道라는 개념을 중심으로 해서 쓰여졌고, 한 편으로는 德이라는 개념을 중심으로 쓰여졌다. 그러니 <道篇>, <德篇>의 이름이 가능하다. 傳本에 따라 道篇이 앞에 오기도 하고 德篇이 앞에 오기도 한다. 그러니 <老子>라는 책의 별명으로 <道德>도 가능하고 <德道>도 가능하다."

9) 스피노자 : 『에티카』, 강두식·김평옥 공역, 박영사, 서울 1985, 43쪽.

10) 『에티카』, 46쪽. 거기에 이렇게 쓰여 있다 : "(……) 이에 반하여 절대로 무한한 것의 본질에는 그 본질을 표현하고 아무런 부정을 할 수 없는 일체의 존재가 속하기 때문이다."

는 유한한 자연으로서의 양태(modus)를 생산하는 원인이다.11)
스피노자의 경우 실체는 생각하거나 의욕하는 기능은 없다.12)
이런 배경 지식의 기반 위에서 노자의 사상을 조명해보자.

그리고 헤겔의 변증법의 핵심인 무한자와 진무한(眞無限.
das wahre Unendliche)개념은 스피노자의 무한자 개념을 토대
로 하여 이룩된 것이다.13) 따라서 이 논문에서 헤겔 변증법이
란 그 개념의 광의의 의미에서 사용된 것이다. 다시 말해 스피
노자의 무한, 유한 개념과 거기에 대한 헤겔적, 변증법적 변용
까지 포함한 것이다. 이런 관점에서 노자의 무의 철학은 변증
법적으로 이해될 수 있는 것이다. 결론부터 말한다면 노자서 1
장의 구절은 스피노자의 무한자, 유한자 개념을 토대로 하고
더 나아가서 그런 유한, 무한 개념을 넘어서는 헤겔적인, 진무
한적인, 변증법적인 이해를 필요로 한다.

---

11) 실체와 양태 사이에 속성(attribute)이 있는데, 이는 스피노자 고유의 것
이고 노자에게서는 찾아보기 어려운 것이다. 이는 실은 데카르트 이후 근대
서구철학의 산물인데 스피노자의 체계에서는 사유와 연장이 실체의 두 속성
이다. 데카르트는 사유 실체(res cogitans)와 연장 실체(res extensa)의 두 실
체를 상정했다. 스피노자는 이 두 가지를 한 실체의 두 속성으로 전환시킨 것
이다.
12) 스피노자의 『윤리학』, 22쪽 참조. Baruch de Spinoza : *Die Ethik nach
geometrischer Methode* 번역 Otto Baensch, Hamburg 1989. 스피노자는 여
기서 최고의 이성과 자유로운 의지를 신의 본성이라고 보는 통상적인 견해를
반박하고 있다.
13) 헤겔 : 대논리학 G. W. F. Hegel : *Wissenschaft der Logik Erster Band
Die Objektive Logik* (1812 / 1813) S. 82 참조. 여기에 따르면 유한자도 무한
자도 그 자체로서는 진리가 아니다. 각자는 그의 타자의 반대다. 이런 종류의
무한자, 즉 유한자의 반대로서의 무한자를 헤겔은 악무한(das schlechtliche
Unendliche)이라고 부른다. 거기에 비해 유한자를 포함하는 무한, 유한자로
복귀하는 무한자를 진무한이라고 한다.

3. 노자의 핵심 문제 : 무한자와 유한자의 통일

앞에서 우리는 노자 철학 해명의 준거 틀로서 스피노자의 형이상학의 체계를 간략하게 살펴보았다. 그는 자신의 형이상학을 윤리학(Die Ethik)이라고 명명했다. 이는 스피노자의 궁극적 관심이 어디로 향해 있는지를 보여주는 한 일화다 : 스피노자에게서 근원적인 존재, 곧 신이나 실체의 해명이 인간의 실천적 삶의 문제와 직결되어 있다는 것이다. 삶의 궁극적 문제는 자유다.[14]

스피노자 형이상학의 근본 문제는 무한자와 유한자의 상호 관계 규정이라고 할 수 있다. 물론 위에서 언급한 것처럼 무한자는 스피노자의 체계에서 실체(實體) 또는 신(神)과 동일시된다. 그러나 이는 서구의 종교적, 철학사적 맥락에서 부르는 이름들이다. 따라서 필자는 지역성과 시대성을 초월한 순수한 사유의 범주들을 주목하기 위하여 신 또는 실체의 이름보다는 무한자와 유한자의 개념 쌍을 주로 사용한다. 단적으로 결론부터 말하면 『노자』1장에 나오는[15] 유와 무의 개념은 요즘 우리가

---

14) 스피노자의 자유 개념은 해방 혹은 해탈에 가깝다 ; 자유란 정열(Leidenschaft)이나 흥분(Affekt)의 제어 또는 극복을 의미하기 때문이다.
15) 『노자』1장, 번역 : 장기근, 삼성판 세계사상전집 3권, 『노자・장자』, 27쪽. 이 책에 따르면 다음과 같이 쓰여 있다.
道可道非常道 名可名非常名(도가도 비상도 명가명 비상명 : 말로 표상해낼 수 있는 도는 항구 불변한 본연의 도가 아니고, 이름지어 부를 수 있는 이름은 참다운 실재의 이름이 아니다).
無名 天地始初 有名 萬物之母 (무명 천지시초 유명 만물지모 : 무는 천지의 시초이고 유는 만물의 근본이다).
故常無 欲以觀其妙 常有 欲以觀其 徼(고상무 욕이관기묘 상유 욕이관기교 : 그러므로 항상 무에서 오묘한 도의 본체를 관조해야 하고, 또한 유에서 광대 무변한 도의 운용을 살펴야 한다).
此兩者同 出而異名 同謂之玄 玄之又玄 衆妙又門 (차양자동 출이이명 동위

생각하는 것 같은 유와 무의 개념, 즉 존재(Sein, being)와 무(Nichts, nothing)가 아니라 실은 유한자와 무한자를 의미한다. 이를 등한시함으로써 많은 『노자』 해석가들이 노자의 재미있고 역설적인 구절들에 대해서 단편적인 뜻풀이를 하는 데 시간을 다 바치고 있다. 한마디로 그들은 노자 철학의 나무는 보나 숲은 보지 못하고 있다. 그리고 더 나아가 『노자』 1장이야말로 그의 철학적 체계가 선명히 드러나는 핵심적인 부분이다. 『노자도덕경』은 중국 고대 철학 중에서도 드물게 학적 체계성을 갖춘 철학이다.

우선 스피노자의 유한자-무한자의 관계를 조금 더 살펴보자 : 우리는 앞에서 무한한 자연으로서 실체(substans)는 유한한 자연으로서의 양태(modus)를 생산하는 원인이라고 말했다. 이는 다시 말하면 무한자가 유한자의 원인이 된다는 것이다. 그런데 스피노자의 시스템에 의하면 삼라만상, 곧 유한자는 무한자로서의 신 안에 있고, 역으로 신은 유한자의 세계에 내재한다.16) 따라서 이 철학을 henkaipan(전일자)의 철학이라고 한다. 근원적으로 스피노자의 철학은 형식 논리학적으로 분석될 수 없다. 다시 말해 그의 철학은 변증법적으로밖에는 설명할 수 없다.

지현 현지우현 중묘지문 : 무와 유는 한 근원에서 나오는 것이고 오직 이름만이 다르다. 이들 둘은 다같이 유현하다. 이들은 유현하고 또 유현하며 모든 도리나 일체의 변화의 근본이 되는 것이다.
16) 스피노자의 『윤리학』 20-24쪽 참조(Baruch de Spinoza : *Die Ethik nach geometrischer Methode* 번역 Otto Baensch, Hamburg 1989).
"내가 말하는데, 모든 것은 신(神) 안에 있다. 생겨나는 모든 것들은 단지 무한한 신적 자연의 법칙들을 통해서 생겨난다. 모든 것들은 신의 본성의 필연성을 따라 나온다"(같은 곳, 20쪽). "신은 모든 사물의 능동인이다"(같은 곳, 21쪽). 능동인(bewirkende Ursache)이란 아리스토텔레스의 4원인 중의 하나로서 기계적, 생산적 원인을 말한다. "신은 모든 사물의 내재적 원인이지, 초월적 원인은 아니다"(같은 곳, 24쪽, 명제 18).

이는 노자의 철학에도 타당한 이야기다. 결과적으로 우리는 노자를 스피노자와 헤겔에 근거하여 해석한다.[17]

4.『도덕경』제1장의 번역 문제

그러면 이제 노자서의 가장 핵심적인 부분이라고 할 수 있는 1장을 고찰하고 거기서 스피노자의 유한, 무한 개념과 헤겔적, 변증법적 진무한의 사상을 재발견하는 것이 우리의 과제다. 필자의 변증법적 해석에 앞서 동양의 위대한 철학서인 노자서의 전통적인 이해와 해석 방식을 일괄적으로 보기로 하자.

"道可道非常道 名可名非常名(도가도 비상도 명가명 비상명)."

㉠ 말로 표상해낼 수 있는 도는 항구 불변한 본연의 도가 아니고, 이름지어 부를 수 있는 이름은 참다운 실재의 이름이 아니다(장기근 번역).
㉡ 도를 도라고 말하면 그것은 늘 그러한 도가 아니다. 이름을 이름지우면 그것은 늘 그러한 이름이 아니다(김용옥 번역).
㉢ 도가 말해질 수 있으면 진정한 도가 아니고 이름이 개념화될 수 있으면 진정한 이름이 아니다(최진석 번역).[18]

---

17) 노자 철학을 스피노자의 철학과 연결시키는 것은 필자가 처음이 아니다. 김석환:『가장 오래된 글 가장 새로운 글 노자도덕경』, 서울 1993, 도서출판 글, 8쪽 참조. 이 책에 따르면 도를 '능산적 자연(natura naturans)', 만물을 '소산적 자연(natura naturata)'이라고 지정한다. 또한 노자의 사유를 헤겔 변증법적으로 이해하는 것도 선구자가 있다. 김경탁 역,『노자』, 서울 1965, 광문출판사, 세계고전전집 56쪽 참조.
18) 최진석:『노자의 목소리로 듣는 도덕경』, 소나무출판, 서울 2001, 21쪽.

ⓔ 도는 도로서 가능하다 ; 그러나 고정된 도가 아니다. 이름을 이름으로서 가능하다 ; 그러나 고정된 이름이 아니다(안재오 번역).

ⓐ은 장기근의 번역으로 전통적 번역의 한 예문이고 ⓑ은 김용옥의 자칭 새로운 번역이다.[19] 그리고 ⓒ은 최근의 노자 문헌학의 결실을 보여주는 최진석의 번역이다. ⓔ은 필자의 번역이다.

그런데 곰곰이 생각해보면 필자의 번역을 제외한 전통적 번역이나 김용옥, 최진석의 새로운 번역이나 본질적으로 별 차이가 없는 것을 알 수 있다. 이 셋 다 도(道)의 언어적 표현의 가능성을 부인하고 있다 ; 즉, 언어화 혹은 문자화되는 도란 영원하고 진정한 도가 아니라는 것이다. 다시 말하면 전통적인 해석에 의하면 노자의 도란 선불교의 불립문자(不立文字) 식으로 해석하는 것이다. 노자 철학과 불교 모두에 공통적으로 무(無)자가 중요한 역할을 하지만, 본인의 해석을 따르면 도교와 불교 혹은 노자 철학과 불교는 근본적으로 다른 사상의 체계다. 지금까지 많은 해석가들이 양자의 유사성 내지 동질성을 추구했고 특히 불교가 중국에 수입되는 초기에 노자 철학의 개념들을 이용해 불교 경전을 번역하는 수가 많았으나, 이는 혼동의 소지가 많은 것이었다. 후에 밝히겠지만 노자의 무 개념은 단순한 없음이 아니라 실은 무한자를 말하기 때문이다. 노자 철학에서 불교와 같은 인생무상(人生無常)의 관념이 나올 수가 없다. 불교는 본체(本體)나 자성(自性) 등의 실체를 부정하고 있으나 노자 문헌이 말하는 도란 노자 문헌 25장에 나타나 있

---

19) 김용옥 : 『노자와 21세기(上)』, 101쪽.

는 것처럼 독립불개(獨立不改)하는 존재, 즉 홀로 서 있고 불변적인 존재, 자립 존재, 곧 서양철학적으로 말하면 실체 개념인 것이다.[20]

서양철학의 실체(substance) 개념은 그 기본적인 의미가 다른 것에 의존하거나 다른 것으로부터 파생적으로 나오는 것이 아니라 스스로의 원인으로 존재하는 자립 존재를 말하는 것이다. 위에서 말한 불교는 이런 실체 개념을 부정한다. 불교는 일체의 실체, 그것이 신(神) 같은 객관적-외부적 실체건 자아(自我) 같은 주관적-내부적 실체건 모두 부정한다. 그러나 노자 문헌은 도(道)라는 객관적 실체를 긍정한다. 위에서 말한 것처럼 노자의 도 개념은 스피노자의 신 또는 실체 개념과 가장 유사하다고 할 수 있다.

영어나 독일어의 번역도 마찬가지로 언어화 혹은 문자화되는 도란 영원하고 진정한 도가 아니라고 번역하고 있다.[21] 따

---

20) 『노자』 25장은 "獨立不改 周行而不殆(독립불개 주행이불태) : 홀로 우뚝 서 있으며 언제까지나 변하지 않고, 두루 어디에나 번져나가며 절대로 멈추는 일이 없다"는 구절을 가진다.

21) 독일어 번역의 한 예를 보면 Bodo Kirchner의 경우 『노자』 1장의 머리를 이렇게 번역한다.

"Der Weg, der beschrieben werden kann ist nicht der ewige Weg
Der Name, der genannt werden kann ist nicht der ewige Name."

영어 번역의 경우는 이렇다 :

"The Tao that can be told is not the eternal Tao.

The name that can be named is not the eternal name.

The nameless is the beginning of heaven and Earth.

The named is the mother of the ten thousand things.

Ever desireless, one can see the mystery.

Ever desiring, one sees the manifestations.

These two spring from the same source but differ in name ; this appears as darkness.

라서 우리는 동서고금을 막론하고 학자들은 『노자』 1장의 첫 구절을 '도란 본질적으로 말로 표현하거나(assert), 서술하거나(predicate), 정의를 내리거나(define), 기술하거나(describe), 설명할 수(explain) 없는 것으로' 이해했음을 알 수 있다.[22]

그러나 본인은 이런 해석을 감히 거부한다 : 이유는 간단하다. 왜냐 하면 이 경우 노자의 철학적 의도와 그 결과가 모순되기 때문이다. 노자는 도의 본질을 파헤치는 어려움을 알았으나 그렇다고 그가 그것을 포기한 것이 아니라 그는 『도덕경』 전체에 걸쳐 도의 성격과 내용을 초지일관 상세하게 풀어나가고 있기 때문이다. 따라서 만약에 전통적 해석이 옳다면 노자는 그의 철학을 1장 1절에서 끝내야 한다. 더 이상 도에 대해 이러저러하게 말한다는 것은 군더더기에 불과하다. 도를 도라고 말할 수 있기 때문에 『노자도덕경』은 5000자, 81장까지 서술이 가능했던 것이다.

사실 노자는 어떤 동서양의 철학자보다도 일관적인 논리와 집요한 주제 의식을 가지고 도 개념의 해명에 치중하고 있다 : 노자 문헌이 보여주는 것은 도에 대해 침묵하는 것이 아니라 도를 말로 표현하고, 서술하고, 정의를 내리고, 기술하고 설명한다.
따라서 동서고금의 학자들의 노자 문서 1장 1절의 해석은 노자 문헌이 보여주는 실제의 내용과 정반대다. 왜냐 하면 노자

Darkness within darkness.

The gate to all mystery."

(Laotse Tao te king Translated by Gia Fu Feng)
22) 이런 의미에서 현대 언어 분석철학의 시조인 비트겐슈타인은 "말할 수 없는 것에 대해 우리는 침묵해야 한다"고 명쾌하게 지적하고 있다.

문헌은 구구절절이 도에 대해 언급하고 있기 때문이다. 말할 수 있는 도가 참다운 도가 아니라면 노자는 왜 그렇게 끝없이 도를 말하고 규정하고 구분할까? 예를 들자면 『도덕경』 4장의 경우 "도는 텅 비어 있으나 그 작용은 끝이 없고 (……) 그것은 하느님보다 먼저 있었다"라고 기술한다. 또 25장에는 "(……) 천법도 도법자연(天法道 道法自然)"이라고 하여 하늘과 도와 자연의 관계를 논파하고 있다. 또한 노자는 도 개념과 수양, 인격의 관계를 설파하고 또 도를 통하여 올바른 정치를 논하고 있다. 서양철학적으로 말하자면 도야말로 이론 철학과 실천 철학, 형이상학과 윤리학의 기초인 것이다. 다시 말해 『도덕경』은 도에 대한 완전하고 체계적인 인식, 지식을 제공하고 있다.

이런 도에 대한 체계적인 지식을 추구하는 『도덕경』을 두고 무수한 사람들이 그 1장 1절을 풀이하면서 도에 대해 말할 수 없다고 해석한다. 이런 어마어마한 혼동을 유발시킨 원인, 그 장본인은 실은 『도덕경』의 저자 자신이다.[23]

23) 위에서도 언급한 것처럼 『노자도덕경』의 저자는 누구인지 모른다. 그러나 확실한 것은 『도덕경』의 편집 연대가 장자 문헌보다 뒤에 오며 『도덕경』의 내용은 장자의 사상을 이해하지 못하고는 제대로 알 수 없다는 것이다. 이런 관점에서 본인은 노자 해석에서의 발전사적 견해를 취한다. 김경탁에 의하면 전묵(錢穆)이 이런 관점을 취한다고 한다 : "전묵 씨는 노자서가 논어 뒤에 나왔을 뿐 아니라, 마땅히 장자(莊子) 뒤에 나온 것이라고 말한다. 노자서 가운데 허다하게 많은 중요한 점은 거의가 장자 가운데서 가려 뽑아낸 것이다. (……) 노자서는 대개 장자(莊子) 뒤에 순자(荀子)보다는 좀 앞서는 이름 없는 사람이 지은 것이라고 한다." 김경탁 번역, 『노자』, 광문출판사, 서울 1965, 40쪽.
덧붙여 말한다면, 이름 모르는 사람이 쓴 노자 문서를 후인들이 노자의 저작으로 오해하는 이유는, 장자서에 노담(老聃)이란 이름이 여러 번 나오는데 사람들은 이를 노자와 동일시하기 때문이다. 김항배 : 『장자철학정해』, 불광출판부, 서울 1992, 105쪽 참조.

이런 혼동과 오해의 출처는 1장 1절에 있는 상도(常道)라는 구절 때문이다. 다시 말해 도가도비상도 명가명비상명(道可道非常道 名可名非常名)에서 상(常)자 해석이 다의성을 가질 수 있다. 이 상(常)을 사람들은 대부분 긍정적으로 해석한다；즉, '불변하는', '참다운' 혹은 김용옥 식의 '늘 그러함' 등이 이것이다. 그리고 이런 상(常) 자 해석은 또 노자 문헌의 다른 부분과 일치한다, 가령 16장이나 28장의 경우, 특히 28장에는 상덕(常德：불변적인 덕)이란 개념이 있어서 상도를 그렇게 해석할 수도 있을 것이다. 그러나 49장에는 "성인은 고정된 마음을 갖지 않는다(聖人 無常心)"는 구절이 있다：이 구절을 다시 풀이하면 성인은 고집이나 집착이 없다는 것이다. 여기서 상(常) 자는 분명 부정적인 의미로 사용되었다.

5. 장자서의 제물론(齊物論) — 노자서 1장 해석의 열쇠

장자서는 사상이 직접적으로 기술되지 않고 우의적이고 상징적으로 표현되고 있다. 그런 장사서에서도 철학적 사상이 가장 논리적으로 전개된 곳이 제2편 제물론(齊物論)이다.[24] 거기서도 노자서 1장 1절 해석에 광명을 주는 대목은 "도(道)라는 것은 본시 구역이 나눠진 것이 아니며, 말(言)이란 것도 항상된 실체가 없는 것인데, 제가 옳다고 하는 주장을 하기 때문에 경

---

24) "장자의 저서는 내편, 외편, 잡편으로 구성되어 있는데, 이 가운데 내편이 외편이나 잡편보다 앞서 기술된 것이라 한다. (……) 이렇게 볼 때, 장자를 이해하려면 우선 내편을 근거로 삼아야 되며, 외편이나 잡편은 장자의 언행을 후인들이 기록한 것으로서, 장자의 사상을 이해하는 데 참고로 삼을 수가 있으며, 또 내편의 뜻을 이해하는 데 필요한 보조적 자료가 된다고 볼 수 있다." 김항배：『장자철학정해』, 불광출판부, 서울 1992, 머리말.

계가 있게 되는 것이다"는 구절이다(夫道未始有封, 言 未始有常, 爲是而有畛也). 여기서 보면 노자서 1장 1절의 도(道)와 명(名)의 구절이 도(道)와 언(言)의 관계로 표현되어 있음을 알 수 있다. 도에 경계가 없고 언어 역시 그러하다는 것이다. 장자서 제물편의 기본 주제는 반대 개념들, 예를 들면 미추(美醜), 시비, 선악, 대소, 유무, 성공과 실패, 이것과 저것, 생사, 물아(物我) 등의 상대성을 강조한다는 점이다. 이런 뜻을 가진 사물이나 사람 역시 독립적이지 않고 그 반대자의 존재에 의지한다는 것이다. 그래서 성인(聖人)은 생사, 시비, 선악의 판단을 하지 않는다. 즉, 살아 있는 것이 죽는 것보다 낫다든지 혹은 누구는 옳다, 누구는 좋다 등의 판단을 하지 않는다. 자연에서는 그런 가치 판단이 없다는 것이다. 또한 철학사적으로 장자는 유가와 묵가 그리고 명가의 학설을 비판한다. 그들 모두가 시비를 가리기 때문에 존재한다는 것이다.

이런 철학파들뿐만 아니라 인간의 본성에는 그렇게 구분하고 고정시키기를 좋아하는 본성이 있다. 그러나 참다운 도는 그렇게 분리, 고정되는 것이 아니다. 그것은 인간 오성의 한계 밖에 있다. 다시 말하면 도란 본시 무한자(das Unendliche), 무한정자(das Unbestimmte)인 것이다.

장자 철학의 주요 쟁점은 그런 시비 선악의 구분이 사물의 본성에 기인하는 것이 아니라 실은 인간의 주관적인 구분에 의지한다는 것이다. 이것이 장자가 비판하는 구획을 가르고 선을 긋는 행위로서의 봉(封)과 진(畛)이다. 근원적인 실재로서의 도에는 그런 구획이나 가로지르기가 없다는 것이다. 이래서 "도라는 것은 본시 구역이 나눠진 것이 아니며"라고 장자는 주장하는 것이다. 또한 언어 역시 본래적으로는 그런 자르기나 고착화의 기능이 아니었다.

이런 생각이 바로『도덕경』1장 1절의 "도가도비상도 명가명 비상명"의 의미인 것이다. 따라서 상(常) 자는 실은 부정적인 뜻, 즉 나눠지고 구별되고 고착된 그런 의미다.

6.『도덕경』제1장 1절의 변증법적 해석

필자에 의한 비상도(非常道)의 상(常) 자 해석은 '영구불변' 혹은 '늘 그러함'이 아니라 '고정된', '한정된'으로 이해된다. 이는 '불변적인' 혹은 '변화 없는'이란 종전의 해석과도 상관성을 가진다. 변화와 불변이란 쌍 개념들도 그 의미가 항상 고정된 것은 아니다. 불변이 죽어 있는 것과 연결되면 그것은 무생물적 불변이고 고정을 말한다. 그러나 노자서의 도 개념은 그 40장에서 분명하게 서술된다 : "되돌아오는 것이 도의 움직임이다(反者道之動)."

그리고 명(名)에 대해 생각해보자. 최근의 연구자들은 이 명에 대해 거의 해명을 못하고 있다. 김용옥이나 최진석의 경우 그들은 모두 도와 명의 상관 관계를 규정하지 못하고 있다. 그리고 더 근본적인 문제는 전통적으로 해석할 때는 명가명(名可名)의 해석에 치명적인 결함을 야기한다. 김용옥은 이것을 "이름을 이름지우면"이라고 번역하고, 최진석은 "이름이 개념화될 수 있으면"이라고 번역한다. '이름을 이름짓다'는 문장은 동어 반복이다 : 왜냐 하면 이름 자체에 벌써 짓다는 뜻이 내포되어 있다. 또한 최진석의 경우도 문제의 해결이 아니라 떠밀기에 불과하다 : 왜냐 하면 이름 자체에 이미 개념화의 뜻이 있기 때문이다. 한 사람, 소크라테스는 항상 변하고 있지만 그 이름은 고정되어 있다. 이런 모순은 영어 번역에서 극명하게 드러난다 : "The name that can be named is not the eternal name."

따라서 이런 전통적 해석의 모순을 제거하기 위해 우리는 어떻게든 이와는 달리 해석하지 않으면 안 된다 : 이름을 이름짓는 것이 아니라 사물이나 사람을 이름짓는 것이다. 따라서 명가명(名可名)의 명(名) 자는 이름의 이름이 아니라 도의 이름을 말하는 것이다. 도 자체는 사람들이 그것을 어떻게 작명을 하든지간에 존재하는 것이다. 단지 삶들이 생각하는 이름, 즉 상명(常名)이란 고정된 실체를 지시하기 때문에 도의 지시로서는 불충분한 것이다.

노자의 철학의 출발점은 일상 언어로서의 도(道)란 말이다. 즉, 명(名)으로서의 도(道)를 학의 출발점으로 삼는다. 노자는 항상 도에 대한 일상적 이해를 염두에 두고서 자신의 주장을 전개한다. 따라서 "명가명비상명"이란 구절도 사물의 이름에서 출발하여 그 본성을 천착하려는 철학적 태도에 다름아니다. 더 나아가 '사람들이 통상 그렇게 생각하듯이(usually, gewöhnlich)'의 뜻으로서의 상(常)의 개념은 형식 논리학적 사유를 말한다. 김용옥의 번역에서 '늘 그러한(常)'을 실은 형식 논리적 사유를 암시한다. 이런 형식 논리적 개념 규정을 벗어나서 역설적이고 변증법적인 개념 규정이 있다. 따라서 필자의 해석을 따르면 노자는 도(道) 개념을 우선 유(有)와 무(無), 즉 유한자와 무한자의 두 가지 추상적 계기들로 분석하고 나중에 다시 이들의 추상성, 일면성을 부정한다 : 즉, 전체의 부분적, 추상적 계기들의 독자성, 고립성을 지양(止揚)하고 그들의 상호 규정, 상호 작용을 지시하여 전체성을 회복하는 방식으로 자신의 체계를 구축한다.

노자가 그의 책『도덕경』에서 왕왕 발하는 감탄사들 : 기묘하다, 황홀하다, 심오하다, 어둡다 등은 자신의 사고 체계가 가지는 모순적, 변증법적 요소 때문이다. 그리고 자신의 도를 종종 언표 불가능하게 간주하는 까닭도 다 여기에 있다 ; 변증법적인 표현은 형식 논리적, 일상적 사유에서 볼 때는 모순이고 역설이며 무의미하기 때문이다. 변증법에 대한 학적 인식도 없이 이를 사용하는 경우의 그 극도의 어려움과 혼란을 노자가 느꼈던 것이다.[25]

"此兩者同 出而異名 同謂之玄(차양자동 출이이명 동위지현 : 무와 유는 한 근원에서 나오는 것이고 오직 이름만이 다르다. 이들 둘은 다같이 유현하다)."

위의 예문에서 우리는 노자가 전체적인 진리를 표현하기 위해서 얼마나 변증법적인 사유를 완벽하게 구사하는지를 알 수 있다. 헤겔적인 변증법의 엄밀한 개념 장치와 분석의 도구도 없이 자신의 사유를 무의식중에 변증법으로 구성하는 어려움을 우리는 충분히 추체험할 수 있다. 따라서 이렇게 (형식 논리적으로) 이해 불가능한 도의 본체를 설명하기 위해 노자는 그것을 억지로 도라 부르고 대(大)라고 불렀다(名).[26] 도(道)와 대(大)는 이처럼 일상 언어적, 형식 논리적 사유를 초월하는 것이다.

헤겔은 그의 초기 철학부터 형식 논리적이며, 분리시키고 고

---

25) 참고로 인간의 모든 의사 소통은 형식 논리적 사유 위에 기초한다. 변증법적 사유의 가능성과 한계에 대해서는 다음 기회에서 다루겠다.
26)『노자』 25장 참조. 吾不之其名 强字之曰道 强爲之名曰大(오부지기명 강자지왈도 강위지명왈대 : 나는 그 이름을 알지 못하였다. 억지로 자호를 지어 도라 부르고 억지로 이름을 지어 大라 할 뿐이다).

착시키는 사유 형식을 오성(Verstand)이라 하고, 대립자를 변증법적으로 종합시키고 통일시키는 사유 형식을 이성(Vernunft)이라고 서로 구별한다 : 그의 예나 시절의 "차이 논문"에서는 전자를 반성(Reflexion)으로, 후자를 사색(Spekulation)이라고 규정한다.27)

노자는 자신이 발견한 도(道)가 하도 특이하고도 진실한 것이어서 스스로가 유현하고 유현하다고 감탄하고 있다. 따라서 "도가도비상도"라는 구절은 노자 철학의 주제 규정으로서, 그 뜻은 노자 역시 전통을 따라서 도를 철학적 탐구의 대상으로 생각하나 그가 생각하는 도는 전통적인 의미의 도가 아니다, 노자가 생각하는 올바른 도의 개념은 바로 이 문장 다음에 기술된다 ; 즉, 도의 개념은 삼라만상으로서의 유, 즉 유한자와 그것의 뿌리로서의 무, 즉 무한자의 (변증법적) 상호 관계 안에서 비로소 해명된다. 이것이 아래의 구절이다.

"無名 天地始初 有名 萬物之母(무명 천지시초 유명 만물지모 : 무는 천지의 시초이고 유는 만물의 근본이다)."

여기서 유와 무 대신에 각각 유명(有名), 무명(無名)이라는 표현이 나온다. 이는 단순히 유(有)라는 이름(名) 그리고 무(無)라는 이름(名)의 의미며, 이는 다시 말하면 유(有)라는 개념 그리고 무(無)라는 개념과 동일하다. 여기서 노자가 자꾸 이름(名)을 강조하는 것은 형식적 논리와 변증법적 논리의 관계를

---

27) 헤겔 : 차이 논문. G. W. F. Hegel : Differenz des Fichte'schen und Schelling'schen Systems der Philosophie, in, G. W. F. Hegel Jenaer Kritische Schriften S. 16ff.

염두에 두기 때문이다. 따라서 상(常)과 명(名)의 거듭된 강조는 노자가 파악하는 도의 진리가 A = A, A ≠ B라는 형식 논리학적 사유를 벗어나 있다는 것을 암시한다. 따라서 우리는 노자의 사유의 기본적 방향성을 스피노자의 체계와 헤겔적 변증법이라고 정리할 수 있다. 따라서 노자의 사유의 세계에서는 유와 무 혹은 유한자와 무한자의 구분마저도 임시적이고 잠정적인 구분이라는 것이 밝혀진다.

전통적으로 서양철학에서 유한자는 변화, 생성, 소멸하는 것의 전체를 말한다. 우리가 존재를 말할 때 보통 이것을 가리킨다 ; 이는 또한 우리 눈에 보이는 자연계 전체를 말한다. 따라서 스피노자는 이를 소산적 자연(natura naturata)이라고 하여 우리 눈에 들어오는 삼라만상을 지칭했다. 그런데 노자의 유와 무가 스피노자의 유한자와 무한자와 완전히 일치하지는 않는다. 왜냐 하면 스피노자의 무한자는 감성적 대상이 될 수 없고 이는 자성의 대상이다. 노자에게서는 이런 서양철학 고유의 지성-감성, 무한-유한의 이분법이 철저히 지켜지지는 않기 때문이다. 그럼에도 불구하고 노자의 개념 체계는 놀라울 정도의 서구적 이분법이 보이고 더 나아가 그것을 극복하려는 의지가 보인다 :

노자의 무개념(無名)은 천지시초(天地始初)라고 했다. 여기서 시초(始初)를 원인의 뜻으로 볼 수 있을 것 같다 ; 중국철학에서 인과율 개념이 주제화되어 있지 않음을 생각할 때, 무한자(무)가 천지의 시초(원인)라는 생각은 신(神)을 만물의 내재적, 기계적 원인으로 생각하는 스피노자의 사유에 비교될 수 있다.[28] 스피노자 역시 무한자(신)를 절대적인 최초의 원인이

---

28) 스피노자에 따르면 신은 최초의 원인이다. 스피노자의 『윤리학』, 20쪽 참조.

라고 설파했다. 그 다음에는 유 또는 유한자를 살펴보자. 노자는 "유명 만물지모(有名 萬物之母)"라고 진술했다. 유명 만물(有名 萬物)이라고만 했으면 이는 완전히 스피노자의 유한자 규정과 일치한다. 그러나 『노자』 40장에는 "천하만물생어유 유생어무(天下萬物生於有 有生於無 : 천하 만물은 유에서 나오고 유는 무에서 나온다)"라고 하여 유와 무의 대소 관계, 원인 관계 등이 분명히 공식화되어 있다. 이런 유와 무 혹은 유한자와 무한자의 관계는 1장의 그 다음 구절에서 다시 부연된다. 또한 42장에서 "도는 하나를 낳고, 하나는 둘을 낳고, 둘은 셋을 낳고 셋은 만물을 낳으니(道生一 一生二 二生三 三生萬物)"라고 하여 도 또는 무, 즉 무한자에서 만물이 발생함을 진술한다. 도 또는 무가 원인이라면 만물 또는 유한자는 그 결과인 것이다.

"故常無 欲以觀其妙 常有 欲以觀其 徼(고상무 욕이관기묘 상유 욕이관기교 : 그러므로 항상 무에서 오묘한 도의 본체를 관조해야 하고, 또한 유에서 광대무변한 도의 운용을 살펴야 한다)"(장기근 번역).

위의 구절에서 우리는 노자의 주된 관심이 결국 도의 본체며 이것이 무 또는 무한자에서 찾아짐을 인식한다. 거기 비해서 삼라만상과 자연의 움직임에서 유한자의 생동하는 모습을 바라본다. 이렇게 살아 움직이는 만물의 다양성, 충만성 등도 실은 무한자인 도의 운용이다. 이런 유의 세계의 화려함과 생동성에 비해 무의 세계, 도의 세계는 텅 빈 허공처럼 느껴질 것이다. 따라서 노자는 4장에서 무한자로서의 도의 존재를 이렇게 표현한다 :

"道沖 而用之惑不盈(도충 이용지혹불영 : 도의 본체는 공허하다. 그러나 그 작용은 항상 무궁무진하다)"(장기근 번역).

삼라만상의 무한한 생명력과 더 나아가 그 모든 것을 생성하게 하는 도 또는 무한자의 교호 작용을 이렇게 진술했다. 도는 무한자며 형이상자(形而上者)다. 소산적 자연으로서의 삼라만상이 눈앞에 현전한다면 그리고 눈앞의 현전이 존재의 의미라면 도는 부재이고 무다. 이것이 필자가 바라보는 노자의 유와 무다. 다음 기회에 이런 존재론에서 나오는 노자의 윤리학, 인간학, 심리학 그리고 정치철학을 고찰하자.29)

□ 참고 문헌

『노자』, 김경탁 번역, 광문 출판사, 서울 1965.
『노자, 장자』, 장기근·이석호 역, 삼성판 세계사상전집 3권, 서울 1986.
풍우란 :『중국철학사』, 정인재 역, 형설출판사, 서울 1982.
노사광 :『중국철학사 고대편』, 정인재 역, 탐구당, 서울, 1997.
김용옥 :『노자와 21세기 (상·하)』, 통나무, 서울 2000.
스피노자 :『에티카』, 강두식·김평옥 공역, 박영사, 서울 1985.
김석환 :『가장 오래된 글 가장 새로운 글 노자도덕경』, 서울 1993.
최진석 :『노자의 목소리로 듣는 도덕경』, 소나무, 서울 2001.

---

29) 노자서 4장의 첫 구절은 역시 장자서의 제물편과 깊은 관련을 가진다 : "부어도 가득 차지 않고 퍼내어도 고갈되지 않는데, 그 유래한 바를 알 수 없는 것, 이것을 보광(葆光)(도적 광명을 함축한 것)이라고 한다." 이항배 :『노자철학정해』, 72쪽.

김항배 :『장자철학 정해』, 불광출판부, 서울 1992.

Spinoza, Baruch de : *Die Ethik nach geometrischer Methode,* hrsg. v. Otto Baensch, Hamburg 1989.

Hegel, G. W. F. : *Wissenschaft der Logik,* Erster Band Die Objektive Logik (1812 / 1813), Hegel Gesammelte Werke 11.

Hegel, G. W. F. : *Differenz des Fichte'schen und Schelling'schen Systems der Philosophie,* in, G. W. F. Hegel Jenaer Kritische Schriften, Hegel Gesammelte Werke 4.

수운(水雲)의 불연기연(不然其然)과
헤겔의 오성-이성 변증법

· · · 양 우 석

[요약문]

사상이란 언제나 그 시대의 상황과 깊은 연관을 가지기 마련이다. 시대 상황을 떠난 사상이나 철학 논리란 한갓 사상의 유희에 지나지 않을 것이다. 우리가 서양의 학문과 철학 사상이 가지는 일반적 특징을 그 논리적 치밀성과 분석적 방법에서 찾는다고 할 때 가장 먼저 생각하는 것은 형식논리학이다. 형식 논리적인 법칙을 근간으로 전개된 사상이나 철학은 이해하기도 쉬우려니와 현실을 인식하는 데 반드시 이 법칙이 요구된다고 하겠다. 그러나 형식논리학은 현실의 다양한 전개 양상을 담아내기에 결함이 있는 것 또한 사실이다. 이런 관점에서 서양에서는 예로부터 변증법 사상이 엄연히 존재해온 것이다. 우리가 변증법의 아버지로 알고 있는 헤겔은 이를 학문적 토대 위에 확고히 올려놓았다. 그러나 헤겔의 변증법 논리 확립은 한낱 이론적 지평에서가 아니라 어디까지나 현실과의 숨막히는 대결의 소산이라 할 것이다. 헤겔 당대의 격동적 상황은 변증 논리를 필요로 하였고, 헤겔은 이를 학문적으로 정립함으로써 현실을 직시하고 현실을 변혁할 수 있을 것으로 생각했다. 상식적인 차원에서 전개되는 오성과 오성적 인식은 많은 문젯거리를 만들어내며 이를 넘어서기 위한 것이 곧 이성이다. 헤겔의 이성은 칸트를 위시한 근세의 경직된 이성이 아니라 이를 뛰어넘어 현실과의 화해에 도달한 사변적 이성이다. 그리고 이는 끊임없이 오성과의 관계를 통해서 자신을 긴장시켜나가는 과정적 성격을 띠는 것이다. 조선말의 격변적 시대 상황을 딛고 철학과 현실을 화해하고자 한 것이 수운(水雲) 최제우(崔濟愚)다. 그는 헤겔과 그리 다르지 않은 문제 의식을 가지고 불연기연(不然其然)의 논리라는 고도의 변증 논리를 전개한다. 기연(其然)이란 일상적으로 비근하게 접하는 상식의 세계에 대한 상식적이고 감각적인 사실의 판단을 이르며, 불연(不然)이란 상식적이고 감각적인 사실 판단으로는 도달할 수 없는 초상식적, 초감각의 영역이다. 수운은 불연과 기연이 서로 잇대어 있으며 상호 이행한다고 설명한다. 그것은 인간의 인식의 수준에 기대에 있는 상대적인 것이기도 하다. 그러나 불연과 기연의 변증법을 인식한 사람은 내유신령(內有神靈), 즉 자신이 곧 우주의 중심인 하느님이라는 자각에 이른다고 한다. 이는 아리스토텔레스의 제일 형상에의 침잠, 헤겔의 사변이 진정으로 의미하는 차원과 다르지 않은 것으로 여겨진다.

▶주요 검색어 : 오성-이성변증법, 사변, 변증 논리, 불연, 기연, 불연기연, 내유신령, 외유기화, 각지불이, 동학.

1. 시대 인식과 역사 인식의 지평

1) 수운의 삶과 역사 인식의 지평

우리에게 동학의 창시자로 잘 알려져 있는 수운(水雲) 최제우(崔濟愚)는 1824년에 경주 지방의 가정리(柯亭里 : 경주군 현곡면)라는 곳에서 출생하였다. 그는 일반적으로 알려져 있듯이 사실상 서얼 출신은 아니고 다만 후처의 자식일 뿐이다.1) 그의

---

1) 그러나 수운의 어머니 한씨(韓氏)는 재가녀(再嫁女)이기 때문에 최씨 족보

아명은 복술(福術 혹은 卜術)이었으며 후일 혹세무민의 죄목으로 관에 체포되어 국문을 받을 때 이 이름을 근거로 세상을 현혹하는 좌도(左道)를 펼친 것이 아니냐는 문초를 받기도 하였다. 13세에 박씨 처자와 결혼하였으며 4년 후에는 아버지 근암공(近菴公, 최옥)을 여의게 된다. 물론 적자의 신분이 아니었으므로 과거를 치를 수도 없었으려니와 그는 한 번도 과거를 치를 생각을 하지 않았다. 근암공이 과거에 몇 번을 실패한 것과는 좋은 대조를 이루고 있다. 그는 의식적으로 과거라는 타락한 봉건적 제도를 전면 부인하였던 것이다.

20세에는 물려받은 집마저 화재로 잃게 되고, 하는 일마다 뜻대로 되지 않아 실의의 나날을 보내게 된다. 부패한 세상과 자신의 불운을 온 몸으로 느끼며 지내던 중 21세가 되던 해 어느 날 불현듯 주유팔로(周遊八路)의 길을 떠나게 된다. 세상을 떠돌며 살펴보니, 유교 질서의 강상(綱常)은 있으되 이는 실제로는 하나의 명분일 뿐 전혀 지켜지지 않고 있었다. 그는 다음과 같이 이를 탄식한다. "강산 구경 다 던지고 인심 풍속 살펴보니 부자유친, 군신유의, 부부유별, 장유유서, 붕우유신 있지만 인심 풍속 괴이하다."[2] "평생에 하는 근심 효박한 이 세상에 군불군(君不君) 신불신(臣不臣) 부불부(父不父) 자부자(子不子)를 주소간(晝宵間) 탄식하니 우울한 그 회포는 흉중에 가득하되 아는 사람 전혀 없어."[3]

사회 전체의 총체적 인간 관계가 올바로 지켜지지 않으니 올바른 사회를 기대하기는 어려운 노릇이었다. 유교적 도덕 질서

에 정실로 올라 있지 못하며, 따라서 재가녀의 손인 수운은 서류상으로는 서자의 신분임이 사실이다. 윤석산, 『수운 최제우 평전. 후천을 열며』, 서울(동학사), 1996, 21쪽 참고.
2) 최수운, 『용담유사』, 「권학가」.
3) 같은 책, 「몽중노소문답가」.

에 의해서 유지되던 조선 500년의 봉건 사회는 붕괴되어가고 있었던 것이다. 극심한 사회적 혼란은 이를 비뚤어진 방법으로 넘어서기 위한 도참 사상과 이를 신봉하는 미신을 부추겼다. 그러나 수운은 이러한 미신적 사고나 도참 사상이 오히려 어지러운 사회의 혼란을 더욱 가중시킨다는 것을 깨닫게 되었다.[4] 그것은 결국 자기 혼자만 잘 살아보겠다는 극단적 이기주의의 발로일 뿐이기 때문이다. 당시 수운의 눈에 비친 조선 사회는 이러한 혼란이 만연되어 있었다.

당시에는 이미 중국 등의 동양 세계에 서양 세력이 밀려오기 시작하고 있었다. 18세기 이후 서양의 선교사들에 의해서 서학이 전래되었고 서양의 상선들은 벌써 조선의 서해안에 나타나 통상 압력을 가하고 있었다. 낡은 봉건 질서를 타파하고 새로운 삶을 추구했던 수운은 서양과 서학에 대해서 긍정적인 관심을 기울이기는 하였으나[5] 결국은 서학이 오히려 당시의 시대적 혼란을 가중시키는 요인이 되고 있다는 판단을 내리기에 이른다. 조상에 대한 제사를 우상 숭배라 하여 제사를 폐하고 신주를 불사르는 서학 교도들을 신랄하게 비판한 당시 선비들과 마찬가지로, 수운 역시 서학이 전통적 풍속과 사회 기존 질서를 다 파괴해버린다고 비판한다. 그러나 수운의 서학 비판이 유학자들과 다른 점은 서학의 실체를 정확히 꿰뚫어본 데 있다.

---

4) "매관매직 세도가도 일심은 궁궁이오
　전곡 쌓인 부첨지도 일심은 궁궁이오
　유리걸식 패가지도 일심은 궁궁이오
　풍년에 뜨인 자도 혹은 궁궁촌 찾아가고"(같은 책, 「몽중노소문답가」).
5) 유명한 천상문답 사건에서 "나의 마음이 바로 너의 마음이다. 너에게 무궁무궁의 도를 내리노니, 이를 알고 다듬어서 글을 지어 사람을 가르치고, 법을 바르게 하여 덕을 세상에 펴도록 하라"는 상제의 말에 수운은 "서도(西道)로써 가르치나이까?"라고 반문하여 그의 서학에 대한 깊은 관심을 반영하고 있다. 윤석산, 같은 책, 74쪽.

즉, 그는 서학 신봉자들의 행위가 미신에 현혹되어 자신의 개인적인 이익만을 추구하는 타락한 이기주의의 또 다른 모습에 지나지 않는다는 것을 간파했다. 수운은 이러한 시대적 혼란과 위기를 벗어날 수 있는 길은 붕괴되어가는 유교적 가르침도 아니요, 민간의 미신적 신앙도 아니며, 또한 이기주의의 다른 모습인 서학의 가르침도 아니라는 것을 깊이 인식하였다. 그는 무엇보다도 새로운 도(道)의 출현이 절실한 시점임을 확신하였다.

32세 때의 을묘천서 사건, 그 후 37세까지의 신비적 종교 체험을 겪은 후에 드디어 수운은 37세(1860년 4월 5일)에 한울님으로부터 무극대도(無極大道)를 받아 동학을 창도하기에 이른다. 수운은 한울님으로부터 "내 마음이 곧 너의 마음이다(吾心卽汝心)"라는 말씀과 함께 궁궁 을을(弓弓 乙乙)이라는 영부(靈符 : 신령스러운 부적)와 시천주 13자 주문(侍天主造化定榮世不亡萬事知)을 받게 된다. 수운은 오심즉여심이라는 한울님의 심법을 통해서 한울님이라는 절대의 신이 바로 자신의 안에 모셔져 있음을 확신하고 나아가 이 시천주를 자신의 핵심적인 사상의 원처로 삼게 된다. 그의 사상은 한마디로 인간은 누구나 자기 안에 한울님을 모시고 있기 때문에 인간을 떠나서 한울님을 생각할 수 없으며, 가장 훌륭한 한울님의 뜻도 인간을 통해서만이 구현될 수 있다는 것이다. '한울님이 내 안에 모셔져 있다'는 시천주란 곧 하늘이 나와 다르지 않다는 천인여일관(天人如一觀)을 의미하기도 한다.

2) 헤겔의 삶과 역사 인식의 지평

헤겔(Georg Wilhelm Friedrich Hegel)은 1770년 독일 바덴뷰템베르크 공국의 수도인 슈투트가르트에서 태어났다.[6] 아버지 게오르그 루드비히는 이 공국의 재무관이었고 어머니 마리아 막달레나는 재능 있고 정숙한 숙녀였다. 13세에 어머니를 잃었고 18세까지는 김나지움에서 모범생이었다. 김나지움 시절에는 자연과학과 특히 고전어를 좋아해서 소포클레스의 『안티고네』와 『오이디푸스왕』을 암송할 정도였다. 이 사실은 헤겔의 전체 사상을 이해하는 데 더 없이 중요한 사실이다. 헤겔은 그의 저 유명한 역사철학 강의에서 동양 세계를 전개한 뒤, "그리스 세계에 돌아온즉 우리는 이제야 고향에 돌아온 기분이다"고 서술했다. 헤겔에게서 그리스란 영원한 정신의 고향 아니 서양세계의 영원한 정신적 고향이다. 헤겔의 사상이 지극히 서양적이면서도 어딘가 동양적 분위기를 자아내는 것은 바로 이러한 그리스적 정신 세계에 대한 심원한 통찰과 무관하지 않은 것이다. 여기서 '서양적'이라는 말이 우리에게는 과학적이고 탈신적, 탈종교적인 인간 주체적 근세 철학의 분위기를 떠올리게 하지만, 헤겔은 이러한 분위기에 대해서 극단적으로 비판적이었다. 그의 논변은 근세의 분위기에서 출발하나 그 중심은 언제나 이러한 그리스적 세계였다. 그러나 더 깊숙이 들어가 보면 헤겔의 정신 세계는 단순히 그리스의 정신 세계를 복사하는 것이 아니라 그리스의 정신 세계와 기독교 정신 세계가 융합되어 있음을 알 수 있다. 이처럼 헤겔에게서 헬레니즘과 헤브라이즘은 상호 모순 없이 상합하고 있다.

---

6) 헤겔의 일반적 삶과 저술에 관해서는 Wiedermann, F. : *Georg Wilhelm Friedrich Hegel*, Hamburg 1996 ; Althaus, H., *Hegel und die heroischen Jahre der Philosophie. Eine Biographie*, Freiburg 1992 ; 최재희, 『헤겔의 생애와 철학』, 대구(형설), 1980. 앞으로 헤겔 저서의 인용은 Hegel, G. W. F., *Werke* in zwnzig Bände, Redaktion E. Moldenhauer u. K. Markus, Frankfurt am Main 1969를 약하여 *W*로 하고 이를 권수와 함께 본문에 삽입하여 직간접 인용한다.

18세에는 튀빙겐 신학교에 급비생으로 입학하여 그곳에서 훗날의 대시인인 횔덜린과 셸링을 만난다. 자못 시적인 감동을 자아냈던 횔덜린이나 조숙한 천재성을 유감 없이 발휘하는 셸링에 비해서 헤겔은 노력과 숙고를 거듭하는 성실성을 보여주었으며, 이로 인하여 노인이라는 별명으로 불리기도 하였다. 대학 2학년 때인 1789년에는 프랑스혁명이 발발했다. 헤겔은 프랑스혁명을 찬동하는 동시에 그 사상적 배경을 이루고 있는 루소의 사상에 관심을 집중했다. 헤겔은 프랑스혁명에 의한 시민의 자유를 찬동하는 반면 관료적이고 전근대적인 프러시아를 혐오하였다. 이러한 소신은 1802년의 "독일헌법론"에 반영되어 있다.

대학을 졸업한 후인 1793년에는 스위스 베른의 귀족 스타이거의 가정 교사가 되는 것을 시발로 약 7년간(23~30세) 소위 헤겔의 가정 교사 시대가 시작된다. 27세가 되던 1797년에는 프랑크푸르트의 고겔가의 가정 교사가 되었으며, 2년 후에는 아버지를 잃게 된다. 30세가 되던 1901년에는 예나대학의 교수였던 셸링의 추천으로 동 대학의 사강사로 취임하고 1805년에는 시인 괴테의 추천으로 동 대학의 조교수가 되었으나 1806년 나폴레옹이 예나에 입성하자 대학은 폐쇄되고 헤겔은 실직할 수밖에 없었다. 이 해에 유명한 주저인 『정신현상학』이 탈고되어 다음해에 출간되었다. 1807년에는 친구인 니트함머의 주선으로 밤베르크 신문의 편집을 맡아보게 되었다. 다시 38세가 되던 1808년에는 역시 니트함머의 주선으로 뉘른베르크 김나지움의 교장으로 부임하였다. 이때 뉘른베르크 시장의 딸인 마리아 막달레나와 결혼하였다.

46세가 되던 1816년에 비로소 하이델베르크대학의 초빙으로 그곳의 정교수가 되었다. 48세가 되던 1818년에는 피히테의 후임으로 베를린대학의 교수로 부임하여 생의 절정기를 맞이한다. 그러나 61세가 되던 1831년에 콜레라에 감염되어 갑자기 서거하였다.

18세기 후반부터 19세기 초반에 이르는 헤겔의 시대는 산업혁명, 프랑스혁명, 미국 독립, 나폴레옹의 등장 등 세계사적 사건들이 부침하는 전환기의 역사였다. 서구를 지배하던 근세의 낡은 질서는 새로운 질서로 전환하기 시작하였고, 따라서 구질서가 파괴되는 전쟁과 파괴의 소용돌이가 가실 날이 없었다. 이러한 소용돌이 가운데서 헤겔의 철학은 자연히 데카르트 식 "코기토"의 한가한 논변을 반복할 수는 없었다. 그의 중심적 관심은 새로운 세계를 건설하기 위한 실천 철학을 구축하는 일이었다. 그의 철학은 그러나 칸트가 말하는 새로운 형이상학의 구축을 기반으로 하는 실천 철학이었다.

영국과 프랑스는 혁명을 바탕으로 근대적 사회, 정치 질서를 구가하고 있었으나 헤겔의 조국 독일은 통일된 국가를 이루지 못하고 300개 이상의 작은 자치령을 이루고 있었을 뿐이다. 신구교의 갈등으로 '30년전쟁'이 발발하여 사회 혼란과 파괴는 극에 달했고, 설상가상으로 나폴레옹은 독일을 점령했던 것이다. 프러시아를 제외한 대부분의 독일 영토 내 자치령들은 그야말로 무정부 상태였다. 다만 독일어라는 언어를 바탕으로 한 민족만은 그대로 있었다. 헤겔의 철학은 통일적인 국가 이념을 지향하는 데에 집중되어 있었으며, 대학 시절에 열렬히 찬동하던 민주주의와 자유주의를 지향하는 것이었다. 그의 법철학을 중심으로 하는 실천 철학은 그의 철학의 궁극적 관심이며 그가 말하는 입헌군주제라는 것도 실은 민주 국가의 대통령 제도와 별반 차이가 없는 것이라고 할 수 있다.

3) 수운과 헤겔의 변증 논리

　수운의 독특한 동학 사상이 산출되어나온 그 역사적 지평과 헤겔의 변증법 사상이 출현한 시대적 상황은 이처럼 낡은 질서가 허물어지고 새로운 세계가 열리는 전환기라는 점에서 공통점을 가진다. 더구나 양자의 독특한 논리 구조는 서로 상당히 닮아 있다. 최근에 김상일은 에리히 프롬의 표현을 빌려 이른바 A형 논리와 E형 논리를 구분한 바 있거니와, 이 구분법을 빌린다면 수운의 불연기연(不然其然)의 논리는 일종의 E형 논리로, 헤겔의 변증법 논리 역시도 모순과 역설의 논리로서 일종의 E형 논리로 분류될 수 있을 것이다.7) 따라서 수운과 헤겔의 변증 논리 구조는 차이보다는 유사성을 가진다고 할 수 있다. 물론 E형 논리 내부의 차이를 무시할 수는 없지만 말이다.8)

---

7) 김상일은 에리히 프롬의 견해를 인용하여 논리에는 아리스토텔레스의 형식 논리와 역설의 논리가 있음을 밝힌다. 동일률, 모순율, 배중률을 근간으로 하는 아리스토텔레스의 형식 논리는 이원론, 성형(직선)적 사고 방식, 실체론, 기계론, 환원론 등으로 정체, 경제, 사회의 모든 분야를 지배해온 논리라는 것이다. 그러나 이러한 형식 논리는 20세기에 들어서 극복해야 될 대상으로 되고 있다고 한다. 이 논리를 수용한 Aristoteles, Augustinus, Aquinas의 이름 첫 철자를 따서 A형 논리라 이름한다. 이에 반해서 그리스의 크레타인인 에피메니데스는 "크레타 사람들은 모두 거짓말쟁이다"라고 하여 자기 자신은 거짓말쟁이가 아님을 역설적으로 말했으며, 그 이전에 유브라이데스(Eubulaides)는 모순율과 배중률에 상치되는 역설의 논리를 주장했으며, 에카르트(Eckard)는 이를 신학에 적용했다. 이러한 역설의 논리는 참과 거짓을 결국 같은 것으로 보기 때문에 형식 논리로는 이해될 수 없는 논리다. 이는 역설의 논리를 주장한 사람들의 첫 철자를 따서 E형 논리라 한다. 김에 의하면 동양의 전통 논리는 거의 예외 없이 이 E형 논리다. 이는 동양의 여러 신화에 잘 나타나 있다고 한다. 김상일, 『동학과 신서학. 세계 철학 창조를 위한 최수운, 켄 윌버, 존 캅의 대화』, 서울(지식산업사), 2000, 21-38쪽 참고.
8) 수운의 불연기연의 논리와 헤겔의 변증법 논리의 차이는 물론 전자가 불연과 기연간의 상보적 관계를 인정하는 데 그치는 반면, 후자는 우리의 연구

이제 우리는 유사한 구조의 역사적 상황을 염두에 두고 거기에서 나온 수운과 헤겔의 논리를 비교, 규명해봄으로써 그 논리 구조에 어떠한 유상성과 차이가 있는지 살펴보기로 하자. 그리하여 결론적으로 우리가 오늘날 처한 위기를 극복해나가기 위한 작은 견본으로 삼고자 한다.

2. 불연기연과 오성-이성 변증법

1) 불연기연의 변증 논리

수운이 독특하게 현실을 인식하는 논리는 불연기연이라고 할 수 있다. 이는 동학의 일관된 기본 논리며 동학 사상의 원형도 이 논리적 기초 위에서 규명되어야 한다.9) 수운이 그리는 이상적 사회는 당시의 역사적 지평에서 불연기연의 논리를 통하여 제대로 인식될 수 있기 때문이다. 수운의 사상은 결국은 시천주(侍天主)의 철학적 원리로 결집되며, 이는 영적 합리화를 뜻하는 내유신령(內有神靈)과 보편적 사회성을 뜻하는 외유기화(外有氣化), 이를 구체적으로 실천하는 각지불이(各知不移)의 철학 원리로 분석될 수 있다. 여기서 수운 사상의 그 논리적 바탕을 이루는 불연기연의 구조를 분석해보자.

수운은『동경대전』의「불연기연」편에서 세상 만사의 이치를 간단히 불연과 기연의 관점에서 논하고 있다. 불연(不然)이란 "그렇지 않다" 혹은 "~아니다"를, 기연(其然)이란 "그렇다"

주제에 비추어 오성과 이성의 변증법적 발전을 체계적으로 인정하여 수직적 상승을 한다는 점에서 잘 드러난다.

9) 오문환,『동학이란 무엇인가. 사람이 하늘이다』, 서울(솔), 1996, 23쪽.

혹은 "~이다"를 뜻한다. 수운은 불연과 기연을 손쉽고 비근한 예를 들어서 설명하고 있다.

먼저 기연이란 무엇인가? 기연이란 우리가 일상적으로 비근하게 접하는 상식의 세계에 대한 상식적이고 감각적인 사실의 판단을 이름이다. 이러한 상식적이고 감각적인 판단을 뒷받침하는 논리는 형식 논리로 잘 알려져 있다. 가장 비근한 형식 논리와 그 한계에 관한 예는 인과율의 분석에 잘 나타난다. 나는 누구인가? 나를 존재하게 한 원인은 나의 아버지에게 있고 아버지의 존재 원인은 다시 그 아버지며, 이 아버지 역시도 다시 그 아버지에 원인을 두고 있다. 그리하여 무한 소급하게 된다. 그리하여 최초의 아버지에 이를 것이다. 그러나 이 최초의 아버지 역시도 원인을 가지지 않으면 안 될 것이다. 그러나 이 최초의 아버지와 이 아버지의 원인에 대한 문제는 최후의 형이상학적 문제를 이루기 때문에 상식적인 사실을 판단하는 판단 능력으로서는 도달할 수 없는 영역이다 : "그 그러함을 미루어 보면 기연은 기연이나 그렇지 않음을 찾아서 생각하면 불연은 불연이라."[10] 이 영역은 기연이 아닌 불연의 영역이다. 말하자면 불연이란 상식적이고 감각적인 사실 판단으로써는 도달할 수 없는 초상식적, 초감각의 영역이다. 수운은 "임금은 맨 처음 자리를 전해준 임금이 없건마는 법강을 어디서 받았으며, 스승은 맨 처음 가르침을 받은 스승이 없건마는 예의를 어디서 본받았을까"[11]라고 묻고, 나면서부터 아는 것도 아닐 것이요 저절로 아는 것도 아니므로 "알지 못하고 알지 못할 일", 즉 불연이라 답한다. 그러므로 기연과 불연은 전혀 다른 것이다. 여기서 기연은 감각적, 경험적 판단을, 불연은 궁극 원인과 최후 근거에

---

10) 최수운, 『동경대전』, 「수덕문」 ; 천도교 중앙 총부(편), 『천도교 경전』, 56.
11) 최수운, 같은 책, 「불연기연」 ; 천도교 중앙 총부(편) : 같은 책, 59–60쪽.

대한 초경험적, 형이상학적 추론을 뜻한다고 할 수 있다.

수운은 기연과 불연의 차이점을 조목조목 들이댄 다음, 일반 세상 사람들의 경향과 편견을 설파한다. "불연은 알지 못하므로 불연을 말하지 못하고, 기연은 알 수 있으므로 이에 기연을 믿는 것이다."12) 상식에 의존해서 상식으로 살아가는 일반 세상 사람들은 기연은 손쉽게 알고 말할 수 있으며 불연은 알 수 없고 말할 수 없는 것으로 치부하기 마련이다. 그러므로 기연은 가깝고 뻔한, 그렇고 그런 일이라고 습관적으로 알고 있는 것으로 만족한다. 그들은 그것이 왜 그런가, 그 근거가 무엇인가, 그것은 과연 우리가 일상적으로 알고 있는 그대로 존재하는 것인가 등등의 물음을 제기하려고 하지 않는다. 그들은 기연에 안주하여 이에 만족하면서 살아가기 마련이다. 그들이 그 이상의 문제에 대한 물음을 제기하지 않는 이유는 그것이 기연의 범위를 멀리 벗어나 있기 때문에 그러한 물음을 제기할 수 없는 것이라고 미리 섣부른 판단을 내리기 때문이다. "이에 그 끝을 헤아리고 그 근본을 캐어본즉 만물이 만물이 되고 이치가 이치가 된 큰 일이 얼마나 먼 것이냐."13) 세인들의 눈에 불연의 사실은 이처럼 멀리 있는 것으로, 나와는 무연한 것으로만 여겨지는 것이다. 그러나 이러한 섣부른 판단이야말로 그리스의 철학자 파르메니데스가 말하는 감각적 기만에 의한 속견에 지나지 않는 것이다.

수운은 이러한 무반성적이고 무비판적인, 전학문적(前學門的)인 혹은 현상학자 후설이 말하는 자연적인 태도의 허구성을 폭로한다. 불연이 나와는 무관한 머나먼 일이라는 세인의 편견은 사실은 근거가 없는 잘못된 생각이라는 것이다. 불연은 나

---

12) 최수운, 같은 책 ; 천도교 중앙 총부(편), 위의 책, 60-61쪽.
13) 최수운, 같은 책 ; 천도교 중앙 총부(편), 같은 책, 61쪽.

와는 무관한, 일상 생활과는 동떨어진 무엇이 아니라 사실은
나와 가까이 있는 것, 일상 생활의 한복판에 있는 무엇이라는
것이다.

　세인들이 불연이라 치부하는 것을 수운은 그렇지 않다고 확
신하는 것이다. 그렇다면 사태의 진실이 이러할진대 이 사태를
판단하는 사람에 따라서 이렇게 결과가 달라지는 이유는 무엇
인가? 수운의 숨은 의도를 따라가면, 이는 사태를 보는 이의 의
식의 태도 여하에 달려 있는 일이다. 사태의 진면목을 있는 그
대로 보는 깨어 있는 의식이 있는가 하면, 있는 사태를 왜곡하
고 축소하여 좁게 보는 비뚤어진 의식이 있을 수 있다. 이러한
의식의 차이를 서양에서는 오래 전부터 직선 지향과 회절 지향,
자연 의식과 반성 의식 등으로 구분지어 분명히 구별해왔다.[14]
깨어 있는 의식은 사태를 있는 그대로 은폐시키지 않고 널리
보는 데 반하여 그렇지 않은 닫힌 의식은 좁은 시야로 사태를
독단적으로 판단하여 마치 이것이 사태의 진면목이라도 되는
듯이 치부한다.

　그러나 수운에 의하면 세인이 기연이라 판단한 사태들은 실
은 불연이다. 세인은 다만 불연을 기연을 판단하는 잣대로 재
단하여 그것을 기연이라 치부할 뿐이다. 이처럼 세인이 기연이
라 억측한 불연이란 일상에서 멀리 떨어져 있는 것이 아니라
일상 속에 있다. 일상에서 너무 가깝기 때문에 불연은 기연으

---

14) 직선 지향(intensio recta)과 회절 지향(intensio obliqua)은 물론 중세 철
학의 스콜라 철학자들, 특히 윌리엄 오캄에게서 제1지향(intensio prima)과
제2지향(intensio secunda)으로 확연히 구분된 연원을 가진다. 직선 지향은
외부의 대상을 지향하는 일상 생활의 소박한 의식의 태도이고, 회절 지향은 그
러한 의식이 대상으로부터 자기 자신에게로 다시금 향하는 부자연스러운 의식
의 태도다. Hartmann, N., *Zur Grundlegung der Ontologie* (1934), Berlin
1965, 46-47쪽 참고.

로 보이는 것이다. 이는 마치 눈이 사물을 보면서도 사물을 보고 있는 자신의 눈의 존재를 잊는 것과도 같은 현상이다. 일상인, 세인, 보통 사람은 여기까지밖에는 생각하지 않는다. 그럴 필요를 느끼지 못하는 것이다.

수운에 의하면 불연은 우리와 아주 친근하게 일상 안으로 들어와 있다. 사계절이 순환하고, 산 위에 물이 있으며, 갓난아이가 부모를 알아보는가 하면, 성인이 나면 황하수가 천 년에 한 번씩 맑아지는 현상, 그런가 하면 밭을 가는 소가 사람의 말을 알아듣는 일, 까마귀 새끼가 성장하여 다시 부모를 섬기는 일, 제비가 제 집을 알고 해마다 찾아오는 일 등등.[15] 그 현상의 원인을 계속 추궁해보면 인간으로서는 알 수 없는 막다른 골목에 봉착하는 것이다. 일상은 알 수 없는 신비, 불연으로 가득 차 있다. 이처럼 세인이 불연을 기연으로 인식하는 것은 말하자면 범주 착오 혹은 한계 침범(Grenzüberschreitung)과 같은 것이다. 세인이 알고 있는 기연이란 기연이 아니며, 그들이 알고 있는 불연 또한 불연이 아닌 것이다.

수운이 이렇게 세인이 알고 있는 불연과 기연은 사태의 진실과는 다르다고 보는 것은 세인과는 어떤 다른 입장에서 내린 결론임에 틀림이 없다. 세인이 알고 있는 기연의 세계란 실은 불연이라는 거대한 세계에 둘러싸인 작은 섬과도 같은 세계에 지나지 않는다는 것이다. 불연은 말하자면 기연에 대한 거대한 존재 바탕을 이루는 것이다. 불연의 존재 없이 기연이란 있을 수 없다. 만물의 진면목은 기연이라는 표피적 현상만으로는 접근할 수 없는 불연의 거대한 바탕에서 이해될 수 있는 무엇이다. 수운은 『용담유사』의 「홍비가(興比歌)」에서 "무궁한 그 이치를 불연기연 살펴내어 부야홍야 비해보면 …… 무궁한 이울

---

15) 최수운, 같은 책 ; 천도교 중앙 총부(편), 같은 책, 61-63쪽.

속에 무궁한 내 아닌가"16)라고 하여 기연과 함께 불연을 동시에 아는 경지를 노래하고 있다.

이처럼 불연과 기연을 분리시키지 않고 상호 연관에서 꿰뚫어보는 경지는 고양된 정신의 상태에서 도달할 수 있을 것이다. "무궁한 이울 속에 무궁한 내 아닌가"라는 자각은 인식의 주체와 객체가 모두 무궁하다는 점에서 차이가 있을 수 없다는 절대 영역에 대한 자각인 셈이다. 이는 불교에서 말하는 무아일여, 범아일여의 주객 절대 통일의 자각인 동시에 주체의 절대적 정신의 고양(高揚)에서 만물의 본질에 스스로 합치된 상태에 대한 간결한 표현인 것이다. 이러한 자각의 경지에서 기연과 불연은 서로 합치된다. 이러한 관점에서 동학의 논리는 이원론이 아닌 일원론이라 말하게 된다.17)

일상의 무자각, 무반성 상태에 대한 한계점을 스스로 깨달은 정신의 고양 속에서 기연은 불연으로, 불연은 기연으로 이행한다. 왜냐 하면 무자각의 상태에서 기연으로 알고 있는 것은 자각의 상태에서는 불연이요, 무반성의 상태에서 불연의 신비로 알고 있는 것은 깨달음의 상태에서는 기연이기 때문이다.

수운은 「불연기연」 편의 마지막에 가서 불연과 기연의 경계를 허물고 있다 : "먼 데를 캐어 견주어 생각하면 그렇지 않고 그렇지 않고 또 그렇지 않은 일이요, 조물자에 부쳐보면 그렇고 그렇고 또 그러한 이치인저."18) 끝간데 없는 하늘의 관점에

---

16) 최수운, 『용담유사』, 「흥비가」 ; 천도교 중앙 총부(편), 같은 책, 235-36쪽.
17) 오문환, 같은 책, 30쪽. "보는 주체와 보이는 대상이 존재하지 않으므로 생각과 말과 행위가 일어나기 이전인 것이다. 주체와 대상이 존재하지 않으므로 행동하기 이전이며, 말하기 이전이며, 생각하기 이전이다. 그러므로 불연은 행위를 넘어서고, 말을 넘어서고, 생각을 넘어서고, 논리를 넘어선다."
18) 최수운, 『동경대전』, 「불연기연」 ; 천도교 중앙 총부(편), 위의 책, 63-64쪽.

서 보면 만물이 모두 불연이요, 만물을 바탕짓는 하느님의 견지에서 보면 만물이 기연이다. 기연과 불연의 바탕은 다르지 않은 것이며, 따라서 「홍비가」에 나타나는 바와 같이 절대적 깨달음의 경지에서는 불연과 기연은 동시적으로 인식될 수 있는 것이다.

수운은 대부분 인간이 기연의 세계에서 무자각의 상태로 살아가고 있음을 인정한다. 그리고 이러한 무자각의 상태를 벗어나 불연의 세계 안으로 들어가야 한다고 역설한다. 인간의 바른 길은 불가불 기연의 세계에 살면서 한 발 한 발 불연의 세계로 나아가는 데 있다. 수운은 이를 집중(執中)이라 한다.[19] 집중이란 인간이 마음을 한곳으로 결집하여 가운데로 나아가는 것을 말한다. 가운데란 물리적 의미의 가운데면서 동시에 마음이라는 의미의 가운데이기도 하겠지만, 가운데 중의 가운데는 역시 하느님이다. 인간은 하느님으로 향하는 데서 인간다워지는 것이다. 실존철학자 키에르케고르의 신 앞에 선 단독자를 연상시키는 수운의 이 집중이란 불연과 기연의 관계라는 단순한 논리의 차원을 넘어서 인간 실천의 차원을 여는 개념이다.[20] 하느님에 붙여볼 때 모든 것은 기연이라는 사실을 깨달은 수운, 하느님에 대한 생생한 체험 이후로 수운에게는 불연이란 더 이상 존재하지 않는다. 수운의 마음은 하느님의 마음과 같은 경지에 도달한 것이다.

수운이 하느님을 체험하는 1860년의 조선 사회는 정신적, 물질적 모순, 내외적 모순이 극에 달해 있었다. 안으로는 사회 지

---

19) 최수운, 『동경대전』, 「수덕문(修德文)」. "원형이정은 천도의 떳떳한 것이요, 오직 한결같이 중도를 잡는 것(執中)은 인사의 살핌이니라."
20) 오문환은 이를 "시비하는 마음이나 물욕 등과 같은 욕망들 …… 에 흔들리지 않고 불연의 중심을 향하여 나아가는 것"이라 표현한다. 오문환, 같은 책, 32쪽.

도 이념인 유교 정치 체제와 각자의 도덕 의식이 부패해 있었으며, 밖으로는 서양의 정치, 문화 세력이 전통 사회의 존립 기반을 뒤흔들었다. 수운의 동학은 바로 이러한 누란의 위기에 처한 한 시대의 종말과 새로운 시대의 탄생이라는 전환기에 창도된 것이다. 그리고 그 중심 사상인 시천주(侍天主)는 "내유신령 외유기화 일세지인 각지불이(内有神靈 外有氣化 一世之人 各知不移)"로 분석된다. 내유신령이란 자신이 곧 우주의 중심인 하느님이라는 자각을 이름이며, 외유기화란 우주 만물이 모두 중심점에 연결되어 있는 순환 운동이라는 것이며, 각지불이란 안팎의 본성을 저해하고 방해하는 모든 활동에 대한 투쟁과 같은 것이다.21) 신령과 기화가 인간과 우주의 본성이라면 각지불이는 이 본성을 지키고 키우기 위한 인간의 의무며 사명이다.

수운의 동학이 내세우는 기연불연의 변증 논리는 결국 인간의 실천에 연결되어 인간의 각성과 실천을 촉구한다고 볼 수 있다.

2) 오성-이성의 변증법

헤겔의 논리는 문외한들 사이에서도 변증법으로 잘 알려져 있다. 헤겔이 말하는 변증법이란 무엇이며 어떻게 특징적으로 설명될 수 있을까? 우리는 이것을 우리의 현재 주제와 관련시켜 오성-이성의 변증법이라 특징짓고자 한다.22) 물론 이 오성-

---

21) 같은 책, 60-61쪽.
22) 헤겔에게서 오성과 이성의 관계에 관해서는 Zeleny, J., "Verstand und Vernunft in Hegels 'Wissenschaft der Logik' und in der materialistischen Dialektik", in : *Dialektik. Beiträge zu Philosophie und Wissenschaften 2. Hegel : Perspektiven seiner Philosophie heute*, Red. v. B. Heidemann, Köln 1981, 43-62 ; Narski, I. S., "Die verkehrte Welt, List des Verstandes und

이성 변증법의 배후에는 어김없이 헤겔 당시의 역동적 역사 상황에 대한 인식이 자리잡고 있다.

이 역사 상황을 가장 특징적으로 드러내는 것은 '근세의 종말과 새로운 시대의 도래'라 할 수 있다. 헤겔은 자신의 주저인 『정신현상학』(1807)의 서문에서 당대가 낡은 시대의 종말과 더불어 새로운 시대의 도래를 예고하는 징후들로 가득 차 있음을 말한다.23) 그리하여 낡은 시대와 그 질서는 몰락하고 새로운 이성의 질서가 도래해야만 할 당위성과 더불어 철학은 이를 적극적으로 인식하고 현실 변혁을 촉진해야만 할 것이라는 견해를 개진한다. 헤겔은 도래해야 할 새로운 질서를 이성적, 지금까지의 낡은 시대와 그 질서를 오성적이라 특징짓는다. 그리하여 오성-이성의 변증법은 이러한 절박한 시대 인식과 맥을 같이하고 있다.

오성과 이성에 대한 단적인 차이에 대해서 헤겔은 『철학백과』(1819)의 19-82절(W8, §19-82), 특히 82절에서 상세히 설명한다.24) 오성적 사유는 사물을 고정된 추상적 입장에서 파악하여 이를 마치 사태의 진면목인 것처럼 맹신하고 고집하는 입장이다. 이 입장은 자신이 판단한 사실이 사태의 진면목이라 주장하기 때문에 이에 대한 반성이나 회의, 부정을 일체 시도하지 않는 무기력하고 정적인 태도를 취한다. 헤겔은 이러한

List desr Vernunft bei Hegel", in : *Analen der internationalen Gesellschaft für dialektische Philosophie-Societas Hegeliana Jahrgang 1983*, Köln 1983, 138 ; Yang, O.-S., *Hegels Technikverständnis und Versöhnungsinteresse zwischen Natur und Geist*, Würzburg 1998, 특히 19-21쪽 참고.

23) Hegel, G. W. F., *Phänomenologie des Geistes* (1807), Vorrede. 18 : "우리의 시대가 탄생과 새로운 시대로의 이행의 시대임을 간취하기란 어렵지 않다."

24) 헤겔의 변증법에 대한 간략한 이해를 위한 논문으로는 하기락, 「변증법의 본질과 계보」, 같은 저자, 『학문과 인생』, 대구(형설), 1971, 67-71쪽 참고.

오성의 사유와 논리 형식을 취하는 입장을 특히 당대의 자연과학(갈릴레이와 뉴턴의 고전 물리학)과 수학에서 선명하게 확인하며 넓은 의미에서 자기 이전의 모든 일면적 사유 방식을 이 범위에 넣는다. 그러나 헤겔은 오성이 모든 방면에서 부동의 출발점으로서 반드시 필요한 것이라는 점에는 이견이 없다. 다만 이 출발점을 과장하여 마치 사물의 궁극적 결론이라도 되는 듯이 속단하는 태도만이 문제로 될 뿐이다. 이러한 오성의 일면적이고 추상적인 측면에 대해서 회의하고 부정하는 곳에 이성의 입장이 성립한다.

헤겔은 이성을 다시 세분하여 부정적 이성과 긍정적 입장으로 구분한다. 부정적 이성은 오성의 입장을 부정하여 새로운 입장을 천명하기는 하지만 오성에 대립하여 자신의 주장을 고집한다는 점에서 이 역시도 일종의 오성적 성분을 분유하므로 여전히 부정적, 오성적이다. 헤겔은 이를 변증법적 측면이라 부르기도 한다. 이 일면적 이성을 다시금 극복하는 것이 긍정적 이성의 입장이며 이를 사변적 측면이라고도 한다. 광의에서 헤겔이 말하는 변증법이란 이 세 입장의 유기적인 상호 관계 내지 운동을 뜻한다.

헤겔에 의하면 오성은 일상인의 일상적 상식의 입장을 고수한다. 그리고 그것을 진리라고 고집한다. 비록 오성이 모든 방면에서 부동의 출발점으로서 필수불가결한 것이기는 하지만 그것을 고집하고 다른 것을 배척하는 태도 자체가 문제로 된다는 것이다. 그는 『차이』(1801)에서 오성이 이성(사변)을 신뢰하기는커녕 오히려 혐오하는 점이 심각한 문제라고 주장한다. 상식적 입장에서 오성의 입장을 취하고 오성을 옹호하는 것은 일리가 있는 일이지만, 문제는 이를 넘어서서 오성만이 사태에 대한 진실한 인식이라고 주장하고 다른 입장을 전혀 고려하지 않으려는 아집의 태도다. 이러한 오성의 태도를 대변하는 것이 형식 논리의 입장이다. 형식 논리는 동일률, 모순율, 배중률을 근간으로 A = A 혹은 A는 A이거나 아니면 A가 아니지 A면서 동시에 A가 아닐 수는 없음을 주장한다. 이는 "이것 아니면 저것(Entweder-Oder)"(W8, §32 Zus.)이라는 극단적 흑백 논리의 형식을 취한다. 수운에게서 기연의 논리만을 고수하는 세인의 일상적 사고와 일맥 상통하는 논리라고 할 수 있다. 이것 아니면 저것이라는 극단적 형식 논리를 고수하는 오성은 그러나 그 극단으로 가면 스스로를 부정하는 방향을 가지 않을 수 없다고 헤겔은 본다.

그리하여 오성은 이성의 입장으로 나아가게 된다. 이성은 단적으로 "이것도 저것도(Sowohl-als-auch)"(W8, §32 Zus.)의 입장을 취한다. 이러한 헤겔의 논리는 분명 "이면서 아니다(不然其然)"는 수운의 역설 논리, 에리히 프롬이 말하는 E형 논리다. 오성이 긍정했던 '이것 아니면 저것'이라는 형식 논리는 모순을 허용하지 않는 반면에 이성의 '이것도 저것도'라는 변증 논리 내지 역설의 논리는 모순의 존재를 적극적으로 인정하고 허용하고자 한다. 최근 김상일은 이러한 역설의 논리를 자기-언급 내지 반대 일치의 논리로서 동양에서 전통적으로 통용되었던 상보성, 상대성, 유기체성의 논리라고 하였거니와, 헤겔의 역설 논리는 오성과 이성을 한데 묶고자 한다. 그러므로 이는 명백한 모순일 수 있지만 현실은 바로 이러한 모순을 본질로 한다는 것이다.

오성과 이성이라는 상이한 문제 의식과 현실을 한데 묶고자 했던 헤겔의 의도는 현존하는 모순된 현실을 단순히 회의하거나 조롱하지 않고 있는 그대로 인정하여 이를 극복하고자 했던 것으로 해석할 수 있다. 헤겔 철학의 많은 부분은 이처럼 단순한 강단적 지식을 전개하는 것이 아니라 모순된 현실을 적나라하게 드러내고 분석하여 대안을 제시하고자 한다. 이는 수운의 현실 인식과 저술 활동에 상응하는 태도다.

헤겔은 『정신현상학』에서 당시의 세계를 "전도된 세계(Die verkehrte Welt)"라 인상 깊게 나타낸다. 전도된 세계는 헤겔의 술어에서 당시의 소외된 사회와 인간의 삶을 단적으로 드러내 준다. 헤겔에게서 역사란 "자유 의식에서의 진보"라 인식되지만 정신 철학자로서의 그의 정신 철학, 특히 그의 객관적 정신론은 소외된 불완전한 형태로 존재하는 인간의 사회 정신을 드러낸다.

특히 "시민사회"는 근대의 산업혁명으로 원자화되어 극단적으로 자신의 이익에만 몰두하는 개인을 기본 단위로 하는 모순되고 소외된 사회의 모습을 잘 그리고 있다. 이 사회의 가치관과 사고 방식의 근저를 이루는 것이 바로 오성이다.[25] 자기의 이익만을 안중에 두는 이러한 이기적 개인의 사고 방식을 이루는 오성은 단순히 좁은 견해를 가지는 데 그치지 않고 적극적으로 자기의 개인적 이익과 유익한 것을 추구하고 그렇지 않은 것을 배척한다. 그리하여 전체의 삶은 소외된 형태를 띠지 않을 수 없게 된다("욕망의 체계").

이 전도된 세계는 『정신현상학』에서 "정신적 동물의 왕국(Das geistige Tierreich)"이라는 다른 술어를 낳는다. 이 테마

---

25) "전도된 세계"는 『정신현상학』의 오성 장(章)에서 비로소 주제로 된다는 사실은 매우 시사적이라 할 수 있다. 여기서 오성은 존재하는 그대로의 세계를 전도시켜 인식함으로써 세계를 전도된 세계로 뒤바꾼다. 주로 칸트의 철학과 당시의 고전 물리학이 분석의 대상으로 되고 있기는 하지만 실은 오성 일반의 행태를 비판 서술한 것으로 보인다. 그리고 그 배후에는 근대에 만발한 자연과학과 수학의 성과 그리고 이를 응용해서 비약적으로 발전한 근대 산업 사회인 "시민사회"에 대한 신랄한 비판이 숨어 있다.

는 괴테의 『라이네케의 여우(*Reineke Fuchs*)』(1793)』라는 작품의 영향을 받은 것인데, 이 작품은 각 개인이 절대적인 이기적 주체로 존재하며 무한한 이기주의가 전체의 환경을 부패시킨다는 내용을 담고 있다. 각자는 모든 것을 가지려 하고 모든 것을 행하려고 하며 타인을 절멸시키려 하기 때문에 세계는 개선될 수 없는 최악의 세계라는 것이다. 이러한 정신적 동물의 왕국이란 일종의 전도된 세계에 대한 적나라한 표현이라고 볼 수 있다. 헤겔은 이러한 사회에서는 기만과 사기, 거짓과 폭력이 난무하는 것으로 인식한다. 이러한 사회를 끌고가는 숨은 힘은 말할 것도 없이 오성의 잘못된 정신적 제한과 그 꾀(List)다. 그의 역사 파악을 특징짓는 대표 술어인 "이성의 꾀(List der Vernunft)"는 여기서 "오성의 꾀(List des Verstandes)"라는 다른 술어를 가능하게 한다.26) 괴테의 『라이네케의 여우』로 표상되는 개인적 이기주의가 난무하는 헤겔의 근대 시민사회야말로 오성의 꾀의 극치를 이룬다. 그렇다면 오성의 꾀와 이성의 꾀는 어떻게 관계하는가.

헤겔은 오성과 이에 의해서 지탱되는 개인적 이기주의가 지배하는 근대 시민사회를 이성의 입장에서 비판하지만 그렇다고 오성과 이성이 대립하는 것으로 보지는 않는다. 물론 오성은 근본적으로 분리시키는 제약의 힘이고 이성은 통일을 의식되게 만드는 힘이다. 그러나 "이성은 자기 자신을 반성하는, 말하자면 자기 자신을 의식하는 오성이다. …… 자기 자신에 도달

---

26) Narski, I. S., "Die verkehrte Welt, List des Verstandes und List der Vernunft bei Hegel", in : *Annalen der internationalen Gesellschaft für dialektische Philosophie-Societas Hegeliana Jahrgang 1983, Köln 1983*, 138쪽. 물론 헤겔 자신은 "오성의 꾀"라는 용어를 쓰지는 않았다. 그러나 "이성의 꾀"에 대응하는 "오성의 꾀"라는 용어의 해석 가능성은 충분히 있는 것으로 볼 수 있다.

한 오성, 즉 이성은 아직 자기 자신에 도달하지 못했을 때 그가 선취했던 분열의 고정에 대항하지 않으면 안 된다."[27] 이성은 오성을 포괄하고 있다. 따라서 이성의 꾀는 오성의 꾀를 포괄하고 있다. 즉, 이성의 꾀는 인간의 열정을 배후에서 조정할 뿐만이 아니라 계몽이라는 환상과 이득만을 안중에 두는 개인 정신의 고집에 의해서 압도되는 오성의 꾀도 조정하고 있다. 말하자면 오성의 꾀는 개인으로 하여금 자기의 고립된 세계만을 직시하여 그 가운데 안주케 함으로써 맹목으로 만들고 그 결과 전체 사회의 붕괴로 몰아간다. 그리하여 필연적으로 이성이 개입하도록 유도한다.

3) 수운과 헤겔의 논리에서 실천 문제

오성과 이성의 범주를 비교적 기초적으로 규명하는 『논리의 학』에서 헤겔은 한편으로 오성과 이성을 연속적인 것으로 본다. 그러나 그는 다른 편으로 양자 사이의 대립을 암암리에 인정하고 철학이 비로소 이 대립을 지양해야만 하는 것으로 규정한다. 철학은 단지 모순된 현실을 인식하고 이를 분석하여 이에 대한 처방을 내리는 것으로 그치는 것이 아니라 오성적 현실을 이성적 현실로, 즉 오성과 이성의 화해를 도모하지 않으면 안 된다는 것이다. 철학은 대상 세계를 있는 그대로 인식하여 자기 자신의 내면에 도달하고 이를 통해서 모순되고 전도된 세계를 다시금 원래의 상태로 회복하지 않으면 안 된다.

수운의 시천주 해석에서의 각지불이(各知不移)에 상응하는 것이 바로 헤겔이 말하는 철학의 사명으로서의 오성과 이성의

---

27) Zimmerli, W. Ch., *Die Frage nach der Philosophie. Interpretation zu Hegels "Differenzschrift"*, in : Hegel-Studien BH. 12, Bonn 1974, 75쪽.

화해(Versöhnung von Verstand und Vernunft)라 하겠다. 수운이 불연기연의 논리를 통해 내유신령, 외유기화, 각지불이의 결론에 이르러, 내 안에 있는 하느님의 본성과 더불어 나의 본성을 깨달아 이를 회복해야 한다는 인간의 의무와 사명에 도달했듯이, 헤겔은 오성과 이성의 모순된 세계를 인식하고, 내 안의 하느님(정신적 절대자)과 내 밖의 하느님(자연적 절대자)을 주체적으로 인식하여 양자의 모순을 해결하는 것이 철학의 임무며 인간의 사명이라 보았다.

3. 형이상학과 실천의 문제

수운의 불연기연의 변증 논리는 동양 전통적인 E형의 논리로서 역설의 논리다. 그리고 이 "반대 일치의 논리"는 모순된 당시 선말의 현실에 대한 수운의 각고의 체험과 이를 극복하기 위한 노력의 일환으로 이해되지 않으면 안 된다. 당대의 식자며 각자였던 수운이 모순된 현실에 대처하는 방식은 역시 당시까지의 지식과 사유 방식, 생활 방식에 대한 전환적 검토였다. 로고스의 정점에서 로고스의 가능성을 넘어서고자 하는 몸부림이 바로 불연기연의 논리며 이를 구체적 현실과 맞서 체현하고자 하는 수운의 의지가 시천주 주문에 대한 풀이에 잘 나타나 있다.

이는 헤겔이 서양 근대까지의 역사를 더듬어 그 정수를 오성-이성의 변증법 논리로 집약한 것에 상응한다. 헤겔은 당시의 시민사회가 안고 있는 문제를 "전도된 세계", "정신적 동물의 왕국"으로 집약한다. 오성의 꾀가 만들어낸 전도된 세계를 다시 전도시키는 일은 인간 이성의 보편적 각성을 전제로 하는 정신의 고양에서 시작된다. 이를 달성하는 기관(Organon)이 곧 철학이다. 헤겔에게서 철학은 절대자(하느님)에 관한 인식의 학문이며, 철학은 유한한 대상 세계를 있는 그대로 인식함으로써 절대자를 인식하는 것이다. 헤겔에게서 철학과 철학함이란 절대자 앞에 드리는 기도와 제사인 것이다.

수운은 역사를 인식하는 데에서 이제까지의 역사를 선천(先天)으로, 자신 이후에 도래하게 될 새로운 역사를 후천(後天)으로 이해했다. 선천에는 유불선서학(儒佛仙西學)이 지배적인 이데올로기 역할을 하였으나 이제는 세계가 개벽되려는 위기의 시대를 맞이하고 있다. 또 서학이 그 탁월한 기동력과 힘으로 동양 사회에 들어와 그 문화와 전통을 뿌리 채 흔들고 있으나 이는 인류의 지도 이념이 되기에는 부적합하며 위험하기조차 한 것이다. 서학이 아닌 동학이야말로 병든 이 세계를 건져낼 수 있는 유일한 지도 이념이라고 수운은 확신한다. 여태까지의 세계는 병들고 썩어 있기 때문에 이를 개벽하고 새로운 질서와 삶을 구가하지 않으면 안 될 것으로 수운은 보고 있다 : "십이 제국 괴질 운수 다시 개벽 아닐는가."[28]

헤겔 역시도 자기 이전의 전체 역사를 오성을 바탕으로 한 무질서와 혼란으로 얼룩진 병든 세상으로 진단한다. 이러한 낡은 질서와 삶은 근본적으로 뒤바뀌지 않으면 안 된다는 점에서 헤겔은 대안을 제시한다. 이 대안이란 다름아닌 오성의 자기부정, 즉 이성의 도래다. 이를 위해서는 철학의 역할이 절대적이다. 진정한 철학이란 단순한 학문에 그치는 것이 아니라 오히려 인간의 노동 그 자체다. 물론 이는 육체적 노동과 정신의 노동을 모두 포괄하는 넓은 의미의 노동이다. 마르크스는 이 중에서 육체적 노동에 중점을 두고 헤겔을 비판했다. 그러나

---

28) 최제우, 『용담유사』, 「안심가」 ; 천도교 중앙 총부(편), 같은 책, 159쪽.

우리는 헤겔적 의미의 노동이 바로 철학하는 정신의 노동을 뜻한다는 점에서 소외된 이 세계를 회복할 수 있는 대안이 될 수 있다고 본다.

소외되고 부패된 현실, 위기의 현실을 구원하기 위한 인간의 실천은 수운이나 헤겔에게서 지극히 실질적인 문제였으며 또한 그 대안이 제시되었다. 수운에게서 그것은 영부(궁궁을을)와 시천주 주문 13자를 통한 하느님과의 주체적 만남이고, 헤겔에게서는 인간의 이성이 스스로를 신적 이성, 즉 하느님의 절대 정신으로 고양시키는 것이다.

그러나 수운과 헤겔에게서 위기를 극복하기 위한 인간의 역할과 실천은 최후의 형이상학을 전제로 하고 있음을 유의해야만 한다. 수운에게서 불연의 세계와 기연의 세계가 존재하는 것으로 보이지만 이는 일면적, 상식적 편견의 소치이고 이를 벗어나 불연과 기연이 다르지 않다는 깨달음에 도달해야만 한다. 시천주에 대한 수운의 해석에서 자신이 곧 우주의 중심이며 하느님임을 깨닫는 내유신령, 우주 만물이 모두 이 중심에 연결되어 있다는 자각을 뜻하는 외유기화, 그리고 만물의 본성이 자신의 본성으로부터 어긋나려고 하는 것을 막고자 하는 인간의 노력을 의미하는 각지불이는 궁극적으로 모두 인간 자신의 각성을 근본으로 하고 있음에 틀림이 없다. 그러한 자각이 가능하기 위해서는 만물과 하느님이 그 중심에서 혼연일체로 만나고 있다는 사실이 전제로 되어야 한다. 헤겔에게서도 역시 오성과 이성은 우주 이치적으로 그렇게, 즉 모순을 지양하는 방향으로 운동하도록 이미 결정지어져 있다는 것이다. 인간의 작위적 노력이 들어갈 여지가 없는 것처럼 보인다. 그러나 전도된 세계를 있도록 촉진한 것은 이러한 형이상학적 오성이 아니라 우주와 인간 그리고 하느님의 상관적 이행을 가로막는 인

간의 오성적 자의적 활동인 것이다. 이 오성적 활동을 중단시
키고 새로운 역사를 여는 정신의 활동에 적극적으로 동참하는
것이 인간의 임무, 철학의 임무인 것이다.

수운이나 헤겔의 현실은 커다란 위기를 맞이하고 있었다. 그
들에게 현실이란 쉽사리 뒤바꿀 수 없었던 거대한 실체였다.
수운의 동학과 헤겔의 변증법 철학이 단순한 비관론이나 낙관
론으로 떨어지지 않는 이유가 바로 여기에 있다. 양자에게서
인간의 품위와 권리는 하느님의 지위에 이르게 되고 그만큼 그
책임도 무거워지게 된다.

□ 참고 문헌

김상일, 『동학과 신서학. 세계 철학 창조를 위한 최수운, 켄 윌
　　버, 존 캅의 대화』(서울 : 지식산업사, 2000).
오문환, 『동학이란 무엇인가. 사람이 하늘이다』(서울 : 솔, 1996).
윤석산, 『수운 최제우 평전. 후천을 열며』(서울 : 동학사, 1996).
천도교 중앙 총부(편), 『천도교 경전』.
최수운, 『동경대전』, 「수덕문」.
＿＿＿, 『동경대전』, 「불연기연」.
＿＿＿, 『용담유사』, 「권학가」.
＿＿＿, 『용담유사』, 「흥비가」.
＿＿＿, 『용담유사』, 「몽중노소문답가」.
＿＿＿, 『용담유사』, 「안심가」.
＿＿＿, 『헤겔의 생애와 철학』(대구 : 형설, 1980).
하기락, 「변증법의 본질과 계보」, 같은 저자, 『학문과 인생』(대
　　구 : 형설, 1971).

Althaus, H., *Hegel und die heroischen Jahre der Philosophie. Eine Biographie* (Freiburg, 1992).

Hartmann, N., *Zur Grundlegung der Ontologie* (1934) (Berlin, 1965).

Hegel, G. W. F., W3, *Phänomenologie des Geistes* (1807).

_____, W8, *Enzyklopädie der philosophischen Wissenschaften im Grundrisse* (1830), Erster Teil, *Die Wissenschaft der Logik*.

Narski, I. S., "Die verkehrte Welt, List des Verstandes und List desr Vernunft bei Hegel", in : *Analen der internationalen Gesellschaft für dialektische Philosophie-Societas Hegeliana Jahrgang 1983*, Köln 1983.

Wiedermann, F., *Georg Wilhelm Friedrich Hegel* (Hamburg, 1996).

Yang, O.-S., *Hegels Technikverständnis und Versöhnungsinteresse zwischen Natur und Geist* (Würzburg, 1998).

Zeleny, J., "Verstand und Vernunft in Hegels 'Wissenschaft der Logik' und in der materialistischen Dialektik", in : *Dialektik. Beiträge zu Philosophie und Wissenschaften 2. Hegel : Perspektiven seiner Philosophie heute*, Red. v. B. Heidemann (Köln, 1981).

Zimmerli, W. Ch., *Die Frage nach der Philosophie. Interpretation zu Hegels "Differenzschrift"*, in : Hegel-Studien BH. 12 (Bonn, 1974).

칸트의 선험적 종합 인식과 자의식

· · · 황 순 우

[요약문]

칸트의 범주의 초월 연역론에 나타난 자의식 개념의 객관성은 선험적 종합 인식의 표현이다. 연역(1787년) 15장에서부터 이미 결합 행위이자 동시에 결합 표상으로서 본격적으로 전개되는 근원적 결합 개념은 그 기능과 역할을 19장에 이르러 판단 계사의 이름 아래 수행하게 된다. 그 결과 통각에 의해 인식론적 근거로 전제되었던 의식의 동일성에서 존재론적 근거로 증명되는 동일성 의식으로의 이행이 진행되는데, 이때 동일성 의식은 다양성 속에서의 자기 동일성 의식으로서 자의식이 객관성을 획득하는 과정이자, 동시에 선험적 종합 인식을 산출하는 과정이기도 하다. 그 이유는 다양을 종합하는 결합 행위의 동일성 의식이 그 결합 행위에 의해 종합되고 결합된 다양의 표상인 객체 개념에서 확인되기 때문이다. 여기에서 판단 계사는 결합 표상으로서의 존재를 결합 행위로서의 사유에 의해 정립함으로써 사유와 존재의 동일성을 표현한다.

▶주요 검색어 : 연역, 판단 계사, 동일성, 자의식, 존재.

1. 칸트의 고백

근원적 통각의 동일성 의식(Identitätsbewußtsein der Apper-zeption)은 근원적인 자의식으로서, 한편으로는 근원적 행위의 동일성 의식(Identitätsbewußtsein ihrer Handlung a priori)과 관련하여, 또 다른 한편으로는 객체의 동일성 의식(Identitäts-bewußtsein des Objekts)과 관련하여 1781년 범주의 초월 연역론(『순수이성비판』 초판 연역)[1]에서 추적하는 선험적 인식의 가능성을 위한 하나의 결정적인 주제로 부각되어서, 1787년 범주의 초월 연역론(『순수이성비판』 재판 연역)에서는 근원적 결합, 즉 판단 계사를 통한 사유와 존재의 동일성 주제를 형성, 관철하게끔 하는 필연적인 계기를 이루게 된다.

초월적 관념론은 통각의 '의식의 동일성(die Identität des Bewußtseins)'을 인식 일반의 가능성을 위해 전제하면서 최고 원리로 삼게 된다. 이때 의식의 동일성은 인식이나 대상에게 의식의 통일성을 의미하는 것으로 초월 인식론적 근거며, 이로부터 초월 철학의 체계가 시작하고 있다.

그렇지만 이미 초판 연역은 인식 전반에 전제된 통각의 통일성으로부터 그 통일성에 대한 의식, 즉 통각의 동일성 의식에게로 나아가야 하는 필요성에 대한 칸트의 고백을 담고 있다. 이것은 당위적으로 전제하고 있는 통각의 통일성에 대한 객관

---

1) 칸트 저작 인용 방식 : 『순수이성비판』은 Felix Meiner 출판사본으로 초판 (1781) = A, 재판(1787) = B, 숫자는 쪽수를 가리킴(예, A29 또는 B31). 칸트 학술원판 전집(*Kants gesammelte Schriften* nach der Ausgabe der Königlich Preußischen Akademie der Wissenschaften 1900ff) = AA, 로마자 숫자는 권수, 숫자는 쪽수, 쉼표 뒤의 숫자는 줄 표시(예, AA IV 298, 20-22). 'a priori'-'선험적', 'transzendental'-'초월적' 그리고 'Verstand'-'지성' 번역을 따름.

성 증명의 당위성을 역설하고 있는 셈이다.

칸트의 고백을 들어보면,

"심성은 자신의 행위의 동일성을 눈앞에 두고 있지 않다면, 자신의 표상들의 다양성 속에서 자기동일성을, 더욱이 선험적으로, 생각해낼 수 없을 것이다"(A108).

객체든 대상이든 표상이든 또는 개념들이든, 그 다양성 속에서 의식의 동일성을 생각해낼 수 있을 때, 즉 초월적 통일성을 종합적으로 그리고 스스로 의식할 때, 비로소 선험적 인식의 초월적 근거가 되는 선험적 통각의 통일성 자체를 제대로 말할 수 있다. 즉, 선험적 통각의 통일은 그것으로부터 선험적 인식과 인식 일반 가능성이 발현될 수 있기 때문에 초월적이다(16장 B132)는 칸트의 진술은 비로소 객관성을 띠게 된다.

그리고 그렇게 의식의 동일성을 생각해낼 수 있는 것, 초월적 통일성을 스스로 의식할 수 있는 것은 통각의 동일성 의식을 의미하고, 통각 자신의 행위의 동일성에 기인한다. 통각 자신의 행위란 근원적인 결합 행위로서 다양을 하나의 객체 속에 그리고 하나의 객체로 결합하는 사유 행위를 말한다. 통일과 행위, 행위와 (감성적) 다양과 객체, 그리고 통일과 객체의 필연적인 복합 구조적 관련성은 통각의 초월적 통일에 대한 규정에서도 엿볼 수 있다.

"통각의 초월적 통일은 곧 어떤 하나의 직관 속에 주어진 모든 다양이 이 통일에 의해 객체 개념 속에서 하나로 결합하는 것이다"(18장 B139).

"근원적 결합" 자체를 성립시키는 통각의 근원적이고 종합적인 통일은 초월적 통일을 말하며, 결합 개념을 통하여 객체 또는 대상 개념의 성립을 가능하게 한다. 이 과정에서 통각은 다양 속에 전제된 자신의 통일, 즉 의식의 동일성을 직접 그 다양 속에서 의식하고자 한다. 이는 다양성 속에서의 자기동일성 의식으로서 자의식이 객관성을 획득하는 과정이자 동시에 선험적 종합 인식을 산출하는 과정이기도 하다.

연역에서 통각의 행위 자체는 근원적인 선험적 결합의 형태로 발현됨으로써 다양 속에서 동일한 하나의 근원적인 행위가 된다. 다양 일반이 근원적 통각의 결합 행위에 의해 하나의 의식 속에서 결합한다면, 다양은 통각("나는 생각한다")과의 필연적인 연관(Beziehung)을 형성한다(17장 B136 / 137).

이때의 통각은 모든 의식들 속에서 동일한 하나의 자의식을 가리킨다. 칸트는 이 근원적 통각의 예외 없는 동일성, 객관적인 동일성을 "일반적 자의식(ein allgemeines Selbstbewußtsein)" 개념을 통해 진술하고 있다. 어떤 하나의 직관에 주어진 모든 다양한 표상들이 결합 행위에 의해 이 자의식에 속해 있다면, 다양성, 사유 행위 그리고 그것들에 대한 의식은 이미 인식 과정을 거치면서 객관성을 확보했음을 의미한다.

(1) 다양한 표상들은 하나의 표상 속에 결합하여 통일성을 이루고 더 나아가 하나의 객체로 정립된다.

(2) 그리고 근원적 결합 행위 — 사유 행위 — 는 그렇게 주관적 표상들을 객관적으로 표상함으로써, 스스로는 주관적 사유 원칙일 뿐만 아니라 동시에 객관성을 제대로 주장하게 된다.

(3) 마지막으로, 이 모든 것들에 전제되어 있던 통각의 통일성 또는 '의식의 동일성'에 대한 선험적 의식의 형성은 물론 초월적 통일성에 기초하지만 동시에 근원적 결합 행위에 의해 생

겨나는 선험적 (종합) 인식을 의미한다.

　따라서 선험적 종합 인식의 산출은 자의식의 객관성 확보를 암시한다. 이때 자의식은 '의식의 동일성'에서부터 동일성 의식에게로의 진행을 마친 근원적 통각의 초월적인 자기 인식을 가리키며 초월 존재론적 근거가 된다. 이 진행 과정에서 통각의 동일성 의식이 기대고 있는 선험적 행위의 동일성 의식은 객체의 동일성 의식에 의해 발현되는데, 이는 연역에서 추구하는 범주의 객관성이 객체를 구성함(Konstitution)에 있고, 이 구성은 판단 계사(Urteilskopula)를 통한 사유와 존재의 동일성에서 그 정당성을 획득함을 의미한다.

　근원적 통각과 관련한 초월적 동일성 의식에 관한 칸트의 고백은 연역의 틀을 이루는 근본적인 사고로서, 체계적인 전개와 관철을 위해 특히 재판 연역에서는 획기적인 지렛대를 찾게 되는데, 곧 초월 논리의 사용에 따른 판단 계사가 그것이다.

2. 근원적 통각의 동일성 의식

　칸트가 초판 연역에서 심성 자신, 즉 통각 자신의 동일성 의식을 위해 분명하게 전제하고 있는 것은 다양 일반에 대한 종합의 근원적인 통일성에 대한 의식이다. 심성 자신의 근원적인 선험적 행위의 동일성 의식은 곧 자기 자신의 근원적인 동일성 의식이라 할 수 있는데, 이는 심성이 자신의 다양한 표상들에게 하나의 객체를 (행위의 동일성) 의식 속에서 규정하는 한에서다. 이때 객체란 "표상들이 필연적으로 함께 결합되어 있는 어떤 것에 대한 개념"(A108)을 가리킨다.

"······ 자기 자신의 동일성에 대한 근원적이고 필연적인 의식은 동시에 ······ 모든 현상들의 직관에 어떤 하나의 대상을 규정하는 ······ 개념에 따른 그 현상들의 종합의 필연적인 통일에 대한 의식이다"(A108).

근원적 통각의 동일성 의식이 기대고 있는 근원적인 선험적 행위의 동일성 의식은 어떤 것이 다른 어떤 것과 함께 하나의 객체 속에 결합되어 있다는 선험적 지식, 선험적 종합 인식을 의미하게 된다. 어떻게 선험적 종합 인식이 가능한가? 다르게 묻자면, 심성이 선험적 행위의 동일성을 눈앞에 두어야 한다는 칸트의 진술을 어떻게 이해해야 하는가? 그리고 근원적인 선험적 행위의 동일성 의식은 어떻게 가능한가?

칸트는 재판 연역에서 행위의 동일성 의식을 통각의 동일성과 선험적 종합 인식을 위한 전제로서 근원적 결합을 통해 진술하고 있다. 감성적 직관에 주어진 다양한 표상들은 자의식에 속할 때 모두 나의 표상들로 된다. 이러한 자의식은 나 자신의 일관된 동일성을 의미하며, 또한 이 동일성은 필연적인 선험적 종합을 통해 가능하다. 다르게 표현한다면, 근원적인 선험적 결합은 나 자신의 동일성과 그 의식을 객관적으로 가능하게 만든다.

"나는 어떤 하나의 (내) 직관 속에 주어진 표상들의 다양과 관련하여 동일한 나 자신을 의식하게 된다. 왜냐 하면 내가 그 표상들 전부를 하나의 표상을 이루는 나의 표상들이라고 부르기 때문이다. 이것은 내가 그 표상들의 필연적인 선험적 종합을 의식하는 것과 마찬가지다. 이 종합은 통각의 근원적이고 종합적인 통일을 의미하는데, 이때 내게 주어진 모든 표상들은 이 통일 아래에 있으며, 그 표상들을 또한 종합을 통해 이 통일 아래에 가져다놓아야 한다"(16장 B135 / 136).

결합의 역할은, 내가 결합을 통해 다양한 "표상들 전부를 하나의 표상을 이루는 나의 표상들"로 말할 수 있게 하는 것이며, 이것은 곧 "내가 그 표상들의 필연적인 선험적 종합을 의식"한다는 의미다. 선험적 종합 의식은 심성이 자신의 동일성이 의존하는 자기 행위의 동일성을 눈앞에 두고 있다는 의미로서, 재판 연역에서는 근원적 결합(16장 B132/133)을 통해 표출되고 있다. 다양한 표상들은 결합을 통해 하나의 표상 속에 결합되고 또한 하나의 표상으로 만들어지며, 궁극적으로 하나의 객체로 된다.

여기에서 통각의 근원적이고 종합적인 통일은 여전히 초월적 의식 또는 자의식으로서, 다양한 표상들이 이 통각 아래에 있게끔 하는 초월적 전제로 간주된다. 그러나 이 같은 통각의 동일성은 표상들을 종합, 즉 결합을 통해 통각의 통일 아래에 가져다놓을 때 비로소 가능하다. 다양을 결합한다는 의미는 다양을 통각 아래에 가져다주는 또는 가져다놓는 행위로서, 이 행위가 이루어질 때, 나는 다양한 표상들 속에서 나 자신을 의식하게 되고, 그래서 통각의 동일성이 객관적으로 증명될 수 있다.[2]

3. 근원적 행위와 존재 그리고 객체

칸트는 근원적 결합을 재판 연역의 시작에서부터 어떤 하나의 주어진 감성적 직관 일반의 다양에 대한 근원적이고 종합적

---

[2] 24장 B153 참조. 이 증명은 16장과 17장 그리고 또한 18장에서는 아직 칸트에 의해 주어지고 있지 않다. 판단 구조와 판단 계사를 분석하는 19장에 가서야 비로소 증명이 행해진다.

인 결합으로서 다루고 있다.3) 결합의 통일은 다양 속에 그리고 직관 속에 동일한 하나의 근원적이고 종합적인 통일이다.4) 이는 칸트가 결합과 통일로써 범주를 통해 단순히 생각해낸 객체 (사유상의 객체)가 아니라, 종합적으로 규정된 객체와 객체 인식을 연역에서 제시하고자 한다는 의미다.

---

3) 15장에서부터 이미 본격적으로 전개되고 있는 칸트의 근원적 결합 개념은 이중적으로 고찰되어야 한다. 모든 결합은 근원적 지성 행위면서 동시에 이 행위를 통해 구성된 근원적 표상이기도 하다. 어떤 하나의 직관에 주어진 다양 일반은 동일한 하나의 근원적 결합 행위를 거치면서 하나의 결합 표상으로, 하나의 표상 속에 결합된 존재로 근원적이고 종합적으로 구성된다. 결합 개념에 대한 이중적 고찰을 초월적 고찰 방식(transzendentale Betrachtungsweise)이라고 부를 수 있다. 초월적 고찰에 대한 가장 기본적인 이해는, 초월적 통각의 통일과 범주뿐만 아니라 결합 행위와 결합 표상으로 이해되는 결합 개념, 더 나아가 결합 존재로 표현되는 존재 자체까지 선험적 인식과 인식 일반에 대한 기본 요소(Elemente)로 간주하는 것이다. 심지어 이와 같은 기본 요소의 확대적 파악은 직관 개념에까지 적용된다. 범주의 초월 연역론은 이와 같은 선험적 인식과 인식 일반에 대한 기본 요소들의 공동 작업에 의해 시작되고 전개되고 있다. 이에 반해 일반적으로 수용되고 있는, 근본적으로 감성과 지성의 이분법에 전적으로 얽매이는 전통적인 고찰 방식은 비판적 고찰 방식(kritische Betrachtungsweise)이라고 부를 수 있다. 이 고찰 방식으로는 연역 15장에 규정된 결합 개념(B129 / 130)을 전체 연역과 관련하여 제대로 이해하지 못할 뿐만 아니라, 이 규정에 따라 지성에 의한 감성과의 결합이 만들어내는 새로운 기본 요소들, 즉 선험적 인식을 구성해내는 기본 요소들을 제대로 인식해내지 못한다. 이 논문에서 다루어지고 있는 주제들은 일관되게 초월적으로 고찰될 것이다.
4) 근원적 통각의 통일은 직관 일반 속에서 근원적으로 그리고 동시에 종합적으로 찾아진다. 이는 다양에 대한 근원적 종합에 의해 일어난다. 그리하여 이 근원적이고 종합적인 통일은 "하나의 근원적인 의식 속에서 범주에 따라 우리들의 감성적 직관에만 적용된다"(26장 B161). 따라서 판단 계사의 초월 논리적 사용에서의 종합은 시간과 공간의 통일까지도 해당되는, 규정된 종합이다. 이러한 사용은 객관성 일반을 형성한다. 결합 행위를 통해 근원적이고 종합적으로, 즉 초월적으로 구성되는 결합 표상이 판단상에서 존재로서 객체의 새로운 성질이며, 객체의 규정 또는 속성, 즉 인식의 초월 논리적 내용이 된다.

그가 규정하고 있는 판단 구조에서의 근원적 결합은 판단 계사(Urteilskopula, Verhältniswörtchen, ist)로서 초월 논리적으로 사용되는데, 그것을 통해 산출된 존재는 객체 일반에게, 그리하여 어떤 하나의 경험적 객체에게조차 귀속된다.

선험적 인식 요소로서의 판단 계사에 대한 분석(19장)은 '첫 번째 증명 단계'(15~20장)에서의 근원적인 선험적 결합에 대한 마지막 분석에 해당된다. 이 분석을 통해 객체 개념(17장 B137)은 제대로 객관적 타당성을 획득할 뿐만 아니라, 동시에 근원적 통각은 자신의 객관적 타당성을 정당하게 주장하면서, "모든 지성 사용과 논리학 전체까지, 그리고 이에 따라 초월 철학이 매달려야 하는 정점"에 도달하게 된다.5)

다양 일반의 관계(Verhältnis)에 대한 객관적 규정과, 그리하여 범주가 다양의 종합에서 근원적으로 표현해내는 근원적인 관계에 대한 객관적 규정은 초월 논리적 사용에 따른 판단 계사에 의해 성립된다. 이로써 다양이 갖는 객체와의 연관(Beziehung)과 동시에 다양이 갖는 근원적 통각과의 연관이 표현될 수 있다. 이 의미는 곧 판단 계사가 1786년 칸트의 예고6)를 보증해주는 것이다.

칸트는 19장에서 당시대의 논리학자들이 판단을 단순히 두 개의 개념간의 관계에 대한 표상으로 규정하였지, 이 관계가 본질적으로 무엇에 근거하고 있는지는 밝히고 있지 않다고 비

---

5) 16장 B134에 대한 주.
6) 칸트는 『자연학의 형이상학적 기초(*Metaphysische Anfangsgründe der Naturwissenschaft*)』(1786)의 서론에서, 초월 철학의 과제인 경험의 가능성의 문제를 범주에 의해 그리고 범주를 통해서만 해명할 수 있다고 주장하면서, 이 규명 작업에 대해 다음과 같이 예고하고 있다. "객체와의 연관(Beziehung)은 판단 일반의 정확히 규정된 정의에 의한 단 한 개의 결론을 통하여 거의 이루어질 것이다"(AA IV 475, 36-42).

판하고 있다. 칸트는 논리학자들에 의해 주어진 판단에 관한 설명에서 규정되어 있지 않은 그 관계를 규정하고자 하며, 더욱이 이 의도를 자신의 '정확히 규정된 판단 정의'를 통해 관철시키려 한다.[7]

여기에서 판단은 초월 논리적 성격을 띤다. 관계 일반의 규정과 이에 따른 연관 일반에 관한 판단 구조의 분석은, 판단 일반에 대한 자신의 '정확히 규정된 정의'가 근원적 결합으로서의 판단 계사에 근거하고 있음을 보여준다. 칸트 자신에 의한 판단 정의는 다음과 같다.

"어떤 하나의 판단은 …… 다름아닌 주어진 인식들을 통각의 객관적 통일에 이르게 하는 방식이다. 이것을 겨냥한 것이 주어진 인식들 속에서의 관계어(ist)로서, 이는 주어진 표상들의 객관적 통일을 주관적 통일과 구분하기 위함이다"(19장 B141 / 142).

1) 근원적 행위, 존재 그리고 객체

판단 계사(Urteilskopula, Verhältniswörtchen, ist)는 지성의 근원적인 선험적 결합 행위로서,

(1) 다양을 근원적 통각의 객관적 통일에게로 가져다준다.[8]
(2) 따라서 다양과 그것의 관계를 현존재에 따라 객체 개념에

---

7) 퇼레(Thöle)는 논리학자들에 의해 주어진 판단에 관한 설명에서 규정되어 있지 않은 관계를 오히려 칸트 자신의 판단 정의로 특징짓는 잘못을 행하고 있다 (Bernhard Thöle, *Kant und das Problem der Gesetzmäßigkeit der Natur*, Berlin / New York 1991, 특히 264쪽 그리고 71쪽과 264쪽).
8) 다르게 표현한다면, "다양의 종합적 통일"이다. 그리고 칸트는 이와 같은 결합 행위에 의한 결합 표상으로서의 결합을 15장에서 규정하고 있다. "결합은 다양의 종합적 통일에 대한 표상이다"(15장 B130 / 131).

필연적으로 속하게끔 정립한다.

(3) 이처럼 현존재에 따라 규정된 관계를 객체의 "새로운 성질(eine "neue Beschaffenheit")"로 객체의 개념에 필연적으로 속하게끔 정립한다.[9]

판단 계사는 근원적 결합 행위(Verbindungsakt, Verbindungshandlung)다. 판단 구조에서의 범주의 근원적인 관계는 근원적이고 종합적인 결합 행위에 의해 표현된다. 근원적 결합 행위는 범주의 근원적인 관계를 다양한 표상들의 관계 속에 정립함으로써 표상들과 그것들의 관계를 새롭게 규정하고 정립한다. 이러한 규정과 정립은, 다양한 표상들을 하나의 표상 속에 그리고 하나의 표상으로 결합하고 다양의 관계에 근원적 통일성을 정립하는 것, 즉 다양을 초월적 통일 아래에 가져다주거나 가져다놓는 것을 말한다.

이 행위는 곧 규정된 하나의 표상, 규정된 새로운 관계를 객체의 개념에 정립하면서 객체 자체의 것으로 만드는 행위로서, "다름아닌 주어진 인식들을 통각의 객관적 통일에 이르게 하는 방식"으로서의 판단하는 행위(urteilen)를 의미한다.

판단 계사는 근원적 결합 존재(Verbundensein 또는 Verbindungsvorstellung)다. 판단 계사는 초월 논리적 사용에서 다양의 새로운 관계, 객체의 새로운 성질 그리고 다양의 객체와의 새로운 연관을 "표현한다".[10] 새로운 관계, 새로운 성질 그리고

---

9) A197 / B242 (두 번째 유추) 참조.
10) 칸트는 "표현하다(ausdrücken)"는 단어를 『형이상학서설(*Prolegomena*)』에서 판단의 객관성에 대한 규정과 관련하여 자신의 초월 철학의 중요한 개념으로 사용한다. 즉, 그는 객관성의 의미를 "표현하다"는 개념을 통해 드러내고 있다. 우리가 어떤 하나의 판단을 객관적인 것으로 간주해야 한다는 것은, "곧 그 판단이 지각이 갖는 주관과의 연관이 아니라, 대상의 성질을 표현

새로운 연관은 판단 기능이나 판단 자체를 통해 표현되는 한에서 다름아닌 ˙존재 자체임을 의미한다.

존재는 근원적 결합이다. 정확히 말해, 감성적 직관과 관련하여 지성 행위로부터 규정되어서 산출된 초월적 표상으로서의 선험적인 종합적 결합 표상(Verbindungsvorstellung)인 것이다.11) 존재는 개념과 객체의 초월 논리적 내용으로 규정되는, 초월 논리적 사용에 따른 판단 계사를 가리킨다.12) 존재는 초월 논리적 규정이자 표상으로서 근원적 결합 존재며 판단 계사다.13) 이로써 존재는 다양 속에서 범주의 근원적 관계를 객관

한다"는 뜻이 된다(『서설』 AA IV 298, 20-22). 『서설』의 성립 시기(1786년)는 아디케스(Adickes)가 밝히고 있는 R5923(AA XVIII 386, 22-26)의 성립 시기와 같다. R5923에서 보이는 "표시하다(bezeichnen)"는 개념은 『서설』의 "표현하다"와 동일한 의미로 그리고 동일한 객관성과 구조적 관련 아래 사용되고 있다. 칸트는 판단 정의를 선험적 순수 인식들에 대한 연역이라는 표제 아래 논리학, 즉 초월 논리학에 속하는 것으로 고찰하고 있다. 초월 논리적 판단은 근원적 통각("나는 생각한다")을 근거로 하여 다양의 결합을 통해 실제로 객관성 또는 객관적 타당성을 정당하게 요구하고 있다. 그렇기 때문에 객체와 경험 자체는 가능해진다. 바로 이 관점 아래 "표시하다"는 개념은 여기 재판 연역 19장의 판단 구조에서 존재로서의 근원적 결합과 함께 확실하게 나타난다.

11) 이 존재는 어떤 하나의 직관에 주어진 다음 비교되고 결합된 표상들 전체다. 이에 따라 이미 다양으로서 어떤 하나의 감성적 직관 속에 주어져 있던 표상들은 자발적인 지성 행위를 통해 그와 같은 하나의 전체로 구성된다. 이 전체는 하나의 초월적 내용을 가지며, 이 내용 속에 근원적이고 종합적인 통일이 '찾아지게(angetroffen)' 된다.

12) 판단 계사는 바움(Baum)에게도 객체 속에서의 표상들의 결합(Verbundenheit)을 의미한다 (Manfred Baum, *Deduktion und Beweis in Kants Transzendentalphilosophie. Untersuchungen zur Kritik der reinen Vernunft*, Königstein 1986, 125쪽). 판단 계사는 주체의 자발성 또는 행위를 인식할 수 있게 하는 결합이다 (같은 책, 204쪽). 그러나 바움이 이해한 결합은 우리들 감성적 직관의 어떠한 다양도 포함하고 있지 않다.

13) 이 판단 계사는 판단상에서의 존재며, 그러나 그것은 단순히 경험적 직관에 주어진 어떤 실제적인 술어(Prädikat)가 아니라(A598-599 / B626-627 참

적으로 표현한다.

이렇게 형성된 새로운 관계, 새로운 성질, 즉 존재는 근원적인 선험적 결합 행위에 의해 새롭게 구성된(konstituierte) 하나의 표상으로서 정립된 존재, 특히 객체에게 지정된 또는 정립된 존재(das durch die Urteilskopula zum Objekt gesetzte Sein)를 의미한다. 이러한 객체의 존재는 객체 개념(Objektbegriff)의 초월 논리적 내용이 되며, 객체 존재(Objektsein)가 객체 개념에 필연적으로 속하는 것으로 정립됨으로써, 객체 개념과 객체 존재가 동일한 객체를 형성한다.

객체 개념은 공허한 형식적 개념이 아니라 객체 존재를 표현해낸다. 그리고 이로써 객체 자체도 필연적으로 규정되어 정립되는데, 그것은 다양이 하나의 표상 속에 결합한 채 나의 표상이며 그리고 그렇게 객체에 필연적으로 귀속되는 어떤 것으로 간주되기 때문이다.

　　"객체란 그것의 개념 속에 어떤 하나의 주어진 직관의 다양이 결합한 것이다"(17장 B137).[14]

조), 오히려 초월 논리적 산물이다. 여기에서 존재가 초월적 산물이라 함은, 범주와 근원적 통각의 초월적 통일, 즉 근원적인 종합적 통일에 의해 규정된 존재며, 이를 통해 인식 일반이 가능해진다는 의미를 갖는다.

14) 그러나 바움은 이 객체 정의를 소극적으로 받아들일 뿐이다. "내용이 공허한 표상인 '나는 생각한다'와는 다르게, 표상들 일반의 내용적으로 규정된 종합적 통일에 대한 생각(Gedanke)"일 뿐인 객체 일반 개념으로 이해하고 있다 (Manfred Baum, 1986 : 117쪽). 이 같은 객체 일반 개념은 "생각된 것 일반에 대한 개념"이어야 하고, 17장의 "나는 생각한다"는 개념에 대한 상대 개념이 된다. 17장의 "나는 생각한다"는 개념은 "가장 보편적 개념, 즉 개념들로서의 모든 특수하고 개별적인 개념들에 공통적인 어떤 것, 다시 말하자면 나는 그것들을 생각한다고 하는 개념"을 말한다. 이로써 가능한 객체 인식은 말해졌지만 실제적이고 규정된 객체 인식이 말해진 것은 아니다. 왜냐 하면 후자를 위해서는 우리의 특수한 감성적 직관을 필요로 하기 때문이다. 그러나

객체 정의가 함축하고 있는 의미는 다음과 같다.

(1) 존재가 필연적으로 객체의 개념에 속하게끔 규정적으로 정립된다는 의미.

(2) 이에 따라 객체의 개념 속에는 하나의 주어진 직관의 다양이 결합해 있다고 하는 동일성, 즉 객체 개념(Objektbegriff, '객체의 개념 속에')과 객체 존재(Objektsein, '다양이 결합한')의 동일성 의미.

(3) 이 동일성 표현은 이미 다양의 "새로운 연관, 곧 객체와의 연관(neue Beziehung, nämlich des Objekts)" 그리고 다양의 근원적 통각과의 새로운 연관의 의미도 드러내고 있다.

연관 개념은 직관에 주어진 다양의 종합적 통일과 그 필연성을 내포하고 있다. 통일은 통각의 근원적이며 종합적인 통일이고, "의식 일반(ein Bewußtsein überhaupt)" 또는 "통각 일반(eine Apperzeption überhaupt)" 속에서 찾아야 한다(20장 B143). 연관 개념은 다양의 종합적 통일을 오히려 표현하고 있다. 이로써 19장의 표제에서 근원적 통각은 통각 일반으로 나타나는데, 이 통각 아래에 다양이 놓인다.

'통각 일반 아래에(unter einer Apperzeption überhaupt)'는 '나를 위한(für mich)'과 같은 뜻이 되고, '놓이다(gebracht werden 또는 가져다주다, 가져다놓다 : bringen)'는 '객체로 된다(ein Objekt zu werden)'는 의미 그리고 객체로 만든다는 의

이 감성적 직관은 바움에 따르자면 재판 연역의 첫 번째 증명 단계에서는 배제되었다고 한다. 헨리히(Henrich)는 객체 개념을 "임시적이고 아직 규정되지 않은" 것으로 간주한다 (Dieter Henrich, *Identität und Objektivität. Eine Untersuchung über Kants transzendentale Deduktion*, Heidelberg 1976, 20쪽).

미와 같다. '나를 위한 객체(ein Objekt für mich)'가 된다는 문장은 초월 논리적으로 판단 계사를 통해 정당화된다. 다양한 표상들이 통각 일반 아래에(나를 위해) 놓인다(객체로 되다)는 것은 표상들이 '나를 위한 객체'로 된다는 다른 표현인 것이다.

따라서 나는 내 행위 또는 기능의 동일성을 눈앞에 두고 있다 함은, 현상들이 '나를 위한 객체'로 됨(17장 B138)을 의미하며, 이는 존재를 단순히 주어진 술어로서가 아니고 판단에서의 초월 논리적 산물로서 정립하는 행위에 의해 행해진다. 객체 개념과 객체 존재가 동일한, 그런 '나를 위한 객체'는 판단에서 근원적 결합을 통해, 즉 판단 계사를 통해 초월 논리적으로 다양한 표상들에게 정립된다. 초월 논리적 사용에서의 판단 계사를 통한 '나를 위한 객체'라고 하는 존재론적 구상과 그 전개가 시사하는 바는 다음과 같다.

(1) 객체 개념과 객체 존재의 동일성.
(2) 근원적 통각의 객관적 타당성, 즉 통각 일반으로서의 통각의 동일성에 대한 객관적 타당성.
(3) 마지막으로, 판단 계사를 통해 규정된 표상들의 관계를 '나를 위한 객체'의 새로운 성질(das bestimmte Verhältnis der Vorstellungen als die "neue Beschaffenheit, nämlich des Objekts")로 표현하는 판단 일반의 객관성.

다양한 표상들의 근원적 통각과의 연관은 객체에 대한 판단을 통해 그 객체를 인식함을 말한다. 여기에서 객체의 존재는 우리가 생각하는 객체나 대상의 개념에 필연적으로 속하는 것으로 표시된다. 우리는 객체 개념이 객체 존재와 동일한 '나를 위한 객체'를 인식한다. 판단은 이와 같은 객체를 표현해낸다.15) 존재는 객체 개념의 초월 논리적 내용으로서 객체의 새로운 성질을 가리킨다. 어떤 하나의 판단이 이 새로운 성질을 표현해낸다면, 그 판단은 동시에 실제적인 외부의 객체들에게도 유효하다.16) 즉, 객관적으로 타당하다. 그리하여 종합적 통일 뿐만 아니라 동시에 존재 자체도 판단 일반의 객관적 타당성에 대한 조건인 것이다. 선험적인 종합적 인식은 판단이 객체의 성질을 선험적으로 표현해낼 때만이 가능하다.17)

선험적인 종합적 인식은 판단에서의 근원적이고 '실제적인 (real)' 선험적 행위를 통해 객체의 성질, 즉 객체의 존재가 일관성 있게 규정되고, 이를 통해 현상들에게 실제적 형식을 주는 것을 의미한다.18) 심성이 초판 영역에서 자기 자신의 동일성 의식을 위해 전제한 것은 결국 객체를 규칙에 따라 또는 규칙에 맞게 표상하는 것이다. 그러나 이 '규칙 의식'19)은 판단에서 근원적이고 실제적인 선험적 행위, 즉 판단 계사를 통해 규정된 존재의 표현에서 가능하다. 이를 통해서만 심성은 자신의 근원적인 선험적 행위의 동일성을, 그리하여 자신 스스로를 의식할 수 있다. 이를 통해서만 칸트는 범주의 객관적 타당성과 표상들이 갖는 객체와의 연관을 증명해낼 수 있다. 그러나 칸트는 이에 대하여 1775년과 1781년에는 아직 말하고 있지 않다.

---

15) 17장 B137 참조.
16) AA XVIII 271,6, R5637.
17) "우리는 선험적으로 사물들의 성질을 규정할 수 있다. 그리고 동시에 : 이 사물들을 규정하는 우리들의 능력과는 무관하게 그것들은 성질을 갖고 있다고 말하는 것은 모순이다. 그렇지 않다면 도대체 우리는 무엇에서부터 우리의 인식을 가질 수 있단 말인가?"(같은 책, 249, 13-16, R5607).
18) 같은 책, 121, 4-5, R5216.
19) Dieter Henrich, 1976 : 108쪽.

2) 통각 · 행위 · 객체의 동일성 의식

근원적 통각의 동일성 의식이 전제하는 근원적 행위의 동일성 의식은 근원적 결합인 판단 계사에 의한 초월 논리적 정립(Setzen)을 통해 가능해진다. 여기에서 정립은 사유 행위에 의한 객체 존재와 객체 자체의 종합적 정립을 뜻한다.

심성이 자신의 결합 행위의 동일성을 눈앞에 두기 위해서는, 다양은 근원적인 선험적 결합 또는 필연적인 선험적 규칙에 따라 표상되어야 한다. 다양이 동일한 하나의 근원적 결합 행위를 통해 하나의 표상 속에서 결합되고 그리하여 규정된 존재는 판단 계사에 의해 정립된 존재(Gesetztsein), 범주 또는 범주의 기능으로 표현되는 선험적 규칙에 따른 존재(das einer Regel a priori Gemäßsein)를 말하며, 객체 개념과 동일한 객체 존재다. 이로써 형성되는 객체는 (동일한 하나의 근원적 결합에 의해) 다양한 표상들이 결합해 있고 규정된 객체, 즉 정립된 객체다.

이 객체는 내가 다양에 대한 필연적인 선험적 종합을 의식한다는 것을 가리키고, 또한 이 종합 의식은 내가 나의 행위의 동일성을 눈앞에 두고 있다는 다른 표현인 셈이다. 그리하여 나는 내 행위의 동일성을 눈앞에 두고 있다는 것은, 근원적 결합을 통해 또는 판단 계사의 정립을 통해 현상들이 '나를 위한 객체'로 되는 것을 의미한다.

'나를 위한 객체', 즉 객체 개념이 객체 존재와 동일한 객체는 근원적 통각이 하나의 통각 일반이라는 통각의 동일성 자체를 증명하고 있다. 객체의 동일성 의식은 근원적 결합 또는 판단 계사의 초월 논리적 정립을 통해 행위의 동일성 의식을 거치면서 통각의 동일성 의식을 표현하고 있으며, 선험적 종합 인식을 의미한다.

다양한 표상들이 근원적 통각 아래 (놓여) 있다는 것은 통각의 동일성을 의미하는데, 이 동일성은 곧 내가 표상들을 나의 표상들로 결합하는 것을 통해, 또는 통각 아래에 가져다놓거나 정립하는 것을 통해 의식하게 된다. 이에 따라 통각의 동일성 자체는 하나의 통각 일반으로, 하나의 의식 일반 또는 하나의 일반적 자의식으로 표시된다.[20] 이 동일성은 곧 종합적 통일을 근거로 보편 타당성 또는 객관성(일반)을 의미한다.

다양을 결합하는 행위는 객체의 새로운 성질을 정립하는 행위, 그리고 객체 개념이 객체 존재와 동일한 그런 객체 자체를 정립하는 행위와 동일하다. 판단은 결합 행위로서의 판단 계사를 통해 초월 논리적 산물 또는 초월 논리적 내용으로서의 존재를 통각의 통일에 가져다주게 되는데, 이로써 판단 계사는 통각의 동일성을 객관적 타당성을 갖는 하나의 통각 일반으로 표시한다.

결국 판단 계사는 지성 행위로서 그리고 동시에 존재로서, 객체와의 새로운 연관과 그리고 동시에 하나의 통각 일반으로서의 근원적 통각과의 새로운 연관을 표시한다. 표상들이 갖는 객체와의 새로운 연관을 달리 표현하자면, 존재 자체가 인식의 초월 논리적 내용으로서 표상들이 갖는 근원적 통각과의 새로운 연관을 통각 일반으로 표시하는 것이다. 따라서 연관은 사유 행위의 표현이자 존재의 표현이다. 연관은 다양의 관계를 규정하는 (범주의) 근원적 관계, 즉 근원적 결합으로서 사유 행위에 대한 표현이다. 동시에 연관은 규정되어 정립된 다양의 관계 표상, 결합 표상, 즉 존재를 가리킨다.

---

20) Eine Apperzeption überhaupt, ein Bewußtsein überhaupt 또는 ein allgemeines Selbstbewußtsein. 그리고 ein Bewußtsein und ein Selbstbewußtsein(16장 B134)과 ein Bewußtsein überhaupt(『서설』 AA IV 304, 32-305, 24)의 표현들도 마찬가지로 하나의 통각 일반을 가리킨다.

판단 계사는 지성 행위와 존재 일반의 동일성 속에서 이 지성 행위의 동일성과 그 행위 의식의 동일성을 표현한다. 존재는 지성의 행위이자 동시에 초월 논리적 술어다. 지성의 근원적 행위로서 존재는 다름아닌 초월 논리적 사용에서의 판단 계사다. 거꾸로, 초월 논리적 술어로서 판단 계사는 그 초월 논리적 사용에서 다름아닌 지성의 근원적 행위의 산물이자 존재로서의 객체 규정이다. 이로써 판단 계사는 행위 또는 사유와 존재 일반의 동일성을 표현한다.

근원적 통각의 통일과 범주, 결합 그리고 규정된 관계, 즉 존재까지 선험적 인식과 인식 일반을 가능하게 만드는 인식 요소들로 고찰되며,21) 이것은 칸트 사고에서 구조적 기반을 이루고 있다. 객체를 성립시키는 것은 15장뿐만 아니라 오히려 연역 전체를 관통하고 있는 근원적으로 하나며 모든 결합 방식에 한결같이 타당해야 하는, 동일한 하나의 근원적 결합이다. 직관에 주어진 다양의 결합은 지성의 자발적 행위로서 다양을 객체의 개념 속에서 결합하는데, 결합된 존재(Verbundensein)는 초월적으로 구성된 표상으로서 객체의 존재로 된다. 인식 일반의 요소로서 초월적으로 고찰되는 근원적 결합은 사유 행위이자 동시에 존재로서 필연적 연관을 표시한다. 이로써 판단과 범주는 객관성을 얻는다.

판단의 논리 형식은 거기에 포함된 개념들이 갖는 통각의 객관적 통일에 성립하며, 판단의 논리적 기능은 근원적 지성 행위로 표현되는데(20장), 이 행위를 통해 일련의 표상들은 통각 일반 아래에 놓인다. 범주는 다름아닌 바로 이 판단하는 기능들이며, 이 기능들을 통해 감성적 직관에 주어진 모든 다양은

---

21) 범주와 결합 행위에 의해 규정된 직관 개념은 선험적 인식 요소로서 범주적 구성 아래에 있게 된다.

객체 개념이 객체 존재와 동일한 그런 객체로 규정된다. 근원적 결합과 판단 계사의 초월 논리적 사용에서는 개념의 통일성이 판단의 통일성과 동일시된다. 이 통일은 다양의 결합, 즉 종합의 근거며 또한 직관과 그 직관의 객체들의 통일 조건인 셈이다.

판단 계사와 범주 그리고 근원적 통각을 근거로 하여 초월 논리적으로 생성되는 객체 개념이 객체 존재와 동일한 객체 그리고 이 객체와의 연관과 근원적 통각과의 연관은 칸트가 초월 연역에서 인식론적 의향뿐만 아니라 동시에 존재론적 의향을 가졌음을 분명하게 보여준다. 그는, 헨리히가 주장하듯이 기본적인 정언 판단 형식이 아니라,22) 다양 일반의 근원적 관계와 그 연관 자체의 규정을 객체 개념과 판단 개념 분석을 위한 축으로 간주하고 실제로 근원적 결합과 판단 계사를 통해 그리고 궁극적으로는 범주를 통해 관철함으로써 하나의 존재론에 도달한다.

(1) 근원적 통각 또는 심성은 자신 행위의 동일성을 의식한다. 즉, 심성은 이 동일성을 눈앞에 두고 있다는 의미다.

(2) 왜냐 하면 근원적 결합 행위는 자기 자신의 종합 행위이기 때문이다.

(3) 그리고 이 결합 행위에 의해 만들어진 초월적 표상으로서의 근원적 결합은 정립된 존재다.

(4) 따라서 근원적으로 결합하는 그리고 정립하는 행위와 근원적으로 결합된 그리고 정립된 존재는 근원적 통각의 동일성 의식을 이루는 두 개의 요소인 셈이다.

(5) 이에 따라 인식하는 주체는 자기의 동일한 자신을 획득할

---

22) Dieter Henrich, 1976, 27쪽 이하.

수 있으며, 그렇게 통각 일반 또는 의식 일반으로 정당하게 표시될 수 있다(20장 B143). 그리고 근원적 통각의 통일은 객체 개념이 객체 존재와 동일한 객체의 통일과 동일시된다.[23]

4. 끝맺음

통각의 동일성 의식은 자신의 종합 행위(또는 기능)의 동일성을 눈앞에 두고 있기에 가능하다. 통각이 다양을 객체에게로 규정하는 그러한 자신의 결합 기능을 동일한 하나의 기능에 대한 동일성 의식 속에서 수행할 때, 자기 자신의 동일성 의식은 가능하다. 즉, 통각의 행위가 객체 개념과 객체 존재가 동일한 객체를 산출해낸다면, 그리하여 통각이 동시에 자기 행위의 동일성을 눈앞에 두고 있다면, 그 행위의 동일성은 자기 자신의 동일성에 대한 증명 가능성의 조건이 된다.

심성의 선험적 행위의 동일성 의식은, 내가 범주를 통해 다양한 표상들을 객체로 규정해 들어가는 것을 통해 가능하다. 동일성 의식은 근원적인 선험적 결합을 통한 객체 구성에 의거하고 있다.

다양은 선험적 행위를 통해 결합하는데, 그렇게 결합된 존재는 객체 개념의 내용이 된다. 이 내용은 객체 개념과 동일한 것으로 초월 논리적으로 객체의 존재로서 정립되는데, 이때의 객체는 '나를 위한 객체'로서 이 객체와 그것의 객관성은 궁극적으로 판단 계사를 가리키는 결합 개념을 통한 사유와 존재의 동일성 속에 성립되어 있다. 그리고 객관성을 획득한 '나를 위한 객체' 자

---

23) 이 동일성과 동일시는 초월 인식론적인 관점 또는 초월적 내용을 배제한 초월 형식적 관점으로는 가능하지 않다.

체는 초월적이다. 왜냐 하면 이 객체는 객체 일반에 대한 순수 지성 개념들인 범주에게 객관성을 보증하기 때문이다.

범주는 이 같은 객체 일반의 가능성에 대한 존재론적 조건으로 이해되고, 동시에 범주 자신의 객관성은 이 같은 객체 일반을 구성하는 데에서 성립됨에 따라, 칸트의 존재론이 형성된다.

근원적으로 다양 속에 정립된 관계들로서의 범주처럼, 그렇게 규정된 다양의 관계 자체는 객체와 객체 인식 일반의 가능성에 대한 초월적 조건이다. 이 조건에는 객체의 새로운 성질과 객체 속에서의 다양의 결합 존재가 초월적으로 구성된 표상으로서 속하고, 그리고 객체 개념에 정립된 존재(das zum Objektbegriff Gesetztsein)가 속한다. 이 모든 개념들은 객체의 존재라고 하는 하나의 개념(Sein)과 동일하게 표시된다. 초월적인 선험적 조건으로서 존재는 초월 철학에서 인식 일반의 요소다.

이는 내재된 초월적 근거를 존재론적으로 표출하면서 주관적 조건의 객관적 타당성에 대한 증명을 건네준다는 사실로부터 산출되는, 필연적인 논리적 연관의 결과다. 범주는 인식 일반에 대한 인식론적 조건이기도 하고 동시에 객체 일반에 대한 존재론적 조건이기도 하다.

> "경험 일반의 가능성에 대한 조건은 동시에 경험 대상의 가능성에 대한 조건이고, 따라서 선험적 종합 판단에서 객관적 타당성을 갖는다"(A158 / B197).[24]

---

24) "그러므로 이것은 객체들에 대한 인식 조건이며, 따라서 객체들 자체에 대한 조건이다. 왜냐 하면 단순한 현상은 아직 어떤 객체도 주지 않기 때문이다" (AA XVIII 123, 3-4, R5221). "경험 가능성에 대한 종합적 조건들은 동시에 경험 대상들의 가능성에 대한 조건들이다. 이것은 그러나 사물들 그 자체의 가능성은 아니다"(같은 책 111, 24-112,2, R5184).

재판 연역에서 판단 계사와 더불어 칸트에 의해 '정확히 규정된 판단 정의'는 실제로 객체와의 연관 가능성을 위해, 그리하여 범주의 객관성 증명을 위해 새롭게 제시되고 전개된 버팀목이다. 이를 통해 칸트는 놀랍게도 그리고 동시에 필연적인 논리적 연관 속에서 하나의 존재론에 대한 '열쇠'를 건네고 있다.

그의 초월 철학은 '나를 위한 객체'라고 하는 존재론적 개념 구상으로써 그리고 그 전개를 통해 이미 인식론을 넘어섰으며(17장 B138), 판단 계사가 함께 하는 판단 구조 분석으로써 그리고 판단 계사에 의한 초월 논리적 정립을 통해 하나의 존재론에 도달하게 된다(19장 B140 / 142). 칸트는 사유와 존재 일반의 동일성을 판단 계사로써 표현하고 있는 것이다.

칸트의 '정확히 규정된 판단 정의'에서의 판단 계사에 의한 초월 논리적 정립(Setzen)은 동일성 테제들의 객관성을 형성한다. 범주의 초월 연역론이 담아내는 초월철학은 초월적 동일성 철학(eine transzendentale Identitätsphilosophie)이라 할 수 있다.

(1) 근원적 통각의 동일성과 이 동일성 의식.

(2) 근원적 사유 행위의 동일성과 이 동일성 의식.

(3) 객체의 동일성(객체 개념과 객체 존재의 동일성)과 이 동일성 의식.

(4) 사유와 존재의 동일성(결합 행위와 결합 표상의 동일성)과 이 동일성 의식.

(5) 그리고 이 동일성은 궁극적으로 객체 일반과 자연의 동일성, 객체 법칙과 자연 법칙의 동일성을 의미하게 된다.

□ 참고 문헌

Baum, Manfred, *Deduktion und Beweis in Kants Transzen-dentalphilosophie. Untersuchungen zur Kritik der reinen Vernunft*, Königstein 1986.

Brandt, Reinhard, *Die Urteilstafel. Kritik der reinen Vernunft A 67-76; B 92-201*, in : *Kant-Forschungen* Bd. 7, hrsg. von R. Brandt und W. Stark, Hamburg 1991.

Henrich, Dieter, "Die Beweisstruktur von Kants transzen-dentaler Deduktion", in : *Kant. Zur Deutung seiner Theorie von Erkennen und Handeln*, hrsg. von G. Prauss, Köln 1973, 90-104쪽.

_____, *Identität und Objektivität. Eine Untersuchung über Kants transzendentale Deduktion*, Heidelberg 1976.

Hoppe, Hansgeorg, *Synthesis bei Kant. Das Problem der Verbindung von Vorstellungen und ihrer Gegenstands-beziehung in der Kritik der reinen Vernunft*, Berlin / New York 1983.

Kant, Immanuel, *Prolegomena zu einer jeden künftigen Metaphysik, die als Wissenschaft wird auftreten können* (1783), in : AA IV 253-383쪽.

_____, *Metaphysische Anfangsgründe der Natur-wissenschaft* (1786), in : AA IV 465-565쪽.

_____, *Kritik der reinen Vernunft*, 1 (1781) und 2. Auflage (1787), hrsg. von R. Schmidt, Hamburg 1956.

_____, *Metaphysik-Nachlaß*, in : AA XVII-XVIII.

Klemme, Heiner, *Kants Philosophie des Subjekts*, in : *Kant-*

Forschungen Bd. 7, hrsg. von R. Brandt und W. Stark, Hamburg 1996.

Reich, Klaus, *Die Vollständigkeit der Kantischen Urteilstafel*, Berlin 1948.

Thöle, Bernhard, *Kant und das Problem der Gesetzmäßigkeit der Natur*, Berlin / New York 1991.

Tuschling, Burkhard(Hrsg.), *Probleme der Kritik der reinen Vernunft. Kant-Tagung in Marburg 1981*, Berlin / New York 1984.

Wolff, Michael, *Die Vollständigkeit der kantischen Urteilstafel. Mit einem Essay über Freges Begriffsschrift*, Frankfurt 1995.

■『헤겔 연구』논문 투고 및 심사 규정

1. 발간 시기 및 접수

▶ 연 2회 : 6월 15일 여름호 / 12월 15일 겨울호
▶ 원고 접수 : 연중 수시

2. 원고 종류

▶ 철학과 사상사(思想史) 전반에 관련된 자유 주제, 특히 독일 관념론 및 헤겔 사상과의 관련성이 있는 미발표 논문(특별 주제의 경우 별도로 공고).
▶ 서 평
  ▷ 최근 3년 이내에 출간된 국문 저서 혹은 번역서
  ▷ 연구사적 의의가 있는 외국문 저서
▶ 논문평 : 최근 2년 이내에 발표된 국내외 주요 연구 성과, 특히 이미『헤겔 연구』에 수록된 논문 및 국내 주요 연구 동향에 대한 논쟁적 언급

3. 분 량

▶ 논 문 : 참고 문헌을 포함하여 200자 원고지 80매 이상 130매 이하(『헤겔 연구』지 면당 3000원의 게재료를 받는다). 단, 초 과분에 대해서는 다음과 같이 게재료를 납부해야 한다.
   ☞ 131~150매 : 원고지 장당 5000원
   ☞ 151~200매 : 원고지 장당 20,000원.
▶ 서 평 : 200자 원고지 50매 내외.
▶ 논문평 : 200자 원고지 30매 내외.

4. 투고 요령

▶ 워드프로세서(아래아 한글 프로그램)로 작성(MS 워드나 한 글 워디안은 제외).
▶ 디스켓과 함께 출력 원고 4부 제출(디스켓과 출력물에는 반 드시 저자 약력, 주요 검색어, 요약문, 논문, 참고 문헌 순서 로 포함되어 있어야 한다).
▶ 제목 및 필자 성명의 영문(혹은 독문) 표기.
▶ 저자 약력에는 투고자의 소속, 주소, 전화 번호, 이메일 주소 를 정확하게 명기.
▶ '…… 연구비 지원에 의한 연구 결과물임'이 표시된 투고 논 문에 대해서는 게재료 30만 원을 징수하고, 게재료 수납 때 영수증을 발부함.

5. 접수처

▶ 서울특별시 서대문구 신촌동 134번지
　연세대학교 제1인문과 508호
　한국헤겔학회 편집위원회
▶ 전화 : 02-2123-2399 / 휴대폰 : 011-885-6267
▶ 이메일 : seocrates@hanmail.net

6. 투고시 주의 사항

▶ 동일 제목의 논문을 1, 2, 3 등의 형태로 연속적으로 투고할
　수 없다.
▶ 외국어로 작성된 논문은 편집위원회의 심사를 거쳐 번역 게
　재한다.
▶ 분량이나 주제가 본 연구지의 기준이나 취지에 전혀 부합하
　지 않을 경우 심사 대상에서 제외한다.
▶ 다른 학술지나 출판 등록된 저서에 이미 게재된 논문은 심
　사 대상에서 제외한다.

♯ 원고 작성시 주의 사항

원고를 투고할 때는 반드시 다음 사항을 주의하여 투고해주
시기 바랍니다.

(1) 논문의 마지막 부분에 참고 문헌을 반드시 첨가해야 한다.

참고 문헌의 수록 순서는 국한문 문헌 다음에 외국 문헌을 싣되, 각각 저자 이름의 가나다와 알파벳 순서로 기재한다.

☞ 작성법 예 :

Hegel, G. W. F., *Phänomenologie des Geistes*, in *Gesammelte Werke*, Bd. 9, hrsg. von W. Bonsiepen & R. Heede (Hamburg : Felix Meiner Verlag, 1980).

Hegel, G. W. F., 임석진 역, 『정신현상학』(서울 : 지식산업사, 1988).

Gadamer, H. G., "Hegel und die antike Dialektik", in *Hegel-Studien*, Bd. 1, hrsg. von F. Nicolin & O. Pöggeler(Bonn : Bouvier Verlag, 1961).

홍길동, 「헤겔의 자유 개념」, 『헤겔 연구』 제9호(서울 : 한길사, 2001).

(2) 각주(脚註)의 경우 다음과 같은 작성법의 예를 따른다.

☞ 작성법 예 :

註) G. W. F. Hegel, *Phänomenologie des Geistes*, in *Gesammelte Werke*, Bd. 9, hrsg. von W. Bonsiepen & R. Heede (Hamburg : Felix Meiner Verlag, 1980), 13-14쪽 참조.

註) G. W. F. Hegel, 임석진 역, 『정신현상학』(서울 : 지식산업사, 1988), 17쪽.

註) H. G. Gadamer, "Hegel und die antike Dialektik", in *Hegel-Studien*, Bd. 1, hrsg. von F. Nicolin & O. Pöggeler (Bonn : Bouvier Verlag, 1961), 10쪽 이하 참조.

註) 홍길동, 「헤겔의 자유 개념」, 『헤겔 연구』, 제9호(서울 : 한길사, 2001), 18쪽.

(3) 각주에서 이미 앞에서 인용된 논문에는 '저자 이름, 같은 글, 쪽수'로 표기하고, 저서에는 '저자 이름, 같은 책, 쪽수'로 표

기한다. 만일 동일한 저자의 논문이나 저서 등이 중복될 경우에는 '저자, 논문명 혹은 저서명, 쪽수'로 표기한다. 그리고 바로 이전의 각주와 동일한 논문이나 저서가 인용될 경우에는 '같은 글(혹은 '같은 책'), 쪽수'로 표기한다.

(4) 주요 저작의 경우 필자가 약호 규정을 사용하여 본문이나 각주에서 표기할 수 있다. 가능한 한 각주 1)에서 약호 규정을 구체적으로 명기해야 한다.

(5) 편집의 일관성을 위하여 가능한 한 장, 절, 항, 목을 1, 1), (1), ①로 표시한다.

(6) 강조는 작은따옴표(' ')로 표기하고, 인용문에서 가운데 단어나 구절의 일부 생략은 '…'로 표기하고, 완전한 문장의 생략은 '(……)'로 표기한다.

(7) 논문 투고시에는 본 학회에서 정한 작성 요령에 따라 논문 [요약문]을 함께 제출하여야 한다(아래 '논문 요약문 작성 요령' 참조).

(8) 제출한 원고와 디스켓은 반환하지 않는다.

𝄞 논문 요약문 작성 요령

논문을 투고할 때는 본문 외에 다음의 요령에 따라 논문 [요약문]을 첨부해야 합니다.

(1) 요약문 원고는 주제 분류(학술진흥재단에서 제공하는 학문 분류표 참조), 5단어 이내의 주요 검색어, 논문의 요약문으로 구성된다.

(2) 요약문은 500자(원고지 3매) 정도로 한다.

(3) 주요 검색어는 논문에서 논의되는 주요 개념들이나 주제들 또는 인물들을 언급하되, 다섯 개념 이내로 한다.

(4) 요약문은 논문 전체의 핵심 내용을 논문 내용에 부합하게 작성한다.

▓ 논문 심사 및 게재 원칙

(1) 투고 논문 심사는 원고 마감 후 2월과 8월 연 2회 실시한다.

(2) 각 논문은 편집위원회에서 위촉한 심사위원 2~3인이 심사한다.

(3) 각 심사위원은 투고 논문들을 본 편집위원회에서 규정한 다음의 심사 기준에 따라 종합적으로 검토, 평가한다.

(4) 심사에서 수정이 요구된 사항은 반드시 필자에게 고지하여 수정 후 게재한다.

▓ 개별 심사 항목

(1) 논문의 주제 의식이 명확하며 논리적이고 타당한 근거들이 제시되었는가?

(2) 창의적이고 비판적인 논제, 개념, 논거, 관점 등이 제시되었는가?

(3) 관련 분야에 대한 기초 문헌과 2차 문헌에 대한 적절한 논의가 이루어졌는가?

(4) 국내의 선행 연구 논저들에 대한 논의가 이루어졌는가?

(5) 논문의 형식적 요건(각주 인용, 참고 문헌 표기, 분량 등 본

학회에서 요구한 논문 작성에 관련된 사항)을 정확히 갖추
었는가?

⨋ 편집 위원 선정 기준과 절차

(1) 본 학회의 편집위원회는 위원장 1명, 위원 7명으로 구성한다.
(2) 편집위원은 반드시 본 학회의 정회원이어야 하며, 학회 발
   전에 공이 많은 자로, 학회 이사들의 추천으로 후보가 된다.
(3) 추천된 후보들 중 학회 이사들의 과반수 이상의 찬성으로
   선정한다.
(4) 가급적 지역 안배를 고려하여 각 도에 최소 1명씩 위원을
   두며, 다양한 연구 분야를 고려하여 선정한다.

■ 필자 및 옮긴이 소개(원고 게재 순)

□ G. 괼러(Gerhard Göhler)
독일 베를린 자유대 정치학부 교수로서, 정치철학과 정치 이론 등을 강의하고 있다. 주요 저서로는 『헤겔의 초기 정치적 체계들에서의 변증법과 정치(*Dialektik und Politik in Hegels frühen politischen Systemen*)』(1974), 『마르크스에 의한 변증법의 연역(*Die Deduktion der Dialektik durch Marx*)』(1980), 『제도-권력-대의(*Institution-Macht-Repräsentation*)』(1997, 공저) 외에 정치제도론에 관한 다수의 편저와 논문이 있다.

□ 장 명 학
서울대 철학과와 동 대학원 정치학과를 거쳐 독일 베를린 자유대에서 정치학 박사 학위를 받았으며, 현재 서울대와 성균관대, 국민대 등에 출강하고 있다. 주요 논문으로 『헤겔, 드로이젠 그리고 로카우에서의 권력과 정치』(박사 논문)와 「헤겔의 변증법적 권력 개념」 등이 있다.

□ 윤 병 태

연세대 철학과와 동 대학원을 졸업(석사)한 뒤 독일 괴팅겐대 철학과를 졸업(박사 논문:『예나 시대 헤겔의 자기 의식론에 관한 연구』)하였으며, 현재 연세대 교수로 있으면서 한국헤겔학회 편집위원장을 맡고 있다. 저서로는『개념 논리학』이 있고, 주요 논문으로는「산다는 것의 인류적 구조」,「안다는 것의 의식적 구조」,「헤겔의 반성 규정과 모순」,「삶의 이념과 현실 — 헤겔의 논리학을 중심으로」,「헤겔 논리학에 나타난 가상 개념의 구조와 그 체계」,「전통적 예술관에 대한 헤겔의 비판적 수용」 등이 있다.

□ 하 제 원

캘리포니아 롱비치 주립대 철학과를 졸업한 뒤 벨기에 루뱅대 철학과에서 석사 및 박사 학위(논문: *The Concept of the Self in Heidegger's fundamental Ontology. An Investigation on the Concept of the Solipsistic Self of Dasein in "Being and Time"*)를 받았고, 미국 펜실베니아 주립대 철학과 시간 강사와 박사후 과정을 지낸 뒤 현재 인제대 전임 강사로 있다.

□ 김 옥 경

숭실대 철학과와 연세대 대학원을 졸업(석사 논문:「헤겔에게서 모순을 통한 유한과 무한의 통일」)한 뒤 독일 튀빙겐대에서 박사(논문명: *Bewegung und Reflexion. Eine Untersuchung zur Hegelschen Wesenslogik*) 학위를 받았고, 미국 펜실베니아 주립대, 벨기에 루벤 가톨릭대 객원 연구원, 영국 에딘버러대 연구원을 지냈으며, 현재 인제대 강사로 있다. 주요 논문으로는 "Das Sich-Bestimmen und die Bestimmtheit als Momente des Sich-frei-Bestimmens der Hegelschen Logik", 「헤겔 개념론에 나타난 이념의 구조 분석」 등이 있다.

□ 이 정 은

연세대 대학원 철학과에서 석사 및 박사(논문:『헤겔 대논리학의 자기 의식 이론』) 학위를 받은 뒤 명지대에서 박사후 과정을 이수하고, 현재 연세철학연구소 전문 연구원이면서 연세대와 한양대, 국민대, 한남대 강사로 있다. 저서로는『진리를 찾아서』(공저)가 있고, 주요 논문으로는 「독일 관념론의 전개와 사변적 자기 의식의 생성」, 「독일 관념론사에서 헤겔의 '자기 의식'의 역할과 의미」, 「청년기 헤겔의 환상 종교」, 「철학과 예술의 관계 ― 현대를 가르는 벤야민과 헤겔의 예술철학적 통찰을 통해」, 「인류적 공동체와 헤겔의 여성관」, 「여성성 속에 은폐된 능동성의 흔적 찾기와 흔적 지우기」, 「유토피아와 여성」, 「여성의 언어 다시 쓰기, 상상력과 개념 사이에서」, 「남녀 불평등의 철학적 기원」, 「주체적 남성, 타자화된 여성, 상호적 인간」 등이 있다.

□ 홍 영 두

성균관대 철학과와 동 대학원 철학과에서 석사 및 박사(논문:『칸트의 공허한 형식주의적 도덕 주관성에 대한 헤겔의 비판과 인류적 자유의 이념』) 학위를 받았다. 주요 역서로는『헤겔 법철학 비판』,『철학 노트』,『실용 논리학 입문』(공저) 등이 있고, 주요 논문으로는 「자유주의의 두 방법론에 대한 헤겔의 비판과 인륜성 범주의 연역 — '자연법 논문'을 중심으로」, 「아펠의 '합리성 이념의 유형학적 자기 분화'에서 살펴본 '막스 베버의 보완성 체계' 비판 — 과학 기술적 합리성을 보완하는 윤리적 합리성의 근거 제시 문제를 중심으로」 등이 있다.

□ K. 글로이(Karen Gloy)

스위스 루체른대 교수로 있으면서 국제 학회인 '철학의 체계'의 창립 회원이며, 현재 하버드대에서 연구 교수로 체류중이다. 주요 저서로는『칸트의 자연학 이론』,『통일성과 다양성』,『자연의 이해』,『이성과 이성의 타자』등이 있다.

□ 이 광 모

성균관대 철학과와 동 대학원을 졸업한 뒤 독일 빌레펠트대에서 철학 박사 학위를 받았으며, 현재 명지대 겸임 교수로 있다. 주요 논문으로 「헤겔 논리학, 범주론인가 아니면 신지학인가」, 「개념이란 무엇인가 — 객관적 논리학과 주관적 논리학의 관계에 대하여」, 「철학적 증명에 관하여 — 칸트로부터 헤겔로의 전개를 중심으로」, 「철학의 원리에 관하여 — 아리스토텔레스와 헤겔을 중심으로」 등이 있다.

□ A. 게트만-지페르트(Annemarie Gethmann-Siefert)

독일 본대학에서 수학한 뒤 보쿰대에서 박사 학위(논문 : *Das Verhältnis von Philosophie und Theologie im Denken Martin Heideggers.* Freiburg / München : Karl Alber Verlag 1974)를

받았으며, 보쿰대 철학과 Otto Pöggler 교수의 지도로 교수 자격을 취득(Habilitation 논문 : *Die Funktion der Kunst in der Geschichte. Untersuchungen zu Hegels Ästhetik. Hegel-Studien.* Beiheft. 25, Bonn : Bouvier Verlag 1984)하였다. 1990 년까지 보쿰대 철학과 소속 Privatdozentin으로 재직하였고 Hegel-Archiv 주관의 *Hegel-Studien* 편집자를 지냈으며, 1991 년부터 하겐대(Fern-Universität in Hagen) 철학과 교수로 있다. 연구 영역은 독일 관념론 및 미학, 철학적 인간학, 현상학적 미학 등이며, 다수의 연구 논문이 있다.

□ 조 창 오
연세대 국문과와 동 대학원 철학과를 졸업(석사 논문 :「회화를 통해 본 헤겔의 예술 규정」)하였으며, 주요 논문으로는「색 개념을 통해 본 헤겔의 회화 규정」등이 있다.

□ 이 정 일
한국외국어대 독일어과를 졸업한 뒤 서울대 대학원 철학과에서 석사 학위를 받았으며, 독일 튀빙겐대에서 수학하였고 서강대에서 박사 학위를 받았다. 주요 저서로는 『칸트의 선험철학 비판』이 있고, 주요 논문으로는「자유의 목적론적 구조」,「헤겔과 칸트의 진리 개념」,「헤겔과 칸트에 있어서의 주체성의 논리적 구조」등이 있다.

□ 안 재 오

한국외국어대 영어과를 졸업하고 서울대에서 석사 학위를 받은 뒤 독일 퀼른대와 부퍼탈대에서 철학을 전공하였고, 부퍼탈대에서 만프레드 바움 교수의 지도로 박사 학위(논문:『이상에서 반성으로』)를 받았으며, 현재 서울디지털대 겸임 교수로 있으면서 홍익대와 가톨릭대, 경희대, 성서침례신학교에 출강하고 있다. 주요 저서로는『청년 헤겔, 통일의 철학』이 있고, 주요 논문으로는「동양철학의 방법론으로서의 변증법」,「횔덜린과 헤겔의 통일의 철학」등이 있다.

□ 양 우 석

독일 아우구스부르크대에서 철학 박사 학위를 받았으며, 현재 증산소 사상연구소 연구원으로 있다. 주요 저서로는『헤겔의 기술 이해와 화해 관심』(1998)이 있으며, 주요 번역서로는『헤겔의 자연 철학』(1998) 등이 있다. 주요 논문으로는「오늘날에도 헤겔의 변증법은 가능한가?」외에 헤겔 관계 논문 다수와 일반 논문이 있다.

□ 황 순 우

독일 마르부르크대에서 철학 석사(논문:「칸트의『순수이성비판』(제2판)의 순수 지성 개념들의 초월 연역에 나타난 객체 개념」) 학위를, 독일 기센대에서 철학 박사(논문:「칸트의『순수이성비판』의 순수 지성 개념들의 연역에 관한 존재론적 해석」) 학위를 받았으며, 현재 연세대 철학연구소 연구원으로 있다. 주요 저서로는 *Identitätsbewußtsein und Objektivität bei Kant*(Königshausen

& Neumann, Würzburg 2002)이 있으며, 주요 논문으로는 「칸트의 범주의 객관성」, 「칸트의 초월 연역(1787년)의 증명 구조 분석」, 「칸트의 결합 개념에 대한 초월적 고찰」, 「칸트와 생명 윤리」, "Das Identitätsbewußtsein und die Urteilskopula in Kants Deduktion der Kategorien von 1787" 등이 있다.

『헤겔 연구』 제11호
헤겔철학의 역사적 지평

초판 1쇄 인쇄 / 2002년 6월 25일
초판 1쇄 발행 / 2002년 6월 30일

■

엮은이 / 한국헤겔학회
펴낸이 / 전 춘 호
펴낸곳 / 철학과현실사
서울특별시 서초구 양재동 338의 10호
전화 579-5908~9

■

등록일자 / 1987년 12월 15일(등록번호 / 제1-583호)

■

ISBN 89-7775-390-2 03160
*엮은이와의 협의에 따라 인지를 생략합니다.
*잘못된 책은 바꾸어 드립니다.

값 15,000원